Sunyo Translation Series in Accounting Classics

CORPORATE FINANCE THEORY

William L.Megginson

三友会计名著译丛
"十二五"国家重点图书出版规划项目

公司财务理论

[美] 威廉·L.麦金森 ◉ 著

刘明辉 薛清梅 ◉ 主译

东北财经大学出版社
Dongbei University of Finance & Economics Press
大连

辽宁省版权局著作权合同登记号：图字 06-2010-455 号

图书在版编目（CIP）数据

公司财务理论/（美）威廉·L. 麦金森（William L. Megginson）著；刘明辉，薛清梅主译. —大连：东北财经大学出版社，2019.3
（三友会计名著译丛）
ISBN 978-7-5654-3422-8

Ⅰ. 公… Ⅱ. ①威… ②刘… ③薛… Ⅲ. 公司-财务管理 Ⅳ. F276.6

中国版本图书馆 CIP 数据核字（2019）第 017268 号

东北财经大学出版社出版发行
大连市黑石礁尖山街 217 号　邮政编码　116025
网　　址：http://www.dufep.cn
读者信箱：dufep@dufe.edu.cn
大连永盛印业有限公司印刷

幅面尺寸：185mm×260mm　字数：478 千字　印张：22.75　插页：1
2019 年 3 月第 1 版　　2019 年 3 月第 1 次印刷
责任编辑：李　季　刘东威　　责任校对：合　力
封面设计：冀贵收　　版式设计：钟福建
定价：69.00 元

教学支持　售后服务　联系电话：(0411) 84710309
版权所有　侵权必究　举报电话：(0411) 84710523
如有印装质量问题，请联系营销部：(0411) 84710711

序 言

任何一门学科都可以看作是思想的集合，它们随着时间的推移最终成为科学。这些看上去可用来解释一定客观现实的思想还须接受实证检验，而经受了理性市场检验的思想就成为一门学科核心理论的组成部分。尽管财务学是现代最年轻的学科之一（多数人认为它诞生于1958年之后），但它已经为我们用经济学的观点来理解世界做出了巨大贡献。例如，财务学者们已经有了以下的成就：(1) 创立了信息有效资本市场的概念；(2) 解释了期权定价及其他衍生工具；(3) 描述了现代公司管理理论；(4) 揭示了在无摩擦市场条件下如何评价公司债权证券及权益证券；(5) 对投资风险进行量化；(6) 根据人们行为的可预测性，从经济上解释普遍存在的代理关系。对于创立才三十多年的学科而言，这一切说明其发展已相当不错。

本书编写的目的在于：全面评述公司财务领域中最重要的理论概念，然后分析这些理论是否得到了实证研究的支持。本书主要讲述原理，并综合了关键性的实证和理论文章。事实上，许多读者将会惊奇地发现，与其他高级财务学教材相比，本书较少出现公式和推导过程，而且书中也很少有将讨论的原理直接运用于具体企业的案例。相反，我们侧重于讲述财务理论的核心问题，并讨论这些知识本身如何随着时间的推移而发展。同样，对于核心理论的侧重也是为什么本书只有9章（当然部分章节篇幅很长）的原因。

本书的服务对象主要包括三类。第一，本书希望能对那些虽已接受过高级财务学培训，但又想更新知识并（或）跟上目前研究的实务界（特别是投资银行和商业银行界）专业人员有所帮助。第二，本书可用作工商管理硕士的高级公司财务的阅读材料，或者作为案例教学的理论教材。第三，本书将被证明是财务学、经济学和会计学博士生（同样也希望能作为教授们）有用的参考资料。本书主要适合于至少学过两门公司财务课程的读者，但是由于我们尽量用非专业的语言来写作此书，所以即使是普通读者，也至少能够理解本书的基本思想。最后，本书还旨在为读者提供关于某个特定主题的重要文献，所以我们对几乎所有的问题都包含了诸多引证。

为确保本书风格的一致，以及便于管理，在本书原稿的写作中遵循了几项基本原则，下面列举并简要讨论这些原则：

1. 因为看到已出版的书中，采用第一人称单数代词“我”及其派生形式（如

“我的”等）会显得不太和谐，所以本书虽然是由一个作者所写，却一律采用比较庄重的代词“我们”，而且由于在未来一年内即将出版的本书另一版本（针对本科生的）是与 Larry Gitman 联合编写的，因此，现在采用这种表述也是恰当的。

2. 我们将引用的范围限定在公开发表的杂志文章，没有来自工作论文（working papers）或书籍的内容。这样做的理由有两个。首先是为了控制时间以达到自我保护（self-defense）的目的。因为通常工作论文分布广泛而且数量庞大，没有人（本书作者也不例外）会有信心既能在这一领域内保持领先，又能同时写出回顾性的文章。主要依赖于公开的杂志文章的第二个原因是，这些文稿已经通过了重要的市场检验——盲审程序，而在工作论文和书籍中则不可能存在这种检验。

3. 在决定本书中引用或讨论哪些文章时，我们遵循以下一般规则：首先，对1990 年以前的文章主要根据其对后来研究的影响，大致用它们在后来研究中被引用的频率来衡量。其次，在选择引用近年的文章时，主要依据学术达尔文主义（Darwinism），并侧重于引用核心杂志中所发表的文章。

还有一点需要明确说明，细心的读者很快将会发现本书倾向于自我引用。这并不是为了夸大其重要性，而只是为方便作者指向文章中的某个地方，这个地方可能已经对某个问题做了更深入的描述，或者对某个特定问题的讨论比一般介绍更具体。

任何针对现存领域而创作新书的人都试图与他人有所区别，我们认为本书具有如下独特之处：

1. 第 1 章，按照年代顺序（按照财务学学科的发展历程）叙述本书的主要内容。我们按照文献顺序介绍现代公司财务理论的核心原理，然后揭示各原理在其开创性文章发表后是如何发展并得以完善的。

2. 第 2 章（所有权、控制与报酬），完全不同于其他财务学教材，它作为第一个有实质内容的章节，强调了公司管理是如何在现代企业中变得重要的。在本章，我们还分国家（地区），即按英国、美国、西欧（特别是德国）、日本和韩国，分别讲述了各国（地区）实际存在的公司组织结构的三种形式（上市公司、非上市公司及企业集团）。

3. 第 3 章，简要介绍了有关资产定价模型的最主要的理论和实证研究。该章还总结了有关市场效率的文献，包括对方差弹性检验的讨论、有关噪声交易的文献资料。同时指出，近年来的研究表明，我们所公认的资产定价模型的实用价值实际上微乎其微。

4. 全书体现了“比较公司财务”这一思想，并在所有主要方面都对国际财务问题进行了讨论。现实中并不存在国内财务与国际财务的明显区分，因此，本书也未设立单独的“国际财务”章节。

5. 第 4 章（债券与股票的定价），包括了一般公司财务学教材中所没有的内容，比如债券期限结构的选择、债券保证条款、股票价格与公司收益数据的关系，流动性和税收对证券价格的影响。我们还针对有关市场微观结构的文章做了深入分析。

6. 我们单独用一章（第 5 章）来讨论期权定价问题，并将期权定价的概念运用到第 6 章资本预算程序的讨论中。在资本预算与投资决策一章中，还包含了近来的有关时间、弹性、生产能力的期权价值的研究。

7. 在资本结构、股利政策和金融市场 3 章的开头部分，都对全世界公司实际所采用政策的风格（stylized facts）或者其基本的特征进行了概述。例如，我们发现在所观察的所有国家中，尽管这些国家的企业平均负债和股利水平差异巨大，其负债和股利支付政策却具有显著的行业性特点。

任何新书都是一种尝试，本书当然也不例外。我们欢迎社会各界对本书提出反馈意见，尤其希望得到下列信息：（1）任何有关引用、归属及解释的事实性错误；（2）有关在本书未来版本中应当增加或删除的问题的建议；（3）有关在学术上或专业训练课程中如何更好地使用本书的反馈意见；（4）在未来版本中应当增加的表格、图形、公式及推导。

最后，我想对帮助我完成书稿的一些人表示感谢。首先是我长期备受冷落的家人，笔者急切地希望尽快承担起丈夫和父亲的责任。和克里斯丁·桑德伯格（Kirstin Sandberg）一样，拉瑞·吉特曼（Larry Gitman）也对本书的创作起了关键性作用，我对他们的帮助感激不尽。此外，我还要感谢 Harper Collins 大学出版社的员工，尤其是琼·坎农（Joan Cannon），以及本书的责任编辑伊莱恩·西尔弗斯坦（Elaine Silverstein），他们为本书提供了非常宝贵的支持。最后，我想感谢佐治亚州立大学的同事们在本书写作过程中所给予的帮助、鼓励和理解，尤其是马克·利普森（Marc Lipson）和史蒂夫·琼斯（Steve Jones）阅读并评价（但并不对本书负责）了本书的初稿，他们的帮助非常重要。当然，文责自负。

威廉·L. 麦金森

于美国佐治亚州雅典城

目 录

第 1 章　财务理论概述

“我为什么要接受这份工作?”这个问题今天你思考了多次。作为信息技术发展公司（Information Technology Development Corporation，ITDC）的新任财务总监，你受命改组公司混乱的管理体系并实施有序的财务管理。ITDC 的年销售额为 40 亿美元，如果用跨国公司的标准来衡量，只能算作小型公司而已。但 ITDC 在 5 个国家拥有生产基地，向十几个国家销售产品或提供服务，在世界三大洲拥有实验室，而且通常每年将销售收入中 10% 的资金投入到研究与开发中。然而，最可喜的事情可能要算公司销售和资产的快速增长了——在过去的 5 年里，年增长率超过了 20%，而且增长势头不减。现在，与你的前任一样，你必须在最开始就学会驾驭和处理复杂的财务难题。你会面临诸多特殊的问题和挑战，其中可能需对如下问题做出决策：

决策一：(1) 投资 1 亿美元左右购买制造设备，以迅速扩大公司在硅谷的生产能力；(2) 暂不建立新的生产线，利用已到更新期限的设备再运转 1 年，看市场对工厂产品的需求是否能保持强劲的增长势头，或者看利息率是否会下跌再做决定。

决策二：是否应当采用风险管理与套期保值策略，以便：(1) 稳定公司生产所需原材料的价格；(2) 稳定公司以外币计价的应收账款金额；(3) 稳定短期借款成本从而满足公司日常经营的需要。

决策三：公司拟在未来 3 年内实施一项重大资本投资方案，如何更好地确保迅速增长的资金需求？公司的内部资金远不能满足需要，但公司的投资银行向你保证，公司所发行的任何债券或权益性证券都会备受投资者的青睐。你可能需要权衡如下因素：(1) 发行股票对公司股东权益的稀释；(2) 借款筹资的利息支付是否会加剧公司自开业以来就一直很紧张的现金流量缺口。同时，你还敏锐地意识到，公司现在的债务权益比率已经高于行业标准。

决策四：董事会向你咨询，是否应当执行一项针对公司高级管理人员的递延养老金计划。董事会下属的管理报酬委员会成员们提议，改革目前的只包含短期股票期权、工资和年度奖金的养老金计划，扩展为包括递延养老金的报酬计划。按照新的规定，只有当管理人员达到规定业绩并为公司服务若干年后，才能领取该项养老金。推出这项新计划，目的显然是为了留住并激励关键管理人员，但董事会部分成员担心实施该计划的成本过高。

决策五：部分机构股东要求公司增加普通股的小额股利支付，甚至还有些股东提出公司应当回购已发行在外股票，以增加剩余股东的股票价值。董事会请你测算公司的预期利润能否足以支付更高的股利，如果可能的话，新的股利应当是多少。在决定是否回购股票之前，董事会请你确认公司股东的投资是否得到了公平的风险调整收益，还请你预测一下股票回购对股票价格、股东所要求收益率的可能影响。

决策六：最后，如果上述问题都不难解决的话，董事会又秘密地告诉你一件事：一家美国大型电信公司已会晤了公司首席执行官，并提出了兼并要约。该电信公司向ITDC提出了善意兼并要约，同时也明确指出，如果ITDC不接受要约，该公司可能会进行敌意收购。董事会请你就该项要约是否符合股东最大利益做出决策。如果不符合股东最大利益，公司可以采取哪些合法的步骤，以防事态的进一步发展。另外，ITDC的大部分外国合作伙伴位于那些很少发生收购（特别是恶意收购）的国家，而且其中许多合作伙伴与该电信公司的竞争异常激烈。因此，董事会还请你评价公司的外国合作伙伴对这项兼并的可能反应。

眼下，你可能会陷入困境，你在思考现代公司财务理论和实证研究能否为你提供有用的指导，以应对所面临的挑战。当然，回答绝对是肯定的，下面我们将逐步说明这一点。本书主要讲述近年来财务管理理论的发展，从而展示了财务管理既是现实的企业管理技能，又是一门严谨的理论学科。在许多方面，财务学对企业和经济学的作用都类似于工程学对基础科学的作用——“财务工程师”运用其理论知识为企业的实际问题设计出解决的办法。财务经理试图以最低的成本为公司筹措足够的资金，而投资经理（或者个人投资者）试图以最低的风险获得最高的回报。在有效的金融市场环境下，通过需筹资的公司与渴望获得收益的投资者之间的竞争，资本将流向那些拥有良好投资机会的公司，个人投资者也能够就其所愿意承担的风险水平获得公平的回报。

下面，我们将通过比较财务学[①]与企业、经济学的关系以及工程学与基础学科的关系做进一步分析。正如科学家和工程师们有时假设自然界不受重力、压力和能量损失等摩擦（frictions）因素的影响一样，为建立理论模型，财务学研究人员常常假设存在一个没有“摩擦”因素影响的经济环境，这些“摩擦”因素包括诸如税收和交易成本等。尤其是许多财务理论都假设存在完美资本市场（perfect capital markets），其特征为：（1）存在许多充分了解信息的买者和卖者，但没有人有足够的能力影响市场价格；（2）没有市场“摩擦”，比如税收、手续费、获取信息及其他交易的成本等；（3）市场参与者对有关资产未来价值、利息率及其他相关经济因素的认识一致（此项假设通常被称为“相同预期”）；（4）存在完全竞争的产品市场和要素市场，

① 英文finance意指“财务”或“金融”，本书两种译法都有，主要是根据语境和业内习惯译法——译者注。

并始终保持均衡；(5) 所有潜在的买者和卖者可以无成本并快速地进入市场。当然，理论研究人员先假定存在完美资本市场，不是因为他们认为现实市场没有“摩擦”，而是因为只有在理想情况下才能推导出基本的结论。实证研究表明，这些原理足可用来很好地解释现实的金融市场（考虑了税收、交易成本、破产成本以及市场交易者间信息获取能力的巨大差异等因素）。

虽然现代财务理论在很大程度上是从英美两国发展起来的，其基本原理却适用于任何市场经济国家，而且近年来出现了全球真正一体化的金融市场。比如，一家美国公司可以向设在美国的法国银行申请流动资金贷款。该公司还可以向亚洲、中东及西欧国家的机构投资者发售美元票面的欧洲债券，以筹集资本在印度尼西亚建立新的工厂。同样，一家在美国设立分部的日本公司也可以向美国投资者发行收益性债券，然后将所获得的美元现金到一家英国投资银行转换成日元票面的银行票据。如今，投资者越来越能安全快捷地在全球范围内调度资金，以获取最高的风险调整收益。此外，财务国际化的进程看来还在继续，很可能还会进一步加剧，金融市场和懂得财务知识的经理们的作用将会显著增强。

作为作者，我们的目的是用一种清晰系统的方式来讲述现有的最重要的财务理论，并阐明如何在美国和国际市场用这些原理解决企业实际问题。书中按这样的方式来阐述：先介绍财务理论模型，再说明财务实践是如何根据企业需要而发展的。通常，我们先介绍一个基本概念，接着讨论与该理论验证直接有关的学术研究成果。最后，将有关理论同公司财务管理联系起来，比如通过引入实际案例或者结合具体财务政策的制定进行说明。

§1.1 现代财务理论的基本框架

下面，我们将分别讲述现代财务理论发展的12个里程碑。如前所述，财务管理人员正是运用这些基本理论来分析并规划出具体方法，从而解决企业实际问题。正如许多好的理论模型一样，这些基本原理既容易理解又形象直观。也就是说，它们既合乎常理，又能为解释现实问题提供有用的工具。由于这些理论在学术刊物上是按照年代顺序发表的，所以我们也将按此顺序讲述。经验表明，要说明财务管理学科的发展过程，最好的方式是说明每项重大的理论发展如何突破并丰富了原有的理论体系。这些基本理论经历了时间的检验，而且将来随着理论研究的深化和实践的进一步反馈，肯定还要被修正和更新，但它们绝对不会被完全否定或过时。

§1.1.1 完美资本市场下的储蓄和投资

在20世纪初期，著名的美国经济学家欧文·费雪（Irving Fisher）根据存在运作良好的资本市场和不存在这样的资本市场两种情况，分别提出了有关投资和消费的基本原理。1930年，费雪从理论上揭示了资本市场是如何增加储蓄人和借款人的效用的——资本市场通过提供一种低成本的方式，使拥有剩余财富的经济代理人（储蓄人）和拥有投资机会但超出自身财力的代理人（借款方）实现其目标。与自行寻找借款人相比，储蓄人通过将资金借给资本市场能获得更高的收益。同样，借款人也无须花费搜寻成本就能得到低息的借款。这样，储蓄人将会比没有资本市场时储蓄更多，借款人也能够比自行寻找资金情况下获得更多的低息借款。因此，整个经济中的储蓄额和投资额比没有资本市场时要大得多，这并没有使任何人的效用降低，甚至还显著提高了许多代理人的效用。Fisher的另外一个极为重要的理论成果为后来的研究奠定了基础。依据费雪分离原理（Fisher separation theorem），资本市场产生了一个单一的利率，使借贷双方在进行消费和投资决策时都可以以此为依据，而这反过来又促使投资和筹资决策的相互分离。这样，拥有良好投资机会的企业或个人在决策时，只要投资项目的收益率高于或等于市场利率，就可以接受该项目，并且只要内部资金不足就可以从资本市场筹资。借款人在决策时，只要求其投资回报率高于市场利率，而无须考虑个别投资者的具体消费偏好。同样，储蓄人也无须考虑借款人所做投资的具体情况，比如对借贷期限或现金流量的偏好等。换句话说，只要投资项目的收益能补偿其风险，或者能将该项目转让给其他投资者，储蓄人就能通过资本市场投资任何项目，或者做出任何跨期的消费决策。①

如果投资和筹资决策不能有效地分离，公司只能依据单个投资者的偏好情况做出投资决策，那么，源于自身条件和时间的局限，大型的现代化公司就不可能存在。事实上，正如后面将提到的那样，世界上众多小型企业所面临的最大问题就是它们无法将投资和筹资截然分开。相反，它们只不过被看作是其企业家或创始人的延伸，因而无法凭借自身条件合法地筹资，或者完全与创办者独立开来。在一定程度上，正是这种原因使有限责任公司成为全球主要的企业组织形式。这些公司大都由职业经理人员管理，拥有众多分散的股东（所有者），且能够从多种渠道筹措资金。上市公司的出现，有效地解决了随着公司规模扩大和股权分散而带来的诸多问题（在代理成本一节中，我们还将深入探讨这一问题）。

为了更好地为投资和公司筹资决策提供有效的分析工具，一些研究人员对费雪有关投资和消费的基本原理进行了修正。② 其中，贴现现金流量法已成为现代财务分析的一个基本工具，即将未来的某个或一系列现金流量折合为现值。贴现现金流量法是投资者进行股票和债券估值的基本方法，同时也是公司资本预算决策的基本步骤。可以说，没有该方法就没有现代财务管理。

---

① 有关费雪模型的探讨及它与实际投资和融资决策的相关性，请参见第1章和第2章（Copeland、Weaton，1988）。我们将在资本预算和投资一章中对实际的投资理论做更深入的讨论。

② John Burr Williams（1938）和Durand（1952）及其他作者将费雪模型拓展到证券分析领域。此外，包括Hirshleifer（1958）和Rubinstein（1973）在内的许多研究人员将费雪理论的基本原理运用到公司决策中。

§1.1.2　投资组合理论

1952 年，哈里·马科维茨（Harry Markowitz）发表了一篇著名文章，提出了投资组合理论的基本原则，这是财务理论发展的第二个里程碑。文章中主要运用了统计分析方法，其中“不要把鸡蛋放在一个篮子里”深刻地揭示了合理投资组合设计的核心思想。Markowitz 指出，当增加投资组合中的资产数量时，投资组合的风险（用总收益的方差或标准差表示）将不断降低，但投资组合的期望收益率是所有个别资产期望收益的加权平均值。换句话说，通过组合投资而不是投资于个别资产，投资者可以在不减少收益的情况下降低投资的总风险。图 1-1 形象地描述了这一原理。

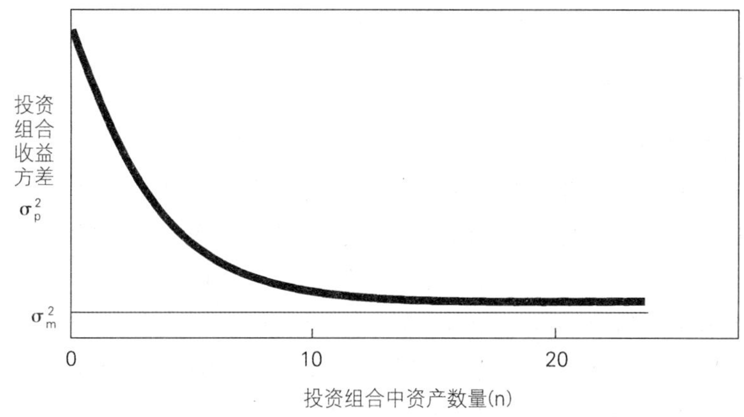

图 1-1　投资组合中资产数量与投资风险关系

随着投资组合中资产数量的增加，投资组合收益的方差相应地递减。开始时曲线较为陡峭，当投资组合中资产数量逐渐增至 20 以后，曲线渐渐趋于平缓。如果包含国际市场的资产，投资组合的方差降幅将更大。在两种情况下，投资组合的期望收益都是所有个别资产期望收益的加权平均值。如果投资组合中的资产增加到足够数量后，收益的方差值将接近σ_m^2，即市场投资组合收益的方差值。

正如每一篇重要的文章问世之后的情形，Markowitz 的研究结果看上去很形象直观，也有其合理的成分，毕竟是他最先用系统、一致的方式提出了投资组合理论。① 其主要的理论贡献在于，论证了当某项资产在投资组合中的比重降低时，该项资产收益的变动（非系统风险）对投资组合的影响变得微乎其微。当投资组合中资产分散到一定程度后，唯一的风险只剩下全部资产的风险（或称系统风险）。多角化投资抵消了投资于单项资产的风险因素，只剩下系统风险（用协方差表示）。由于没有有效的方法能够消除系统风险，投资者必须承担该风险并获得相应的投资回报。类似地，

① 事实上，正是该理论使他成为最早获得诺贝尔经济学奖（1990 年度）的财务学教授（其中还包括 Miller 和 Sharpe）之一。

对投资者来说，决策时只需考虑某项资产与投资组合中其他资产间收益的协方差。投资者将倾向于投资那些协方差较低而不是较高的资产组合，当然最好是协方差为负的资产组合。因此，Markowitz 投资组合的选择原则是：选择那些在一定风险水平下收益最高的资产，然后将其作为有效投资组合（efficient portfolios）——在一定收益条件下风险水平最低，或者在一定风险水平下收益最高。

另外，Markowitz 还提出了选择投资组合时衡量相关系数、协方差、标准差及方差的基本方法。事实上，他所采用的术语和公式一直沿用至今。然而，尽管该篇文章具有重要的地位，它本身并没有使用也没有提出有关资本市场如何量化和确定财务风险的实证经济理论。直到十年后（1964），当夏普（Sharpe）对 Markowitz 投资组合理论做了两处重要修正，与林特纳（Lintner）及莫森（Mossin）共同提出了资本资产定价模型后，才真正解决了这一问题。我们将在 1.5 节中对其做具体阐述。

§1.1.3 资本结构理论

作为学习高级财务学的学生或者实际财务管理者，你肯定已经学过 M&M（Modigliani and Miller）资本结构无关论。一开始，你可能会像许多人一样，认为这些模型只不过是深奥的理论研究，因为这些模型虽然在理论上颇具道理，对企业的实际决策却没有用处。事实上，自从其首次被提出以来，M&M 理论一直经久不衰，形象地描绘了金融市场均衡（financial market equilibrium）。正如物理学中设想存在理想的气体一样（比如不存在重力因素），M&M 模型假设市场不存在摩擦（指交易成本，如中介费、税收等）因素时，经济系统是如何运行的。尽管这种理想状态并不符合客观情况，但是我们可以逐个加入现实中存在的因素，观察理论预测的变化，直到出现能真正解决问题的模型。基于上述考虑，我们先来看 M&M 的基本模型，然后再看它是怎样逐步接近现实情况的。

M&M 模型的主要观点是，某公司所拥有的资产组合的价值取决于资产所产生的经营现金流量。正是资产组合的预计现金流量形成了资产价值——市场参与者首先预测平均现金流量，然后依据该现金流量的预计风险水平来确定其现值。那么，你有什么疑问呢？这些看上去对金融市场如何评价资产很有道理的论述，根本没有提及现金流量在股东和债券持有人之间是如何分配的。这一点绝不是疏忽。因为它认为总价值只来自于未来现金流量，因此，不会因为现金流量在不同投资者间的再分配而增减。图 1-2 描述了这一原则。钟形曲线表示公司经营所产生的现金流量情况（μ 表示其平均值，σ 为标准差）。公司经理如何将现金流量在债务人和股东间分配并不影响现金流量的总价值。

M&M 理论的命题一是总价值不变规律（law of conservation of value），即公司的市场价值将不受资本结构的影响，在一定风险水平下，其价值由投资所产生的预计收益（用 ρ 表示）决定。掌握了命题一的原理后，命题二也迎刃而解。如果公司资产的预计收益 ρ 保持不变，当增加资本结构中的无风险负债时，有负债公司的股

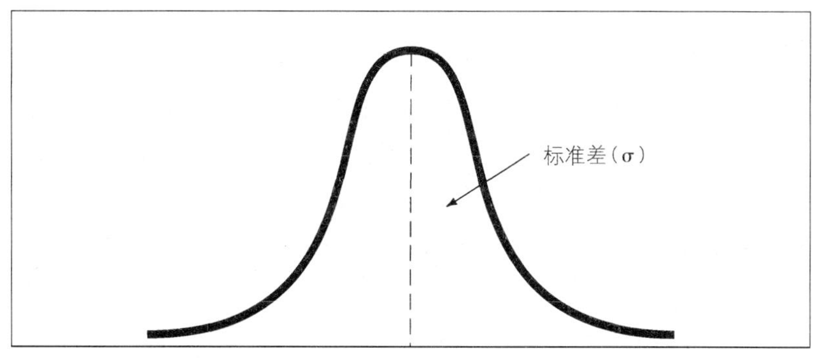

图 1–2　M&M 资本结构模型中总价值的确定

依据 M&M 理论，公司总价值只取决于公司经营利润以及描绘这些回报概率分布的期望值（用 μ 表示）的标准差（σ）。预计收益如何在不同投资者（普通股东与债权人）之间进行分配，不会影响公司现金流量的基本价值。

东所要求的收益率将相应呈线性增加。综观两者可以看出，在完美资本市场下，资本结构与总价值无关，股东所要求的收益率直接取决于公司债务权益比率，以及在既定风险水平下市场对公司所要求的收益率。换句话说，抛开上述命题，如果资本结构影响公司总价值，或者当公司资本结构中用负债替代普通股，导致综合资本成本（风险调整后的必要收益率）发生变化时，必定是因为 M&M 模型中一个或数个假设被否定。

1958 年以来，财务理论研究人员（包括 M&M 自身）在考虑，如果逐步抛开上述假设，将会对资本结构无关论的结果产生什么影响。[①] 如果不考虑公司所得税、个人所得税以及破产成本等因素，该模型非常有效——尽管这些因素都改变了模型的假设条件，但从预测上来说还是有效的。[②] 在 20 世纪 70 年代，随着代理理论和信息不对称模型的发展，学者们又对 M&M 基本模型进行了修正。可是直至今日，经过深入研究和实践检验，我们还是无法就资本结构对 M&M 模型有什么影响这一问题做出简单而明确的解释。或许，将来你能够解开这个难题。

---

① 有趣的是，莫迪利亚尼(Modigliani)和米勒(Miller)在其 1958 年那篇文章中，提出包含公司所得税的扩展模型，同样得出了资本结构无关论的结果。然而，该结果很快被证明是错误的。1963 年，他们假定公司利润被征税，借款利息可以抵税，进而提出了"正确的"资本结构模型。这一模型导致了令人尴尬的结果，即 100% 的负债融资为最优结构(当然两位作者从来没有承认其文章所隐含的这个意思)，原因在于这将使政府尽可能地降低对公司利润的征税，从而使更多的利润归于私人手中。

② 除了上述 M&M(1963)文章外，有关基本 M&M 的扩展模型可参见 Hamada(1969)和 Stiglitz(1974)。Miller(1977)在其校长致辞中恢复了最初的资本结构无关论(从个别公司角度)。

§1.1.4 股利政策

在发表了 M&M 股利无关论后，Miller 和 Modigliani 并不满足于对资本结构理论进行革新，通过研究股利政策，他们又得出了另一项无关性结论。他们认为，如果某公司的投资政策保持不变，在完美市场条件下，现金股利的支付不会影响公司的总价值。理由是，不论如何分配股利，通过发行新股都能使公司价值得到补偿。稍加思考，你就能发现这一结论是显而易见的。我们假设某公司不论是否支付股利，都计划接受所有净现值为正的投资项目，并承诺不论其未来经营利润是多少，都将投入一定数量的投资。根据某年经营利润的实际水平，如果公司的利润少于、多于或等于投资支出，该公司年末将会出现现金短缺、现金剩余或者现金均衡。简单地说，我们假设利润恰好等于投资支出，即年末现金既没有剩余也没有短缺。该公司仍能够支付任何计划水平的股利，但为使现金流量均衡（cash flow identity），公司要想支付现金股利，就应由公司股东投入等额的资本金来补偿。

M&M 股利无关论正是建立在现金流量均衡的基础上，即现金总流入量（包括经营利润和外部筹资）恰好等于现金总流出量（包括投资支出和股利分配）。如果某公司的投资支出等于或超过经营利润，它只能靠发行新股筹资以支付股利。而且，在完美资本市场条件下，公司在需要资金时，就可以迅速并无成本地发行新股。同样，投资者并不关心能否收到现金股利（发放股利通常会导致所持股票价格的等量下跌）。如果公司的利润超出投资支出，这种分析同样正确。公司仍然能够支付任何计划水平的股利，市场对公司总价值评价将保持不变。但是，如果公司保留多余的现金（即超出投资支出部分），由于公司总资产增加将事实上导致投资增加，那么就破坏了模型中的投资政策保持不变这一假设。我们必须关注投资政策保持不变的假设，但如果能做到这一点，M&M 股利无关论自然也就不难理解。

现在，你可能会这样想：尽管上述理论不无道理，但现实生活中并不存在完美资本市场。非常正确。事实证明真实市场中的“摩擦”因素并不提倡支付股利。事实上，与公司为什么要分配股利相比，不分配股利更易为人们所理解。例如，假定存在如下情况，试分析股利无关论模型会发生什么变化：（1）与发行新债券无须支付发行成本相比，公司发行新股必须向投资银行支付固定的费用；（2）投资者对所有收到的现金股利必须支付最高的个人所得税，但也可以通过持有股票而递延所得税若干年；（3）股票市场几乎总将新股发行看作利空消息，即宣布发行新股的公司股价会下降。虽然上述 3 项假设在美国金融市场确实存在，但每年美国公司大约将净收益的一半分派股利。那么，尽管理论上讲不应分配股利，为什么几乎所有大型美国公司、欧洲及其他国家公司都支付股利呢？

这一问题的答案有二。其一，也是最简单、最诚实的答案，我们并不完全准确地知道为什么公司开始分配股利，或者为什么某个行业及某个国家会对宣告发放股利进行管制。其二，简单的 M&M 股利模型假设不存在公司管理者与股东之间的代理问题和信息不对称问题。一旦在 M&M 理论的完美资本市场模型中，将现实中存在的这两项因素考虑进去，现实中的股利支付模式大都能够因此得以解释。如果考虑发行新股的成本因素，从理论上能够说明快速成长中的公司将保留大部分盈余，而投资机会较少的成熟型公司可能宁愿支付更高的股利。因此，结论是股利政策理论正处于蓬勃发展时期——虽然现在我们已能解释周围金融领域的诸多问题，但一些重要的基本问题依旧有待解决。

§1.1.5　资本资产定价模型

可以说，正是由于 1964 年 Sharpe 发表了资本资产定价模型（capital asset pricing model，CAPM）一文，财务学才真正成为一门成熟而科学的学科。① 这一模型具有革命性意义，因为它第一次使财务学专家（financial economists）能够描述和量化资本市场的风险程度，并能够对之进行具体定价（在一定的风险水平下，测算投资者的期望收益是多少）。用专业术语来说，理论研究人员能够具体描绘出资本市场均衡的条件（资本供给与需求达到平衡，市场利率趋于稳定），这一理论连同 M&M 股利与资本结构模型，说明财务学在资本市场和公司理财两方面都形成了完善的理论体系。

如 1.2 节所述，依据资本资产定价模型，投资者运用投资组合进行多角化投资，个别资产的风险可以相互抵消，因而决策时无须考虑这种非系统风险（unsystematic risk）。只有投资组合的系统风险具有决策意义，投资组合的系统风险（systematic risk）是组合中个别资产风险的加权平均数。从字面理解，系统风险也就是某项资产（或投资组合）对经济环境因素的敏感程度，比如对利率、汇率、通货膨胀和商业周期变化所做出的反应。由于这些因素在不同程度上影响所有金融资产的价值，多角化投资无法消除或减少系统风险，因此投资者持有风险资产需要得到相应的补偿，即要求一个更高的收益率。显然，资产的系统风险越大，所要求的收益率就越高。

到目前为止，我们还未提及 1964 年以后的理论发展。Sharpe 的理论贡献在于，唯有他对系统风险做了定义，并且具体阐述了投资者如何权衡风险和收益。他假定，投资者要么投资于风险资产（如普通股），要么投资于无风险资产（如国库券）。合理的投资组合要求投资者只选择有效的投资组合，即在一定收益水平下风险最小，或者在一定风险水平下收益最高。他指出，既然投资者要么可以投资于无风险资产，要么可以投资于风险资产组合，唯一最有效的风险资产投资组合就是市场投资组合（market portfolio），这种组合或者在风险方面或者在收益方面或者两方面都优于其他组合。

运用上述基本原理，投资者能将资金部分投资于无风险资产，部分投资于市场投资组合。衡量风险和收益权衡线的斜线称为资本市场线（capital market line，CML）。

① 几乎在同时，Lintner（1965）和 Mossin（1966）提出了类似的财务模型。

图 1-3 描述了两者的关系。风险规避程度高的投资者将其主要资本投资于无风险资产，因此位于资本市场线的左下底端；风险规避程度低的投资者一般会将主要资本投资于市场投资组合，其 CML 线高于前者，位于右上端。风险爱好者甚至会借款（利率为无风险利率），以筹集更多资本投入市场投资组合，这样 CML 线高于其他投资者，位于右上端。换句话说，投资者只需通过调整在无风险资产和市场投资组合之间的投资比例，就能够将风险控制在一定水平，并仍能获得公平的回报。

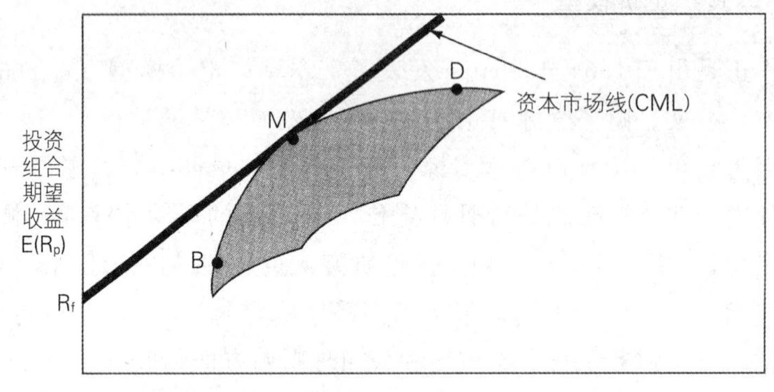

图 1-3　存在无风险资产的资本市场线

该图形象地描述了投资者面对无风险资产收益率（R_f）时所做的选择。虽然理性投资者可能选择 BMD 线上的任何有效组合（因为在任何给定风险水平下收益都最大），但无风险资产的存在，意味着所有的投资者都试图同时持有无风险资产和市场风险资产投资组合（M），从而位于 R_fM 上的某点。在线上的具体位置则取决于个人的风险偏好。

同时，Sharpe 还指出，在均衡条件下，每项资产所能提供的收益率应当与它和市场投资组合的期望收益（记作 R_m）的协方差呈线性相关。他将该协方差定义为贝塔系数（β），将个别资产 j 的贝塔系数记作 β_j。[①] 为了包含在市场投资组合里，每只股票 j 的出售价格应当能使投资者得到合适的期望收益，记作 $E(R_j)$，该收益要能反映系统风险水平以及无风险资产的现行收益率（R_f）。用数学公式表示为：

$$E(R_j)=R_f+\beta_j(R_m-R_f)$$

上述公式中，R_m-R_f 称为市场风险补偿率（market risk premium），该数值代表投资者放弃只选择无风险资产，而选择多角化投资组合所要求的额外期望收益率。因此，依据资本资产定价模型，投资者对个别资产的期望收益率等于无风险利率，加上资产贝塔系数与市场风险补偿率的乘积。

Sharpe 的理论引发了学术界的广泛争论，人们试图检验资本资产定价模型能否准

---

① 第 3 章（投资风险、投资收益与市场效率）中将更深入地讨论资本资产定价模型。

确地描述市场实际情况。这篇文章使 Sharpe 与 Markowitz、Miller 一起获得了 1990 年度诺贝尔经济学奖。尽管该模型很快暴露出许多明显的问题（许多问题至今还困扰着学术界），比如如何测量系统风险，如何依据历史数据计算期望收益等，早期学者们对资本资产定价模型一般都持肯定态度。还有许多研究提出了如何权衡个别股票的系统风险与其所要求的收益率之间的关系，虽然这些权衡模型并不呈线性关系，而且零贝塔资产（zero-beta asset，即系统风险为零的资产）收益看来也太高了。[①] 正因为上述及其他异常原因，研究人员开始修正资本资产定价基本模型，以试图说明这种差异。例如，1972 年，布莱克（Black）发展了该理论——无需假设存在无风险资产。1970 年，布伦南（Brennan）将个人所得税考虑进去，提出了税后资本资产定价模型（after-tax CAPM）。1973 年，默顿（Merton）将单一期间的资本资产定价模型扩展为持续期间、跨期组合的模型，即跨期资本资产定价模型（intertemporal CAPM）。

然而，在 20 世纪 80 年代早期，许多人认为 CAPM 并不是一个足以描述现代资本市场均衡的模型。他们认为，很明显远不止一个因素对金融资产价格产生重大影响，因此寻求多因素的资产定价模型就显得尤为必要。[②] 罗斯（Ross）的套利定价理论（arbitrage pricing theory，APT）使理论研究达到最高峰。该理论认为，某项资产的期望收益源于该资产对一项或多项系统因素的敏感性，而不是像 CAPM 中所描述的那样，只源于该资产对市场投资组合收益的协方差。某项资产的收益对各项因素的敏感程度称为因素负荷（factor loading）。初步研究表明，大多数普通股受到 3 ~ 5 个因素的强烈影响。

套利定价理论无法预先详细说明各因素到底代表什么经济变量，这是该理论至今仍未解决的主要问题。换句话说，没人能证明："第一项"因素代表利息率水平的变化，而下一项因素则代表行业产出水平波动，等等。相反，因素和因素负荷只具有统计意义，是运用因素分析法（factor analysis）来统计分析一系列证券收益的样本，其中的系统因素是依据统计原理从收益资料中抽取的。尽管一些研究人员曾试图将 APT 中的因素与个别经济变量联系起来，但这些尝试只取得了部分成功。[③] 因此，资产定价理论的现状并不令人满意：尽管 CAPM 理论较为完善且易于理解，该理论还远不如 APT 能解释现实中的证券收益问题；新诞生的多因素模型还不能（或者说至少目前还不能）用具有经济意义的术语来表述。作为教材编者，我们陷入一种困惑中，因为我们必须在这本公司财务教材中讲述不同观点，但现有文献无法提供明确的方法

① 如想了解早期的资本资产定价模型的研究，请参见 Jensen（1972）的文献综述。有关早期研究的典型例子可参见 Fama 和 MacBeth（1973）。

② 对资本资产定价模型最大的理论挑战，至少对其可证实性的挑战来自于 Roll（1977）。5 年后，又有学者采用新方法对该模型进行了实证检验——结论是，从任何合理的显著性水平上看模型的经济正确性都可被否定（参见 Gibbons，1982）。

③ 有关这一问题最重要的尝试要数 Chen、Roll 和 Ross（1986）。有关支持和否定套利定价理论的实证检验的例子请分别参见 Roll 和 Ross（1980）以及 Dhrymes、Friend 和 Gultekin（1984）。

以更好地做到这一点。读者们将看到，我们将如许多教材的作者一样，遵循以事实为依据的原则，除非有别的具有绝对的说服力的理论，否则我们将继续使用 CAPM 作为衡量财务风险的基本模型。

§1.1.6 有效资本市场理论

1970 年，法玛（Fama）发表了一篇文章，该作品堪称经济学史上最为著名的文章之一。他从统计上和概念上定义了有效资本市场（efficient capital market），其中有效是指资本市场将有关信息融入证券价格的速度和完全程度。在一个信息有效的市场，证券价格反映了与公司生产、利润、管理水平及发展前景等有关的全部公开信息。如果公布了有关某公司的重要信息，其股价会立即发生变化，以全面反映新信息的影响。在 Fama 模型中，多次强调有效的界定是想说明金融市场如何对信息做出反应，而不是怎样在经济中分配资本，或者使投入的经济产出最大。虽然对许多财务学专业的学生而言，这种定义乍看起来显得过于抽象，但不久当你在其他内容中接触到“有效”一词时，你将会迅速联想到这个定义。

事实上，Fama 对“有效”做了三种定义，或者更精确地说，做了三种程度的定义。第一种，弱式效率性市场（weak form efficient market），是指所有与证券相关的历史资料信息都已完全反映在证券价格中。换句话说，由于无法根据过去资料预测未来价格走势，投资者通过分析证券过去的价格走势，并不能获取超额收益。研究人员都赞同美国主要的金融市场几乎都存在弱式效率性。因此，这一定义足以说明，华尔街金融分析家所热衷的各种形式的技术分析其实毫无意义。第二种，半强式效率性市场（semi-form efficient market），即证券价格包含所有相关的公开信息。半强式效率性要强于弱式效率性，是由于在半强式效率性市场下，证券价格总要反映相关历史信息的变动，而且无论新信息通过何种公共媒体（比如电视、报纸、政府文件或者无线广播等）公布，证券价格都会立即对其做出全面反应。学术界也普遍赞同在美国主要的金融市场大都存在半强式效率性。在过去十年里频繁发生的公司收购争夺战就是最明显的例子。[①] 为进一步理解有效市场假设，下面暂不讨论这一假设，先简要分析一下并购之争是如何反映市场效率原理的。通常，敌意收购（hostile takeover）是指某公司（投标人）公开宣布以某一固定价格收购另一公司占控制权的股份。近年来收购价格一般超出目标公司股票现价的 30% ~50%。收购出价高于宣布收购前的市

---

① 我们不能因此得出结论，即学术界对有效市场假设近于持普遍赞同态度，因为事实并不是这样。该假设是被经济学广为检验的命题之一。过去 20 年里，学术界提出了越来越多的未被解释的现象。有关有效市场假设在理论和（或）实践中遇到的挑战，请参见 Rozeff 和 Kinney（1976），Basu（1977），French（1980），Grossman 和 Stiglitz（1980），Banz（1981），Shiller（1981），Keim（1983），DeBondt 和 Thaler（1985），Lo 和 MacKinlay（1988），DeLong、Shleifer、Summers 和 Waldmann（1990）。毫不奇怪的是，至少也能列出同样多的支持有效市场假设的文章。有兴趣的读者可参见 Fama（1991）的综述文章。

场价格之差通常称为投标要约补偿（tender offer premium）。[①] 这种直接针对目标公司股东的要约，通常会绕过目标公司的董事会和管理当局。而且，如果收购成功，任何股东都可以按照固定的价格出售其股份。目标公司股票在收购期间会有何种反应呢？如果投标人宣布收购目标公司的全部股份，其股票价格会直接从宣布收购前水平上涨至接近于投标价格。如果是部分收购，比如说收购目标公司的51%股权，股票价格将会上涨至投标价格与收购后目标公司预期价格的平均数。实际价格将是投标人想获得的目标公司股份份额的函数。当然，实际价格还受到其他因素影响。例如，由于宣布收购后的股价可能会比投标价格更高，所以市场参与者对股票价格上涨可能性的预期也会影响实际价格。又如，有时目标公司的股价即使上涨，其涨幅也很小，公司的管理当局可能会设法阻止股价涨至最高点。关键问题是，目标公司股价在宣布被收购后立即发生变化，而实际价格的变化却包含了对收购竞争结果的理性预期，因此在没有新信息公开之前，宣布收购后的价格不会继续发生变化。

Fama 的第三种市场效率性被称为强式效率性（strong-form efficiency），这意味着市场掌握了所有信息（事实上，很难想象这种情况会存在）。在强式效率性市场下，证券信息包含了全部公开信息和未公开信息。因此，一旦投标公司管理当局做出收购决策，上面所提到的目标公司的股票价格就会立即发生变化，而不是直到收购正式宣布后才发生变化。又比如，在强式效率性市场下，如果公司发生季度利润下降，一旦公司会计人员发现这种情况，其股票价格就会下跌，而不是直到信息公布后其股价才会下跌。事实上，在学术界或从常识上讲，现实生活中通常根本不存在强式效率性市场。研究表明，有时公司内幕人（如董事或高级职员）通过掌握公司收益、股利分配、投资政策等发生的异常变化，在信息公布前买卖股票的确会获得超额收益。外部投资者在信息公布后如果效仿内幕人进行操作，往往只能获得正常收益。[②]

尽管强式效率性市场在现实中并不存在，Fama 的有效市场假说改变了人们对于金融市场运作的看法。因为通过证券交易者之间的竞争，证券价格确实能反映所有相关信息，所以市场价格值得人们信赖。因此，投资者应当信任有效市场，无须担心他人因掌握更多信息而获得超额收益；上市公司在计划发行新股时，也无须担心其股票价格会因新股发行而被错误地估计；政府部门的决策者可依赖金融市场，将资本投向收益最高及效果最好的公司，当然，通常他们并不这样做。近年来，全球范围内更多国家采用市场经济模式，更多地依靠资本市场筹资而不是政府直接决定资本投向，而且这种变化还有加速的趋势。在许多方面，有效市场假说足以为上述现象提供理论根据。

---

① 清楚地论述有关并购投标技巧、投标及目标公司股票收益的实践研究可参见 Bradley、Desai 和 Kim（1988）。

② 可参见 Seyhun 的一系列文章（1986，1988a，1988b，1990）。

§1.1.7 期权定价理论

在随后几节中，我们将会明显地发现，财务理论在20世纪70年代的发展比之前或之后任何时期都要快得多。在Fama发表了有效市场理论的3年里，布莱克（Black）和斯科尔斯（Scholes）发表文章，提出了股票期权的定价模型（这一理论至今仍沿用他们的名字）①。Black和Scholes期权定价模型确实是一个重大的突破，它提供了期权定价的封闭解（closed-form solution），即在买入和卖出期权定价时只需考虑五个可观察（至少易于计算）的变量，包括期权的履约价格、公司股票的现行价格、期权合约的剩余有效期、股票收益的风险程度以及无风险利息率。以前的模型一般都需要确定有关投资者的平均效用函数或者市场投资组合的预期收益，或者两者都需要。期权定价模型的问世以及1973年芝加哥期权交易委员会（Chicago Board of Options Exchange，CBOE）成立后，这一模型立即被投入使用并经历了严格的市场检验。期权交易受到了投资者的广泛欢迎——从创立起的10年内，使用CBOE股票期权的交易量往往超过了股票现货市场本身的交易量。

当然，期权定价模型也有其缺点。首先，人们很快发现在定价模型中存在许多系统偏误（systematic biases），特别是在进行价内期权（in-the-money options）和价外期权（out-of-money options）定价时。② 价内期权是指期权标的物价格（或者说股票现价）高于其履约价格，价外期权是指期权标的物价格低于履约价格。其次，期权定价基本模型还假定公司股票不分派股利；如果分派股利，用该模型进行期权定价会产生错误。再次，期权定价模型只能用来分析欧式期权（European options，该类期权只能在到期日行使权利），而事实上大多数交易期权都是美式期权（American options，该类期权能够在合约有效期内的任何时间履约）。尽管存在上述缺陷，实践证明期权定价模型及其后来的修正模型具有异常的生命力，而且不失为能对各类金融资产进行准确定价的模型。

除了用于股票期权定价外，期权定价理论还对金融活动产生了显著影响。例如，可以将能获得较高净现值的投资机会（诸如研究与开发、实施新的热门技术）看作是成长期权（growth option）。③ 对于能实施成长期权的公司来说，该期权具有巨大的价值，因此必须改变传统的资本预算方法，来说明寻找和利用这种期权的战略性需要。期权定价理论的思维同样也深刻地影响了整个管理报酬领域。如今，事实上所有美国的大型公司都对高级管理人员采用以业绩为基础的激励报酬合同（主要是依赖

---

① 几乎在同时，Merton（1973a）发表了一篇理论文章，提出不同类型期权定价的基本规则。

② Black与Scholes（1972）也部分地指出了这些定价间的联系。有关期权的早期研究可参见Smith（1976）的综述文章。

③ Myers（1977）首次在研究公司投资问题时运用“成长期权”一词。在资本预算决策模型中完全运用期权定价理论的有Brennan和Schwartz（1985）、Majd和Pindyck（1987）以及Ingersoll和Ross（1992）。

于股票期权），即直接根据公司股东财富的变化来确定公司经理人员的净收入。[①]

最后，期权定价理论还能应用于更广泛的领域。只要公司或个人认为标的物的价格将会发生有利变动，为确保不出现价格发生相反变动的风险，同时又不放弃获利机会，都可以运用该理论。由于期权给予买方履约的权利，而无须其承担履约的义务，因此，不失为一种理想的套利活动（hedging activities）工具，以防止公司的成本或收益发生与价格相反的变动。例如，一家美国出口商拥有以德国马克计价的 60 日后到期的应收账款，它将承担该期间内美元对德国马克升值的风险。如果美元升值，以德国马克计价的应收账款只能折合比预期值更少的美元，出口商将遭受损失。同样，如果发生德国马克升值，以德国马克计价的应收账款将折合比预期值更多的美元，出口商将获得额外的美元收益。通过现在购买 60 日到期的德国马克卖出期权，出口商能确保规避美元升值的风险，同时能拥有美元发生贬值的获利机会。如果在支付日和到期日之间，美元相对升值，出口商能够行权，按照期权履约价格卖出所收到的德国马克。同样，如果美元发生贬值，出口商可以放弃履约，而按照更高的公开市场价格卖出所收到的德国马克。

§1.1.8　代理理论

在 1976 年以前，财务理论界普遍采用标准的公司经济模型（economic model of the firm）来描述公司行为。该模型认为，公司作为“黑箱”，对输入信息进行加工并输出有用信息，并对经济环境做出理性的反应。[②] 该模型几乎没有考虑到真正负责公司经营的管理当局的利益目标。事实上，它假定公司是由单个的、追求财富最大化的管理者控制和管理的，且管理者与股东、其他外部投资者的利益目标一致。有些学者试图扩展公司经济模型，以解释为什么大部分大型公司的经营活动由职业经理人员（而不是企业家或所有者）及大量股权分散的股东来执行。甚至这些模型基本上也都假定经理人员始终维护股东的最大利益。

1976 年，Jensen 与 Meckling 提出了公司代理成本模型（agency cost model of the firm），其基本贡献在于，将人的本性融入公司行为的综合模型中。[③] 依据该模型，公司只是一种契约关系（nexus of contracts）的法律主体，这种契约关系包括公司经理、股东、供应商、顾客、雇员及其他关系人。所有关系人都是理性人，其行为以维护自身利益为出发点，同时十分期望别人的行为也能维护自己的利益。换句话说，该模型的前提是，追求自身利益的经济代理人在做出理性行为时，知悉所有其他订约关系人的动机，并能采取措施，防止其他关系人对契约的可能违背，以保护自身利益。代理

① 例如，Walking 和 Long（1984）指出，经理人员持有的股票和期权价值常常超出其年度工资和资金的 10 倍或更多。

② 有关该问题论证最清楚、最严密的例子之一可参见 Alchian 和 Demsetz（1972）。

③ 自从该文章发表后，它已成为经济学中最广为引用的文章之一。

成本模型可能会给初学财务的学生以冷漠的印象，一些理想化的人会觉得很难接受它。但是，即使偶然接触现代公司实务的人（或者学习人类历史的学生）都能认识到，这一模型为投资者如何分配资本、公司经理如何做出决策提供了客观科学的模式。

Jensen 和 Meckling 是这样分析其模型的，即当企业家（股东）将公司部分股份出售给外部投资者时，分析会发生什么变化。开始时，假定企业家拥有公司全部股权，他或她将对自己的行为承担全部风险或享有全部收益。如果企业家花费公司资金用于奢侈性消费（perquisites），如购买豪华办公设施、公司专用飞机、延长休假等，这些成本将由企业家独自承担。但一旦企业家将部分公司股票 α 出售给外部投资者后，他或她将不再承担全部奢侈性消费的成本，而只是承担 1-α 部分。奢侈性消费令人愉悦，而艰苦的工作却不尽然。如果在降低奢侈性消费的成本时，艰苦工作的回报并不增加，只要能降低自己的投资风险，理性的企业家将会投入较少精力到工作中，而享受更多的特权。

然而不幸的是，外部投资者也完全知悉上述动机的存在。企业家的投资风险降低将导致股票价值的下跌，因而，投资者从企业家那里购买股票时，其所支付的价格将反映这种影响。换句话说，股份出售导致公司所有权与控制权分离所形成的代理成本（agency costs），将全部由企业家独自承担。这样，企业家成为股东（所有者）的代理人，从理论上说，企业家应能维护所有者的最大利益。但代理关系的双方都明白，在这种或其他代理关系中，原本就存在着利益冲突问题。当然，由于企业家将承受新代理关系的全部成本（公司股票以折价方式出售），他或她必然力图将成本降至最低。

为解决上述问题，有两种选择。其一，在股票出售后，企业家可采取多种措施来约束自己的行为。例如，企业家可以在股票发行后，继续保留超出自己意愿持有的股份，或者出售带有表决权的股份（当企业家的经营业绩不能令人满意时，投资者可据此解聘企业家）。企业家采取上述措施的支出被称为担保支出（bonding expenditures）。其二，企业家可以同意花费（或允许外部投资者花费）监督支出（monitoring expenditures），比如聘请外部审计人员审查公司账目，为公司资产购买保险，聘请评级机构评估公司债券等。全部代理成本扣除监督支出和担保支出后的部分称为剩余损失（residual loss）。在大型现代化公司中，由于所有权与控制权分离，剩余损失是无法减少的。与完全由所有者自我管理的公司相比，同样的公司如果实行两权分离，其经营情况往往更好。由此看来，代理成本真实地描述了现代公司实务中的成本与效益。

Jensen 和 Meckling 还进一步完善了代理成本模型。他们论述了为什么通过外部负债筹资能够有助于降低发行普通股产生的代理成本问题。同时还指出，如果债务比例过高，也会产生完全另一类的代理问题。这样，修正后的模型成为非常完善的有关公司资本结构与公司管理的模型。运用该理论，能够有助于解释投资者要求发放经常性股利而公司又愿意支付的原因。然而，或许代理成本模型最重要的应用在于，能够解释在 20 世纪 80 年代所爆发的公司控制权的激烈争夺。通过回顾这些与竞争对手管理当局之间的有关公司资源控制权的并购大战，我们不难发现：（1）为什么在开始时公司价值会被低估（原因是公司由效率低下但地位牢固的管理者所控制）；（2）为什么潜在的收购者愿意并且能够支付很高的价格购买目标公司股票（原因是投资者依据在任经理的经营能力来评估目标公司，但可能对公司更加胜任的管理团队给予更积极的评价）；（3）为什么目标公司的管理当局经常极力抵制并购投标（原因是他们不愿由于失去对大型公司的控制权而损失经济及个人利益）。我们看到，20 世纪 80 年代所发生的并购大战的诸多方面，特别是目标公司的管理当局与经理层采取降低公司价值的措施，如"毒丸计划"和"恶意反并购（shark repellents）"，只能用代理成本模型来加以解释，即该模型清楚地揭示了公司经理与股东间存在着利益冲突。[①]

学术界还研究了代理成本的另一方面，即分析运用报酬政策（compensation policy）来解决公司投资者与管理者之间代理问题的可能性。许多文章论述了如何设计出合理的报酬组合（包含工资等形式的固定报酬和奖金、期权等形式的或有报酬），以协调管理者与股东间的利益目标——从 Murphy（1985）以及 Brickley、Lease 和 Smith（1988）开始，直到 Jensen 和 Murphy（1990）以及 Smith 和 Watts（1992）。这个领域中存在的一个经典问题是，与投资者相比，管理者通常宁愿选择风险更小的投资方案。因为管理者的人力资本的投资风险与其当前雇主息息相关；而投资者可能通过多角化投资，即将资本投入多种金融资产而无成本地降低风险。因此，仅将管理者报酬与投资者收益相挂钩，只能部分地解决上述问题。事实上，以股票期权为基础的高层管理人员报酬组合在美国大型公司中十分常见，当然，在欧洲及亚洲运用股票期权的公司要少得多。在过去 15 年里，为协调管理者与股东间利益，出现了许多其他的报酬创新形式。比如，在经理合同中明确金色降落伞（golden parachutes）条款。依据该条款，如果发生公司控制权变化事件导致高级管理人员失去工作或职权缩小时，给予一定的现金补偿。

§1.1.9　信号理论

无论是在经济学领域还是在财务学领域，信号理论都得到了相应发展。其基本观点是：公司的内幕人（如高级职员、董事）比外部投资者了解更多的有关公司经营状况、发展前景等信息。由于存在这种信息不对称，投资者很难客观地区分公司的优劣。无论好坏程度如何，公司管理者都会声称公司有着良好的业绩和盈利前景，然而只有时间的推移才能证实声明的真假。因此，管理当局陈述书并不能传递任何有用的信息。如果投资者对业绩低劣公司的声明信以为真，公司内幕人就能通过发布虚假声

① 有关该领域的文献非常多，因此这里只引用几篇关键文章。详细情况请参见 Fama（1980）、Fama 和 Jensen（1983）、Jensen（1986）以及 Jensen 和 Warner（1988）。

明而赚取利润。但是，鉴于信息不对称问题的存在，投资者会对所有公司的股票价格做出相似的而且较低的评价。用信号理论来解释，这种情形被称为混合均衡（pooling equilibrium），即无论好坏程度如何，全部公司都被归入同一类型。

显然，业绩良好公司的经理希望能向投资者证实，由于公司拥有良好的发展前景，其公司价值应当得到更高的评价。但问题是，公司经理如何向投资者传递信息，又不会被业绩欠佳的公司经理所效仿呢？其中一种方法是，业绩良好的公司采用某种成本较高但又能够支付的信号传递方式，而这种方式由于代价过高迫使业绩欠佳公司无法效仿。比如，分派高比例现金股利就可能是一种有效的信号传递方式。采用这种策略，虽然代价昂贵（为了支付股利，公司可能需要减少其资本投资支出，而无法达到投资最优化目标），但公司仍然能够在提高投资水平、支付投资者现金的同时，保持足够的盈利能力。对业绩不佳的公司而言，如支付现金股利则可能需放弃投资机会，所以其对这种信号方式只能望而却步。当投资者理解这种动因后，他们将认定能支付高额股利的公司价值更高，而认定那些支付较少股利或根本不支付股利的公司价值相对较低。由此，产生了分离均衡（separating equilibrium），即投资者能够区分业绩好坏程度不同的公司，并能在经济上给予合理的评价。对业绩良好的公司而言，尽管从放弃投资机会的角度看，所负担的成本较高，但能够获得其所希望并应有的较高评价。对业绩不佳的公司而言，它只能获得应有的评价（尽管它本身并不希望如此），投资者也能够有信心地投资于那些发展前景好的公司。因此，这种均衡具有稳定性。①

通过上面的讨论，你可能已经猜测到，在信息不对称的市场环境下，信号是否有用必须符合两项检验。其一，信号对所采用的公司来说代价昂贵。也就是说，如果不是为向投资者传递信息，公司不会采用这种信号（信号本身应当被看作是一种净现值为负的策略，就是在“烧钱”）。其二，信号对业绩欠佳公司比对业绩良好的公司成本更高，如果能对弱小公司具有排斥作用就更为理想。当然，除了分派股利，还有其他方式（包括公司上的或管理上的）也可作为信号。例如，在财务学应用信号理论的初期，利兰（Leland）和派尔（Pyle）曾指出，企业家对拟投资项目申请外部融资时，可以发出这样的信号：与个人投资组合所确认的最佳水平相比，该项目的大部分资金由企业家本人进行投资，从而使该项目具有更高的内在价值。② 文章发表后，理论界将公司内部持股看作是诸多信号中内幕人对公司充满信心的有力信号。③ 这一原理也同样适用于有负债的公司。通过更多的债务筹资，盈利能力强的公司内幕人就发出这样的信号，即与盈利能力低的公司相比，他们的公司不会导致破产或陷入其他财务危机（参见 Ross，1977）。

---

① Miller 和 Rock（1985）以及 Ambarish、John 和 Williams（1987）在其理论模型中将股利作为信息信号。

② Akerlof（1070）和 Spence（1973）最早发表了有关信号的经济论文。

③ 类似例子请参见 Downes 和 Heinkel（1982）以及 Grinblatt 和 Hwang（1989）。

信号模型不仅直观而且很有吸引力，因为即使初次接触的人也会觉得他们的预测很有道理（然而在早期的学术文章中并非如此，因为那些文章总是倾向于复杂的数学计算）。但不幸的是，对于热衷于信号模型的人来说，模型在实证检验中并不很成功。事实上，运用模型所预测的结果与公司实际情况恰好相反。[①] 例如，信号模型认为，那些盈利能力最强、发展前景（用增长率衡量）最好的公司通常支付最高的股利，其债务权益比也最高。但在实践中，迅速成长中的技术型公司通常根本不分派股利，而那些发展稳定的行业中成熟型公司往往将大部分盈余用来发放股利。资本结构也是这样，比如债务权益比率常常与盈利能力、行业增长率相反。尽管存在上述问题，信号模型仍然是财务理论分析的重要工具。其原因有二：一是早期模型经过修正，已能更加准确地反映现实情况；二是除分析股利政策与资本结构问题外，这些模型已被实践证明是非常有效的方法。

§1.1.10　现代公司控制论

人们记忆中的 20 世纪 80 年代是企业界主张兼并与收购的十年。在学术界，现代公司控制论也在此期间产生和发展起来。两者并不是相互独立的事件。学术研究为并购浪潮提供了逻辑解释和证明，而持续不断的理论创新和并购活动也为理论研究提供了大量的资料及理论运用的实际案例。Bradley 1980 年发表了有关现代公司控制的首篇重要文献，其研究了目标公司被宣布收购后的股价变动情况。他指出，一旦收购要约（tender offer，即公开宣布按某固定价格购买所有愿意转让的股份）宣布，目标公司的股票价格大约会立即上涨 30%，然后维持该水平，直到收购结束或被取消。这一结论既不新颖也不出乎人们的意料，但他的第三个主要发现则与此不同。他指出，那些在成功的并购中未被收购的股份（比如，投标人只收购了目标公司 51% 的股份，这很常见），在收购结束后，会立即向最初的价格水平回落。

这个结论的重要性在于它解释了收购公司管理当局发动并购投标的真正动因。在 Bradley 文章发表之前，理论界大都假定投标公司之所以收购目标公司大部分股份，要么是为了夺取目标公司资产，要么是在并购宣布后从目标公司股票增值中获利。Bradley 的解释与这些传统解释完全不同。他认为，既然未被收购的股票价格仍然高出投标前水平，显然收购成功的投标人并不是为了夺取所收购的公司资产，否则会导致未被收购股票价格下跌到远低于投标前的水平。另一方面，由于并购一旦结束，未被收购股票价格将低于收购价格，显然投标人收购股票将发生资本损失而不是资本收益。

Bradley 的最大贡献在于他对所研究的结果做出了合理解释。依据其理论模型，投标公司管理当局发动收购要约，主要目的是获得目标公司资产的控制权和管理权

① Smith 和 Watts (1992) 对公司行为中信号模型与代理成本模型进行了直接比较。

（因为目标公司的管理目前没有达到最优化）。一旦收购成功，收购公司将会对目标公司实施更有效的经营战略，经过有效的经营管理来获取利润。尽管该理论本身可能并没有开创性，但事实上它含义深刻，一方面是由于它对自由并购的资本市场的经济优势进行了论述；另一方面是它对并购市场的行为提供了合理的解释（至少在美国是这样）。根据该模型，竞争对手的管理当局奋力争夺目标公司资产的控制权。由更加胜任的人员接替效率低下的管理人员，公司资源的控制权自然也就转交给那些能够对其进行更充分有效利用的人。并购活动能够消除效率低下，并能将公司控制权集中于最胜任的人员手里，因此，活跃的产权交易市场有利于经济发展。股东们也能获益，因为他们是公正的裁判，有权就针对所持股份的收购要约做出抉择。迫于这种竞争，收购公司的管理当局不得不以高额收购价格的形式，向目标公司的股东预先支付收购后实施更有效管理可能取得的大部分盈利。不难想到，20 世纪 80 年代股东们做得很好，因为活跃的并购市场使普通股价值（从 1982 年至 1990 年）增长了 3 倍。

20 世纪 80 年代，得益于 Bradley 文章的启发，有关公司控制的研究与并购市场一样获得了长足的发展（当然，Jensen 和 Ruback 的研究论文也同样具有影响力）。[①] 这些理论文章涵盖了多种议题，比如普通股表决权的经济功能、公司董事会的合适角色、集中型与分散型股权结构的评价等。实证性文章更是研究了多种问题。比如：研究并购对并购双方的联合财富效应（正效应）；股票价格对目标公司管理当局采取的多种反收购措施的反应（负效应）；双重股权公司（dual-share-class companies）（即某类股份拥有公司绝对多数的表决权）价值的不确定性；如果公司对管理当局采用以股票为基础的激励报酬计划，对股东的好处（通常是正效应）等。依据这些资料，我们财务研究者就能自信地设计出科学而准确的模型，来描述美国和其他国家的公司控制和治理到底是如何实施的。

§1.1.11　金融中介理论

长期以来，美国人对其国内资本市场的规模和效率引以为荣，事实上也的确使其他发达国家相形见绌。1993 年，全球资本市场上发行的 15 020 亿美元债券中，超过 2/3（约 10 480 亿美元）是由美国公司发行的，其中大部分在美国国内发行。虽然美国的投资银行（如所罗门兄弟、高盛、摩根 · 士丹利、美林公司等）在规模上并没有绝对优势（如日本的 Nomura 证券公司比美国最大的证券公司要大好几倍），但几乎垄断了全球的高附加值证券发行领域。财务理论界认为，美国强调资本市场融资是源于所有理论模型都假定公司能够在完美（或至少信息有效的）资本市场上发行证券。

---

① 有关并购的论证清楚、资料翔实的文献可参见 Jarrell、Brickley 和 Netter（1988）。Jarrell 和 Poulsen（1987）、Ryngaert（1988）以及其他学者研究了并购防御与“毒丸计划”问题。

然而，综观过去的十年，我们看到，与通过银行或其他金融中介筹资相比，从资本市场筹集公司日常经营资金的成本要高得多，而且经济上也很浪费。尤其是，除非大规模筹资，商业银行似乎比资本市场更具竞争优势。即使是大规模筹资，银团贷款方式的发展，也为银行简便快捷地筹措巨额资金提供了条件。

稍加分析，银行在为公司筹资方面的优势更为明显。银行生来就能通过吸收存款的传统方式低成本地积聚资金；银行拥有训练有素的专业人员，能掌握信贷分析方法和特定市场的融资需求；除了信贷业务外，银行还能向企业提供广泛的金融服务，包括现金管理、薪金服务、数据处理、托收、租赁等，甚至包括家族企业的信用服务。更重要的是，通过与公司管理当局建立经常性联系，银行经理能够成为公司的真正内幕人，能够评估并满足成长型公司的资金需要，又不会向竞争者泄露敏感的信息，也无须解决在资本市场公开发行证券所产生的信息不对称问题。主要是源于上述竞争优势，商业银行垄断着除美国外几乎全部发达国家和发展中国家的公司融资。

造成美国公司融资的这种独特现象，其原因很简单，那就是糟糕的公共政策。1927 年国会通过《麦克菲登法案》（McFadden Act），禁止银行跨州开展业务，并有效地将银行经营限制在本州范围内（许多州政府甚至更进一步限制银行在本州内建立分支机构）。虽然 1994 年国会最终立法准许银行跨州建立分行，但该法案已经构成了历史事实，使美国没能建立起全国性银行。美国银行无法和德国德意志银行（Deutsche Bank）、日本第一劝业银行（Dai-Ichi-Kangyo Bank）（世界上资产规模最大的银行）、英国国民西敏寺银行（National Westminster）或者其他欧洲、加拿大及日本的大型银行相提并论。1934 年国会通过的《格拉斯 - 斯蒂格尔法案》（Glass-Steagall Act）从法律上将美国商业银行与投资银行分离开。这意味着，禁止美国的国内商业银行拥有其他公司的普通股、承销公开出售的公司证券以及涉足经纪业务等，同时也禁止投资银行吸收存款或发放商业贷款。该法案虽然促进了实力雄厚的美国投资银行的发展，但却使美国商业银行处于不利的竞争地位（特别是第二次世界大战结束后，随着公司财务的国际化，这种情况更加突出）。同样，美国公司也无法成为实力雄厚的商业银行，但其国际竞争者却能够同时涉足投资和商业银行业务。

在学术界，Leland 和 Pyle 于 1977 年在其所发表的文章（前已提及）中，较早地描述了金融中介的信息优势（通过诸如银行等金融中介而不是直接通过资本市场筹资的信息优势）。也有些文章指出，公司宣布发行证券（特别是普通股）会对股东收益产生负面影响。这些文章进一步强化了这样的认识，即资本市场筹资的成本历来就高，且具有破坏性。[①] 1987 年，詹姆士（James）做出了一项重要贡献。他指出，如果公司宣布获得商业银行贷款，其股东就会获得相应的收益。由于与公司筹资的其他相关公告都会对股东收益带来负面或很小的影响，这一论述为银行贷款的盛行提供了

① 请参见 Smith（1986）的综述文章。

有力的证据。由于银行能直接接触公司账目，并与公司高层管理人员保持密切联系，如果银行同意对公司放贷，就说明掌握较多信息的一方对公司未来前景充满信心，从而股票市场的参与者也能清楚地分析贷款筹资公告。

还有些研究人员对 James 的理论进行了扩展。他们既指出通过金融中介筹资要优于资本市场筹资，又认为诸如抵押贷款、汽车贷款等传统银行贷款的证券化（securitization，将银行贷款重新组合并出售给公众投资者）更具竞争优势。或许可以这样说，经过一段时间后，美国公司筹资也将开始类似于其他发达国家（银行在公司经常性筹资中起更大作用），甚至正如这些国家开始更加依赖于类似美国式的资本市场筹资一样。事实上，不断增长的全球私有化（privatization）浪潮，即政府将国有公司出售给私人投资者，已经推动了发达国家和发展中国家大型股票市场的发展，而且这一趋势在未来几年内似乎还将进一步加剧。

§1.1.12　市场微观结构理论

过去 15 年里，尤其是自 1985 年以来，大批学者的研究重点转向不同证券市场的内部结构和运作方面。学术界的兴趣集中于市场微观结构（market microstructure，即研究证券市场如何决定价格，市场参与者如何得到报酬，未公开信息对均衡价格水平的影响等），从许多方面仅说明了财务管理者对实际资本市场交易成本的关注。与教授们不同的是，证券商和投资者不能假定不考虑交易的财务成本和机会成本、与可能掌握更多信息的对手进行交易的风险，他们必须建立一套切实可行的机制，使有关各方能够公平地进行交易并保护其产权。只要学术界提出了有关市场微观结构的经济分析工具，很明显，他们就可以为投资专家们提供更多对市场现状的解释。

微观结构研究可以被划分为两类相互独立又相互关联的分析体系。第一类，市场结构与价差模型（market structure/spread models），研究不同市场结构的相对优势（比如专家垄断券商市场与多券商市场、电子交易市场与手工交易市场等），并分析不同市场下决定交易商所获得的买卖价差大小的因素。第二类，价格形成模型（price formation models），分析未公开信息如何影响证券价格，并研究交易范围与交易总量及价格水平的相关性（当然也研究其他方面的问题）。

尽管第一个真正的现代市场结构与价差模型是 Ho 和 Sholl 于 1981 年提出的，但在此之前，Demsetz（1968）和 Tinic（1972）就发表过文章，分析了在市场参与者的证券变现过程中券商所起的作用，Branch 和 Freed 于 1977 年论述了两种主要交易的买卖价差。Ho 和 Stoll 的创造性体现在创建了个别券商在收益和交易不确定条件下的操作模型。他们还指出，券商出于交易需要而背离其所想要的存货水平，需要得到补偿，该模型从理论上证实了券商索要买卖价差的一部分反映了对这种补偿的要求权。价差的储存成本要素（inventory cost component）反映了券商进行多余储备所要求的补偿报酬，这代表了买卖价差的第二项要素。买卖价差的第一项要素是订购成本要素（order cost component），它包含券商提供变现服务、处理顾客买卖订单的成本。后来，Ho 和 Stoll 将他们的单一券商模型扩展为多券商模型。

下面讨论市场结构与价差模型发展的第二个阶段。1983 年 Copeland 和 Galai 指出，券商与可能掌握相关未公开信息的市场参与人进行交易存在风险，因此通常须以较高的买卖价差形式来补偿这种交易风险。只要这种交易风险增加，价差的逆向选择要素（adverse selection component）问题相应增加。如果券商认为其最近的交易是与掌握更多信息的参与人进行的话，如果该参与人买进股票，券商将索要更高的标价；如果参与人卖出股票，券商则降低价格。1985 年 Glosten 和 Milgrom 提出了类似模型，并且得出了相似的结果。Glosten（1988）以及 Harris 和 Stoll（1989）对买卖价差进行了实证分析。Stroll 发现，平均能够变现的买卖价差，只相当于券商报价时所要求的价差的 57%，他还进一步将报价价差分解为几项独立要素：逆向信息成本（占 43%）、订购处理成本（占 47%）及储存成本（占 10%）。后来的研究者更新了买卖价差的分解方法，即按其组成部分进行分解，并根据价差修正的实际模式来推测交易模式。

有关市场结构与价差模型的文章中还分析了证券市场中不同组织结构的相对优势，特别是：（1）垄断的特定券商市场（monopoly specialist market）（如纽约证券交易所，即每个券商只负责管理给定股票的交易）在运作上是优于还是劣于多券商市场（如纳斯达克）；（2）是有形交易的交易效率高，还是电子化交易市场效率高。[①] 尽管数据结果似乎更倾向于多券商、电子化的交易体制，但 Christie 与 Schultz（1994）以及 Christie 与 Harris，Schultz（1994）的两篇文章指出，纳斯达克市场券商间的内部冲突人为地抬高了买卖价差，从而使人们对多券商交易体制的主要假设产生了怀疑（交易商间的竞争能够将交易成本降到最低）。此外，Glosten 于 1994 年在理论上提出了一个有力的例子。他认为，纯电子化订货是不可避免的（券商公开投标、报出价格和数量），无论如何其效率也至少等于（通常会超过）任何手工处理交易的效率。

价格形成理论源于解决如下明显的理论难题的需要。1980 年，Grossman 与 Stiglitz 指出，对所有各方而言，如果取得相关信息根本无须成本，那么人们就没有花钱获取信息的动力，因此，信息有效的证券市场不可能存在。但是，如果人们没有获取信息的动力，信息又是如何影响证券价格的呢？1985 年，Kyle 首先提出了切实可行的模型，以解释在进行跨期间战略性投资时，交易人如何通过未公开信息获利。依其模型，存在三类参与人，即单个的风险中立的内幕人、随机的（没有信息的）噪声交易者以及竞争性风险中立的做市者。他指出，内幕人可以这样获利：（1）进行大量、小额的长线交易；（2）在更多的普通噪声交易者的交易中隐藏自己的交易，

① 然而其他的相关研究把“流动性”分解为至少三个部分：牢固性（短期内的周转成本）、深度（对价格产生一定变化所要求的流动创新的订购规模），以及弹性（从无信息的交易中反弹的能力），见 Kyle（1985）对这一研究的综述和对这些要素的深入分析。

而不是从事单笔大额交易（因为这样自然会令券商和噪声交易者产生怀疑）。由此，Kyle 提出了现实的、跨期间的交易方式，即在交易结束时考虑所有未公开信息对价格的影响，而这为实践中归纳出的交易量与交易价格存在负相关关系提供了理论依据。[①] 后来的研究者，如伊斯利（Easley）与奥哈拉（O' Hara），在 1987 年也指出交易量会对证券交易产生逆向选择问题。其原因是，就其要买卖的证券来说，掌握更多信息的参与人，在任何给定价格水平上都愿意进行更大量的交易。因此，做市者只在较低价格水平上进行大规模交易以保护自身利益。

许多研究人员（Wood、McInish 和 Ord，1985）还对价格形成模型进行了进一步扩展，以解释各种即日交易（intra-day trading）的规则，包括市场开盘与收盘间的交易量和收益变动幅度。1988 年，Admati 与 Pfleiderer 提出了即日交易量与价格变动模型，即即日交易量的 U 型曲线内在地源于流动交易者（liquidity traders）与掌握信息交易者的战略行为。他们的主要理论贡献在于，指出那些自由流动的参与人，正如掌握较多信息的参与人一样，选择时机进行交易，并倾向于在市场交易量最大时进行交易。在市场开盘、收盘时，交易量通常会发生萎缩或易变，而该模型为此提供了信息基准的理论依据。有关即日交易特征的后期文章还包括 Foster 和 Viswanathan（1990）以及 Brock 和 Kleidon（1992）。

综上所述，有关市场微观结构的文章都与不断发展的公司理财理论著作相一致。比如：(1) 两者都基于这样的假设，即掌握信息的代理人做出理性行为并追求财富最大化；(2) 假设金融市场运行有效；(3) 用一种严谨的、内在有机的方式来解释重要的现实问题，并为从事证券交易的管理者和有志于深入研究的学术研究者提供指导。

§1.2 运用基本财务理论解决企业实际问题

1986 年，Stern 和 Chew 发表了《公司财务的革命》。该书在 20 世纪 80 年代深受人们欢迎。该书描述了上面所列举的现代的、科学的财务理论在过去如何改变以及将来如何继续影响着公司理财实务。在下面几章里，我们将研究这些理论如何影响财务学诸多领域的发展，包括：资本市场均衡（投资）、债券、股票及期权评价、资本结构、股利政策及资本预算等。我们还将研究实务界如何运用基本理论来分析和解决企业现实问题。在本章的结尾，我们将简要列举一些基本原则，读者在阅读此书时应当记住这些原则，然后便可以在富有挑战性和符合社会需要的财务领域开始职业生涯。

(1) 金融资产的定价只需考虑系统风险

尽管目前资产定价理论还无法让我们确定应对金融市场中哪个经济因素进行定

① 为此和其他原因，Kyle（1985）成为所有关于市场微观结构论文中引用最为广泛的作者之一。

价，甚至还无法阐明到底存在多少相关因素，但有一点是明确的，即只需考虑对全部金融资产具有重要影响、涉及整个国民经济的系统因素。投资组合分散化行得通，任何投资者能够加以分散的风险都是如此。对理财实务而言，这一点无论对公司财务问题（如资本预算），还是对投资管理决策（如投资组合的选择）都很重要。在资本预算中进行净现值投资分析时，我们只需分析备选资产的系统风险，以确定合适的折现率。同样，在选择投资组合中的各种股票时，我们应忽略某股票的总体方差，只研究该项资产对投资组合收益总风险的影响。

（2）信任市场价格

尽管只有存在最强势的市场效率时，我们才能推测总风险的金融市场价格准确地反映了其基本的经济价值，但无论常识还是财务理论及学术研究都揭示了，市场价格包含了对公司现在价值和未来前景的公正评价（因此总体上也是准确的）。正如那些无偿提供建议的专家们一样，财务管理人员应当从整体上分析金融市场，股票市场更是如此。金融市场就像一个巨型的信息处理器，不断地评价公司前景，并且通过调整证券价格做出相应的反应。因此，如果公司宣布了一项新产品或新政策，导致其股票价格大幅下跌，那么明智的决策是，在该政策执行前重新予以审视。相反，如果股价上升，必将有助于消除对可能存在风险的新投资项目的顾虑。

此外，财务人员无须过于关注公共媒体的诸多评论。这些评论指出，金融市场使得公司高层管理者存在短期行为。这种观点几乎是在“睁着眼睛说瞎话”，尽管不能否认为了按季报告收益并对“贪婪、短见”的股东们负责，从逻辑上看公司经理有可能放弃那些会降低近期收益的长期投资计划，但是无论理论还是实践都不支持这种观点。从概念上说，很难理解为什么普通股股东会有短期行为，因为他们持有公司证券的期限最长。即使有人存在短期行为，通常也应该是贷款人，特别是银行家。经过实证研究，学术界得出结论，当公司宣布增加资本投资方案或宣布增加研究、开发支出计划时，其股票价格会上涨。市场并不完美，但投资者投入自己的资金，所以应当比许多评论家的评价更客观，而且不像政府官员那样具有政治目的。

（3）注重投资而不是筹资

现代资本市场中，由于竞争的存在，仅凭英明的筹资策略来创造财富的机会存在很大的局限性。尽管成功的金融创新的确发生过，但对公司的筹资总量来说，也只占极小的一部分，而且盈利机会因竞争原因转瞬即逝。公司高层管理者应集中精力，创造和利用有利可图的投资机会，而不是想方设法去“击败市场”。公司长期竞争优势最终取决于资产质量、员工的创造力和胜任能力，而不在于其财务策略。

另一方面，公司管理者应做好准备，把握所出现的具有盈利前景的投资机会，尽管有些机会看起来微不足道或者稍纵即逝。文献中有关于这种投资机会的实际例子。例如，1988 年，Kim 和 Stulz 论述了为什么在 20 世纪 80 年代初期，那些能向欧洲投资者发行美元债券的美国跨国公司的借款利率低于联邦政府借款利率。当时美元对欧洲外汇利率大幅上涨，欧洲对非注册美元面值债券的需求高涨，这些美国公司恰好迎合了这种需求。过了几年，迪士尼和其他几家美国大型公司发行了期限为100年的长期债券，被那些想取得固定收益的投资者抢购一空。由于抢占了先机，这些公司以极其优惠的利率筹集了长期资本。

（4）重视现金流量而不是会计利润

现金流量是所有企业的生命之源。只有获得现金流量，公司才能偿还债务、进行投资及向股东支付股利。眼下，在公司理财中关注现金流量而不是利润，你可能还有些不适应，当然也的确情有可原。首先，为计算公司利润，必须采用持续变动的一系列公认会计原则进行账务处理。当采用不同的折旧政策、收入确认方法及其他原则时，利润数据常常发生显著的变化。其次，现金流量可以被简便明确地计算出来。最后，在资本预算时，运用利润进行分析有时还会产生错误的结果，特别是涉及多个期间时。如果采用现金流量总能得出正确结论。在资本预算决策时，侧重于增量现金流量也有助于将注意力集中于那些真正相关的因素上。

（5）切记：财务已成为国际问题

20世纪60年代初，美国几乎占据了世界商品和服务总产出的一半。尽管美国经济在过去30年内实际增长超过了一倍，如今其占世界总产出却不到1/4。而且，这一趋势看来还在继续，因为许多发展中国家的经济增长率要比美国及其他发达国家高好几倍。对美国商界新人来说，这就意味着不应再仅仅拘泥于一国企业实务，而忽视外部世界。特别是财务已经国际化，而且还会日益加剧。例如，全球外汇市场上，全部外汇的日交易总额超过10 000亿美元，到20世纪末该数字可能会翻一倍。财务国际化使财务学更加丰富，也更富于挑战性。因此，如果忽视美国之外的企业实务，企业必将付出高昂的代价。

（6）切记：财务学是一门定量学科

与其他学科相比，财务学更倾向于数学化。其原因也不难理解，因为从本质上说，我们这个领域要和数字、公式打交道，并总是要比较财富的未来价值和现值。为了有效地进行计算，现在对定量分析技术的要求很高，将来也一定会更高。我们不仅要掌握数学、统计知识，而且需要熟练地运用计算机，这一点对成功从事公司财务的人员已成为必不可少的先决条件。如今，每年世界个人计算机的销量超过4 000万台（其中大部分销售给企业），对计划从事财务管理的新世纪财务人员，必须熟练掌握信息技术。

§小　结

本章概述了公司财务理论的发展：从20世纪50年代初期Markowitz的投资组合理论的诞生，到50年代末60年代初M&M的资本结构与股利无关论，到60至70年代Sharpe和Ross的资产定价理论，Black-Scholes的期权定价理论和金融中介理论，以及70年代的Jensen和Meckling的代理理论，最后讲述了80年代市场微观结构理论和现代公司控制理论的发展。所有理论都基于信息有效的资本市场假设，即市场由理性的、追求财富最大化的投资者组成，他们可以无成本地分散非系统风险，并只考虑影响整个经济的宏观因素。上述理论加上本章介绍的其他理论模型，构成了现代公司财务的核心内容。这些理论被世界诸多财务管理者用来创造和管理巨额财富。经过40年的发展，财务学从学术和理论上的停滞不前发展成为富有活力的内在有机的方法体系，并可用来解释现代金融市场和金融机构的实际现象。本章介绍了这些模型的发展过程，并叙述了其在分析现代企业实际问题中的作用，还简要介绍了财务专业人员应当记住的基本原则。在后面章节中，我们将进一步分析有关公司财务的各理论模型，并综合讨论每一主题的经典内容和最近的学术进展。

§习　题

1. 资本市场是如何增加储蓄人与借款人的经济福利的？

2. 什么是费雪分离模型？它对制定最优公司投资政策和筹资政策有什么启示？

3. 依据Markowitz投资组合理论，什么是有效投资组合？在决定投资组合时，投资者需要什么信息？

4. 什么是总价值不变规律？在M&M资本结构无关论中这一规律有什么作用？

5. 简述在完美资本市场条件下股利政策无关的原因。哪些市场缺陷会减少股利支付？哪些会促进股利支付？

6. 为什么从理论上讲不应支付股利要比应当支付股利更容易些？

7. 在资产定价模型中，所谓投资者定价时需考虑一定要素（或影响）说明什么？

8. 在CAPM扩展理论中，无风险资产有什么作用？

9. 在套利定价理论中，要素是如何定义的？什么是生产能力因素？为什么它们在套利定价理论中有重要作用？

10. 简要比较套利定价理论和资本资产定价模型。

11. 定义和比较市场效率性的三种形式。哪种形式未能得到实证支持？

12. 当宣布公司成为并购目标时，股票市场通常会有什么反应？在并购竞争过程中，股票价格通常会如何变化？

13. 影响期权价格的五个因素是什么？为什么说Black-Scholes期权评价的五因素是财务理论的重大突破？

14. 除了用于股票和债券期权定价外，期权定价理论如何影响资本预算和其他财务领域的？试简要讨论。

15. 美国进口商可能如何运用期权来规避外汇风险？

16. 对比微观经济理论的公司“经济模型”和Jensen与Meckling有关公司“契

约关系”模式。

17. 为什么 Jensen 与 Meckling 认为企业家（而不是投资者）将承担他们特权消费的全部代理成本？企业家如何才能部分地解决这种成本？

18. 依据信号理论，混合均衡与分离均衡有什么区别？

19. 信号的经济定义是什么？要使信号有效并得以保持，需要什么先决条件？

20. 简述 Bradley 有关公司控制权争夺的经济功能的观点。与以前有关公司控制权争夺的模型相比，Bradley 的观点有什么不同？

21. 与资本市场相比，金融中介（特别是商业银行）在公司筹资活动中有什么竞争优势？资本市场有什么优势呢？

22. 与其他发达国家相比，为什么美国没能建立起大型的、全国性的商业银行？

23. 存在哪三种成本影响证券市场中券商间买卖价差的大小？哪种成本与券商和掌握信息投资者间信息不对称相关？

24. 你怎样驳斥这种观点：股东对公司决策存有短期偏见。

参考文献

第 2 章　所有权、控制与报酬

§2.1　导　言

现代公司财务理论主要建立在完美资本市场假设的基础上。大多数突破性的理论文章都暗含了这样的假设，即财务是由美国法律或体制结构所确定的，或者不管体制结构怎样设计，财务理论模型总是适用的。近年来，财务学研究范围有所扩大，既包括了美国以外的成功的经济体制，又包括了美国经济中别具活力的企业家因素（entrepreneurial sector）。显然，一国的法律、文化、历史背景都会对该国公司如何组织财务活动产生重要影响。例如，一旦我们比较德国、日本与美国的公司财务机制，我们会立即发现这些机制相互间竟会如此不同。三国都是奉行私有财产和自由贸易的资本主义经济，都实行议会民主政治，无论以经济或政治标准来衡量都取得了历史性的成功。[①] 三国总产出占世界总产出的 40% 以上，为什么其采用明显不同的公司财务机制却都取得了成功?[②] 与其他发达国家及发展中国家成功的经济模式相比，三国的体制存在什么共同点？在本章，我们将试图回答这些问题。

为了取得成功，任何一种经济体制必须力图能有效地在一系列相互冲突的目标之间达到平衡。比如：（1）它必须促进个人与个人之间、公司与公司之间的激烈竞争，从而使资源得到有效利用，使新的思想与方法相互快速融合，同时要维护社会公共利

---

① 《哈佛商业评论》（*Harvard Business Review* ，1992 年 7/8 月号）提供了有关美国、日本和西欧（特别是德国）优劣势比较的 3 篇最具可读性的文章。请参见 Prowse、Cutts 和 Hentzler。Murphy（1989）就 20 世纪 80 年代后期日本对美国资本主义地位挑战进行了杞人忧天般的评述，而 Ohmae（1991）则对美国经济的持续优势进行了乐观的评价。

② 设在瑞士的国际管理开发协会（International Institute for Management Development）发布的《1994 世界竞争力报告》（World Competitiveness Report）评价了上述国家（地区）经济强弱程度。Williams（1994）在《金融时代》中引用了这篇报告。美国经济竞争力名列世界第一位，日本和德国分列第三和第五位（新加坡和中国香港分列第二和第四位）。

益，防止正常的竞争退化为经济冲突；（2）任何社会必须建立强有力的政府，维护稳定的法律法规环境，防止政府过度干涉或产生官僚主义，而抑制群众的创造精神和企业家才能的发挥；（3）一种经济体制应当向公众提供一种方法，促进人们向公司投入其才能和资源，以便有效地生产产品或提供服务，同时又必须采取有效措施，来监督和控制这些公司及所聘用的公司管理者。①

本章我们将侧重于这些监督和约束目标，首先分析美国是如何组织和控制公司活动的。然后，将美国与其他国家的公司控制与公司管理模式进行比较，分析所有成功的经济体制存在哪些共同特征，并研究如何通过学习别国经验从而改进美国体制。最后，我们将分析美国公司常用的管理者报酬政策，并评价这些政策如何有效地解决股东和管理者之间存在的代理问题。

§2.2 美国企业的法定组织形式

在美国，存在三种基本的企业组织形式，即独资制、合伙制和公司制。三者间的区别主要包括：企业所有者人数；每个所有者对企业其他成员的行为所负法律责任的程度；企业所得税待遇。而且，实践中还出现了其他的包含一种或几种主要形式特征的混合型组织形式，包括独资企业、合伙企业、公司制、有限责任合伙制、S公司。②尽管各种形式的企业看起来在美国经济中显然都各有自己的一席之地，但绝大部分的收益都是由普通的公司创造的。除了人寿保险、投资银行和专业服务领域外，几乎在所有领域，一旦企业达到特定要求（如收益、资产或者职工人数等，当然因行业不同而有所区别），实际上大多数都将采用公司制的形式。我们将依次介绍各种企业组织形式，并分析各种形式的优缺点。

§2.2.1 独资企业

从字面上理解，所谓独资企业（sole proprietorship）是指只有一个所有者的企业。事实上，这里企业与业主没有明显的区别。企业是业主的个人财产，只要业主活着并

① 这是一个极其抽象的问题。世界各国政府都正试图建立或恢复市场经济体制，并期望在不损害消费者权利的同时激励生产者，而且许多国家的政府正采用新的（通常是极端的）民主政治体制以实施上述目标。有关俄罗斯正实施的体制转变和所遇到的“特殊”问题请参见 Kvint（1990），Galuszka、Kranz 和 Reed（1994）。Johnson 和 Loveman（1995）则对波兰经济改革所取得的进步给予了一定的积极评价。

② 虽然互助形式是最常见的企业组织形式之一，本章中没有探讨该形式，主要是因为它是非营利、“利益共享”的经营单位。有兴趣的读者可参见 Mayers 和 Smith（1986），Masulis（1987）或者 Lamm-Tennant 和 Starks（1993）。本章中也没有讨论特许经营形式，虽然特许市场占美国商业零售额的 1/3 以上。有关这种形式的阐述和分析可参见 Brickley 和 Dark（1987）以及 Brickley、Dark 和 Weisbach（1991）。更一般地，Piat Marwick Main & Company（1988）以及 Rexer 和 Sheehan（1994）探讨了新企业如何选择适当组织形式的相关问题。

且愿意继续经营，企业就一直存在。整个企业的财产归所有者个人所有。而且，业主（企业家）个人对企业的全部债务负责（如果企业败诉，还包括欠原告的债务数额），企业利润作为企业家的普通所得征税。表 2-1 提供了不同组织形式企业收益的明细分布，清楚地揭示出为什么独资企业是目前美国企业最常用的组织形式——它们占全部企业年税收总额的 74% 以上，但它们占企业利润总额不到 6%，雇佣人数占劳动力总数不到 10%。

表 2-1　　美国企业组织形式分类表（1992 年）　　金额单位：百万美元

组织形式	收益额	经营收入总额	净收益总额
独资企业	$15 495 419 （74.3%）	$737 082 （5.7%）	$153 960 （25.7%）
合伙企业	$1 484 752 （7.1%）	$595 855 （4.6%）	$42 917 （7.2%）
公　　司	$3 868 004 （18.6%）	$11 712 540 （89.8%）	$402 658 （67.1%）
合　　计	$20 848 175	$13 045477	$599 535

表 2-1 列示了 1992 日历年度美国非农业独资企业、合伙企业和公司的申报收益额、经营收入总额和净收益总额。括号中的数字为各组织形式占所有组织形式的百分比。

资料来源：《收入统计》，美国国内税收署（1994 年第 3 季度）。

独资企业的主要优点是设立的手续简便并且企业所得税有优惠。从专业角度看，如果你曾经通过征订杂志或者打扫院子来挣钱，你就是在经营独资企业。即使是从事更长久的经营活动，独资企业也很容易设立和终止，这种企业只需终止其营业就可以被关闭。独资企业的记账也比其他形式的企业简单得多，无须向其他所有者报告，企业应纳所得税只简单地作为企业家个人所得税附加来处理。此外，独资企业能够与其他形式的企业一样享有税收利益。企业家能够从个人所得中抵减合法的经营支出，有时还包括购买汽车、计算机、健康保险金、养老金等支出。撇开所有其他因素不说，成功的独资企业无须向其他人负责，即他或她是自己的老板。既然有如此诸多的优势，独资企业为什么不能成为主要企业组织形式呢？

上述问题答案有二。其一，在许多行业，由于小规模公司更为理想，且资本要求很少，独资企业源于低成本和极富灵活性而成为主要的组织形式。其二，也是最重要的原因，独资企业同样存在严重的竞争劣势，而且随着公司规模的增大，这种劣势呈指数递增。独资企业的三大主要缺点是经营期限有限、筹资渠道有限、个人对企业债务负无限责任。从定义上说，当独资企业的创办者死亡或退休后，企业也就相应终止。尽管企业家能够将企业资产传给其子女或出售给第三方，但公司本身不能被转换，成功的企业，当其所有权发生变化时，往往会被要求缴纳巨额遗产税。同样，从定义上说，独资企业不能通过接受他人合伙或通过向外部投资者发行普通股或优先股来筹集权益资本。它只能从两种渠道筹集营运资本，即用利润再投资或者由企业家个人对外借款，而在现实生活中，这两种途径都有很大的局限性。最后，只有最具胆识的企业家才愿意持续接受个人承担无限责任的风险（只有当他（她）取得足够的成功，才有实力承受损失）。美国是法制社会（每年在州法院受理超过 2 000 万起诉讼案），只要一件诉讼指控就能毁掉成功的家族企业的终身积累并使其陷入一贫如洗的境地。

§2.2.2 合伙企业

（普通）合伙制（partnership）是指基本上由两个或多个所有者投入其才能和个人财产而共同设立的企业。正如独资企业一样，在合伙企业中，法律上并没有区分企业与其所有者，任一合伙人所签订的合同对所有其他合伙人都具有约束力，任一合伙人个人都对所有合伙债务承担责任。法律上并没有规定必须就其合伙关系达成书面协议，但法律非常提倡签订合伙协议，以防止因为合伙的任何一方死亡或退休而导致企业被解散。而且，除非合伙协议有具体的规定，否则每一合伙人将同等地享受企业收益，同等地享有企业管理权。和独资企业一样，合伙企业只被征税一次，即只承担个人所得税。

与独资企业相比，合伙企业的主要优势在于，合伙关系使得一大批人（通常是诸如会计师、工程师、投资银行家等专业人员）能够共同投入资本和技能，从而组成具有竞争性规模的企业。1983 年，Fama 和 Jensen 指出，只有当企业控制权（监督和管理职权）集中于那些具有决策权（经营管理权）的专业管理人员手中时，合伙关系在这些行业中才能获得最佳的竞争优势。换句话说，如果某一行业中所有权与控制权相分离就不能达到最佳状态，即合伙制企业在这些行业最具竞争力。① 这种区分有助于解释下列现象，比如，尽管所有的大型商业银行都是公司制，但采用合伙制的高盛公司这样的合伙关系在投资银行业中仍然能具有国际竞争力（当然，持续的个人关系与大规模筹资能力都是成功的关键因素）。另外，在资本要求不高的知识密集型服务业，如广告、公共关系和法律服务业，合伙制企业同样具有竞争优势。②

合伙企业与独资企业一样，其主要优势也是企业收益只按照合伙人个人所得税标准征税一次。此外，由于能够汇集不同合伙人的资本，并且当存在一个设计良好的合伙协议时，企业不会因为某个合伙人的死亡或退休而终止，因此合伙企业比独资企业更加灵活。同时，合伙企业也存在类似于独资企业的缺点：（1）存在一定期限（在只有少数合伙人时更是如此），在长期的、多个合伙人的企业组织中还存在着内在的

① 除了 Fama 与 Jensen(1983)外，Wruck 和 Jensen(1994)也分析了控制权和决策权问题。

② 有关源于合伙而产生的投资问题请参见 Fama 和 Jensen(1985)。Jensen 与 Mecking(1979)还针对所有者自我管理的公司中存在的经营和投资问题进行了更全面的分析，Weisbach(1995)对公司投资的代理成本相关理论进行了调查和检验。

不稳定性；(2) 筹资渠道有限，企业筹资仍然局限于留存收益和个人借款；(3) 由于任何合伙人都可以企业名义签订合同，每个合伙人对企业全部债务负责，因此存在无限个人责任问题，特别是合伙人受制于共同债务和多项债务的约束使这一情形变得更糟。

§2.2.3　公司制

根据美国法律的规定，公司 (corporation) 是能独立享有权利和承担责任的法律主体。公司可以起诉他人或被他人起诉，可以以自己的名义占有财产和签订合同，并可因其雇员的违法行为而遭到审判和起诉。换句话说，法律上将公司看作个人，其只有一个关键性区别：一旦创立，除非明确地被终止，否则公司将永远存续下去。

(1) 优点

公司是独立于其所有者的法律主体，因此公司活动产生的债务只需公司本身来承担。公司股东承担有限责任 (limited liability)，也就是说，股东可能损失其对公司的普通股投资，但诉讼原告或税务当局不能要求股东个人做出赔偿。公司制的有限责任特征是其重要优点，加上永续存在的特征，使得生意兴隆的公司可以历经数代而无须进行重组。此外，作为独立的经济主体，公司可以单独与管理者、供应商、顾客或社会公众签订合同，可以对每份合同进行重新协商、修改或终止而不影响其他股东。[①] 正是源于上述特征，Jensen 与 Meckling 在 1976 年将公司看作是虚拟的法律主体，并假定公司是不同方面的契约集合体。

作为进行持续经营活动的主体，公司同样具有非常重要的筹资能力，即能够向投资者发行多种不同类型的证券，筹集现金以购置固定资产或作为公司经营资本。公司本身（而不是其所有者）能够向外举借债务，并且可以向股票投资者发行各种形式的优先股或普通股。[②] 此外，所有权能够独立存在——针对公众公司 (public company) 而言，其股份能够在公开的证券市场上挂牌交易，普通股股份能够在投资者之间自由交易，而无须征得其他投资者的同意。[③] 这样使得公司极具灵活性和稳定性。公司的所有权结构可以不断发生变化，但公司不会产生重新订约的成本 (recontracting costs)，也不会破坏公司控制权结构的稳定性。

公司可以成为法人，但又不同于自然人，它是普通股股东的财产。股东有投票

---

① Alchian 和 Demsetz (1972) 首先详细阐述了这一基本观点，Fama (1980) 随后也论述了这一问题。

② 然而，对小型公司而言，公司（而不是个人）借款的实际意义也令人怀疑。原因是除了对规模大、经营良好的公司借款人外，银行总是要求公司借款提供个人担保。

③ 应当指出，在首次公开募股后及控制权争夺期间，法律对公司内幕人（经理、董事以及持有公司股份 5% 及以上的股东）的股票交易施加限制。此外，内幕人必须经常地向证券交易委员会报告，稍后该信息将被公布。毫不奇怪的是，研究发现，内幕人通常能从其交易中获得额外收益，可能是因为他们掌握了证券价格中未予反映的信息（参见 Seyhun，1986、1988、1990）。此外，Meulbroek (1992) 指出，内幕人通过非法的内幕交易可获得数目不菲的收益，市场股价也会对这种交易做出反应。

权，每个股东或股东集团可以在公司选举时组成多数选票，选举董事会（董事会集体决定雇用或解除经理职位）并决定公司的整体政策。① 公司章程中规定公司投票权及其他公司管理问题（当然要符合州法律的规定），而且只有公司股东（而不是董事）有权通过股东大会决议批准才能更改。② 有趣的是，在美国，公司章程是由50个州独立批准，而不是由联邦政府批准，而且大多数适用公司的法律由各州而不是联邦制定。③ 同时，联邦法律法规只规范一些重要的公司活动，比如跨州贸易、劳工管制、证券法律、上市公司间的并购及其他企业行为。④ 此外，所有国内公司受制于联邦企业所得税管理，包括公司所得税（对公司获得的利润进行征税）和个人所得税（当利润作为股利支付给投资者个人时征税）。

（2）税收和成本劣势

公司收益既要缴纳公司所得税，又要缴纳个人所得税，这已成为美国公司制企业最大的不利条件（在其他国家并非如此），即其不得不遵守糟糕的股利双重征税政策（double taxation of dividends）。⑤ 为说明这一税收政策的严重影响，我们将比较经营利润为10万美元的公司与获得同样利润的合伙企业的税负。假定公司所得税税率为35%，公司股东和合伙企业业主的个人所得税税率都按普通所得的40%征税（这同时也可以说明合伙利润和股利所得如何征税）。如表2-2所示，合伙利润10万美元只按照个人所得征税一次，合伙人得到6万美元的税后净收益。然而，公司的经营利润先要被征收公司所得税，联邦税收拿去3.5万美元，然后剩余的6.5万美元以现金股利形式分配给股东，并按照40%的边际税率全额征税，只剩下3.9万美元税后净收益（这里我们忽略了州所得税，否则公司的相对税负更重）。换句话说，如果某公司以合伙形式而不是以公司形式组建，公司所有者所得到的全部收益能够减少21%的税收。即使对公司经营活动有大量的税收优惠措施，这种税收“楔子”（tax wedge）对美国公司也是难以承受的重负。正因如此，其他国家都力图减轻有限责任公司的负担。

---

① 有关规范选举权的州和联邦法律的评述，以及选举权在公司管理中的作用请参见 Easterbrook 和 Fischel（1983）。Grossman（1988）以及 Harris 和 Raviv（1988，1999）对公司选举权的最佳分配进行了理论评价。

② 有关宣布改变股东选举权所带来的财富效应可参见 Bhagat 和 Brickley（1984）。此外，读者们可参见20世纪80年代专门研究拥有两类普通股的公司（由于股份选举权不同，通常被称为双股权公司）的一系列文章。此类文章多如牛毛，作者有 Levy（1983）以及 Lease、McConnell 和 Mikkelson（1983）；还涉及 Partch（1987），Jarrell 和 Poulsen（1988），Megginson（1990），Lehn、Netter 和 Poulsen（1990），Bergstrom 和 Rydqvist（1992），Zingales（1994）以及其他学者。

③ 针对州与联邦对公司审批的重要性进行的经济分析可参见 Easterbrook 和 Fischel（1983）或 Dodd 和 Leftwich（1980）。

④ 有关州与联邦对经营活动施加管理中的冲突，以及政府有时如何谋求维护或削弱管理利益的讨论，请参见 Partch（1987），Jarrell 和 Poulsen（1988），Megginson（1990），Lehn、Netter 和 Poulsen（1990），Bergstrom 和 Rydqvist（1992），Zingales（1994）以及其他学者。

⑤ 有关加拿大、日本、德国、瑞士、英国及其他发达国家税收制度的描述与经济分析请参见 Bailey（1988）、Hammer（1975）、King 和 Fullerton（1984）以及 Poterba 和 Summers（1984）。

表 2-2 公司和合伙制企业的所得税

	公 司	合伙企业
营业收益	$ 100 000	$ 100 000
公司所得税（税率 35%）	$ 35 000	0
净收益	$ 65 000	$ 100 000
现金股利或利润分配	$ 65 000	$ 100 000
业主个人所得税（税率 40%）	($ 26 000)	($ 40 000)
税后可支配收入	$ 39 000	$ 60 000

资料来源：《收入统计》，美国国内税收署（1994 年第 3 季度）。

与独资企业及合伙企业相比，公司还存在其他竞争劣势。其中有些与公司的组建、经营管理的交易成本有关，还有些与监督和约束公司高级管理者问题更为相关。首先，组建公司的费用昂贵，对那些刚开业的小型企业更是如此，而且一旦组建，大部分州都会对经营中的公司征收年度章程税（charter tax）。上市公司还要向证券交易所缴纳数目不菲的年费。其次，为满足证券交易委员会的要求，大型上市公司每年的印刷、邮寄、法律、审计及其他报告支出将高达数百万美元。而且，一旦公司卷入控制权争夺（如兼并或代理之争），或者公司需要登记公开发行证券，这些成本将会飞涨。与股东保持直接接触也须花费巨额成本，对于那些拥有 50 万名以上股东的大型公司更是如此。每位股东会收到年报（当然通常是精美彩印）、代理人陈述书及其他每年必须发布的法律文件。除这些支出外，维持由专业人员组成的投资者关系部门（许多公司都这样做）的运作也须花费成本。很显然，光是为保持好的名声和法律地位，大型上市公司每年就要承担数百万美元的开支。

（3）管理问题

尽管存在上述巨额支出，近几年来，在美国与公司法有关的最重要的经济问题无不涉及公司制固有的所有权与控制权的分离，而美国法院、立法机构和管理部门所制定的管理规则加重了这一问题。① 从理论上说，掌握充分信息的股东所选出的董事会，由董事会承担聘用、监督和支付经理人员报酬的职责。作为高层权力机构的董事会也应当管理公司事务，并确保公司的运作符合股东的最大利益。② 股东是公司的剩

① 有关这些规则及由此产生的管理问题可参见 Roe (1990, 1993)、Grundfest (1990)、Black (1992)、Jensen (1993) 以及 Bhide (1993)。

② 发表于 Journal of Financial Economics 20 (1988 年 1/3 月号) 的 3 篇文章深入探讨了美国公司董事会的权利、职责和效果。参见 Jensen 和 Warner (1988)、Weisbach (1988) 以及 Warner、Watts 和 Wruck (1988)。有关这一问题的其他文章还有 Furtado 和 Rozeff (1987), Morck、Shleifer 和 Vishny (1989), Holderness 和 Sheehan (1991), Byrd 和 Hickman (1992), Shivdasani (1993), Brook 和 Rao (1994) 以及 Pound (1995)。最后，发表于 Journal of Applied Corporate Finance (1994 年冬季刊) 上的 3 篇文章评价了美国与日本及其他国家公司管理体制的相对效果。可参见 Bernstein (1994)、Miller (1994) 以及 Prahalad (1994)。

余求偿者（residual claimants），其投资只有在债权人、员工及其他优先受偿人的全部权益得到清偿后才能收回。因此，股东们牢牢地掌握公司的控制权既符合经济要求，在道义上也是可理解的。而且，可以认为股东能够有效地分散投资，因此对某个公司的前景比经理及其他利害关系人更加不注重规避风险，他们也同样更愿意选择和投资于风险型长期投资项目，这符合现代经济的未来发展要求（参见 Fama 与 Jensen，1985）。

遗憾的是，在众多美国上市公司中，这种令人鼓舞的公司治理模式并不有效。要分析其原因，先假定上面所讨论的公司有超过 50 万名的股东。这样的公司市场价值可能至少有 100 亿美元，可以肯定每个股东所持股份不超过发行在外股票的 1%（即便如此，也相当于 1 亿美元）。显然，每个股东所占份额都微乎其微，任何单个“所有者”都不会存在密切监督公司管理的动机，即使他（她）确信这样做是很必要的，他（她）也不会单独采取行动。这就是典型的集体行为（collective action）问题。虽然采取监督和约束公司管理的行为符合全体股东的最大利益，但是，如果单独行动，他（她）将承担全部成本，而收益却由全体股东共享，这并不符合集体中理性成员的自身利益。[①] 换句话说，所有股东都希望有人（除自己外）能采取措施提高公司业绩，他们可以因此搭便车并得到好处。

鉴于上述情况，公司高层管理人员很容易就能有效地控制公司，并在经营中追求自身利益而不是股东利益。由于经理们控制了董事提名机构（nominating machinery），公司的治理制度也使得机构投资者（他们可能拥有某公司数百万美元的股份）难以联合起来对公司管理当局发难。唯一有效的约束或替换现任经理的办法，就是通过恶意收购或者代理权争夺（proxy fight，即某个挑战者向股东提出代理权，请求将股东大会上的投票权赋予该挑战者）。[②] 采用这两种步骤代价很高，最近的立法以及诸如毒丸计划（当恶意收购者发出要约时，有条件地赋予现有股东证券折价购买权）的抵制创新措施也降低了上述方法成功的可能性。[③] 在本章后面，我们将对这些公司控制问题做深入探讨，但现在还须分析各种专门或混合形式，以完成对组织形式的

---

① Grossman 和 Hart(1980)曾对公司控制环境中的搭便车问题进行了经典阐述。Harrington 和 Prokop(1993)则提供了并购竞争中有关该问题的更新的例子。

② 有关代理权争夺的阐述和分析可参见 Dodd 和 Warner(1983)、Pound(1988)、DeAngelo(1989)以及 Ikenberry 和 Lakonishok(1993)。

③ Malatesta 和 Walkling(1988)以及 Ryngaert(1988)对毒丸计划进行了研究和阐述。两者的文章都认为，毒丸计划宣布后，股东将会遭受额外损失，说明这些计划的目的是以损害股东利益为代价维护和促进公司内幕人的利益。而 Comment 和 Schwert(1995)的观点与之正好相反。他们认为，毒丸计划提高了并购投标溢价，因而实际上对股东有利。这意味着，20 世纪 80 年代并购浪潮流产于自然原因——主要是日益衰退的经济——而不是因为并购防御的作用。Brickley、Coles 和 Terry(1994)指出，如果公司董事会有多数外部(非经理人员)董事，股票市场对毒丸计划的反应是积极的；如果没有多数外部董事，将出现负面反应。最后，Cook 和 Easterwood(1994)指出，当公司决定发行恶意债券(使恶意并购者付出高昂代价的债券)时，公司股价将下跌，债券价格将上涨。显然，市场对“毒丸”证券发行的净反应取决于公司经理的动机是仅仅维护自身利益，还是通过尽可能增加并购者必须支付的溢价来保护股东利益。

讨论。

§2.2.4　有限责任合伙制

在许多方面，有限责任合伙制（limited partnership）融合了普通合伙制与公司制的优点。大多数合伙人（有限责任合伙人）对公司债务承担有限责任，但他们从企业获得的收益作为合伙收入征税。[①] 在任何有限责任合伙企业中，必须有一个或多个普通合伙人，他们个人对公司债务承担无限责任。普通合伙人负责公司经营管理，同时由于他们直接受制于法律约束，因而可享受超出出资比例（按照其投入资本量）的合伙收益。同时，有限责任合伙人则处于完全被动的地位。他们向合伙企业投入资本，但其自身与合伙企业无关，在合伙企业经营中不承担任何积极的角色（即使作为雇员也是如此）。鉴于其被动地位，有限责任合伙人对公司债务不承担个人责任，因而受到类似股东有限责任的法律保护；但能够按出资比例享有合伙收益，且该收益只作为个人普通所得征税一次。

表 2-3 描述了 1992 与 1991 税收年度美国有限责任合伙企业与普通合伙企业的全部经营情况。表中揭示：有限责任合伙企业申报收益额只占全部合伙企业总申报收益额的 18.2%；有限责任合伙企业超过 1 130 万个（占 71.9%），而普通合伙企业超过 440 万个（占 28.1%）。很明显，有限责任合伙的主要特征是有大批被动投资者，而普通合伙企业包括相对少的当事人——他们通常投入较多的财产。

你也许会预料到有限责任合伙制是那些经营初期会产生大量非现金经营损失行业筹集长期资金的理想工具。原因是，这些损失能够直接流向有限责任合伙人并可被用来抵减其他应纳税所得。这种组织形式的两个常见领域是商业性房地产开发筹资以及研究开发有限责任合伙企业（research and development limited partnerships，RDLPs）的筹资。在这两个领域，这种措施的优势也适用于投资者——在经营初期减少税收，在后续期间发生经常性现金支付。表 2-3 的行业分类数据形象地说明了这一点。超过 60% 的有限责任合伙企业属于房地产业，这些企业在 1992 年产生 172 亿美元的净损失。资本密集程度稍低的以制造为主的 RDLPs 的总数要小得多，但是它们的影响却很大。尽管国会于 1986 年通过税收改革法，大幅度地降低了有限责任合伙人“被动”收益的税收优惠，在上述和其他专业领域，有限责任合伙制仍旧深受欢迎。有限责任合伙制的主要缺点是，存续期间相对较长，变现力较差，而且组建成本高，难以有效地管理和约束普通合伙人。此外，许多投资者认为，将合伙收益列于他们的个人所得税申报单上，对国内税收署也是一种“危险信号”，大大增加了该投资者将被审计的可能性。不论该说法是否正确，为解决有限责任合伙企业变现力差的问题，有时可在证券交易委员会进行登记，就合伙权益在限定的二级市场进行交易。

---

① Moore、Christensen 和 Roenfeldt（1989）以及 Denning 和 Shastri（1993）探讨了组建有限责任合伙企业对定价的影响。

表 2–3　美国有限责任合伙与普通合伙企业的有关数据　单位：千美元

税收年度，行业[1]	有限责任合伙			普通合伙		
	收益	合伙人数	净收益（净损失）	收益	合伙人数	净收益（净损失）
1992 年	(1)	(2)	(3)	(4)	(5)	(6)
全部行业	270 748	11 313 483	−3 277 692	1 214 004	4 421 208	46 194 340
农林渔业	8 576	172 676	−43 585	115 988	331 701	2 270 624
矿产	15 145	1 196 978	2 040 028	21 254	191 629	−1 031 403
石油和天然气开采	14 025	1 170 310	1 990 619	17 794	173 556	−1 270 691
建筑	2 478	28 772	−150 226	56 933	129 162	2 056 012
制造	1 631	170 319	411 136	22 443	54 581	1 458 677
交通运输与公用事业	4 103	448 268	−240 277	19 433	79 082	1 293 876
批发与零售贸易	12 649	84 962	765 383	149 823	340 419	1 787 408
金融、保险和房地产	203 587	7 762 898	−6 289 429	593 736	2 565 224	5 537 572
房地产	167 424	5 470 951	−17 186 165	490 381	1 815 715	1 825 763
房产商和房屋出租人	133 369	4 890 273	−13 579 304	400 344	1 452 535	3 445 910
服务业	22 576	1 448 645	217 371	229 941	717 999	32 786 982
1991 年	(1)	(2)	(3)	(4)	(5)	(6)
全部行业[1]	270 681	11 265 537	−16 702 278	1 244 665	4 535 511	38 108 885
农林渔业	9 780	219 931	−242 252	117 293	331 784	1 981 930
矿产	16 295	1 198 240	1 790 279	22 728	216 247	−1 010 792
石油和天然气开采	15 149	1 162 041	1 840 527	19 031	197 487	−1 201 381
建筑	1 406	28 003	−312 608	55 789	123 689	1 806 380
制造	1 946	126 447	−614 965	22 028	48 710	1 519 294
交通运输与公用事业	3 797	439 268	−2 177 849	22 309	79 874	746 509
批发与零售贸易	13 640	96 779	378 997	157 342	351 055	2 249 053
金融、保险和房地产	201 502	7 674 167	−13 769 218	602 335	2 642 348	982 822
房地产	162 890	5 218 011	−22 224 989	506 077	1 883 482	−3 395 851
房产商和房屋出租人	134 481	4 736 783	−17 978 664	410 722	1 489 667	−619 368
服务业	22 232	1 481 958	−1 754 293	238 217	724 531	29 790 360

[1] 总数中包括了那些主营业务无法确定的合伙企业。

表 2–3 列示了 1992 和 1991 税收年度有限责任合伙与普通合伙企业的收益额（积极合伙人收益额）、合伙人数以及净收益额。

资料来源：《收入统计》，美国国内税收署（1994 年第 3 季度）。

§2.2.5　S 公司

与常规公司相比，S 公司（S corporation，以前称为 Subchapter S corporation）使持股人可享受与合伙人同等的税收待遇，同时其可作为公司股东对公司债务承担有限责任。这类公司是普通公司（或称 C 公司），但其股东可作为 S 公司股东对待。建立 S 公司必须满足下列条件：公司股东人数限制在 35 人或以下，而且股东必须是个人或者是某种形式的托拉斯（不是公司形式）；S 公司也不能是控股公司，即不能持有其他公司占控制权的股份。此外，S 公司只能对外发行单一种类的普通股票，而这严重限制了公司寻找风险资本投资的可能——因为风险投资者通常以可转换优先股形式进行组合投资。[①]

然而，如果一个公司符合上述要求，当其选择 S 公司形式后，公司营业利润就无须缴纳公司所得税。[②] 相反，各股东都能从公司总收益中分得利润作为个人所得，并按照自己的边际税率纳税。S 公司既可以像有限责任合伙制那样享有有限责任的好处，同时又能享受合伙制的税收优惠。此外，当公司成长并超过了 35 人的股东人数最高限制，或者需要发行多种形式的权益性证券时，S 公司也能容易地转回常规公司。对有限责任合伙制来说，改变身份几乎是不可能的，即使能改变也会导致高额成本并且难度较大。由于存在诸多的内在灵活性，我们常看到成功的公司从 S 公司起步，直到其决定上市或被迫成为常规公司时才改变其身份。

§2.2.6　美国企业家对组织形式的选择

如上所述，美国的企业家在筹建新企业时，客观上有多种组织形式可供选择。各种形式相互间的主要区别包括：设立的难易程度、存续期间的长短、筹资渠道、权益投资者的责任、企业所得税处理等。一旦某公司试图被列入公开证券市场，它必须符合美国证券交易委员会的全部披露和登记要求，以通过首次公开发行（initial public offering）向外部投资者出售其股票。[③] 通常，在首次公开募股后，公司股票将被列于美国三大股票市场（纽约股票交易所、美国股票交易所或者纳斯达克市场）之一，该公司因此可称为公众公司。[④] 作为公众公司，它必须满足广泛、持续的披露要求，

---

① 有关风险投资家们如何评估和筹划向成长中的业主型公司的投资可参见 Sahlman(1988,1990)。

② 1992 年，申报缴纳所得税的全部公司(386.8 万个)中 S 公司占 40%以上(178.4 万个)。这说明 S 公司形式深受人们欢迎，也说明美国企业的平均规模较小。

③ 有关公司进行首次公开募股的财务条件和法律要求请参见 Peat Marwick Main & Company(1987)以及 Jones、Cohen 和 Coppola(1992)。有关 IPO 定价和评价经验数据的总结可参见 Ibbotson、Sindelar 和 Ritter(1988,1994)；Ritter(1991)则分析了 IPO 投资者 3 年期市场调整后收益(market-adjusted return)。*Financial Management*(1993 年春季刊)和 *Journal of Financial Economics*(1993 年 10 月刊)探讨了美国和国际新股发行市场，Loughran、Ritter 和 Palepu(1994)则总结了其他国家 IPO 的经验数据。

④ 这里不要将其与公有制公司相混淆，因为后者属于国有的或国有化的企业。相反，公众公司仍属于私人投资者的财产，这些投资者可将其股份在公开资本市场交易。因此，一家公司进行首次公开募股就被称为上市(going public)，因为其股票将会公开交易。

每年必须至少召开一次普通股股东大会，并进行股东选举。

私人持股的美国公司无须也很少愿意公开过多的公司信息，甚至诸如销售收入、职工人数等基本资料，更不用说敏感信息，如公司利润、高层管理人员报酬、主要股东的身份等（而所有这些信息，上市公司都必须披露）。或许更奇怪的是，尽管存在企业所得税待遇的歧视，实际上几乎所有主要的美国企业都是常规公司（或者说C公司），而不是S公司、有限责任合伙制、普通合伙制或独资企业。看来，由于几乎所有大型企业都有筹资需要，加上股票变现的需要，最终迫使即便是最顽固的家族企业也走向上市，因此在普通公司中公开上市事实上已是主流。[①]

最后，近年来最明显的问题是，由于公司所有权与控制权的分离，许多美国大型公司都饱受经理与股东间代理问题的困扰。下面，我们将简要分析其他国家可选择的企业组织形式，并分析其他国家的投资者是否能够比美国投资者更容易处理大型的、强大的企业组织的监督问题。

§2.3 其他国家企业组织形式

尽管对国际企业组织形式做全面叙述超出本章范围，本节开始，我们将介绍所有发达的非社会主义国家基本的企业组织形式。然后，将着重分析这些组织形式间的区别，以及它们与美国模式的区别。

§2.3.1 国际一般形式

对其他国家体制稍作观察，我们不难发现存在显著的通用模式。几乎在所有资本主义经济中，允许存在某些形式的股份有限责任制公司（其股份可以自由交易），在许多国家这类公司在经济中占据统治地位。在不同国家可能会有不同的名称。在英国称为Public Limited Companies；在德国称为Aktienge-sellschaft；在法国被称为Société Generale；在西班牙、墨西哥及拉丁美洲的其他国家称为Sociedad Anónima。尽管具体情况有所不同，其组织结构都类似于美国人所熟知并喜爱的上市公司。[②] 美国与其他国家组织形式间的关键区别在于企业所得税处理上不同——通常是（当然并不总是）美国比其他国家更具惩罚性——而且美国总是比其他国家要求上市公司披露更多的信息。

---

① 即使某公司股份保持私有性质（它不进行首次公开募股），但直接向州内投资者或诸如保险公司、养老基金或有钱人等"富有经验"的投资者出售普通股，情况也是这样。有关私募普通股的规则的阐述可参见Arnold（1985）或者Zeune（1992）。

② Kostor（1992）对日本和德国的管理体制进行了概述，Jacobson 和 Aaker（1993）对日本和美国股票市场信息不对称问题进行了直接比较。最后，Templeton（1995）引用有关资料，证明德国可能逐渐在改变其银行主导的公司财务和管理体制。

许多国家还对公开上市的有限责任公司与私人持股公司做出区分。在德国，Gesellschaft mit beschrän kten Haftung（GmbH）是指私人持股、未上市的股份有限公司；在法国这种公司被称为 société àResponsibilité Limitée（SARL）。在本章后半部分我们将看到，私人公司（特别是家族公司）不仅成为大多数发展中国家的经济支柱，也是发达国家的骨干力量。例如，正是中型的、出口导向型公司，而不是大型公司促成了德国（第二次世界大战）战后的经济奇迹，这些公司在国内外推行适当的市场战略。至今，这些（Mittelstand，中间市场）公司仍占据德国（指原西德）经济的80％。类似地，在小型及家族型公司的推动下，一些亚洲国家实现了比欧美国家快数倍的经济增长。①

§2.3.2　国有企业及其私有化

到目前为止，美国与其他国家企业组织形式的最主要区别是，美国几乎完全不存在国有企业。国有企业（state-owned enterprises）是政府（通常是中央政府，但也不绝对是这样）所有并管理的公司，其所从事的经营活动遍及各领域（那些美国人认为纯粹是政府事务的领域除外）。例如，由于历史原因，许多欧洲国家及大多数发展中国家都由政府拥有和经营电话、电视、电力设施、航空及铁路公司，通常很少或几乎不允许私人企业参与竞争。除美国外，事实上各国的全国性石油公司都属国家所有，同样在其他战略行业，如钢铁、铝、宇航、重型机械制造业，甚至化学工业都是这样，只不过程度略低。② 即使金融机构，如商业银行、投资银行、保险公司、储蓄银行，也都是全部或部分地属于国家所有。

上面我们主要讨论了国有企业的过去，因为在世界各地，国家在经济中的作用正在随着私有化进程而改变。所谓私有化（privatization），是指国家向私人公司或单个私人投资者出售全部或部分国有企业的股份。③ 在现代社会，最先实施私有化计划的

---

① 有趣的是，许多亚洲国家，包括日本、韩国、泰国等所采用的公司管理体制存在着这样的主要特征——在经济起飞阶段，明确限制外国(特别是美国)资本投入主要产业。人们认为这些产业的发展非常重要因而不能被潜在竞争者所控制，这些国家居民的高储蓄率和本地企业家才能使排斥外国直接投资的政策取得了成功。但另一方面，新加坡和中国香港则采用了欢迎外国投资这一完全相反的策略，同样取得了可喜的增长，并避免了采取国有化的投资和公司所有权战略的固有问题。正如 Bailey 和 Jagtiani(1994)指出，限制外国持股将导致错误的普通股评价模式。

② 有关国有企业与私营企业相对效率的分析请参见 Peltzman(1971)，Caves 和 Christensen(1980)，Pryke(1992)，Atdinson 和 Halvorsen(1986)，Boardman、Freedman 和 Eckel(1986)，Eckel 和 Vermaelen(1986)以及 Boardman 和 Vining(1989)。

③ 有关私有化计划的探讨和分析请参见 Austin、Wortzel 和 Coburn(1986)，Kay 和 Phompson(1986)，Yarrow(1986)，Candoy－Sekse 和 Palmer(1988)，Vuylsteke(1988)，Bishop 和 Kay(1989)，Caves(1990)，Baldwin 和 Bhattacharya(1991)，Galal、Jones、Tandon 和 Vogelsang(1992)，Goodman 和 Loveman(1992)，Guney 和 Perotti(1993)，Boycko、Shleifer 和 Vishnu(1994)，Megginson、Nash 和 van Randenborgh(1994)，North(1994)以及 Jones、Megginson、Nash 和 Netter(1995)。

是20世纪60年代初期的德国康拉德·阿登纳（Conrad Adenaeur）政府。而英国以撒切尔领导的保守派政府真正推动了目前私有化的普及（撒切尔为其取了一个更友好的名称“非国有化”）。1979年英国撒切尔政府上台时，国家在全国经济中占据10%的份额，其国有企业雇用了150多万人。① 经过谨慎推进，保守党政府在10余年里出售了宇航、电信、汽车、航空、钢铁、石油、天然气、电力、供水、空中和海上运输企业的全部或部分股份，筹集了600多亿美元资金，并转变了政府在国民经济中的作用。

20世纪80年代，受英国私有化的影响，许多国家（如法国、加拿大、日本、德国、智利、新西兰、荷兰等）的保守党政府，都不同程度地推动了私有化进程。即使是社会党政府，如澳大利亚、西班牙、瑞典、丹麦等，在此期间也都实施了一定程度的转让政府投资的计划。到了20世纪90年代，私有化浪潮日渐高涨，如今已席卷了拉丁美洲、南亚的大多数国家，在欧洲大陆更为明显。当然在法国、意大利以及苏联地区，各国政府做法有所不同。在下一个10年里，仅在欧洲通过实施私有化计划每年将会筹集300亿至500亿美元的资金（参见Palmer，1993；Middelmann，1995）。如果其他国家继续推行私有化计划，在21世纪初，私有化的资产累计价值将超过10 000亿美元。

§2.4　所有权结构与公司政策

到目前为止，我们已经研究了美国及国外的企业法定组织形式，并且分析了世界各国政府在国民经济中角色的转变。现在，我们将撇开企业法定组织形式，集中分析公司所有权的国际一般模式，以分析不同体制是如何解决大型公司的监督和控制问题。我们将分析三种非社会主义国家常用的所有权结构模式，包括：(1）股份公开公司模式（open corporate model)，通常与大型上市交易的美国公司有关；（2）非上市公司或者企业、公司模式（closed，or entrepreneurial，corporate model)，通常与西欧和东亚的大型私人公司有关，这种模式在美国经济的创业性领域也日益重要；(3）大型企业集团模式（industrial group model)，以日本的Keiretsu和韩国的Chaebol最为著名。其他的学者也研究我们所讲述的这些现象，所不同的是他们研究不同体制（资本市场为基础、金融中介为基础、企业集团为基础）下的公司财务。尽管两者的术语稍微有所差别，但分类方法基本类似，所以下面的讨论中我们将使用两种分类，其中体制方面的术语将用括

① 请参见Moore(1992)有关撒切尔政府私有化计划的演变过程的评论(Moore是20世纪80年代撒切尔政府经济智囊团的一名关键成员)。

号注明。[①] 在本书中，我们侧重于从理论上研究不同类型公司的所有权结构上的差别。然而，表 2-4 至表 2-6 将描述全球三种主要体制下的公司财务，该表格已经为比较财务行为的国际模式提供了有益的参考。表格分别列示了三种所有权结构形式的特征、优点和缺点。

§2.4.1　股份公开公司模式

我们可以对股份公开公司做如下定义：股份公开公司是股份可以在公开证券市场自由转让、由职业经理人员管理、享有诸多形式的筹资渠道的有限责任公司。[②] 这些公司通常并不属于任何大型企业集团，而是仅属于其股东（股东数目可能成千上万）。因此，股份公开公司属于以资本市场为基础的公司财务体制。尽管其数目不多，这些公司却在美国、加拿大、英国的企业中占据统治地位，而且在所有发达经济体中都能发现这类公司。[③] 其财务方面的基本特征有：(1) 其外部筹资依赖于公开的资本市场，当然其内部产生的现金流量能满足大部分资金需要；(2) 公司股份由众多小股东持有，每个股东的股份都只占发行在外总股份的很小比例；(3) 为控制公司行为、解决企业争端，那些拥有较多这类公司的国家比其他国家更加倾向于依赖正式的法律契约、政府管制和私人诉讼。[④] 表 2-4 详细列举了以资本市场为基础的公司财务（以股份公开公司为主）的特征及优缺点。

表 2-4　　资本市场下的公司财务体制的特征与优缺点

本表详细列示了上市公司（通常是以资本市场为基础的财务体制）的财务、管理及经营方面的主要特征。其中主要是与美国、加拿大及英国有关，同时也详细列示了其优缺点。

A. 资本市场下公司财务体制的特征
1. 由许多大型、独立的上市公司组成，每个公司都有数千个小股东，大多数股东持有公司股份不到 5%
2. 外部筹资主要依靠公开资本市场，而不是金融中介。商业银行承担专家理财角色，对公司没有实质上的管理职能
3. 存在大型的、流动性强、信息有效的股票和债券市场；存在发行股票和债券的科学合理的方法。尽管常常发行普通股，但是大部分外部筹资还是来自债券

① 其他国际金融评论家则用第三种术语区别这三种模式。特别是《经济学人》经常着眼于欧洲并从全球的角度描述和比较英美、欧洲(或德国)以及日本的公司财务与管理模式。这种分类十分接近于我们的上市公司、非上市公司和企业集团模式，当然也接近于以资本市场为基础、商业银行为基础和企业集团为基础的公司财务模式——这些模式在许多情况下可以相互替代(参见 Michael Prowse，1992)。

② Fama 和 Jensen(1983a，b)对许多有关上市公司和非上市公司的基本术语都有论述。

③ 这些公司数量相对较少但对宏观经济影响重大。《商业周刊》1994 年 1 000 家大企业在美国 200 多万个企业中占不到 0.01%，但这些公司收益总额为 44 900 亿美元、市值总额为 43 400 亿美元——分别相当于全国公司总额的 1/2 和 1/3 以上。参见 Bongiorno(1995)。

④ 正如 Kester(1992)所论述的那样，在美、日两国中契约的重要性有着异乎寻常的差异。Cooter 和 Ulen(1988)从经济和历史的角度对英美两国公司法中契约的作用进行了分析，Chang(1993)则就契约在协调管理层和股东利益目标方面进行了理论探讨。

续表

4. 小股东是公司管理制度的中心；为保护小股东的利益，对大股东实施管制和强有力的法规约束，对公司信息披露有诸多强制规定
5. 几乎所有大型公司由职业经理人员（而不是创办者家族）控制，他们对公司董事会有重要影响，在制定公司政策时拥有重大处置权
6. 对管理人员和雇员主要以直接方式或采用年金计划方式实行以股票为基础的报酬。通常，他们拥有公司10%或更多的股份
7. 存在活跃的公司控制权市场，包括恶意并购和杠杆收购
B. 资本市场条件下公司财务体制的优点
1. 能筹集巨额资金以满足公司投资需要，并将经济中的金融风险分散给进行多角化投资的个人投资者
2. 透明度——所有人都能了解公司活动，信息的获取容易，投资者能够简便地分析公司经营情况。在现代民主制度中，这能促进政界对实行市场导向的政策支持
3. 配置效率——活跃的并购市场的存在，能确保公司资源由胜任的管理当局所控制并得到最有效的利用
4. 利于劳动分工——存在独立的经理市场和拥有财富的风险承受者（投资者）市场，因此无须通过继承也能得到公司控制权
5. 资本市场的变现功能促进了养老基金和私人养老基金计划（而非纯粹由政府管理的基金）的发展
6. 在融资和孵化成长型公司方面，抗风险的股票市场看来具有重要的比较优势。风险资本的存在，有助于识别并促进成长型公司的发展
7. 技术的发展显著地降低了获取信息、监督及交易的成本，因此资本市场看来比金融中介更具优势
C. 资本市场下公司财务体制的缺点
1. 所有权与控制权的分离，即公司资产所有者（股东）完全脱离实际管理，而雇用职业经理人员（代理人）经营公司资产，产生了严重的代理问题和集体行为问题
2. 防御动机——由于股东有权解雇职业经理人员，经理人员在进行投资决策时，存在保护其职位（防御）的强烈动机，而不是集中精力于为公司创造价值
3. 由于缺乏对掌握充分信息人员的有力监督，很难防止公司经理过度投资于净现值为负的项目，或者对净现值为正（但长期才能收益）的项目投资不足
4. 过度的强制性信息披露降低了专利产品或战略信息对公司的价值，因为信息也可能被泄露给竞争者

股份公开公司的规模通常很大，筹资需要也非常多。例如，仅在1994年，美国公司就从证券市场筹集了6 880亿美元的资金（1993年更不可思议地达到11 070亿美元），其中大部分证券是由诸如埃克森、通用汽车、卡特彼勒、美国电话电报公司及国际商用机器公司等大型企业所发行。[①] 这些公司垄断了国内行业，而且常常在世界十几个国家开展经营活动，因此被称为跨国公司（multinational companies）。事实上，它们在国际市场的主要竞争对手是其他国家已成功的跨国公司。

（1）缺点

你可能会想到，这些公司的确令人钦佩，它们的高贵身份来自于过去的成功。但成功也会带来傲慢、体制僵化及管理上的墨守成规。一旦这些公司的创办人去世或退

① 每年1月末的《投资券商文摘》都对世界证券市场情况进行综述，主要按照证券种类、发行者是美国还是其他国家公司来评述新证券发行，但其主要目的是“保留得分”——记录承销新证券发行的最大部分的商业金融公司情况。

体，通常会由那些可能对外部投资者负责或不负责的职业经理们来接管企业。[①] 在美国，由于经理们控制了公司的选举机器（voting machinery），他们可能倾向于选择那些忠实于自己而不是股东的董事。这样，董事们将会支持管理当局，采取措施以抗衡恶意收购从而有效地排斥外部投资者（在许多情况下，这却是排除现存的内幕集团的唯一方式）。尽管资本市场能够抑制经理们（那些不得不通过公开发售股票以筹集资金的经理们）的私欲，对那些自由现金流量（free cash flow）充足（即经营产生的可动用现金流量达到和超过所有净现值为正项目的投资需要）的公司而言，这种对经理行为的约束就难以奏效。因此，除非经理自身持有大批的公司股票，否则他不会为自身行为承担直接责任。[②]

从理论上说，所有权与控制权分离所带来的问题也可这样加以改进：允许持有美国上市公司普通股53%股份的机构投资者，在监督和约束公司经理人员方面发挥更重要的作用。[③] 这些大型机构投资者拥有专家并存在监督的动机，但美国的证券法律法规及法院判决严格限制了他们在公司管理中的积极作用。[④] 这样，使得并购市场成为罢免不能胜任或效率低下的管理当局的"终审法院"。因此，美英两国在20世纪80年代公司并购活动层出不穷。[⑤] 在整个80年代，收购投标人通常提供超过30%的收购补偿，这也说明公司现有管理当局严重降低了公司的市场价值。在80年代，其他国家却并没有出现并购浪潮（特别是恶意收购），也说明股份公开公司存在一个关

① 创办者的去世并不必然意味着创办家族停止过问公司事务。许多上市公司创办家族拥有公司大量的股份，创办家族和其他大股东常常对美国公司管理发挥重要的作用。研究大股东重要性的文章有 Demsetz 和 Lehn（1985），Shleifer 和 Vishny（1986），Wruck（1989），以及 Admati、Pfleiderer 和 Zechner（1994）。

② Easterbrook（1984）探讨了资本市场对需要外部筹资公司的约束作用，当然内容略有不同。有关负债本身的约束作用可参见 Maloney、McCormick 和 Mitchell（1993），Denis（1994），Wruck（1994）以及 Phillips（1995）。管理层持股对协调经理和股东利益目标的重要性可参见 Jensen 和 Meckling（1976），Leland 和 Pyle（1977），Stulz（1988）及其他学者。许多经验研究都针对内幕人持股对解释公司财务和公司管理现象的重要性进行了分析，包括 Walkling 和 Long（1984），Lewellen、Loderer 和 Rosenfeld（1985），Mikkelson 和 Partch（1989），McConnell 和 Servaes（1990），Chang 和 Mayers（1992），Song 和 Walkling（1993），Barclay、Holderness 和 Pontiff（1993），Bagnani、Milonas、Saunders 和 Travlos（1994），Cotter 和 Zenner（1994）以及 Fields 和 Mais（1994）。

③ Weis（1995）提供了有关机构股东的资料，而《商业周刊》（1994 年 10 月 17 日，8 页）则报道机构股东持有资产 83 000 亿美元（其中 44 000 亿美元由养老基金持有）。Brickley、Lease 和 Smith（1988）最先系统地分析了机构投资者在公司管理中所能够和应当发挥的作用。还有些人进行了实证研究，并将机构投资者的衡量作为主要变量，包括 Agrawal 和 Mandelker（1990），Stulz、Walkling 和 Song（1990），Prowse（1990），Ambrose 和 Megginson（1992）以及 Gordon 和 Pound（1993）。更多的文章则认为，机构持股作为解释性变量的作用并不很突出，在公司控制和资本结构研究中更是如此。

④ Kiefer（1992）提供了经验证据说明机构能成为有益的监督者和所有者，Black（1992）则从法律和财务角度对提高这些投资者的监督作用进行了深入探讨。

⑤ 关于这股兼并浪潮的研究异彩纷呈，直到 2.4 节我们才列举部分此类参考资料。这里我们要说的是：Bradley（1980）是对"现代"并购市场进行经验研究的第一人——将并购看作是一种公司控制权争夺，而 Jensen 和 Ruback（1983）则最先对此进行了概述（当然也颇具新意）。随后更具见解的文章包括 Travlos（1987），Bradley、Desai 和 Kim（1988），Jarrell 和 Poulsen（1989）以及 Healy、Palepu 和 Ruback（1992）。Berkovitch 和 Narayanan（1993）则对并购中的管理创新进行了经验分析。

键缺陷，即容易导致管理上的墨守成规，以及管理当局为谋求自身利益不惜牺牲股东利益。①

（2）优点

另一方面，我们也不能把股份公开公司这种组织形式当作注定要失败的形式而轻易放弃。尤其是在整个20世纪80年代，英国、加拿大、美国的经济增长速度高于大部分发达国家，许多总部设在这些国家的股份公开公司是全球本行业中规模最大和盈利能力最强的企业。造成这种情况的原因之一是，公司既受制于内部管理体制的约束，又受到产品市场和要素市场竞争的制约。以上我们集中研究了这些公司的管理问题，但我们既忽视了其他模式的公司所面临的治理问题，也忽视了股份公开公司所拥有的诸多竞争优势。第一，在许多行业，规模仍是一个竞争优势，其他类型的企业无法达到股份公开公司的经营规模和其拥有的筹资机会。而且，正是由于缺乏严密的所有权结构，使股份公开公司不像非上市公司或企业集团那样，容易受到不同控制联盟（control coalition）成员间利益冲突的严重影响。第二，公开上市也意味着易受公众的注意，因此，与同等规模的其他公司（其所有权更加集中）相比，股份公开公司更容易在潜在的供应商、顾客、雇员及竞争者中树立品牌形象。

在议会民主政治下，公司股权的分散化也有助于得到更广泛的政治支持，因为投资者通常能够组成重要的利益集团以参与公司决策。而且，公司股票上市交易后，董事会可以制订出股票期权和股票购买计划等有效的激励措施，并可根据公司需要来决定是局部采用（对关键高层管理人员）还是广泛采用（对大多数永久性雇员）。② 现代股票市场的反映特性，有助于雇员从事公司价值最大化活动，以推动公司股票价格的上涨，并减少可能削弱公司价值的活动（这样将导致公司股票价格的下跌）。第三，上市公司财务和所有权结构的公开，能够减少证券管理层、顾客及潜在合作伙伴对公司的不信任。总之，企业界与生物界一样，能够在与其他形式企业的直接竞争中生存就说明有其存在的价值。但股份公开公司的存在并没有消除竞争，也说明这种模式的公司既具有劣势也具有重要的优势。

§2.4.2 非上市（企业）公司模式

乍看起来，非上市公司可能被看作是年轻、不成熟的公开公司，在某些情况下的

① 当然，国际比较不应涉及得太远，原因是现代经济在管制、文化、产业结构方面存在着重要的差异，这些显然都影响公司间进行并购的动机。此外，许多欧洲市场在1992年快速推进市场开放过程中的确也经历了众多的公司合并（即使是善意并购）。Franks 和 Harris（1989）详细论述了80年代中期英国的并购情况。Langohr 和 Viallet（1986）研究了法国资本市场的“并购”形式——这些并购主要是指80年代初社会党密特朗政府所实施的几个主要公司的国有化。最后，有关外国并购者对美国并购市场的重要作用请参见 Harris 和 Ravenscraft（1991），Manzon、Sharp 和 Travlos（1994）以及 Dewenter（1995）。

② 一项由 Towers Perrin 公司对1 575家公司的调查发现，1994年，反馈公司中超过35%向非经理人员提供激励报酬（1992年这一数字为30%），占基本薪酬的百分比平均为7.3%（1992年为6.2%）。

确如此。然而，最近的研究表明，相对于竞争模式而言，这类公司代表了一种具有明显竞争优势的独立的企业组织形式。尽管某些公司也可通过首次公开募集资本和后期增长成长为上市公司，有些不可避免地将走向破产，但更多的将保持繁荣（尽管规模较小并由私人所有）。非上市公司的主要特征是：股份不能交易，股权结构紧密，只包括相对很少的大股东，利用公开资本市场的机会有限。这些公司比同行业中的股份公开公司规模要小，而且大多数仍由创办者本人或其家族所控制。表 2-5 详细列示了以金融中介为基础的公司财务（非上市公司占主导地位）的特征及优缺点。

表 2-5　　金融中介条件下的公司财务体制的特征和优缺点

本表详细列示了非上市公司（通常是以金融中介为基础的财务体制）的财务、管理及经营方面的主要特征。其中主要是与欧洲大陆（特别是德国）和许多发展中国家有关。同时也详细列示了其优缺点。

A. 以金融中介为基础的公司财务体制的特征

1. 存在相对较少的大型、独立的上市公司。在欧洲经济中，大量的中等规模的非上市公司占据主导地位。有些公司属私人所有，有些公司虽然上市但其股票属于非经常性交易（infrequently-traded）类型。许多公司仍由家族所有或控制。即使是最大的欧洲公司，其规模通常也小于美国和日本同行业中的公司。

2. 少数实力雄厚的商业银行垄断着公司融资，在公司管理中担任重要角色。银行与其顾客公司保持密切而持续的金融关系，银行家常担任公司董事会成员。

3. 商业银行也拥有投资银行职能，可为顾客提供全面理财，包括：提供营运资本和长期筹资的银行贷款；在发行股票时承销或购买公司股票。

4. 资本市场在公司财务中作用不大但正在成长。对私人公司来说，很少通过公开发行普通股筹资，但国有企业私有化时这种情况较为常见。债券市场不仅规模小，变现力差，而且通常只解决政府债券的发行问题。

5. 如果用美国标准来衡量，它们对信息披露的要求不高，因此公司财务或管理的透明度较低。与美国不同的是，较少依靠正式管制和合法契约，而主要依靠长期、非正式的商业关系。

6. 与美国的竞争者相比，多数欧洲公司很少依靠职业经理人员（特别是工商管理硕士毕业人员）管理企业，而且对管理者与雇员更少采用以股票为基础的报酬计划。

7. 公司控制权市场相对不活跃，恶意并购就更为罕见。对全国性公司存在正式和非正式的保护，以防止外国公司的恶意并购甚至竞争。主要公司与中央政府的关系非常密切。

B. 以金融中介为基础的公司财务体制的优点

1. 金融中介是公司的自然监督者，通常拥有约束经营不善的管理当局的内在权力。欧洲的破产法倾向于保护债权人利益而不是股东和管理者利益。这也有效地增加了银行监督人员对公司管理的权力。

2. 在筹集和分配投资资本上，商业银行比公开的资本市场更具有比较优势，如所建立的分支机构网络、与全国结算系统的连接等。银行可向顾客公司提供全面的金融服务。

3. 金融中介尤其能够与顾客公司的管理当局建立长期关系（称为内幕人）。这种密切的关系使银行与顾客间能够低成本地传递信息。

4. 与以资本市场为基础的体制相比，金融中介为基础的体制更易于处理借款人的财务危机。同存在众多债券持有人的公开辩论相比，在私下的、充分掌握信息的条件下协商确定解决办法更为容易。

5. 在为跨多个年度的投资项目（通常是单个、大型的非经常性融资）融资时，金融中介比资本市场更为有效。

续表

C. **金融中介为基础的财务体制的缺点**
1. 银行同时作为债权人和股东存在着固有的利益冲突，当银行家成为顾客公司的董事会成员时更是如此。
2. 公司财务和公司治理制度透明度极低。由于无须担心面临公开披露其会计信息及其他信息，当私下做出关键决策时，很可能存在滥用权力或牟取私利的现象。
3. 为大型项目进行规模筹资时，通过金融中介比直接通过资本市场的成本更高。尤其当一国的银行系统竞争程度低时，高额的筹资成本对企业是一个严重问题。
4. 信息处理技术的发展正削弱金融特权的价值，并增强了全球资本市场的竞争优势。同时，放松管制也减少了银行低成本筹资的机会。

地区分布 从宏观上看，在美国以外的国家（特别是欧洲和东亚国家），非上市公司最为重要。其原因众多，其中至少部分是由于在这些国家最合适的公司规模通常要比在美国小。为说明这一点，让我们来看一下西欧。尽管幻想家们极力主张完全一体化的世界经济，出于诸多原因，大多数行业实际上是由全国性或地区性公司所控制。即使在欧洲第一强国德国，其经济实力也不足美国的1/3。即使在德国、法国、意大利或西班牙（更不用说丹麦、比利时、希腊或瑞典），那些具有竞争力的公司的规模看来也要远远小于其北美伙伴。历史和政治传统同样也影响美国对股份公开公司组织形式的偏爱，当然也影响其他国家对非上市公司的选择。很少有其他国家像美国这样采取严厉措施，限制家族所控制的经济力量的增长，并将金融中介的扩张限制在有限的地域范围内。① 因此，欧洲和亚洲国家的公司通常将政府看作是伙伴和保护者（而不是对手）。这些公司能够依赖于强大的全能银行，以筹集贷款或发行普通股。因此，成功的家族企业无须被迫对外发行股票就能筹集资金以满足公司持续成长的需要。

当然，所有这些并不意味着欧洲和亚洲经济只由小型的家庭经济组成——远不是这样。所有这些国家都拥有大型的、具有全球竞争力的公司（尽管许多大型公司现在或过去是国有企业）；这些国家同样也都有股票市场。与美国、加拿大和英国相比，欧洲大陆、东亚（除日本外）、拉丁美洲等国家的上市公司实际上仍然只占国民经济的很小份额。即使在美国，非上市公司在经济中的作用远远超出了人们的一般认识，因为大部分在国民经济中扮演重要角色的非上市公司要么属于私人所有，要么即使上市后也保持了较紧密的所有权结构。过去15年内，在美国所新增的2 500万个就业机会中，大部分是由这些雇用人数不到500人的公司所创造的。而自从1979年以来，《财富》杂志所列500家大型公司的雇用人数减少了1/3，达到1 200万人。非上市公司的竞争力看来相当牢固。

① Grundfest(1990)、Roe(1990)和Porter(1992)详细分析了美国公司治理制度的缺陷。

优势　非上市公司的竞争优势有哪些呢？主要包括集中、灵活性及利益目标的一致。这些公司所有权结构紧密，能够快速地制定公司政策，并可由占公司多数股份的股东来执行政策。[①] 类似地，由于经理和股东是同一人（或者是近亲属），很少会出现由于所有权与控制权分离而产生的代理问题。此外，由于规模较小，非上市公司总是不得不走专业化道路并采用适当的市场策略，因而有可能在其所在行业成为具有竞争实力的专业公司。近年来，一些学术研究文献指出，那些专门从事某个或少数几个行业（因而具有核心竞争力）的上市公司，比那些从事多行业经营的公司能获得更高的市场评价。假如美国上市公司对核心业务的关注与市场评价正相关，这对小型的私营公司来说可能是一个更为重要的竞争优势。[②]

劣势　与此同时，我们也不能认为非上市公司完美无缺，它们也同样存在固有的竞争劣势。由于股东的所有权不能转让，股东通常也是公司管理人员，非上市公司存在着下列缺陷。一方面，股票不能变现意味着公司现有股东既不能将个人财富进行分散化投资，也不能吸引和补偿那些非本家族的职业经理人员，因为新的所有者或经理必须买下现有股东的股份。[③] 依据劳动经济学的基本原理，人为地限制对经理才能和人们的现有财富（通常是继承的财富）进行组合利用是不符合最优原则的。与那些能够雇用最好、最聪明的经理（而不论其投入资本多少）的公司相比，可能会使非上市公司陷于不利的竞争地位。另一方面，如果现有股东不能向外部投资者出售其股份，他们将受制于恶意控制权并购之中。由于无人能够逃脱，这将使所有人处境艰难。[④] 我们只需回想那些痛苦的家族企业历史，就能理解非上市公司所遇到的某些局限。

非上市公司同样受到筹资限制，当其必须与上市公司进行竞争时更是如此。[⑤] 即使可能，要想私下募集普通股资本不仅成本高，也比较困难，因此，非上市公司通常

---

① 有能力的私人公司经理享有诸多的灵活性，要体会这一点请参见 Cornell 和 Shapiro（1988）以及 Finegan（1991）。当然他们也的确面临着诸多挑战。此外，向成长中的年轻公司融资需要创造性思维，Posner（1992）的文章有助于理解这一点。

② 除了 Lang 和 Stulz（1994）外，有关该领域最有影响力的文章，包括 Berger 和 Ofek（1995），Lang、Poulsen 和 Stulz（1995），Hohn 和 Ofek（1995）以及 Comment 和 Jarrell（1995）都登载于 Journal of Financial Economics（1995 年 1 月号）。

③ 许多私人公司所面临的另一项相关问题是无法稳定地将经理与所有者的财务偏好相分离。由于经理担心高负债水平会导致财务危机——这将使无法分散自身风险的经理们比股东遭受更大的损失，因此这通常会导致公司选择次优的负债水平，相关的文献可参见 Friend 和 Lang（1988）。类似地，Saunders、Strock 和 Travlos（1990）指出，由股东控制的银行情愿比由管理层控制的银行承担更大的风险。

④ 如 Karpoff 和 Rice（1989）所述，股票交易的限制会减少控制权竞争，通常也会使公司管理效率低下。

⑤ 事实上在小型公司财务上所受的限制更多，因为与大型公司相比，小型公司的变现力更差，负债比例更高。相关文献可参考 Dwyer 和 Lynn（1989）。Hoshi、Kashyap 和 Scharfstein（1990）以及 Whited（1992）则阐述了小型公司财务局限的经济意义。这些文章都认为，财务压力（特别是变现力差问题）将降低公司的投资水平。Clark 和 Ofek（1994）探讨了遭受财务危机会如何改变公司被并购的可能性。他们还指出，兼并方很少会处理财务危机——这也并不奇怪，因为根据 Hotchkiss（1995）的研究，即使是财务重组（第 11 章将论述该问题）对深陷财务危机中的公司效果也不理想。

只限于通过保留盈余或私下借贷来筹集资金。[①] 对私人公司来说，主要依靠金融中介筹资是严重的竞争劣势，对快速成长行业或者在国际贸易中更是如此（通常订单额巨大，而订购、生产、运输和专门产品的收款，可能存在长达半年或更长的周转期，极大地制约了营运资本不足企业的经营）。最后，由于非上市公司的股票不能公开交易，它们也就得不到品牌宣传效应，因此不得不依靠另外付费的广告来进行市场推广。

§2.4.3 大型企业集团

在20世纪初期，企业集团在美国经济中事实上并无多大作用，因此直到最近财务学研究人员才开始认真研究企业集团。大型企业集团（在亚洲最为普遍）的关键特征包括：（1）是大型的制造、营销与金融公司的紧密结合体，以控制供应、生产和零售等诸多领域；（2）集团由一系列相互持股、合资企业和产品开发协议联结在一起；（3）在集团中心通常有一个商业银行，满足集团成员公司的筹资需要，通常对公司实施直接的管理控制，当公司遇到经营或财务困难时更是如此。在许多情况下，部分或全部公司都是上市公司。[②] 而在大多数日本企业集团中，集团内其他成员通常只拥有任何公司一半以下发行在外股份。但公众投资者通常无法控制甚至无法影响公司决策。集团的核心公司经常统筹集团的管理人员培训，并在集团公司协调人事调整，紧紧地控制着集团权力。[③] 表2-6详细描述了企业集团的特征及优缺点。

表2-6　　企业集团财务机制的特征及其优缺点

本表详细列示了企业集团内关联公司（interlocking corporations）的财务、管理及经营方面的主要特征。其中主要是与日本、韩国企业集团的财务体制有关。同时也详细列示了其优缺点。

A. 企业集团财务体制的特征
1. 少数巨型的、实力雄厚的企业集团控制着整个国民经济。企业集团相互之间也在多种行业间广泛开展竞争。
2. 企业集团包括众多的制造、销售和装配公司，其中核心公司（通常是主要的商业银行）处于协调集团活动的中心。集团的成员公司间相互持有多数股份，而且通常相互兼任董事。
3. 核心公司（通常是银行）通过两种方式控制成员公司：直接持有成员公司多数股份；或者，通过独断的个人权力和管理职权，加上由核心公司管理当局持有一定数量但不是多数股份来控制。

① 正如Timmons和Sandler(1989)和其他学者所指出的那样，很少有私人公司能够在公开资本市场发行债券。

② 有关银行在日本企业集团中的作用请参见Aoki(1990)，Hoshi、Kashyap和Scharfstein(1990,1991)，Stephen Prowse(1990,1992)，Frankel(1991)以及Berglof和Perotti(1994)。

③ 虽然多数企业集团(Keiretsu)诞生于家族企业，由于许多公司具有数百年的历史，在任何一个主要集团中家族影响都已不复存在。这些公司由现有管理当局有效地控制着，虽然经理们通常拥有所在公司股份的很少部分。Kaplan和Minton(1994)论述了公司董事会任命时所考虑的因素，并探讨了由外部董事任命公司经理的影响。

续表

4. 除了控制国内市场外，这些集团还是本国的主要出口商。大多数与中央政府关系密切，中央政府支持这些集团并保护其免与外国公司竞争。限制或完全排斥外国公司持有集团股份。 5. 在创办者家族的影响程度上，两类主要的企业集团存在差别。在韩国的财阀企业（Chaebol）中，创办者家族仍有效地控制着集团。在某些情况下，历经数百年的日本企业集团（Keiretsu）全部由职业经理人员管理。 6. 在存在企业集团的国家，资本市场（从整体上）和股票市场（在某些方面）对公司财务与管理方面的作用很小。即使在企业集团的股票能公开上市的国家（如日本），个人股东几乎没有实际权力，股票市场也不是真正意义上的公司控制权市场。并购很少发生，恶意并购更不存在。 7. 除了财阀企业创办家族的成员，集团公司的经理很少持有公司较大比例的股份，几乎不存在针对员工或经理的以股票为基础的报酬计划。
B. 企业集团财务体制的优点
1. 如果政府政策能确保企业集团的竞争，企业集团体制是保持经济快速发展的有效方式，且无须依靠外部投资，无须由政府对私人企业进行过度干预。 2. 集团内部竞争、允许内部收购的政策使得集团能够建立强大的内部关联公司网络，其规模和在行业中涉及的广度胜过小型国内企业。这种管理协同技术体制的能力使集团成为有效竞争者（特别是国际市场的竞争者），并防止外国公司进入国内市场。 3. 集团内部的紧密联系有助于订立有效的财务契约。成员企业能够依靠核心银行（leading bank）筹集营运资本和长期投资资本。银行也能够更容易地监督和约束集团经理。特别是在处理财务危机时，集团体制更为有效。 4. 集中型的管理控制有助于市场信息、制造技术和技术革新在集团成员公司间快速传播。许多企业集团在多个不同行业中处于技术领先地位，因此成员公司间的相互作用非常有益。
C. 企业集团财务体制的缺点
1. 除非所有的成员公司增长速度相当，否则集团的内部运行将出现不稳定。原因是实力雄厚的成员公司将不得不向弱小公司提供补贴（犹如被征税一样）。同样，最强大、最国际化的公司可能会越过集团控制，向国际资本市场筹资。 2. 企业集团必须改变一种自然的倾向——即使竞争者的产品成本更低或质量更好时也只从集团成员中购买物资，否则，很难在企业集团契约中既引入市场约束机制，又同时保持内部协同效应、规模经济和范围经济优势。 3. 如果国家依靠那些控制分销渠道的企业集团，消费者总是无法购买低成本的外国的或者国内企业集团以外公司生产的产品，这将大大加重消费者的成本负担。 4. 研究表明，企业集团体制在日本和韩国以外的国家很难被有效地采用。在美国的联合公司、欧洲的跨国工业辛迪加、发展中国家以及其他实行计划经济国家的国有企业中，类似的企业集团却根本无法成功。

大型企业集团中最成功的例子要数日本和韩国，两国都是在 20 世纪实现了工业化，而且两国在过去 70 多年里都是从严重的战争破坏和外国占领中恢复起来的。正如我们能想象的那样，为了实现工业快速发展的历史性需要（这样做是为了防止其发展受到欧美国家公司的控制），这些国家能容忍大型公司的存在，并使这些公司掌握了在欧美国家所无法享有的经济权力。事实上，在 20 世纪初，由约翰·洛克菲勒、摩根及其他美国商界领袖所创立的托拉斯和家族企业，非常类似于现代的亚洲企业集团（当然，后者比美国企业集团覆盖更多的行业）。长期以来，美国的企业集团深受政府行为的压制。迫于社会压力和管制政策（特别是反托拉斯法）的影响，企业集

团在美国和欧洲无法再度出现。[①] 另一方面，由于这两个非欧美国家企业集团的成功，致使亚洲、非洲、拉丁美洲的许多国家也试图发展自己的企业集团（类似于日本的 Keiretsu 或韩国的 Chaebol）。

历史演变 为理解企业集团的运作，我们首先分析一下企业集团在日本的发展，再考察其现在是如何发挥作用的，然后分析这种组织形式（包括家喻户晓的名字，如日立、东芝、三菱和丰田）的优缺点。1853 年，海军少将斐瑞迫使日本开放了国际贸易，当时日本已经历了 250 年的曲折发展，在技术和军事上仍落后于西方。这一时期是西方帝国主义发展的全盛期，很快日本领导人也明显意识到，为维护民族独立就应尽快实施工业化计划。1868 年明治维新后，天皇及一批具有远见的贵族开始执政，日本开始以惊人的速度走向工业化。由少数大型的家族控制的企业集团（称作财阀）领导国民经济的转轨，牢牢控制了国民经济，并为日本军队与西方强国的两次大型战争提供了必要的资金（其中：一次是 1905 年成功地击败了沙皇俄国，另一次是 1941—1945 年惨败于美国）。第二次世界大战结束后在被美国占领期间，财阀被解散，这些公司的股份被出售给公众投资者。然而，1955 年美国占领一结束，这些公司集团以更温和的 Keiretsu 形式再度恢复，再次带动日本由全面失败发展为世界强国，并使日本产品从质量和技术上都领先于世界。

特征 现代的日本 Keiretsu 内的公司通常相互持股 20% ~25%，集团通常以自上而下的层级制组织管理形式——供应公司为集团金字塔的最上层公司提供半成品，再通过集团自身有效控制的零售商销售给国内市场，并通过大型贸易公司销售给国际市场。相互持股加强了公司间的长期业务关系（供应公司通常并不附属于核心公司），集团的战略通常由核心银行所控制。看上去，这些集团有效地建立了生产效率（源于纵横交错的内部联合关系）与竞争优势（源于与多个供应商间紧密的契约关系）间的平衡。

虽然韩国并没有明确提出效仿日本模式，1953 年朝鲜战争结束后，政府所采取的新政策促进了大型、家族控制的企业集团的诞生，（以现代企业集团最为著名）。这些集团类似于日本的 Keiretsu，区别在于母公司通常更紧密地控制子公司。这些 Chaebol 相比日本的 Keiretsu 控制了国民经济的更大部分，由于其权力过大，韩国民主派新政府曾试图削弱其权力。

尽管日韩两国的企业集团模式取得了成功，事实证明这种模式并不易于复制，因为很少有国家能够成功地建立起类似的集团。[②] 美国的联合企业、泛欧洲的工业辛迪加以及第三世界国家的国有发展公司都是大型公司集团失败的极好例证。同样，依赖

① 并不是任何人都认为欧美国家对建立强大的金融集团持敌视态度。特别是 Jensen(1989) 对 20 世纪 20 年代摩根集团的运作大加赞赏。

② 虽然不存在确保国际企业在 20 世纪 90 年代取得成功的简单规则，部分学者对企业评估机会和制定战略提供了有用的参考，可参见 Pavel 和 McElravey(1990)、Hirtle(1991) 以及 Lessard(1991)。

这种巨型公司显然会产生实际的社会成本，这种成本主要由消费者（购买产品时支付更高的价格）和公司雇员（很少有其他就业机会）承担。对那些准备发展经济，而又不愿依赖于外国公司的资本或技术的国家来说，由巨型公司垄断国民经济将会限制企业家的成长（这是这些国家的严重问题）。此外，日韩两国（特别是日本）面临着与欧美国家贸易伙伴间的严重摩擦，虽然原因是多方面的，但至少有部分原因是大型集团垄断了国内生产和消费领域。这样，即使外国公司所提供的产品质量更好、价格更优，外国公司也很难成功地进入两国的国内市场。① 最后，经验表明，如果集团性公司的经理可以仅靠内部现金流量满足投资需要（正如制造企业盈利充足，因此无须银行贷款一样），这些公司不可避免地会将利润浪费于多角化投资冒险，或者试图支持那些理应关闭的现有企业。② 如果政府在大型企业集团中发挥主导角色（发展中国家常会如此），产品的高成本、限制竞争者进入市场、不明智的投资支出所带来的问题会更严重。

§2.5　公司治理的实践

如前所述，现代经济需要解决诸多重要的带有普遍性的问题，其中之一是如何恰当地构建负责大型公司经营的经理激励机制，并确保公司经营符合社会一般利益和股东自身利益。本节中，我们不仅研究美国大型上市公司的公司治理机制，在小结时还将其与其他国家上市公司和美国非上市公司的治理机制做简要的比较。在谈到公司治理机制时，我们既考虑内部机制（如董事会、股东大会、代理权争夺），也考虑外部机制（如股东可借此来影响公司经理的行为）。在我们具体讲述如何通过外部交易（如并购、杠杆收购、股东诉讼等）来约束公司经理时，我们将讨论公司控制权市场的运作。

§2.5.1　美国的公司内部治理机制

在美国，按规定（法律、交易规则或两者兼而有之），上市公司需要按年度公布诸多信息，既包括公司的收入、支出和利润，又包括高级管理人员报酬和公司有表决权股份的所有权情况。③ 这些公司需举行年度股东大会，所有股东（哪怕只持有一股

---

① Cutts(1992)对日本分销系统如何将外国商品排斥于国内市场进行了极其深入的论述。

② 有关这一问题的经典论述请参见 Cooper 和 Richards(1988)。他们指出，俄亥俄标准石油公司(Standard Oil of Ohio)浪费了从 Alaskan North Slope 投资项目所获得的巨额现金。Jensen(1993)同样也论证了退出夕阳产业所遇到的巨大困难，而 Dial 和 Murphy(1995)则针对有效的退出机制如何增加企业价值进行了个案(通用动力公司)研究。

③ 第 6 章总结了对上市公司的信息披露要求。参见案例 Peat Marwick Main & Company(1987)的"How Public is Public?"

普通股的股东）都可出席。在宣布会议时，公司应向每一位股东寄发代理人陈述书（proxy statement），列明会议日程，准确而清楚地说明股东将要表决的事项，并提供股东是自行出席会议还是委任他人行使表决权（称为让与代理权）的可选择方式。虽然普通法赋予每个股东一份表决权，现代公司法赋予每一股份一份表决权，因此任何拥有公司51%股份的单个股东能在任何选举中获胜，通常也能够决定公司政策。在美国及其他所有现代资本主义国家，由于公司董事会是公司内部管理的主要机构，选举公司董事会也就是股东们最重要的选举。

大多数公司选举通常都跟固定事务有关，股东被要求通过或否决某位公司董事会候选人（由公司现有董事会某个委员会提名），这些选举的结果几乎总是注定的。但是，如果某个竞争集团通过“代理权争夺”（proxy fight）挑战董事会所支持的现有管理当局，选举大会将会异常精彩。在竞争中，现有管理当局和竞争集团都会呼吁股东支持自己，每个股东须将代理权投向其中的一方或另一方，得到最多票数的一方将赢得选举，选择董事会成员并决定公司政策。另外，股东还须讨论决定公司合并、批准公司重要资产转售、修改公司章程及批准普通股发行等事项。

董事会的职权和责任　一经选举，公司董事会将负责雇用、解雇和监督公司经理并决定其报酬（其中最重要的当然要数首席执行官）。董事会拥有指挥公司事务的广泛职权，并被认为将确保公司管理符合股东的最大利益。换言之，董事会和管理当局都应是股东的代理人，但无法保证两者能这样做。特别是，如果经理和董事混淆公司利益和自身利益，股东几乎无法约束或更换他们。① 其中的主要原因是集体行为问题（collective action problems）。当存在众多小股东，而不是所有权集中于少数大股东手里时，如果有人监督和约束公司管理当局，可能对全体股东的整体利益有益。但由于他或她将与其他股东共享利益，却独自承担这种行动的成本，因此，这样做并不符合其自身的最大利益。

由于存在利益目标的冲突，导致许多公司被现任管理当局所实际控制。通常，由这些不能胜任的或不惜牺牲股东利益的管理当局所控制的公司会失去产品或要素市场，并被效率更高、更具活力的竞争者所占领，最终将导致公司陷入财务危机，甚至陷入破产境地。或者，经营不善的公司可能会成为其他公司的并购目标。

§2.5.2　公司控制权市场

在美国，公司并购可分为两类：目标公司被其他公司购买称为收购；两家公司合

① 虽然有些董事会能够有效地撤换不能胜任的经理，但多数公司董事会都做不到这一点。事实上，大量的证据表明，多数公司的董事会都（永久性地）撤换经营业绩不佳的经理，而股票市场也会给予积极的评价，即股价上升。有关促进高层管理当局人事调整的因素、由公司发动的管理当局变更或者管理当局变更带来的经营变更的财富效应，可参阅 Furtado 和 Rozeff（1987），Warner、Watts 和 Wruck（1988），Weisbach（1988），Gilson（1989），Gilson 和 Vetsuypens（1993），Murphy 和 Zimmerman（1993）以及 Weisbach（1995）。

并为独立的第三个新公司称为兼并。两种合并间的区别包括：

1）会计处理。收购通常采用购买法（purchase method of accounting）处理，即交易的处理如同收购者仅按目标公司市场价值购买其资产一样。兼并通常采用权益入股法（pooling of interest）处理，即将新公司视为参加兼并的公司账目的简单合并来处理。①

2）付款方式。收购通常会涉及收购者向目标公司股东支付现金，而兼并通常涉及股票交换。②

3）目标公司董事会和双方股东的作用。兼并总是须经双方公司的董事会协商并由股东大会批准。而收购通过发出收购要约（tender offer），越过目标公司的董事会，直接从目标公司股东手中购买股份。③

那些得到目标公司董事会支持的并购要约称为善意要约（friendly offers），而目标公司董事会所反对的并购要约称为恶意要约（hostile offers）。表 2-7 归纳了 1969—1993 年美国所发生的收购和兼并活动。

即使目标公司董事会反对要约，由于可以直接针对目标公司股东发出并购要约，通过要约，许多“惩戒性”并购（“disciplinary” takeovers）都能取得成功。尽管必然将会被他人替代，现有内幕集团也经常采取法律手段、股份回购、“毒丸计划”及其他防御策略（defensive strategies），以阻止并购公司采取进一步措施。即使并购会给目标公司股东带来一定数目的股票溢价，抵制并购要约也常常会取得成功。④

特征许多学者研究了美国的公司控制权市场，详细介绍所发现的规律已超出本章的范围。但是列举过去 10 年内文献中记录的一些重要资料仍是有意义的。现列示如下：⑤

---

① Hayn（1989）论述了不同类型兼并者的税务和会计处理，而 Jarrell 和 Bradley（1980），Bittlingmayer（1992）以及 Malatesta 和 Thompson（1993）则论述了美国各种规范并购活动的法律作用。

② 有关支付方式如何影响股东收益的分析请参见 Travlos（1987）以及 Huang 和 Walkling（1987）。

③ 有关目标公司抵制的重要性的论述请参见 Huang 和 Walkling（1987）以及 Jennings 和 Mazzero（1993）。

④ 并购防御可归为两大类：一类需要事先经公司股东投票表决，一类由公司董事会单方面采用。前者通常被称为“反并购章程修改”，因为这实际上是公司章程的修订，通常目的是迫使投标公司要么就公司股份支付更高的价格，要么以相同的条件向所有股东收购，而不是用“双重”收购方式只收购其中的一部分。单方面采用的并购防御措施包括毒丸计划、法律手段以及以溢价方式从潜在的恶意并购者手中回购目标股份。这些措施被称为“绿色邮件”（greenmail）。Bradley 和 Wakeman（1983）以及 Klein 和 Rosenfeld（1988）对此进行了研究。Jarrell（1985）研究了法律措施，Persons（1994）则针对非目标股份作为并购防御的能力进行了探讨。

⑤ 这些总结资料来源于众多的学术文章。这里我们不想针对各条标明其出处，有兴趣的读者可以参阅一系列最重要、被广为引用的公司控制实证性文章和学术评论，包括：Jensen 和 Ruback（1983），DeAngelo 和 Rice（1984），Dennis 和 McConnell（1986），Palepu（1986），Huang 和 Walking（1987），Travlos（1987），Bradley、Desai 和 Kim（1988），Jarrell、Brickley 和 Netter（1988），Kaplan（1989a），Marais、Schipper 和 Smith（1989），Mikkelson 和 Partch（1989），Kaplan 和 Stein（1990），McConnell 和 Servaes（1990），Muscarella 和 Vetsuypens（1990），Stulz、Walkling 和 Song（1990），Ambrose 和 Megginson（1992），Healy、Palepu 和 Ruback（1992），Song 和 Walkling（1994），Vijh（1994），Cotter 和 Zenner（1994），Wruck（1994）以及 Denis（1995）。

表 2-7　　美国公司控制权市场统计摘要（1969—1993）

本表归纳了1969—1993 年公司并购交易的有关数据，包括并购宣告的次数、投标交易总值、支付方式、剥离的数量、投标的平均市盈率、投标的平均溢价。

年份	并购宣告次数	投标交易总值（10 亿美元）	支付方式			剥离的数量	投标平均市盈率	投标平均溢价
			现　金	股　票	混　合			
1969	6 107	23.7	32%	57%	11%	801	21.0	25.7%
1970	5 152	16.4	29	52	16	1 401	23.1	33.4
1971	4 608	12.6	32	49	17	1 920	24.3	33.1
1972	4 801	16.7	34	51	14	1 770	21.4	33.8
1973	4 040	16.7	41	44	14	1 557	18.9	44.5
1974	2 861	12.5	48	33	16	1 331	13.5	50.1
1975	2 297	11.8	48	27	23	1 236	13.3	41.4
1976	2 276	20.0	52	26	20	1 204	15.1	40.4
1977	2 224	21.9	54	26	18	1 002	13.8	40.9
1978	2 106	34.2	46	30	23	820	14.3	46.2
1979	2 128	43.5	53	26	20	752	14.3	49.9
1980	1 889	44.3	47	31	21	666	15.2	49.9
1981	2 395	82.6	42	34	23	830	15.6	48.0
1982	2 346	53.8	38	29	31	875	13.9	47.4
1983	2 533	73.1	32	35	33	932	16.7	37.7
1984	2 543	122.2	43	26	30	900	17.2	37.9
1985	3 001	179.8	51	23	26	1 218	18.0	37.1
1986	3 336	173.1	42	32	26	1 259	22.2	38.2
1987	2 302	163.7	41	34	24	807	23.3	38.3
1988	2 258	246.9	56	21	22	894	21.6	41.9
1989	2 366	221.1	46	30	23	1 055	20.9	41.0
1990	2 074	108.2	40	31	28	940	20.1	42.0
1991	1 877	71.2	34	34	31	849	20.0	35.1
1992	2 574	96.7	22	40	37	1 026	22.7	41.0
1993	2 663	176.4	25	40	35	1 134	24.4	38.7

资料来源：Mergerstat® Review 1993（Merrill Lynch Business Advisory Services：Schaumberg，IL，1994）。

1）可以发现，美国公司控制权市场中存在明显的并购浪潮。在 19 世纪 90 年代，20 世纪 20 年代、60 年代后期、80 年代中后期及 90 年代中期，恶意并购和善意并购的数量和价值都急剧增加。尽管各期间，并购所带来的公司的聚集程度不同，所采用的并购方式也不尽相同，但并购的最终结果使技术革命和经济增长都翻了几倍，而且常伴随着普通股总价值的大幅上升。

2）许多公司控制权交易（包括成功的收购和兼并）导致所有权的重要变更，剥离（强制出售或清算公司的部门）、杠杆收购（leveraged buyouts，现有管理当局和杠杆收购专家用借入资金购入公众所持股份）、杠杆重组（leveraged recapitalization，亦译为杠杆再资本化，即发行新债券购买部分而非全部公众所持股份，并继续上市交易）通常都会给公司证券持有人带来净协同收益（net synergistic gains，即交易结束后，公司发行在外的证券总价值上升）。这些收益加上微观经济分析说明：（1）改组后公司保持或增加能够创造价值的财务投资（包括资本支出和研究与开发支出）和雇用水平（与公众所认为的并购将导致负面效应恰好相反）；（2）这些交易能够将公司资源的所有权转移到能更有效使用的人手里。

3）对不同证券持有人而言，公司控制权交易带来的收益存在明显的、系统性特征。最重要、最一贯的规律是，在任何类型的交易中，目标公司股东实际上都能获得大量的非常收益。目标公司股东的收益有以下特点：（1）杠杆收购比外部并购的收益要多；（2）现金交易的收益比股票交易的要多；（3）竞争性投标比只有一个投标人时要多；（4）近年的收益要高于 20 世纪 60 年代。投标公司的股东收益则存在差别：（1）在 60 年代，投标公司的股东能获得巨额非常收益，但随后逐步减少；（2）投标公司使用现金收购一般会收支相抵，但在使用股票交易时通常会遭受损失。（3）当收购公司作为白衣骑士（white knight，加入正在进行的并购争夺，以从不利的投标者手中拯救该公司）时，股东肯定会遭受损失。最后，在收购和兼并中债券持有人会遭受损失，而在杠杆收购中往往会损失惨重。

4）下列因素与目标公司和投标公司的内幕人、机构股东相关：（1）发动并购要约的可能性；（2）目标公司管理当局反对并购的可能性；（3）并购最终取得成功的可能性；（4）证券持有人新增总财富的分配。通常，无论是否涉及公司控制权的竞争，内部持股常会增加所有公司普通股价值。在并购竞争时，内部持股也将促进目标公司股东总收益的上升（当然这也降低了发动并购的可能性）。机构投资者对均衡评价、发动并购要约的可能性以及并购成功时总收益分配的影响不明显（而且通常正面影响较小）。最后，尽管并购目标事先难以预计，机构投资者往往青睐那些小型的、盈利较低、与同行业中其他公司相比不太受机构投资者欢迎的公司。

5）自从 1981 年里根政府执政后，联邦政府明显放松了反托拉斯法的实施，这导致了许多横向并购（horizontal mergers and acquisitions，即行业内并购）的出现，这在 20 世纪 60 至 70 年代是不可想象的。20 世纪 90 年代初，许多技术型公司的合并（特别是涉及“信息高速公路”的公司）得到了联邦管理当局的积极支持。另外，州政府日益倾向于干涉或阻止那些针对本州内目标公司的控制权竞争。最后，无论联邦政府还是州政府，对管制或裁决公司控制权竞争的主要管辖权从管制机构转向法院。

实施公司控制权的其他方式　尽管惩戒性并购能取得预期效果，但是这种恶意收购的确是残酷（但有效）的公司控制权竞争方法。因为依靠并购来解决公司治理问题成本很高，而且其他约束措施（如代理权争夺、股东的个人介入等）也同样效率低下，所以学术界和决策者们开始探索新的方法，以确保上市公司能够持续地对公司股东合法要求负责。20 世纪 90 年代初机构投资者的权力逐步增加，这些投资者共控制了美国上市公司股份的 50% 以上。养老基金控制了大部分普通股，特别是那些公共基金（如加州公共雇员退休基金）在下列方面充当了先锋：(1) 反对管理当局支持那些抵制并购的动议；(2) 质询批准不正当的股票期权和其他高层管理人员津贴；(3) 对经营不善的管理当局的行为进行质询。20 世纪 90 年代初，这些新近活跃的大股东成功地策划了一系列主要的董事会变更，换掉了诸如国际商用机器公司、通用汽车公司、美国运通公司及其他公司的首席执行官。机构投资者的介入，可能是有效地提高美国公司治理制度的唯一希望。

§2.5.3　其他国家的公司治理制度

在 20 世纪 80 年代，尽管其他大多数国家并没有出现像美英两国的并购浪潮，我们并不能据此推论，其他国家的公司治理制度完美无缺。其他国家很少像美国那样存在监督和约束公司管理的诸多问题，但部分是因为其他国家通常很少有大型公司。即使有较多大型公司，其也能采用美国人可能无法接受的方式进行协调。例如，在日本，Keiretsu 公司由集团公司的核心公司牢牢地控制，以确保效率并与集团目标保持一致，但个别股东根本无权过问公司事务，公司也很少支付股利。再如，与美国公司相比，欧洲公司受银行监督和约束的程度要高得多，它们通常不对股东利益负责。特别是在德国，《共同决定法》（Codetermination Laws）赋予工人选举大型公司董事会 1/3 成员的权利，而且其不断地受到反对派政府政策和强制性员工支出的困扰。

§2.5.4　美国风险投资家采用的公司治理制度

可能世界上最有效的公司治理模式要数美国风险资本支持的公司。既向企业家转移风险，又赋予他或她一定的激励，从而能够实现共同制定的目标并使公司总价值最大化，风险资本投资协议通常出色地为其提供了平衡机制。[①] 遗憾的是，这种治理模式在使用上受到了严格的限制，而且管理者通常认为它被过度限制了（那些最具信心者除外）。[②] 总之，任何现实的公司治理制度都有其优缺点，具体到某个公司，其控制制度的整体效率通常取决于所涉及的所有者与管理当局的胜任能力、诚实程度及人际关系技巧。

---

① Sahlman(1988,1990)论述了机构风险投资公司的运作，Lerner(1994)则分析了风险资本家如何决定是否让公司上市，Lerner(1995)则探讨了风险资本家对已经上市的公司提供持续的监督。

② 还有另一种非常有效的混合组织形式，即原先的上市公司在杠杆收购后成为非上市公司。虽然杠杆收购遭到了媒体的激烈抨击，学术研究却发现它在解决公司管理中的代理问题和私人持有过程中创造价值方面非常有效。可参见 Kaplan(1989a)，Lehn、Netter 和 Poulsen(1990)，Muscarella 和 Vetsuypens(1990)以及 Ofek(1994)。

§2.6 报酬与激励：理论与实务

除了有关并购、选举协议和其他公司控制问题的研究一片繁荣外，股东和经理人员关系中固有的代理成本问题的重要性也日益引起人们的关注。例如，如何设计出合理的公司报酬政策以解决这些问题。[①] 尽管大多数人都知道，美国公司经理的薪金要远高于其他国家的同行们，大多数人也都听说过耸人听闻的故事（公司经理裁减员工以显示节约支出，但他们常常获得高达数百万美元的股票期权奖励）。商界观察家们很少有人能够理解现代公司经理报酬计划的复杂性和深奥性，以及如何精确地（不论其好坏）构建针对公司关键决策人员的激励。[②] 在本节中，我们将介绍这些报酬组合主要的基本要素，然后再讨论如何用来（或被滥用）解决经理与股东间的代理问题。最后，在本节（本章）末尾，我们将简要回顾一下学术界是如何评价美国上市公司实际报酬政策效果的。

§2.6.1 美国公司标准报酬组合的要素

在大多数公司，新录用的专业技术人员和管理人员的报酬组合较为简单，即年度工资加上一组通常包括健康保险、人寿保险和养老金计划的其他福利。[③] 当某人升至公司中层管理人员直至最后升为经理职位时，他或她的报酬组合通常将逐步变得更为复杂，而且其总报酬的主要部分常来自于基于业绩的报酬。[④] 也就是说，其总收入不再固定不变，而是根据该人所负责经营部门的财务绩效，或者依据公司股票价格的表现，或两者兼而有之。

在公司最高层，经理的报酬组合通常包括四项基本要素：（1）基本工资，无论业绩如何都可以领取；（2）现金奖励，在一个季度或一年内，如果所管辖部门

---

① 和公司控制一样，“现代”管理报酬理论仅仅诞生于 20 世纪 80 年代，其发展主要源于少数核心理论和经验性文章，包括：Miller 和 Scholes（1982），Smith 和 Watts（1982），Murphy（1985），Baker、Jesen 和 Murphy（1988），Jesen 和 Murphy（1990），Smith 和 Watts（1992），Garen（1994）以及 Haubrich（1994）。

② 有趣的是，美国公司经理们的报酬水平不再位居全球榜首。Wyatt 公司（Koretz 曾于 1995 年引用）调查发现，1994 年日本大型公司的经理们报酬水平居全球第一位，墨西哥、阿根廷以及中国香港的经理们的报酬都高于美国公司经理——后者平均现金报酬（工资和奖金）略高于 20 万美元。当然，这一结果主要源于近来日元对美元的升值。此外，在过去美国经理们比其他国家经理们更可能接受股票期权也是重要因素。

③ 当然，许多公司报酬计划包括大多数或全部雇员而不是仅仅包括最高管理层，但经验表明这些计划的效果并不显著。参见 Bhagat、Brickley 和 Lease（1985），Conte 和 Kruse（1991）以及 Kohn（1993）。

④ 有关大型公司经理报酬组合要素的阐述可参见上面所引用的 Murphy（1985）以及 Jensen 和 Murphy（1990）的文章。此外还有 Antle 和 Smith（1985）。Brickley、Bhagat 和 Lease（1985）以及 Tehranian 和 Wagelein（1985）论述了股东对这些计划的批准。Tibbetts 和 Donovan（1989）探讨了创业性公司所采用的报酬组合，《有限公司杂志》（Inc magazine）则公布年度报酬调查。

业绩超过一定水平，经理可以领取（该奖金通常依据近期和过去业绩情况决定）；(3) 股票期权，给予经理在未来几年后以某固定价格购买公司股票的权利，除非公司股票价格在期权行权期间达到足够高的水平，否则行使期权没有意义，期权到期也没有任何价值；(4) 递延现金或股票奖励，只有当经理为公司服务若干年（比如说 3 年）才能领取。

可能你已经推测到，上面所提到的各项要素是为达到不同目标而设计的，以激励经理们关注公司管理的各个方面。第一，基本工资通常是为了符合行业模式，它的经济功能是为管理者各期提供固定的收入，以足够消除他或她会因为个别季度的经营状况不佳而对出现的财务困境的忧虑（如果全部报酬都以业绩为基础，则可能发生这种情况）。① 第二，奖金通常是当经理所负责的经营单位（或部门、附属机构、企业集团等）的财务业绩（通常用诸如销售收入或经营利润的增长等会计术语来衡量）达到预先规定的目标水平时发放的。② 奖金是用来公开奖励短期的显著业绩，而且对经理所能直接控制的企业决策和企业单位来说具有针对性。由于位于首席执行官之下的人很少能够对公司股票价格产生直接和重要的影响，因此股票基础报酬就不具有这种优点。

奖金着眼于企业的个别内部单位，而股票期权是为了确保所有经理人员关注公司共同利益。原因是，只有公司股票价格在他们的任期内持续上升，股票期权才具有实际价值。③ 经济学家们倾向于赞同期权，一方面是由于期权能够协调管理者和股东的利益，另一方面是期权能激励管理者强调公司的长期需要而不是只重视短期会计利润。④ 最后，递延报酬组合是用来作为优厚退职金（golden handcuffs，金手铐）的，以激励管理者继续为公司服务若干年。如果经理人员在递延报酬组合授予（vest）前离开公司将付出很高的代价（他们所失去的报酬）⑤。如果竞争者想挖走公司的某个优秀员工，递延报酬也能够有效地提高竞争者所必须支付的价格。

---

① Baker、Jesen 和 Murphy(1988)讨论了工资基础报酬，还分析了为什么企业报酬制度常常更多地依靠职务晋升和非现金福利而不是明确的现金报酬。Blackwell、Brickley 和 Weisbach(1994)则探讨了职务晋升对奖励突出业绩的作用。

② Lambert(1993)的三篇文章分析了运用会计收益而不是股价表现作为短期奖金基础的原因。更一般地，Skinner(1993)阐述了公司投资机会组合如何影响其会计、负债和报酬政策。

③ Murphy(1985)和 Hemmer(1993)探讨了股票期权的激励效果，而 Agrawal 和 Walkling(1994)指出，那些首席执行官报酬（拥有额外报酬）过高的行业更易发生并购。Hite 和 Long(1982)、Smith 和 Watts(1982)以及 Stevenson 和 Turner(1992)探讨了运用期权对税收的影响。Huddart(1994)和 Saly(1994)对股票期权定价（或再定价）的评价问题进行了探讨。

④ 在美国公司报酬政策方面，争论最多的是这些政策对促进经理们注重长期投资而不是短期收益增加的影响到底有多大。参见 Larcker(1983)、Gibbons 和 Murphy(1992a)以及 Gaver(1993)。

⑤ 有关各种报酬计划的利益协调效果，请参见 Narayanan(1985)、Gibbons 和 Murphy(1992b)以及 Hohn(1993)。

§2.6.2　确定报酬的特殊技术和手段

除了上述标准的报酬要素，还有其他许多专门的即期报酬和递延报酬计划，用来达到特定的目标。其中最为常见的例子是金色降落伞计划。如果发生并购或其他形式的控制权变化，导致经理失去工作或弱化其职责和权利，她将得到一笔现金补偿。这种补偿的目的是，如果并购对股东有益但不利于管理当局的自身利益时，防止关键经理人员反对并购。[①] 另一种专门工具是股票升值权益（stock-appreciation right 或称 phantom stock）计划。依据该计划，当股东收益增加时给予经理们现金奖励，但并不给予经理们实际的股份权利。对那些想最大限度地减少股权稀释的公司，但又期望经理们的行为符合股东最大利益的公司来说，这一方法尤其有效。最后，有时公司会奖励某位高层经理较大数额的远期股票，或者允许该经理以极低价格购买该批股票。这种方法通常只适用于新任首席执行官。只有当公司首席执行官拥有公司大批股份（其股份份额很大，以至于因为成本过高而无人能够购买）时，为激励他或她忠实地为股东利益服务时，这种方法才有其合理性。[②]

§小　结

现代公司是一种组织经济活动和创造财富的十分有效的工具。这种组织形式同样具有竞争优势。实际上世界上任何国家都允许存在某种形式的有限责任公司，使公司与其所有者独立存在，并准许其股份在证券市场公开交易。这种形式的公司实际上垄断了所有发达国家的经济活动。然而，在美国、欧洲大陆及亚洲的主要国家，这些有限责任公司的所有权结构、控制公司的方法都存在根本的区别。在本章中，我们介绍并分析了这些公司控制和公司治理的不同方法，并将公司与其他企业组织形式（包括独资企业、合伙企业）进行了比较。在本章最后，我们还讨论了美国公司如何为管理人员制定报酬并提供业绩激励。过去二十多年的研究表明，公司治理问题（包括组织形式，有关公司控制如何实施和公司股份如何交易的法律法规，是否允许存在活跃的并购市场，如何吸引和激励公司管理者等）会对每个公司的成败具有决定性影响。而且，从总体上说，公司治理问题也是影响一国经济体制的活力和生产能力的关键因素。

---

① 许多人对于股东们对这些计划持欢迎态度（计划宣布后股价上升）感到惊讶，可能是因为会带来激励联盟效应（incentive-alignment effect）。

② 有关报酬政策在吸引、监督和约束首席执行官的关键作用可参见 Gilson 和 Vetsuypens（1993）、Murphy 和 Zimmerman（1993）、Parrino（1993）以及 Weisbach（1995）。

§习　题

1. 评价下述观点，必要时可引用有关数据。“尽管数目众多，独资企业与美国宏观经济形势几乎毫无关系。”

2. 讨论下列企业组织形式的优缺点：（1）独资企业；（2）合伙企业；（3）公司。

3. 根据 Fama 和 Jensen（1983）的观点，合伙企业在哪些领域最可能具有竞争优势？原因是什么？在哪些领域或行业合伙企业可能处于竞争不利地位？

4. Jensen 和 Mecliny（1976）将公司看作“不同利益相关者之间契约关系的法律虚拟主体”。这种观点说明了什么？传统观点认为，企业主要是由追求利润最大化的企业家来经营。为什么上述两种观点存在区别？

5. 从法律上说，美国州政府和联邦政府在管理公司活动中，谁处于主导地位？（提示：这是个似是而非的问题。）为什么对其他国家商人来说，这种模糊不清会令人费解？

6. 用数据举例说明美国税法的“税收楔子”效应，即相对于独资企业和合伙企业，公司的税负更重。除税收外，美国公司比其他形式的企业承担哪些更繁重的成本？

7. 简述美国大型公司由于所有权与控制权的近于完全分离所带来的公司管理问题。

8. 什么是“毒丸计划”？为什么这是一种抵制并购的创新措施，正如“抵制”一词用在讨论公司控制问题时那样？

9. 试讨论下列企业组织形式间的主要区别：（1）有限责任合伙制与普通合伙制；（2）有限责任合伙制与常规公司；（3）S 公司与常规公司。

10. 什么是首次公开募股？为什么对公司来说这是一种变更事件？

11. 试讨论美国和其他国家企业组织形式的主要共同点。你如何看待公司治理的三种常用模式？

12. 简述国有企业在欧洲、亚洲和发展中国家的作用。“私有化”计划如何改变了政府的作用？

13. 试讨论下列三种所有权结构模式定义间的区别：（1）股份公开公司；（2）非上市公司；（3）企业集团。

14. 试讨论第 13 题中所列示的所有权结构模式的优缺点。

15. 什么是“自由现金流量”？它的存在如何使公司经理免受市场约束？

16. 评价下述观点：“用治理结构和筹资机会来衡量，相对于大型上市公司而言，美国的创业型企业更类似于欧洲公司。”

17. 哪些历史事件促进了日本和韩国的大型企业集团的发展？你怎样理解企业集

团模式很难在日韩以外的国家推广？

18. 什么是代理人陈述书？试描述它在美国公司治理中的作用？

19. 什么是“集体行为问题”？这种问题的哪个方面困扰着美国上市公司？

20. 当公司并购宣告后，哪些股东通常会获益？哪些股东将受损？

21. 在美国公司控制权市场，兼并与收购有什么区别？两者间哪一种最可能属于善意并购？原因是什么？

22. 试讨论机构投资者目前在美国公司管理体制中的作用。将来这种作用将会如何增强？

23. 美国以外国家的公司通常会遇到哪些重要的公司治理问题？

24. 美国公司的中层管理人员通常的标准报酬组合包括哪些要素？当某人升至公司高层职位，特别是成为公司首席执行官时，报酬组合会发生什么变化？

25. 制定股票期权的目的是什么？更一般地说，美国公司广泛采用“业绩基础的报酬”计划有什么理论依据？

26. 定义下列术语：(a) 优厚退职金；(b) 授予；(c) 金色降落伞；(d) 股票升值权益。

参考文献

第3章　投资风险、投资收益与市场效率

§3.1　导　言

财务研究和教学主要分为两大类。第一类，投资理论（也叫资本市场理论），通过研究投资者如何根据风险与收益之间的权衡关系选择金融资产，研究金融市场如何对证券进行定价。该理论研究的主要目的是，提出一个灵活、实用且理论上一致的资产定价技术，从而根据以可观察变量为自变量的函数求出投资项目所要求的必要收益率。第二类，也是本书的焦点，公司理财，即研究企业如何筹集资金并将其投资于生产社会所需要的服务和产品。我们这些公司的财务管理人员经常视自己为创造类艺术家，在工作中创造并培养企业的精华之作。因此，我们经常会在看到这一部分时，问这样一个有趣（甚至有些自负）的问题："我们又需要从投资研究中学习些什么呢?"

事实上，公司财务管理人员也同样完全需要投资同仁所需要的信息，即需要知道如何定义并衡量金融风险，以及了解资本市场如何定义风险。简单地说，风险可定义为财务损失发生的可能性，通常以不同结果出现的概率来衡量，结果可能为极好的情况（资产的价值在一年内增长了一倍），也可能为极差的情况（资产变得一文不值）。风险的价格是投资者愿意购买并持有一个风险程度比美国政府发行的无风险长期国库券高的金融资产时所要求的额外期望收益率。

现代投资理论的核心思想是风险和必要收益率之间存在一定的权衡关系（希望该关系是线性的）。出于三方面的原因，财务管理人员也应了解这个关系。首先，既然管理者经营公司的目标是股东财富最大化，那么他们在采取股东财富最大化措施之前必须理解股票价格是如何定价的；其次，公司财务管理人员出售证券筹集经营资本时，必须了解金融市场如何定价资产，从而能够选择成本最低的证券类型进行发行；最后，可能也是最重要的一个原因，公司管理人员只有确定投资者所期望的公司投资收益率，才能确定资本预算决策时所需要的风险调整贴现率。

既然已经说明了财务管理人员为什么需要理解风险与收益之间的关系，此章的余下部分我们将理解并吸收资本市场研究人员在理论和实践方面留给我们的宝贵遗产，而且将重点讨论财务管理人员精确评价风险调整收益率方面的需要，该风险调整收益率是投资者愿意购买并持有公司普通股所要求的收益率。尽管以股东的利益为出发点来管理公司是全世界管理者的共同宗旨，但是由于资本市场在美国公司财务体系中扮演了极其重要的角色，因此，这个宗旨对美国管理者尤其重要。在 3.2 节中我们将先从数学角度定义单个资产的风险和收益，然后再定义投资组合的风险和收益。在 3.3 节中我们将介绍如何通过分散化投资减少收益的波动性至最低值来最小化资产投资组合的风险，这个波动性的最低值是由经济的整体影响所决定的。在此小节的最后部分我们将检验正态分布在现代资产定价理论中的重要作用。

在讨论基本投资组合理论之后，我们将考察一些学者如何将这个简单的数理关系转化为可应用的风险和期望收益率均衡模型。在 3.4 节中我们将首先介绍 Sharpe (1964)、Lintner (1965) 和 Mossin (1966) 分别提出的单期资本资产定价基本模型，然后介绍弱化该模型中一个或多个内含假设后所得到的扩展理论模型。介绍资本资产定价模型及其扩展模型之后，将简单描述（但希望是全面地）有关该模型及其扩展模型的实证研究。在 3.5 节我们以同样的脉络介绍资本资产定价模型的主要竞争对手——套利定价理论的发展和实证研究，Ross (1976, 1977) 为了克服原资本资产定价模型的局限性而最先提出了套利定价模型。尽管现在的观点比较倾向于套利定价模型（也是没有多大的热情），但这两个模型均没有被实践完全证实。最后，我们将概括并分析投资理论的现状。不幸的是，我们不得不承认，从公司财务管理角度看，资产定价模型的现状仍是一团糟，就评估和定价现代金融市场中的风险方面并不能提供给我们多少指导，就均衡资产定价模型方面至今也没有提出研究人员一致赞同的可行模型。在此种情况下，我们不得不假设资本资产定价模型至少在理论上是正确的，但是想在实践中证明资本资产定价模型却绝非易事。

在 3.6 节中我们将首先检验 Fama (1970) 提出的“有效市场假说”及其理论扩展，然后讨论实证研究对此假说的评论。尽管早期实证研究证实了有效市场假说（而且一些研究人员甚至对有效市场假说盲目崇拜），但近期的实证研究却对其褒贬不一。虽然大多数研究人员仍然认为，有效市场假说合理而精确地描述了市场处理信息这一过程，但这一理论还是在多方面受到抨击。有效市场假说认为，市场能够及时将所有相关信息反映在证券价格之中，而研究人员却发现了几个显然与上述观点相矛盾的“特例”。

§3.2　投资风险与收益的基本原理

在全面介绍投资组合和资产定价模型之前，必须首先从概念和数学角度定义投资的基本术语。首先定义单个资产的风险和收益，然后将这些概念扩展至投资组合。值得一提的是，这里所介绍的概念可应用于所有的投资理论与实务，并不局限于任何特定的资产定价理论模型。不过，两大均衡模型（资本资产定价模型和套利定价模型）均假设投资者是风险厌恶型的，总喜欢拥有更多的财富，并持有极其分散的资产投资组合。

§3.2.1 投资风险的定义

在导言中，风险被定义为发生损失的可能性。① 发生损失的可能性越大，资产的风险程度越高。更正式些，风险可定义为一个资产收益的波动性，与不确定性这一术语互换使用。例如，美国政府债券向持有者保证在30天后支付100美元的利息，由于该收益没有波动性，② 因此该证券没有风险。对一家普通股的同等数额投资，即使期望收益额也为100美元，在同样一段时间所赚取的收益却仍可能在0美元与200美元之间波动，相对美国政府债券而言风险程度就相当高了。如果一个投资者必须在两个风险资产中做出选择，那么他必定要选择一个波动性小的资产。

§3.2.2 投资收益的定义

投资收益以投资者在一段时间内所获损益来衡量，一般表示为资产价值变动（资本利得或损失）同其他现金收益（股利或利息）之和与期初投资价值之间的百分比。资产i在时期t内的实际收益率的计算公式如下：

$$R_{it} = \left[\frac{P_{it}-P_{it-1}+C_{it}}{P_{it-1}}\right] \tag{3.1}$$

公式中，P_{it}=资产i在t期末的价格（或价值）

P_{it-1}=资产i在t-1期末的价格（或价值）

C_{it}=在时期t内从资产i获取的现金流量

从上式中，我们可以看出实际收益率反映了特定时期内的价值变化（$P_{it}-P_{it-1}$）和实际现金流入（C_{it}）两者的综合效应。

上述实际收益率等式是依据过去经济发展情形分析而得出的事后收益率，即对资产的期望收益或可能收益的分布情况不做任何假设。在讨论资产定价模型以及投资组合理论时，我们经常需在讨论框架中加入不确定性。可根据以下方法加入不确定性，一种方法是根据概率分布事先确定时期t内的价格、现金流量和收益，另一种方法是假定价格、现金流量和收益是随机变量，在时期t内取几个可能结果（也许是无限个

---

① 也许精明的你并不满足于如此简单的风险定义，在该定义之后我们将介绍更精确的、更专业的风险定义，即根据某一资产收益率同其他风险资产收益率之间的协方差定义风险。尽管即将介绍的两个资产定价模型以及简单投资组合理论都将使用这一专业的风险定义，但是现在我们只利用简单风险定义来理解基本投资理论。

② 在一般情况下，以本国货币标注的政府债券可认为是无风险证券，因为即使国库已经亏空，政府仍然可通过印制更多的纸币来偿还债务。然而，除非政府发行以本期真实通货膨胀率为指数调整的浮动利率债券，否则政府债券并不能规避通货膨胀风险（因为政府债券并不能保证一个不变的真实收益率）。显然没有几个政府愿意承担实际证券发行过程中的反通货膨胀承诺。

可能结果）中的任一值，而且它们的实际值是不能事先确定的。随机变量的正确表示方法是在每个不确定（不能预先知道）的变量上加个“颚化符号”（~）。因此加入不确定性之后，基本收益率公式可以重新表述为：

$$\tilde{R}_{it}=\frac{\tilde{P}_{it}-\tilde{P}_{it-1}+\tilde{C}_{it}}{\tilde{P}_{it-1}} \tag{3.2}$$

所有变量的含义均如前所述，只不过被明确地表述为不可预先知道的随机变量。尽管在本章的余下部分大多数收益变量的正确表述应是带颚化符号的随机变量，但是我们的目的主要是揭示风险与收益的基本关系，因此，为简便起见我们只以标准的 R_t 形式表示。

我们对收益的讨论到目前为止尚没有介绍资产 i 在时期 t 内所获得收益的期望值。然而只要我们知道所有可能的投资结果以及每个投资结果的相应概率，就可以得出一个表示为 $E(R_{it})$ 的期望收益率。同理，如果我们使用某个主要资产定价模型，如资本资产定价模型，就可获得一个有条件的期望收益率（conditional expected return），即我们所预测的资产收益率是以其他变量的实际收益率为条件，如在资本资产定价模型中是以风险资产市场组合的实际收益率 R_{mt} 为条件的。最后，我们将实际收益率表示为期望收益率加上一个随机误差（或是剩余变量），并假设资产 i 在时期 t 期末的随机误差为 $\in_{it}$，则期望收益率和实际收益率之间的关系可表述如下：

$$R_{it}=E(R_{it})+\in_{it} \tag{3.3}$$

在讨论概率分布以及以后讨论资本资产定价模型和套利定价模型时，我们再深入探讨期望收益率这一概念。

§3.2.3　风险的基本概念：单一资产

尽管单一资产和整个资产组合的风险衡量方式是相同的，我们仍有必要区分这两个不同实体的风险，因为投资组合的持有者总可获得单一资产持有者所不能获得的特定收益。此外，在下一小节的讨论中，我们可以清楚地看到现代资产定价理论是以投资组合内某个特定资产的收益风险指标为基础的，而不是以某个单一、孤立的资产为基础的。尽管如此，我们仍要在讨论概率和概率分布之后先介绍单一资产的风险概念。给定结果的概率是指这一结果发生的相对可能性，经常表示为 0%～100% 的百分数，或者 0～1 的小数。

概率分布是一系列可能结果以及结果发生可能性的数学或图形表示。例如，假设投资者试图在资产 A 或 B 中选择进行投资，每个投资方案都需要初始投资 10 000 美元，在每个投资方案中悲观情况发生的可能性为 25%，中等情况（最可能情况）发生的可能性为 50%。这样，我们就可以使用下述等式 3.4——期望收益率等式计算资产 A 和 B 的期望收益率。为了简单起见，我们将从公式中去掉时期下标 t。

$$E(R_i)=\sum_{j=1}^{n}(R_j\times Pr_j) \tag{3.4}$$

公式中，R_j = 第 j 种可能结果的收益率

Pr_j = 第 j 种可能结果发生的概率

n = 所需考虑可能性的数目

使用公式 3.4，我们可以求出资产 A、B 的期望收益率均为 15%，计算过程如下所示：

$$E(R_A) = (13\% \times 0.25) + (15\% \times 0.50) + (17\% \times 0.25) = 15\%$$

$$E(R_B) = (7\% \times 0.25) + (15\% \times 0.50) + (23\% \times 0.25) = 15\%$$

从现在开始，我们通常以小数形式 0.15 而不是百分数形式 15% 表示收益率，因为收益率指标经常与其他小数值一同使用。如果我们知道所有可能结果和相应的概率，我们就可以获得一个连续型概率分布。图 3-1 列示了期望收益率也为 15% 的资产 C 和 D 的连续型概率分布。

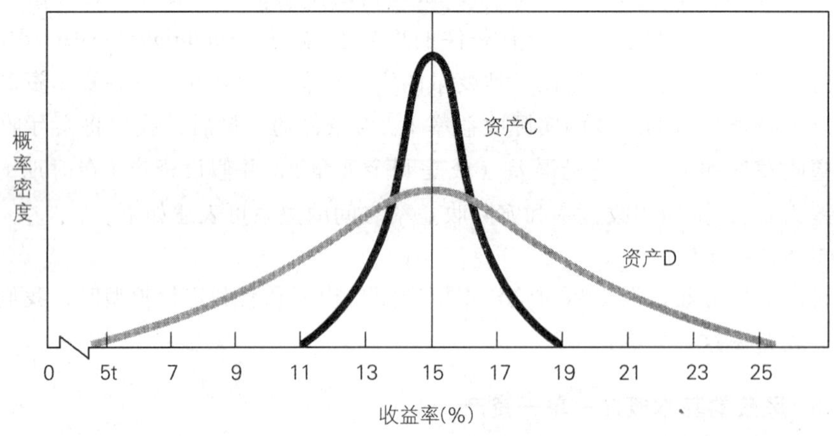

图 3-1　资产 C 和 D 的连续型概率分布

§3.2.4　标准差

衡量资产 i 风险的最常用数理指标是资产期望收益率的标准差 $\sigma(R_i)$，标准差衡量各可能结果围绕期望值的分布情况。标准差可使用等式 3.5 表示如下：

$$\sigma(R_i) = \sqrt{\sum_{j=1}^{n}[R_j - E(R_i)]^2 \times Pr_j} \tag{3.5}$$

所有变量的含义都如前所述。一般而言，资产的标准差越大，资产的风险程度越高。[①] 表 3-1 列示了资产 A 和 B 的标准差的计算过程，数据如前所述。资产 A 的标准差为 1.41%，而资产 B 的标准差为 5.66%。一般情况下，以资产的方差衡量分散

① 在此处使用的风险定义仍不很精确，精确而言此处的风险应称为“总风险”，其中包括可通过投资组合消除的风险（可分散风险或非系统风险）和不可消除的风险（不可分散风险或系统风险）。但为简单起见，只要我们是在讨论单个资产的风险，我们仍使用前述简单的风险定义。

程度更优。资产的方差 Var（R_i），即标准差的平方，可用等式 3.6 表示如下：

$$\mathrm{Var}(R_i) = \sigma^2(R_i) = \sum_{j=1}^{n} [R_j - E(R_i)]^2 \times Pr_j \tag{3.6}$$

表 3-1　　资产 A 和 B 的期望收益率和标准差的计算过程

资产 A 和 B 的期望收益率

可能结果	概率 (1)	收益率（%） (2)	加权值（%） [（1）×（2）]
资产 A			
悲观情况下	0.25	13	3.25
最可能情况下	0.50	15	7.50
乐观情况下	0.25	17	4.25
总计	1.00	期望收益率	15.00
资产 B			
悲观情况下	0.25	7	1.75
最可能情况下	0.50	15	7.50
乐观情况下	0.25	23	5.75
总计	1.00	期望收益率	15.00

资产 A 和 B 的收益率的标准差[a]

资产 A

i	k_i	$\bar{k}$	$k_i-\bar{k}$	$(k_i-\bar{k})^2$	Pr_i	$(k_i-\bar{k})^2 \times Pr_i$
1	13%	15%	-2%	4%	0.25	1%
2	15%	15%	0	0	0.50	0
3	17%	15%	2%	4%	0.25	1%

$$\sigma k_A = \sqrt{\sum_{i=1}^{3}(k_i-\bar{k})^2 \times Pr_i} = \sqrt{2\%} = 1.41\%$$

$$\sum_{i=1}^{3}(k_i-\bar{k})^2 \times Pr_i = 2\%$$

资产 B

i	k_i	k	k_i-k	$(k_i-k)^2$	Pr_i	$(k_i-k)^2 \times Pr_i$
1	7%	15%	-8%	64%	0.25	16%
2	15%	15%	0	0	0.50	0
3	23%	15%	8%	64%	0.25	16%

$$\sigma k_B = \sqrt{\sum_{i=1}^{3}(k_i-\bar{k})^2 \times Pr_i} = 5.66\%$$

$$\sum_{i=1}^{3}(k_i-\bar{k})^2 \times Pr_i = 32\%$$

[a] 此表中的计算是以百分数形式 13% 而不是小数形式 0.13 表示的。因此，中间的一些计算结果可能与使用小数形式计算的结果不相吻合。尽管如此，这个通过百分数形式计算得出的标准差是正确的，而且应等于使用小数形式计算得出的标准差。

资料来源：Gitman，Lawrence J.，Principles of Managerial Finance，Seventh Edition（New York：Harpercollins Publishers，1994）。

同标准差一样，资产的方差越大，资产的风险程度越高。

图 3-2 所示的正态分布曲线是一条对称的钟形曲线，即从图形的顶端开始向两端的扩展是相互对称的。图形的对称意味着该图形的一半位于其顶端的左侧，而另一半则位于顶端的右侧，因此，一半概率与顶端的左侧值相关，而另一半概率则与顶端的右侧值相关。我们可以看出在正态分布图形上，68% 的可能结果发生在期望值的±1标准差内，95% 的可能结果位于期望值的±2 标准差内，99% 的可能结果则位于期望值的±3 标准差内。

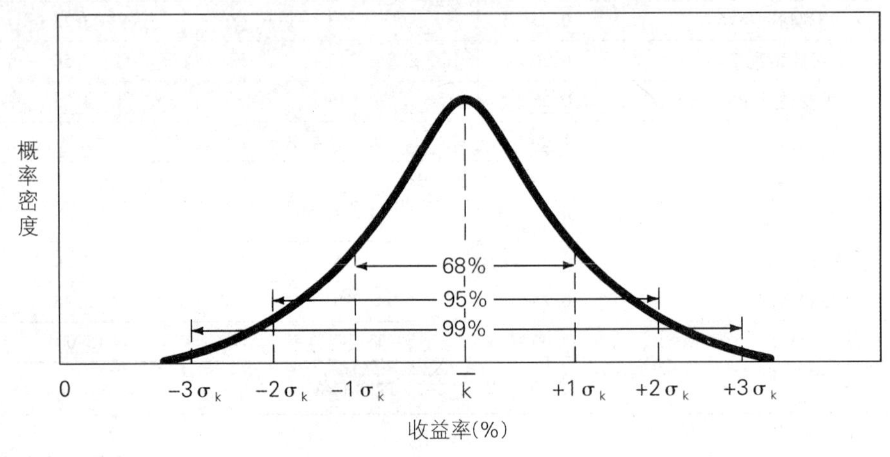

图 3-2　正态分布范围

正态分布是数理统计上研究最为广泛以及理解最为透彻的概率分布。此外，它还有一个突出的特点，即只需均值和方差这两个变量就能全面描述正态分布。投资研究人员利用了这个特点来建立完整的资产定价模型，尤其是资本资产定价模型，而不必对投资者行为进行不合理假设或者是对允许的证券收益率分布进行过于严格的限制，投资者仅仅是风险厌恶型的，并且只根据期望收益率（均值）和方差（或者是标准差）对投资组合进行选择。因此只要证券收益率看起来大约是正态分布，我们就可以通过证券之间的协方差（证券之间同时移动的程度）来描绘证券之间的重要互动关系。既然在证券收益率的联合分布中除协方差以外的其他变量是不重要的，我们据此可建立一个均衡资产定价模型。在此定价模型下，无论投资者个人的风险偏好如何，投资者都将混合持有由一个无风险资产和一个风险资产组成的“市场组合”。这个混合持有的“两基金分离原则”（将在 3. 3 节深入介绍）尤其重要，因为该原则确定了一个资产定价模型，依据该资产定价模型，每个风险资产均有唯一一个市场决定的必要收益率。此外，既然不同预测中的随机误差（实际收益率和期望收益率之间的差异）是不相关的，根据正态分布收益率所建立的资产定价模型，可通过较简单的回归方法予以证明（至少理论上证明）。

图 3-2 中的几个概念和术语我们将在讨论资本资产定价模型时详细介绍，因为现在我们主要是理解正态分布在投资理论和实务中的重要性。尽管如此，我们仍要先简介其中一个概念——风险偏好或风险厌恶。简而言之，在期望收益率相同而方差不同的两个投资中进行选择，风险厌恶型的投资者总会选择方差较小的投资项目。风险中立型的投资者对期望收益率相同而方差不同的两个投资没有偏好，选择任何一个都可以。风险爱好型的投资者则会选择期望收益相同而风险程度较高的投资项目。投资者个人的风险偏好最终取决于投资者的效用函数，效用函数一般定义为投资者为了最大化其个人的满足，在当前财富和未来财富之间以及当前消费机会和投资组合中的金融证券之间所做的均衡选择。大多数金融理论家和实务家假设投资者试图通过最大化个人财富而最大化个人满足，而最大化个人财富实际上是通过最大化其投资组合的价值而实现的。此外，我们一般都假设投资者是风险厌恶型的。尽管我们可以通过数学方式定义效用函数并比较具有不同风险和期望收益率的投资可能结果，但是就我们的目的而言，从文字上理解风险偏好和效用函数就足够了。①

§3.3　投资组合的风险与收益

单一资产投资的风险不应视为独立于其他资产，必须考虑该资产投资对投资者的资产组合的风险和收益所造成的影响。投资者的目的是为获得一个有效的投资组合，即在给定风险水平下收益最大的投资组合，或者是在给定收益水平下风险水平最小的投资组合。从数理角度看，协方差表明了用来形成有效投资组合这一分散化过程的基本原理。在介绍投资组合风险之前，我们先来看看如何计算投资组合的收益率和标准差。

§3.3.1　投资组合收益率及其标准差

投资组合收益率通过对投资组合中单个资产收益率的加权平均计算求得。投资组合收益率和方差的概念在简单的两资产投资组合下更好理解，因此我们假设只选择两个资产 i 和 j。w_i表示投资组合中资产 i 所占的价值比重，而 w_j（在这里 $w_j = 1 - w_i$）则表示资产 j 所占的价值比重。我们可以使用下述等式 3.7 计算该投资组合的期望收益率 $E(R_P)$。需注意的是，我们在等式中所表示的收益率是随机变量，而且为了简便起见将时间下标省略。

$$E(R_p) = w_i E(R_i) + w_j E(R_j) \tag{3.7}$$

① 自 Friedman 和 Savage（1948）提出效用理论后，效用理论在经济理论界已有一段悠久而颇受瞩目的历史。Schoemaker（1982）讨论了效用理论的优缺点并对相关文章进行了概括。Copeland 和 Weston（1988，第四章）研究了效用理论在金融理论方面的作用。

总而言之，投资组合期望收益率是单个资产收益率的加权平均值，而且对于任何大小的投资组合均适用（而不仅仅是两个资产的投资组合）。但是投资组合方差并不存在这种线性特征，这点是极其重要的。

投资组合方差 Var（R_p）定义如下：

$$Var(R_p)=E[R_p-E(R_p)]^2$$

$$Var(R_p)=w_i^2Var(R_i)+w_j^2Var(R_j)+2w_iw_jE\{[R_i-E(R_i)][R_j-E(R_j)]\}$$

$$Cov(R_i,R_j)=E\{[R_i-E(R_i)][R_j-E(R_j)]\}$$

$$Var(R_p)=w_i^2Var(R_i)+w_j^2Var(R_j)+2w_iw_jCov(R_i,R_j) \tag{3.8}$$

需注意的是，投资组合方差并不是单个资产方差的加权值的简单相加，而是除方差的加权值之外还须加上另外一个变量，即资产 i 收益率和资产 j 收益率的协方差 Cov(R_i，R_j）的加权值。协方差是两个随机变量同时移动的倾向性的数学表示，具有正协方差的两个变量同时同向移动，而具有负协方差的两个变量则同时反向移动。

为了比较不同组合资产之间的协方差，我们将协方差调整为在-1 和+1 之间的协方差系数。两个变量间的协方差系数 ρ，通过标准差之积除协方差求得。因此，可通过下式将协方差 Cov（R_i，R_j）转化为协方差系数 ρ_{ij}：

$$\rho_{ij}=\frac{Cov(R_i,R_j)}{\sigma_i\sigma_j}$$

协方差系数为-1 表示两个变量是完全负相关的（它们以相同的数量同时反向移动），而协方差系数为+1 则表示两个变量是完全正相关的（它们以相同的数量同时同向移动）；两个变量间的协方差系数为 0，说明这两个变量是不相关的（它们根本不同时移动）。

投资组合方差中加入协方差系数后，我们就能最终获得一个更容易理解的投资组合方差表达式 3.9：

$$Var(R_p)=w_i^2Var(R_i)+w_j^2Var(R_j)+2w_iw_j\rho_{ij}\sigma_i\sigma_j \tag{3.9}$$

当不是两个而是更多的资产包括在投资组合中时，这个公式的重要性就很明显了。随着投资组合中的资产数量越来越多，该公式也就越来越复杂，因为我们必须考虑每项新加入资产同原来每项资产之间的协方差。这使得协方差变量的数量几乎以指数的形式增长，而单项资产方差对整个投资组合方差所做的贡献却迅速下降。为明白这一点，让我们看看两项资产的投资组合：$w_i=w_j=0.5$。在此例中，投资组合方差包括资产 i 方差的 25%（$w_i^2Var(R_i)=(0.5)^2Var(R_i)=0.25Var(R_i)$），以及资产 j 方差的 25%。如果投资组合是由相同比重的 10 项资产组成，则每项资产所占的比重均为 10%（$w_i=w_j=w_n=0.1$），投资组合方差只包括每项资产方差的1%（$(0.1)^2Var(R_i)=0.01Var(R_i)$）。即使加总在一起，所有资产的方差对整体投资组合方差的贡献也是相当小的，而且随着投资组合中的资产数量超过几十项，其贡献更加微乎其微了。

§3.3.2 可分散风险与不可分散风险

随着单个资产方差的重要性逐渐降低，协方差变量的重要性逐渐居于主导地位。此外，这些协方差变量的主导地位是相当重要的。当某个资产加入到一个极其分散的投资组合中时（经随机选择而形成的投资组合），同该资产的方差一样，该资产与任何单个资产的协方差对整体投资组合方差所起的作用是非常小的。只有该资产同所有其他资产的协方差才会对投资组合方差产生一定的影响，因此欲将该资产加入到其投资组合的投资者也只会对该资产同风险资产投资组合之间的协方差感兴趣。这使得我们能够明确区分可分散风险和不可分散风险。可分散风险指资产的总方差中与其他所有资产的收益不相关的部分，而不可分散风险则指资产的总方差中与影响所有公司的市场力量相关且不可分散掉的那部分方差。

可分散风险又称为特定风险或非系统风险，取决于投资者对与公司特定相关的事项如罢工、诉讼、监管、关键人员的损失等所做的反应。不可分散风险又称为系统风险，取决于公司对影响所有公司和金融资产的宏观经济、政治力量的敏感程度。简而言之，我们可以说资产的总风险由以下两个部分组成：

$$总风险=可分散风险+不可分散风险 \tag{3.10}$$

可分散风险同不可分散风险之间的关系也可以图形表示如下。以投资组合收益率的标准差 $\sigma(R_P)$ 来衡量投资组合的总风险，图 3-3 描绘了随着更多的资产（X 轴表示）加入投资组合中，可分散风险、不可分散风险和总风险（Y 轴表示）的变化特性。随着资产的加入，分散化作用使投资组合的总风险逐渐降低直至一个极限，即所有的非系统风险全部被分散掉，剩下的只是投资组合对系统风险的敏感程度。有关调查表明，包含 15 至 20 个随机选择资产的投资组合就可获得大部分资产风险分散化的效应。正如你所预料的，如果在投资组合中加入外国证券，在收益率不变或者收益率提高的同时，投资组合的风险可进一步降低。[①] 对于一个健全资本市场中的资产定价，到底上面的分析能够告诉我们些什么？具体而言，也就是当评价一项资产是否应包含在一个投资组合中时，投资者如何评价资产所提供的收益是否足以弥补与购买该资产有关的风险？尽管我们还不能量化一项资产所需提供的必要收益率，因为这需要一个特定的资产定价模型，但是对于一项与其他资产正相关的资产，投资者会要求一个较高的期望收益率，而对于一项对系统风险因素不太敏感的资产，投资者则愿意接受一个较低的期望收益率。事实上，最理想的资产是与投资组合中的其他资产负相关的资产，因为将负相关的资产组合在一起，投资组合收益率的整体波动性降低了。一个投资组合由负相关、期望收益率同为 $E(R_i)$ 的资产 F 和 G 组成，则该投资组合的期望收益率 $E(R_p)$ 也等于 $E(R_i)$，但是该投资组合的风险却比这两个资产都要

---

① 请参见 Agmon 和 Lessard(1977)所写的文章,他们在该文章中讨论了国际分散化效应的好处,以及一些公司在通过购买跨国公司股票帮助投资者间接获取这些好处方面的作用。

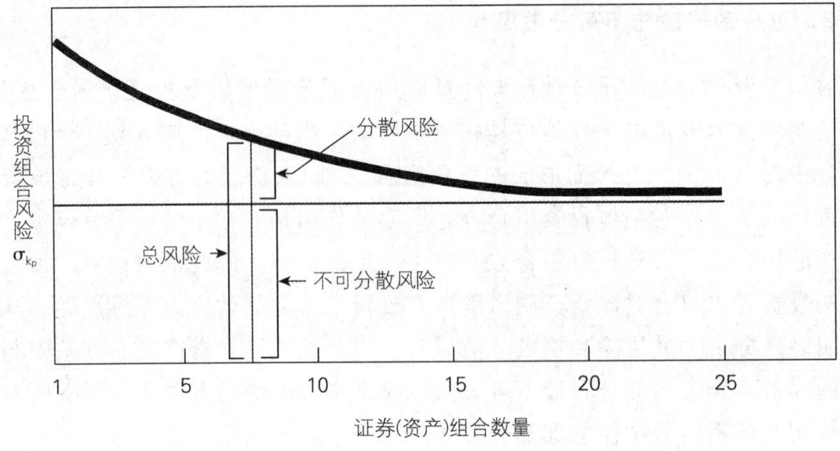

图 3-3 投资组合风险与分散化风险

低。此外，如果投资组合由两个完全正相关的资产构成，投资组合的风险却并不能低于两个资产中较低的风险水平。

§3.3.3 风险投资组合的有效性边界

创建最小方差投资组合是在给定期望收益率的水平下，创建一个收益率波动性最低的投资组合。这些投资组合都是均值-方差有效的投资组合，即提供给投资者一个最佳的风险与收益组合。当然，所有投资组合中只有一小部分是有效组合。图 3-4 描绘了在一个 Y 轴表示投资组合期望收益率和 X 轴表示投资组合标准差的图形中可获得的投资组合是如何分布的。尽管投资者可获得边界 BCDE 上以及边界 BCDE 下侧、右侧的任一投资组合，但是一个理性投资者只会选择那些实际分布在边界 BCDE 上的投资组合。这个边界被称为"有效边界"，一个希望在任何风险水平下最大化其投资收益的投资者只需在该边界上选择就可获得满足。对风险极其厌恶的投资者可能只选择投资组合 B，而愿意承担更多风险的投资者则可能选择投资组合 D 甚至是投资组合 E。

为什么在边界 BCDE 上的投资组合要优于其他投资组合？让我们看看投资组合 F。一个理性投资者根本不会选择该投资组合，因为他可通过选择投资组合 D 在不增加额外风险的条件下获得更高的期望收益率。同样，投资者也可通过选择投资组合 C 在期望收益率不变的条件下承担较小的风险。对投资组合 A 亦是如此，投资组合 A 表面上看好像在有效边界上，而实际上并非如此，因为投资者可通过选择投资组合 B 而获得更高的收益率并承担较低的风险。在均衡市场状态下，所有的可投资资产均可被包含于某个位于边界 BCDE 上的投资组合中，但是由于存在无限个有效投资组合，我们并不能具体预测在哪个投资组合中。

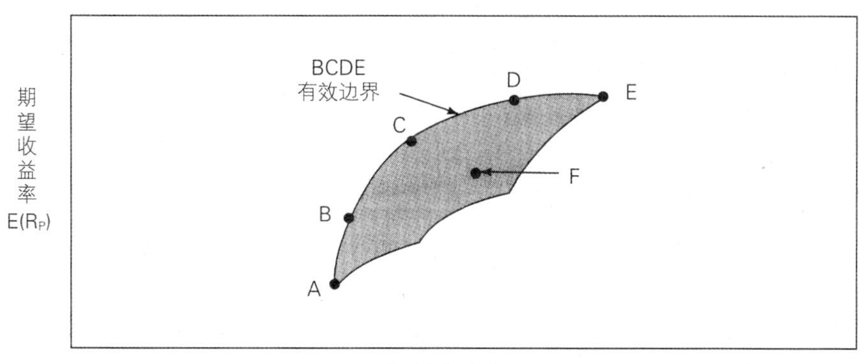

图 3-4　投资组合收益率与标准差

现在开始介绍有效投资组合理论发展的最后阶段。① 假设投资者除可选择图 3-4 中的投资机会集之外，还可以选择投资于如图 3-5 所示的提供给定收益率 R_f的无风险资产［σ（R_f）＝0］。这样的投资选择机会不仅扩大了市场参与者可获得的投资机会，而且简化了投资者所需做出的选择。为什么呢？让我们画一条连接点 R_f和投资组合 C 的直线，这条直线是通过点 R_f和有效边界的切线。直线段 R_fC 代表着无风险资产和一定比例投资组合 C 所构成的投资组合集，而从 C 点向上延伸的直线则代表着以无风险利率借入资金对投资组合 C 进行额外投资。

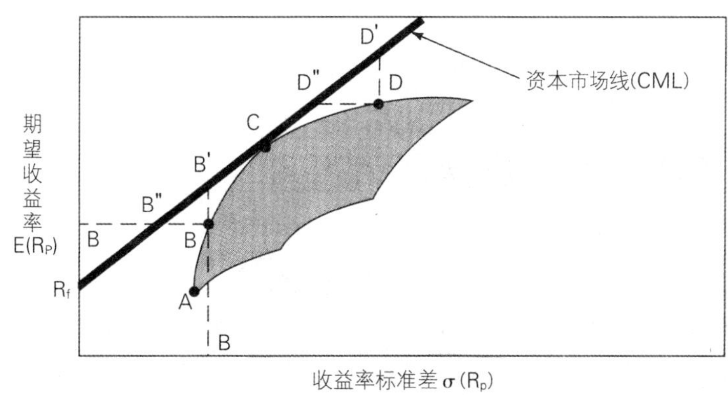

图 3-5　无风险资产的资本市场线

从点 R_f起通过点 C 的直线被称为资本市场线，投资者在该资本市场线上选择投

① Markowitz(1952)在现代金融最重要的一篇文章中(事实上是第一篇最重要的文章)系统地提出了投资组合原理。40 年后，他因此而获得了诺贝尔经济学奖。Tobin(1985)对 Markowitz 的投资组合原理进行了修正，而 Sharpe(1964)则将该原理应用于资本资产定价模型之中，Tobin 和 Sharpe 也是诺贝尔经济学奖获得者。

资组合可以获得比只投资于风险资产投资组合更优的风险－收益组合。在上述对风险极其厌恶的投资者只会选择投资组合B，而现在该投资者可以通过选择资本市场线上的投资组合B′在同一风险水平下获得更高的收益。或者说他可以选择投资组合B″而不是投资组合B，从而在较低的风险水平下获得同样的收益。对愿意承担更大风险的投资者亦是如此，他原先选择投资组合D，现在他可以通过选择投资组合D′在同样风险水平下获得更高收益，或者是选择D″在较低风险水平下获得同样的收益。显然直线R_fC上的投资组合要优于所有其他可获得的投资组合。所有投资者将选择由无风险资产和切点处的投资组合C所构成的投资组合这一观点被称作“分离理论”，或者从经营角度被称作“两基金分离理论”。

如果本章是一部电影的话，那么现在是电影高潮的时候，因为我们已经非常接近于发展一个可行的单个风险资产的定价模型。我们所需做的只是对风险资产进行数学化定义以及提供一个确定单个资产必要收益率的公式。然而在继续介绍之前，有必要总结一下从投资组合理论所学到的风险与收益的关系。在投资组合中只有某一项资产同其他所有资产之间的协方差对投资者才是重要的，而该资产自身的方差或者它同任何其他单一资产之间的协方差根本无足轻重。任何理性、风险厌恶型的投资者只会选择在给定风险水平下提供最大收益的投资组合，或给定收益水平下风险程度最小的投资组合。如果投资者只限于在风险资产投资组合中选择，那他必会选择位于有效边界上的投资组合，而具体的选择则取决于投资者个人的风险偏好。如果投资者有机会购买无风险资产以及风险资产投资组合，他们将选择由无风险资产和特定切点投资组合所构成的投资组合。以下我们所需做的只是明确相对于所有风险资产构成的市场组合以及相对于其他单一资产如何定价某单一资产。

§3.4 资本资产定价模型

尽管我们在前几小节对投资组合的讨论使用的都是很直观的非专业术语，甚至于对投资者偏好和期望、风险资产市场的技术有效性、证券收益率的概率分布等方面做的几个特定假设事实上也只进行了很简单的解释。既然现在想要提出一个真正的均衡资产定价模型，我们就不能仅依赖直觉，必须明确有效投资组合理论和资本资产定价模型所需要的以下假设条件：

1）所有的投资者都是单期的、风险厌恶型的财富效用最大化者，他们只依据期望收益率的均值和方差对投资组合进行选择。

2）市场上没有税金、交易成本以及其他不完善之处，有大量可完全分割以及可交易的资产，还有许多信息完善的买者和卖者，这些买者和卖者只是价格接收者而不是价格制定者（他们缺乏以交易影响价格的市场能力）。

3）所有投资者对证券收益率的概率分布有着完全相同的预期。

4）存在无风险资产，所有投资者均可在给定的无风险利率水平下无限量地借贷资金。

除了以上假设条件之外，为了保证投资者完全根据均值和方差选择投资组合（假设 1），我们必须假设证券收益率是正态分布的，或者必须假设投资者具备二次效用函数。由于二次效用函数有几个不合理的特征（最为不合理的特征是在经过特定一点后财富的边际效用开始递减），因此我们最终假设将明确允许证券收益率分布为正态分布。

5）所有资产收益率都可被联合正态概率分布描述，这样所有的投资组合均可通过它们的均值和方差确定。

显然，这些都是非常严格的假设条件，在真实的资本市场中并不能完全实现。然而在以后的学习中，我们可以知道，即使违背其中一个或多个（但不是所有的）假设条件，资本资产定价模型的基本预测仍然适用。不管怎样，对一个理论的真正检验，在于检验它如何较好地解释客观现实以及能否被实践所证实，而不是要检验其假设条件如何真实可信。从现在开始我们将介绍资本资产定价模型并列示它的主要实证预测。

§3.4.1　资本资产定价模型的发展

资本资产定价模型几乎是同时由 Sharpe（1964）、Linter（1965）和 Mossin（1966）提出的，该模型一提出就受到理论界的拥护。尽管实务界在很长一段时间之后才接受这一理论，资本资产定价模型最终仍被普遍地接受，人们几乎一致认为该模型是研究投资和资本市场工作过程的简单工具。产生这种热情的原因很明显，因为这是第一次理论界和实务界共用一个预测模型，其通过明确单一资产与风险资产市场组合之间的相关性来预测单一资产的风险和收益特征，而且该预测结果是可验证的。

为了更好地理解 Sharpe-Linter-Mossin 资本资产定价模型的发展过程，让我们再看看图 3-5 中连接无风险资产与切点投资组合的资本市场线。资本资产定价模型的贡献在于它表明了资本市场线并不代表市场均衡结果，市场均衡结果是指在资本市场中资产价格没有改变的趋势、投资者对他们现有的资产持有情况满意并且不意图改变的这种状态。当投资者寻求购买投资组合 C 中的构成资产时，这些资产的价格就会提高而其他投资组合中的构成资产的价格则会降低。但是每个资产的价格将降低或升高多少？答案是每个资产的价格持续变化直至该资产能够提供一个弥补其风险的期望收益率，从而使该资产位于资本市场线上。

同样，如果投资者选择购买一项资产加入到他的投资组合中，那么该资产的风险水平完全取决于它如何影响一个相当分散的投资组合收益的波动性。既然资产的非系统风险可以被分散掉，那么只有资产的系统风险即该资产收益率同风险资产市场组合收益率之间的相关性对投资者才是重要的。对于高系统风险的资产，只有该资产提供较高的期望收益率，投资者才会愿意购买。而对于低系统风险的资产，由于将其包括在投资组合中会降低整个投资组合的风险，因此投资者愿意接受一个较低的期望收益率。在资本资产定价模型中，衡量系统风险的指标称为β系数，β_i定义为某个资产的收益率R_i同市场组合收益率R_m之间的相关性，其计算公式如下所示：

$$\beta_i=\frac{Cov(R_i, R_m)}{Var(R_m)} \tag{3.11}$$

对资产收益率和市场投资组合收益率之间共同运动的程度，β_i给出了一个直接线性的估计。事实上，如果你对数理统计比较熟悉，你会发现任一资产的β系数，均可通过同一时期内该资产收益率和市场投资组合收益率之间的线性回归方程轻易预测得出。在此种情况下，β系数可直接解释为该线性回归方程式中的回归系数。在最后完成资本资产定价模型的发展过程之前，我们必须介绍对投资于无风险资产以及风险资产投资组合的选择。

为理解无风险资产在资本资产定价模型形成中的重要作用，让我们再参考一下图3-5。在市场均衡状态下，投资组合C必须是最小方差市场投资组合，所有风险资产要根据它们的真实市场价值比重持有。既然投资者选择投资组合C和无风险资产构成他的投资组合，我们可定义资本资产定价模型对任何风险资产的预测收益率，如等式3.12所示：

$$E(R_i)=R_f+\beta_i[E(R_m)-R_f] \tag{3.12}$$

在该式中$[E(R_m)-R_f]$被称为市场风险溢价（或者是权益风险溢价），它表明投资者为持有市场投资组合而不是无风险资产所要求的额外补偿。

资本资产定价模型可以图3-6表示，其中期望收益率同样位于Y轴，β系数（而不是标准差）位于X轴。从R_f点右侧开始并向上延伸的直线称为证券市场线，因为所有的证券都根据相应的收益风险预测分布在该证券市场线上。这样我们就可获得一个均衡资产定价模型，该模型可以依据资产的必要收益率同市场风险溢价、β系数之间的线性关系推出资产的必要收益率。在介绍有关资本资产定价模型的实证研究以及扩展理论之前，我们先将等式3.12变形，得出以风险溢价形式表示的资产必要收益率，如等式3.13所示：

$$E(R_i)-R_f=\beta_i[E(R_m)-R_f] \tag{3.13}$$

该等式说明单个资产所要求的风险溢价（超过无风险利率部分）等于该资产的β系数乘以市场风险溢价。在该公式被常常使用的同时，许多实证研究也在试图证明等式3.12所给出的资产资本定价基本模型是否能够精确地计算出证券的实际收益率。

§3.4.2 资本资产定价模型的早期实证研究

尽管资产资本定价模型极易理解，但是由于下述几个原因对该模型的实证研究却非常困难。首先，根据定义，资本资产定价模型要求取的收益率是期望收益率（事前收益率），而对该模型的检验却必须使用实际（历史）收益率。要使用事后收益率

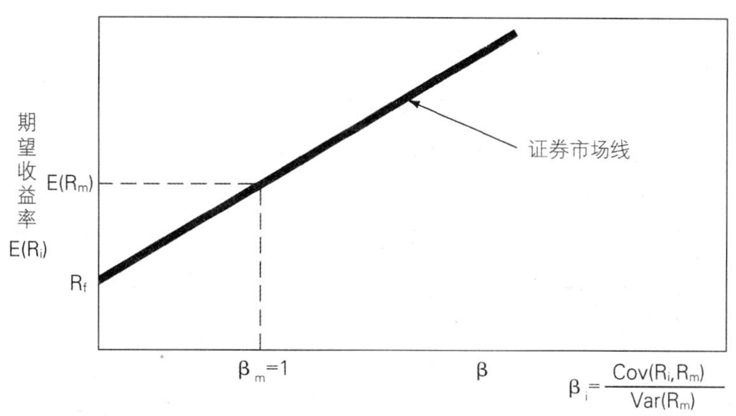

图 3–6　资本资产定价模型预测图

检验一个事前收益率模型，研究人员必须做出合理预期假设，即投资者对期望收益率做出无偏预测，而且随着时间的推移，平均而言该无偏预测等于实际收益率。其次，资本资产定价模型是单期模型，却必须使用来源于几个月甚至是几年的收益率来检验。这种不可避免的两难境地说明，资本资产定价模型的实证研究对所选择的作为起点和终点的特定时间段可能非常敏感，而且如果在检验时期内无风险利率出现大幅度波动或者宏观经济严重混乱，实证研究极易得出经济意义不明的受过干扰的检验结果。再次，为使用多期数据检验单期模型必须做出静态假设。为检验单期资本资产定价模型，我们不仅必须假设无风险利率是非随机性质的（不随时间变化），而且还必须假设市场风险溢价和资产的 β 系数在整个检验时期是恒定的。最后，我们必须使用一个代理市场投资组合来计算市场投资收益率，因为真正的市场投资组合是观察不到的。①

尽管实证研究过程中存在如此多的困难，在资本资产定价模型提出后不久，仍旧有几位研究人员对该模型进行了周密的检验。对期望收益率的大多数早期研究都是通过对资本资产定价基本模型中的超额收益率或者权益溢价进行变形，从而得出期望收益率，即将资产 i 的期望超额收益率 $E(R_i')$ 定义为期望收益率减无风险收益率。同理，市场投资组合的期望超额收益率 $E(R_m')$ 也可定义为期望收益率减无风险收益率，则资本资产定价模型如等式 3.14 所示：

$$E(R_i') = E(R_m')\beta_i \qquad (3.14)$$

公式中，$E(R_i')$ 为 $E(R_i) - R_f$

$E(R_m')$ 为 $E(R_m) - R_f$

实际上实证研究主要是预测等式 3.15 中所示的模型，该模型将某一证券在一段时期内的平均剩余收益率 R_i'表示为该证券系统风险 β_i的线性回归估计。

① 常用的代理市场投资组合包括标准普尔 500 股票指数、在 NYSE 和 AMEX 上市的公司 CRSP 数据文件等。

$$R_i' = \gamma_0 + \gamma_1 \beta_i + \varepsilon_i \quad (3.15)$$

公式中，γ_0，γ_1为线性回归系数

ε_i为独立且呈正态分布的误差量

以等式3.15表述资本资产定价模型之后，我们可以很容易地从数学和直觉角度确定资本资产定价模型的预测结果，如下所述：

1）证券的实际平均收益率应与该证券的估计系统风险β_i正向线性相关。因此，等式3.15中的γ_1应是正数且显著大于零。事实上，γ_1应等于市场风险溢价R_m-R_f。

2）等式3.15中的截距γ_0不应该显著不为零。检验γ_0相当于检验无风险利率是否是权益风险溢价的定价基础。如果以图形表示，则相当于检验图3－6中的证券市场线是在点R_f处穿过Y轴，还是在高于此点或低于此点处穿过Y轴。

3）除β系数之外，实际收益率不应该与其他任何因素系统相关，即股利收益率、误差量、β系数的平方或者其他任何变量都不能对证券收益率产生显著影响。

4）等式3.15中的参数从一期到另一期应是稳定的。换句话说，资产的β系数不应该随时间变化，该模型在每一期都应产生相同的条件收益率（实际收益率是以市场收益率为条件的）。

早期实证研究在一定程度上证实了资本资产定价模型的结论，即实际收益率和β系数之间似乎存在一定的线性均衡关系，而非线性变量如误差量、β系数的平方等与实际收益率均不持续相关。尽管如此，对资本资产定价模型的支持却远非明确的。在一个重要的早期研究中，Black、Jensen和Scholes（1972）发现，实际收益率与β系数的确正相关，但是高β系数的证券总有较大的负截距（$\gamma_0<0$），而低β系数的证券总有较大的正截距（$\gamma_0>0$）。这些研究结果表明，证券市场线的预测斜率要低于理论模型中的预测斜率［$\gamma_1<(R_m-R_f)$］，即β风险系数被低估。

Black（1972）合理地解释了这些研究结果。他以投资者能以无风险利率借出但不能以无风险利率借入资金（投资者可以购买但不能发行国库券）为假设条件，推导出资本资产定价模型的一个扩展形式。由于无法获得无风险资产，投资者只能利用一个与其他有效投资组合不相关的证券投资组合来代替无风险资产。当所有的投资者选择β系数为0的投资组合以及风险和收益最佳的有效投资组合构成他的投资组合时，市场均衡状态就实现了。这个β系数为0的资本资产定价扩展模型所预测的γ_1比原资本资产定价模型所预测的γ_1要小，这恰好符合Black、Jensen和Scholes所证实的高低β系数下的截距规律。Fama和MacBeth（1973）发现，β系数为0的定价模型要比资本资产定价基本模型更好地解释实际收益率。他们还证实了β系数的平方与实际收益率不持续或不显著相关。不久以后，Black和Scholes（1974）证实了股利收益率与资本资产定价模型所预测的收益率不显著相关。

然而Fama和MacBeth的研究却证实了一个尤其让人不安的规律性，尽管在一般情况下风险与收益的确相关，但是这种相关性却非常不稳定。他们以5年为一估计期研究了线形回归等式，发现线性回归等式中的所有变量从一期到另一期并不稳定而呈

巨幅波动，但是这种波动性却不能被解释为一种演进趋势（如 β 回归系数呈随机波动而不是随时间持续正向波动）。尽管如此，既然还没有其他资产定价模型被实践所证实，到 20 世纪 70 年代中期大多数研究人员仍相信资本资产定价模型至少是一个可接受的金融风险定价模型。

§3.4.3　资本资产定价模型的理论扩展

在检验资本资产定价模型的同时，几位作者还检验了弱化假设条件将如何影响资本资产定价模型的合理性以及预测结果。总而言之，早期的研究结果是相当可喜的。如前所述，Black（1972）经研究证明，即使缺乏无风险资产也可推导出一个线性定价模型，而且该模型比资本资产定价基本模型能更好地解释实际收益率。此外，Mayers（1972）检验了不可上市交易资产，如人力资本等对资本资产定价模型的影响，发现 β 系数和期望收益率之间的基本线性均衡关系仍然成立，但是相对于所有资产均可交易这一假设条件而言，这种关系的准确程度比较低。Williams（1977）证明甚至证券概率分布的相同预期假设对资本资产定价模型的合理性也没有那么必要。一些研究人员还将资本资产定价模型同财务理论的其他领域综合起来进行研究，如 Hamada（1972）检验公司的资本结构如何影响普通股的系统风险，Rubinstein（1973）将资本资产定价模型应用于公司的资本预算决策中。

几位作者提出了与已接受模型以及现有实证研究并不十分吻合的资本资产扩展模型。如果股利税高于资本利得税（在美国以及其他一些国家的税制体系中确实如此），那么投资者不得不为高股利收益率的股票支付较高的税负。Brennan（1970）据此提出了税后资本资产定价模型。这个模型的预测结果是高股利收益率股票必须提供较高的名义（实际税前）收益率以弥补投资者为高股利所支付的高额个人所得税。Merton（1973）将单期模型扩展为多期模型（实际是持续时期模型），提出了多期资本资产定价模型。尽管多期资本资产定价模型尚未得出容易解释的实证预测结果，但是它的确表明单期资本资产定价模型根本不能适用于多时期情况。Sharpe（1977）在考虑了多个系统风险因素后，修改了资产定价基本模型，并提出了多 β 系数资本资产定价模型。Breeden（1979）提出了消费资本资产定价模型。该模型预测，就投资者本身而论，在经济紧缩时期保护他们的消费机会甚于保护他们财富的市场价值，而在经济扩张时期他们则更关心财富的市场价值。该模型的主要实证研究结果是，证券收益率与国民总产出或个人消费所表示的经济总产出密切相关。在调查国际投资和公司理财学的过程中，Adler 和 Dumas（1983）提出了国际资产定价模型，并在该模型中给出了国际资本市场处于均衡状态且完全一体化（在一体化的国际资本市场条件下所有资产都提供相同的风险调整真实期望收益率）所需要满足的条件。

§3.4.4　Roll 的评论

在 1977 年，Roll 在一篇文章中驳斥了资本资产定价模型，这篇文章中的内容被后人称作“Roll的评论”。Roll声称，除非真实市场投资组合的确切组成部分能够预先知道，并且在所有实证研究中均可使用，否则资本资产定价模型是不可检验的，即使在理论上亦是如此。Roll明确指出既然资本资产定价模型的原理是直接从建立该模型的均值方差有效假设中导出，资本资产定价模型实际上只不过是同义重复而已。他证实了在两个资本资产定价基本模型（夏普等三人提出的模型和Black的β系数为0模型）中唯一可验证的假说是市场投资组合是均值方差有效的。如果Roll所提出的上述问题尚不具有摧毁性，那么下面这个问题可算是致命一击。因为他证明了使用替代真实投资组合的代理投资组合并不能解决上述问题。对任何样本数据都可以找到一定数量的事后有效投资组合，但是代理投资组合有效并不能说明整个真实市场投资组合的效率。同理，如果一个研究拒绝了代理投资组合的有效性，也不能说明真实市场投资组合本身是无效的。

不出意料，Roll的评论一发表就受到理论界的猛烈抨击，几位作者先后提出模型证明Roll的分析或是不准确，或是片面的，或是并没有看起来那么有杀伤力，或是仅仅对资本资产定价基本模型的误解。① 但是，随后的几年中，人们逐渐认识到Roll的评论可能是正确的，这意味着整个金融领域要么不得不凑合着用原来不可验证的资本资产定价模型，要么必须提出完全新的资本资产定价模型。这种认识的结果是人们提出并接受了（可能有点过分乐意）资本资产定价模型的竞争对手——套利定价模型（将在下一小节中介绍套利定价模型）。一些作者则在考虑了Roll的评论后，或是试图修改资本资产定价模型，或是试图使用不同的经济技术来检验资本资产定价模型。现在我们将简要介绍并评论有关这些方面的文章。

§3.4.5　近期实证研究与理论扩展

1977年后，对资本资产定价模型的实证研究主要沿着八个基本方向中的一个或多个进行：(1) 主流实证研究（以及理论扩展），在检验过程中保留原模型的基本结构并使用现存的检验方法，但是改变估计期或者运用新的数据库；(2) 检验模型定价内涵的多因素测试，通过检验该模型内含的对收益率的逻辑限制在实践中是否可观察，来验证资本资产定价模型；(3) 检验消费资本资产定价模型；(4) 检验β系数和市场风险溢价随时间变化的资本资产定价模型；(5) 检验收益率数据的非正态分布以及条件方差与期望收益率之间的关系；(6) 检验并评价在收益率研究中所证实的，但不能被资本资产定价模型解释的季节和规模特例；(7) 检验税后资本资产定价模型；(8) 检验国际资产定价模型以及国际资本市场一体化的程度。我们将在下面引用并简单介绍这些领域的近期文章，但是全面介绍这些文章并非本章的目的，我们仅列举一些重要文章并概括其中的关键性发现。

---

① 这些作者有 Mayers 和 Rice(1979)、Cornell(1979)、Roll(1979)、Verrechia(1980)等。

主流实证研究及其理论扩展　大多数研究人员仍然使用以前用的估计方法或者检验技术，同时考虑 Roll 的评论，检验资本资产定价模型，结果是他们都能以令人丧气的规律性反驳该模型的有效性。使用 Fama 和 MacBeth（1973）的自创程序，Tinic 和 West（1986）反驳了 β 系数为 0 的两因素资本资产定价模型而支持了包括 β 系数的平方（β^2）和残差标准差（σ）的四因素模型。Kandel 和 Stambaugh（1987）以市场投资组合和可观察的代理市场投资组合之间存在相关性为基础，提出了检验不可观察的市场投资组合（Roll 的评论中的市场投资组合）是否是一个均值方差有效的框架。他们证实即使资本资产定价模型所内含的市场投资组合在实践中可以观察到，也并不是一个均值方差有效的切点投资组合，Shanken（1987）也得出了同样的结论。Campbell 和 Mei（1993）试图预测不同经济影响因素对资产 β 系数的相对重要性，然后利用该预测值来检验资本资产定价模型。他们没能证实资本资产定价模型所预测的资产超额收益率同市场收益率之间的期望强相关性。就连理论家都开始寻找资本资产定价模型本身的缺陷。Dybvig 和 Ingersoll（1982）表明，除非所有投资者都有不合理的效用函数（二次效用函数）以及所有的套利机会都不被利用，否则资本资产定价模型并不适用于完全资本市场（在此市场中投资者可以购买以任何方式补偿投资者的金融要求权）。

但是对资本资产定价模型的摧毁性打击并不来自于理论界，而是来自于两个实证研究。首先 Richard Roll（1988）在其美国金融协会的就职演说中证明不超过 40% 的股票收益率波动可以由系统经济风险所解释，而其他 60% 甚至在波动发生之后都无法解释。作为一个事前定价模型，我们并不期望资本资产定价模型能以极大的准确性预测下一期的数据，但是 Roll 发现，即使将所有与公司相关的信息发布日都删除，资本资产定价模型也不能解释历史收益率，而且由于 Roll 在该篇文章中对套利定价模型也得出了相同的结论，因此 Roll 的发现对金融界这两个资产定价模型而言都是坏消息。Fama 和 French（1992）关于期望股票回报率的截面研究对这两个定价模型同样是坏消息。尽管他们只对资本资产定价模型进行了检验，他们仍旧发现只有：(1）公司的规模、(2）所有者权益的账面价值与市场价值之比这两个因素能够解释股票收益率，因此该发现对资本资产定价模型和套利定价模型同样是致命一击。一旦考虑了公司规模以及账面价值对市场价值之比，β 系数就不再具有任何显著的解释能力，而且即使将 β 系数作为唯一的解释变量，市场 β 系数同平均收益率之间也不存在任何相关性。

然而，资本资产定价模型的主流实证研究并不是完全灰暗的，也有一些好消息。Handa、Kothari 和 Wasley（1989）证实 β 系数的估计值对计算中所使用的收益率期间（日、周、月或年）是非常敏感的。随着收益率期间逐渐增至 1 年，使用 1 年期的 β 系数并不能反驳资本资产定价模型。这个研究结果的得出并不是完全因为在计算标准误差时使用小估计期，而是源于模型本身的正确性。最后，Bailey 和 Chan（1993）证明期货合同的基础（商品现货（现金）价格同期货价格之间的差价）反映对所有资产市场相同的宏观经济风险，这一研究结果至少验证了系统风险因素在金融资产定价方面的重要性。

多因素检验 几位作者一直在试图通过计量统计程序间接检验资本资产定价模型来解决 Roll 所批评的真实市场投资组合不可观察这一问题。大多数作者在文章中的基本目标是要解决“一个均值方差有效的市场投资组合对实际证券收益率模式到底加入了何种限制”。换句话说，如果我们不能通过使用一个已知的市场投资组合来检验实际证券收益率是否依据资本资产定价模型进行定价，我们也许可以使用实际收益率来判断相对于不可观察的市场投资组合而言，实际证券收益率是否依据一个均值方差有效的单期资产定价模型进行定价。尽管从计量经济角度讲，大多数文章仍是有争议的，但它们至少提供了一个检验资本资产定价模型的客观方法。不幸的是，至少有两个多因素测试毫不费力地反驳了资本资产定价模型。Gibbons（1982，3 页）得出结论：“除了 β 系数之外没有其他决定因素时，资本资产定价模型的实质内容在时间段 1926—1975 年之间并不能成立，而且显著性水平低于 0.001。”此外，Shanken（1985b）发现，在实证研究中常用的 GRSP 股票指数是均值方差无效的。尽管其他作者警告应该谨慎地运用并解释多因素测试结论，但他们的评价却不是结论性的。①

然而多因素检验并非一直都驳斥资本资产定价模型。在一篇重要的文章中，Stambaugh（1982）运用四个代理市场投资组合（其中两个除包括证券外，还包括房地产和其他非金融资产）对 Gibbons 所使用的多因素检验进行了模拟分析和评论。使用 Gibbons 所提议的修正模型，Stambaugh 并不能反驳 β 系数为 0 的资本资产定价模型。Jobson 和 Korkie（1982）使用另一种多因素检验技术也得出了相同的结论。由于这些有争议的结论以及缺乏近期的分析研究，我们可以说多因素检验并不能得出结论，支持或反驳资本资产定价模型。

消费资本资产定价模型的检验 如前所述，Breeden（1979）所提出的消费资本资产定价模型，假设投资者利用证券投资将经济扩张时期（消费机会较多时期）内的消费机会转移到经济衰退时期（消费机会匮乏时期）。由于根据定义，该模型几乎是一个多时期定价模型（或者是期间模型），因此研究人员检验消费资本资产定价模型的主要目的是从计量经济角度估计样本投资者消费的期间边际替代率。就放弃现在的效用而言，消费的期间边际替代率可视为将消费机会从一时间转到另一时间的机会成本。研究人员的另一个主要目的是将为评价全国经济状况而每月（甚至季度）发布的宏观经济收入生产数据与持续宣布的股票收益率数据进行调和。② 在此研究中，

---

① 这些作者包括 Amsler 和 Schmidt（1985）、MacKinlay（1987）、Wheatley（1989）、Kandel 和 Stambaugh（1989）、Shanken（1992a，b）。

② Hansen 和 Singleton（1982，1983）、Ferson 和 Merrick（1987）对消费和资产的时间系列特性进行了分析。Restoy 和 Rockinger（1994）研究了股票市场收益率同公司所做的投资决策之间的关系。Ferson 和 Constantinides（1991）、Epstein 和 Zin（1991）研究了投资者的效用函数。

一个称作 GMM（generalized method of moments）的高级计量经济程序一直被用于估计投资者的效用函数并分析收益率以及宏观经济时间系列。[①]

迄今为止，对消费资本资产定价模型的最全面实证研究分析是由 Breeden、Gibbons 和 Litzenberger（1989）进行的。他们确认并调整了宏观生产和消费时间序列中的几个误差值，然后他们使用这些调整后的指数检验消费资本资产定价模型。尽管消费资本资产模型并不完全符合这些数据，有关消费变量的回归系数却符合预测是个正数。此外，尽管在 1929—1982 年这段研究时期内他们否定了消费资本资产定价模型所预测的收益与风险之间的线性权衡关系，但是这并非模型本身不正确，而是主要由 1929—1939 年这一段大衰退时期造成的。总而言之，资本资产定价基本模型的消费模式只是部分被实证研究所证实，而且该模型所预测的经济关系也绝非实际股票收益率的代表性波动的唯一（或者说是主要的）解释。[②]

随时间变化的 β 系数和风险溢价　由于使用多期数据检验固定变量的单期资本资产定价模型的实证结果实在是不尽如人意，因此，几个研究人员试图在允许市场 β 系数变动，或者是权益风险溢价变动，或者是两者同时变动的条件下来检验资产定价模型。在检验资本资产定价模型的过程中，下一期的期望收益率（及/或方差）要以最近时期所获取的实际收益率为条件经常更新，因此，这些研究也常被称为条件资本资产定价模型的检验。这些模型所隐含的原理是不言而喻的。显然，经济衰退期的权益风险溢价比经济繁荣期的风险溢价要高一些，而且当公司改变其负债率、股利政策、产品品种结构或者是寻求合并和兼并时，该公司股票收益率同市场投资组合收益率（不管市场投资组合是如何定义的）之间的协方差必然要随时间改变。然而不幸的是，这种灵活性却以削弱资产定价模型的预测能力为代价。如果资产的 β 系数和风险溢价在持有期内要随时间变化，那么投资者该如何决定某一股票的必要收益率？正如我们将要了解到的，在该领域的大多数研究人员试图寻找获取期望收益率的方法，而不是使期望收益率与实际市场收益率严格成比例的方法。

Gibbons 和 Ferson（1985）使用随时间变化的风险溢价以及不可观察的市场投资组合对资产定价模型进行了检验。期望收益率的求取方法，仅仅是通过上一期的实际

---

① Hansen（1982）、Hansen 和 Singleton（1982）最先广泛地应用了 GMM 估计程序，Ferson 和 Foerster（1994）在实证研究中详细地描述了 GMM 估计程序的特性。事实上 GMM 估计程序是一个估计技术的综合体，它包括最普遍的加权最小平方法，也包括最大可能技术法——常用于预测数据的时间序列指数，显示非连续变动和其他的普通最小平方法（OSL）假设的偏差。

② 在消费资本资产定价模型的研究中，财务研究人员逐渐重视起难以解释的大额权益风险溢价。Mehra 和 Prescott（1991）最先记录了大额权益风险溢价这一现象，Mankiw 和 Seldes（1991）、Ferson 和 Constantinides（1991）、Siegel（1992）等随后对此现象进行了研究。长期通货膨胀调整的股票超额收益率而不是固定收益的公司或政府证券从 1802—1870 年的不到 1%升高至 1926—1990 年的 6%（Siegel，1992），这个权益风险溢价要远高于考虑任何合理的投资者风险厌恶水平的权益风险溢价，而且这种超高性也不能由宏观经济因素解释。由于权益风险溢价对金融理论非常重要，所以在未来的几年内它必定会吸引更多研究人员的注意。

收益率求取下一期的期望收益［$E(R_{it}) = R_{it-1}$］。使用该种方法，他们并不能否定单因素资本资产定价模型。Bollerslev、Engle 和 Wooldeidge（1988）以单个资产收益率同整个市场收益率之间随时间变化的条件（下一期的预测值）协方差为基础，提出了另一个期间资本资产定价模型，并对该模型进行了检验。他们假设投资者会根据当前的实际协方差来更新他们对资产收益率协方差的预测，然后再将该预测值反馈到对必要收益率的计算中去。显然，这种反馈过程意味着超额收益率在各期之间存在显著自相关性，Bollerslev、Engle 和 Wooldeidge 根据这种条件协方差的自相关性提出了 GARCH 模型。[①] 他们所提出的 GARCH 模型能较好地吻合已观察到的数据，这种吻合性表明一个正确定向的资本资产定价模型与实际股票收益率数据是相符的，但是系统风险和期望收益率之间的关系却是复杂多变的。

Harvey（1989）检验了资本资产定价模型以及期望收益率和条件协方差（β 系数）随时间变化的多因素资产定价模型，并得出资本资产定价模型不能把握实际证券收益率的动态特性这一结论。而另一方面，Ferson 和 Foerster（1994）检验了几个条件（随时间变化的）资产定价模型，他们证实 β 系数随时间变化的条件，资本资产定价模型同单溢价模型、固定 β 系数的二溢价模型相比，能更好地解释证券收益率中的代表性波动。[②] 就整体而言，这些讨论资本资产定价模型的研究文章，对求期望收益率过程中考虑随时间变化变量的资本资产定价模型提供了极其有限的支持，而且目前，从事前定价角度看，这样的资本资产定价模型的实用性也是备受质疑的。

为了解决变量随时间变化的资本资产定价模型的实证研究中所面临的困难，另一非常重要的流派开始出现，其资产定价文章指出，在求取资产的期望收益率时无需有一个明显的资产定价模型。这些关于可预测收益率的文章将期望收益率视为事前可观察的资产价格或宏观经济变量的函数。Keim 和 Stambaugh（1986）以从股票价格指数中提取的两项资产价格幅度变量为基础，检验了债券和股票收益率的可预测性。他们发现，使用上述变量后，单项资产的期望收益率溢价以一种至少部分可预测的途径随时间而变化。Fama 和 French（1989）也得出了相似的结论，他们发现普通股和长期债券的期望收益率中含有时期溢价或者是到期日溢价，如同风险溢价与商业环境相关一样，到期日溢价也有一个非常明显的商业周期模式。他们的研究所要传递的信息是当经济繁荣时证券的期望收益率较低，而当经济处于衰退阶段时证券的期望收益率较高。最后，Ferson 和 Harvey（1993）调查了国际权益证券收益率和风险的可预测性，

---

① 该过程（GARCH）以及更为严格的自回归条件异方差模型（ARCH）被广泛地应用于自相关协方差和方差的研究领域。Engle（1982）最先提出了经济环境中的 ARCH，而 Bollerslev 则最先提出了 GARCH，但是对这些过程最明白的解释还属 Connolly（1989）、Lamoureux 和 Lastrapes（1990）。Lamoureux 和 Lastrapes 解释道："GARCH 过程……限定时间序列的条件方差使之依赖于该过程的历史误差的平方。"

② Mark（1988）检验了随时间变化的 β 系数和风险溢价的外汇远期合约定价，他也否定了 β 系数的稳定性。他所提出的定价模型的适用性极强，外汇远期合同像其他金融资产一样也可通过本质基本相同的系统风险因素定价。

并说明了如何估计可预测超额收益率中由单因素或多因素资产定价模型解释的那部分。在他们的模型中，国内权益证券市场的条件 β 系数是由当地信息所决定的，而全球权益风险溢价是由全球性因素所决定的，他们的模型能够解释国际证券可预测性收益率中的很大一部分。正如你所推测的，可预测收益率文章对资本市场的信息有效性提出了异议，尽管如此，我们仍不清楚这些文章作为检验市场有效性或是作为求取期望收益率的实用工具，到底有何整体重要性。

证券收益的非正态分布以及条件方差与预期收益之间的关系　如前所述，资本资产定价模型的理论发展过程假设证券收益率是呈正态分布的。有效市场假说一个严格的形式——随机漫步假说，假定股票收益率在各时间段内是独立的而且满足相同的（正态）分布。由于该理论的重要性，许多作者从实证角度对实际证券收益率的概率分布进行了研究。大多数早期实证研究结果证实了正态收益率分布假设（但并不是完全证实）。Fama（1965）证明稳定帕雷托（stable paretian）分布能够更好地刻画证券收益率的特征，该分布同正态分布极其相似，但是在尾部更平坦而在中心峰谷部分更陡峭、有较小的概率分布区。Blattberg 和 Gonedes（1974）则认为 T 分布能够更好地刻画证券收益率的特征，该分布同样也是一个稳定的对称分布，尾部较平坦，峰部较陡峭。Kon（1984）则证实混合正态分布比任何一种单独的正态分布都能够更好地解释实际收益率分布。上述三个研究的共同结论是证券收益率一般而言是呈正态分布的，所有同正态分布的偏离只不过是一种特殊的正态分布类型（如平坦的尾部和陡峭的峰部）。

后来的新证据表明收益率分布是异方差的（对单一证券而言，异方差表明证券收益率的方差随时间变化），而且当前时期的收益率方差与期望收益率之间存在着一定的关系，在此新证据下几位作者重新检验了收益率分布。French、Schwert 和 Stambaugh（1987）表明标准普尔投资组合的每月收益率的波动在 1928—1952 年期间（尤其是在 1929—1939 年的大衰退期）是 1953—1984 年期间的 2 倍，他们还证明条件（期望）方差和期望超额收益率之间存在正向变动关系。也有几位作者使用 Engle（1982）的 ARCH 方法或 Bollerslev（1986）的 GARCH 方法检验了随时间变动的方差，因为这两种方法均允许根据当前时期的意外波动（比期望方差低或高的值）来更新期望波动性。使用修正后的 GARCH 模型，Glosten、Jagannathan 和 Runkle（1993）证实了每月的条件期望收益率和条件方差之间存在显著的负向关系，他们还发现意外波动并非像以前认为的那样永久存在。此外，他们发现非期望的正向收益率变化引起条件方差向下进行修正，而非期望的负向收益率变化则引起条件方差向上进行修正。

其他几位作者在其他条件下对股票收益率的异方差性进行了检验。Lamoureux 和 Lastrape（1990）证明大多数所观察到的收益率异方差性主要是由流向市场参与者的信息发生波动而引起的。加入交易量作为信息流的代表时，条件方差中的大多数自相关性（正向或负向意外波动持续存在的倾向）就消失了。Schwert 和 Seguin（1990）

提出并检验了单个证券收益率异方差的单因素模型，在该模型中市场收益率方差为其中的单因素。在他们的模型中，β 系数随时间变化，而且该模型能够更好地解释小公司效应，即小公司能够比大公司赚取更高的风险调整收益率（该效应将在下面介绍）。最后，Zhou（1993）证明在证券收益率为正态分布条件下可轻易反驳 CRSP 价值加权指数的均值方差有效性，但是在收益率以椭圆分布为特征的合理假设条件下该指数的有效性却不能被驳倒。他同样还证明，在资本资产定价模型的检验过程中，如果忽略这种分布可能性经常会否定资本资产定价模型的合理性。目前，我们尚不清楚这个极具挑战性的发现到底有何整体影响。

特例 资本资产定价模型等均衡定价模型的主要特征是排他性。如果一个资产定价模型正确，那么除该定价模型的规定因素以外的其他任何因素都不应该显著或系统影响证券估价。然而不幸的是，在历史股票收益率的研究中发现了至少三个主要的以及若干个较小的难以用资本资产定价模型解释的特例。这三个主要特例是：（1）星期一效应；（2）小公司效应；（3）1 月效应。我们将在下面逐一介绍这三个特例。

1981 年似乎是特例的“丰收年”，因为介绍星期一效应（Gibbons 和 Hess）以及小公司效应（Banz 和 Reinganum）的文章都在这一年发表。Gibbons 和 Hess（1981）证实在星期一那天股票出现异常的显著负收益率，而国库券的收益率却低于正常平均收益率。在此后的研究中，Harris（1986）、Smirlock 和 Starks（1986）检验了星期一效应在小公司和大公司之间的区别，以及该效应如何从只在星期一的交易时间内发生的现象转变为股票价格从星期五闭盘到星期一开盘之间下跌的现象（周末效应）。然而在近期的一个实证研究中，Connolly（1989）对星期一效应具有经济重要性这一观点提出了质疑，并证明不管怎样该效应到 1975 年已经完全消失了。①

Banz（1981）、Reinganum（1981b）所发现的小公司效应却不那么容易解决。Banz、Reinganum 以及他们以后的作者证明在纽约股票交易所上市的小公司（根据所有者权益的市场价值进行公司规模排列）赚取较高的风险调整超额收益率。基于这一发现，Reinganum 得出结论认为，作为证券收益率的模型，资本资产定价模型是错误的，自此以后研究人员就该结论正确与否展开了激烈的争论。在《金融经济杂志》（*Journal of Financial Econcmics*）的某一特刊中 1983 年（Schwert 对此进行了概括）几篇文章从几个不同的角度对小公司效应进行了验证，并认为小公司效应无论从经济还是从数理统计角度都是极具重要意义的，但是并不能仅仅以小公司的较高交易成本来解释小公司效应。Keim（1983）证明 Reinganum 所发现的超额收益率溢价大约一半

① Connolly 对检验股票收益率中的特例提出了两点警告。首先，在财务研究人员可获得的数据库大小一定的条件下，财务研究人员有必要调整典型检验统计（这些检验统计主要为小规模样本而设计的）的显著性水平。当一个研究人员为某个特例而检验几百万个每日收益率时，如在检验证券价格研究中心（CRSP）数据文件时，研究人员极易在显著性测试中使用极小的标准误差。再者，Connolly 证明收益率分布同正态分布存在显著偏差，因此他警告在使用测试统计时假设数据满足 OSL 分布的特性可能并不准确。

发生在 1 月份，其中一半的溢价则发生在每年最初 5 个交易日中。

Tinic 和 West（1984）又对此结论进行深入研究，证实股票（无论大公司还是小公司）只在 1 月份赚取超额收益率溢价。换句话说，β 系数同期望收益率之间的预期关系只在 1 月份中是显著的，而在其他 11 个月份中相关系数并不显著，不等于 0。Maloney 和 Rogalski（1989）通过证明在年末 1 月效应要反映于买方期权溢价中，而间接证明了 1 月效应在证券价格中的重要作用。在一篇早期可读性较强的文章中，Keim（1983）提到 1 月效应也应体现在其他特例中。他还指出介绍小公司效应的文章证明具有高额异常收益率的小公司是那些最近才变小的公司，和那些不支付股利或者有较高的股利收益率的公司，以及那些股票价格较低并且市盈率也较低的公司。

20 世纪 80 年代中期之后，大多数文章认为 1 月效应和小公司效应是相关联的，尽管也有一些介绍 1 月效应的文章（将在有效市场一节中讨论）检验 1 月效应实际上是否是一种税收效应。就目前而言，Fama 和 French（1992）对公司规模的重要性的支持是最强有力的。如前所述，他们认为股票收益率只与公司规模以及所有者权益的账面价值对市场价值之比有关，β 系数并没有相应的解释能力，即使它是截面回归方程中的唯一变量时亦是如此。他们发现股票收益率与公司规模反向相关，而与所有者权益的账面价值对市场价值之比直接正向相关。所有其他变量和以前所报道的特例都包含在这两个变量的效应中（尽管他们在几个等式中确实发现了显著的 1 月效应）。

尽管 Fama 和 French 的论证很有说服力，公司规模效应（小公司效应）尚未被金融研究人员所接受。Chan、Chen 和 Hsieh（1985）使用多因素定价模型对公司规模效应进行了研究，发现小公司所赚取的高额收益率与小公司较高的系统风险紧密相关。如果根据风险水平调整收益率，将会引起纽约股票交易所 5% 公司的难以解释的超额收益率从每年的 12% 降至 1% ~2%。此外，Handa、Kothari 和 Wasley（1989）证明小公司效应对估计 β 系数所使用的收益率期间长度是非常敏感的。当使用年度指标来估计 β 系数时，小公司效应从数理统计角度看就变得不很明显了。Black（1993）指出研究人员所发现的大多数特例实际上只不过是有意或无意数据挖掘(data mining)的结果。既然每个人都使用同样的基本数据源而且大多人都知道最初的调查结果，那么就不可避免地会有人发现其中的某个原始数据是难以解释的。Black 还明确指出 1 月效应在 1981 年最初被发现之后就开始消失了，而且即使它确实存在过，也会因理性投资者进行套利交易而立刻消失。[①] 总而言之，有关特例的文章对资本资产定价模型作为一个完整的定价模型提出了质疑，但是这些文章本身（至少现在）并没有反驳资本资产定价模型的基本合理性。

税后资本资产定价模型的检验　几位作者试图验证 Brennan（1970）提出的税后

---

① Fama(1991)也证明 1 月效应自从被发现之后已经几乎全部消失了。

资本资产定价模型的实证有效性。根据该模型的预测，为弥补投资者对股利比资本利得收入需支付较高的个人所得税，持有较高股利收益率的投资者所要求的名义收益率（个人所得税前的收益率）应当高于持有低股利收益率的投资者所要求的名义收益率。实际上所有的研究均可通过在收益率作为因变量和β系数作为自变量的回归方程中加入股利收益率变量来检验这一预测。如果税后资本资产定价模型是正确的，股票收益率与股利收益率之间的协方差系数应该是一个正数。听起来很简单，是不是？

然而令人惊奇的是，虽然使用了相同的基本数据和相似的经济模型（当然所使用的计量经济程序差别很大），下述研究人员却得出完全不同的结论。Black 和 Scholes（1974）以及 Miller 和 Scholes（1982）证明根本不存在大额的股利收益溢价（他们反驳了税后资本资产定价模型的有效性）。而 Litzenberger 和 Ramaswamy（1979、1982），Blume（1980），Ang 和 Peterson（1985）均证实正的股利收益率协方差系数，并得出他们的研究结果支持税后资本资产定价模型。作为本书的作者，我认为实证研究的证据支持税后资本资产定价模型，而实证研究的逻辑则反驳税后资本资产定价模型。根据逻辑推理：高股利收益率股票的投资者所要求的超额收益率溢价与市场均衡或者管理阶层的理性行为相矛盾，因为一个公司的管理阶层仅需通过削减现金股利支付就能降低该公司的资本成本（从而降低该公司股票的期望收益率）。既然正的现金股利支付是个普遍现象，那么税后资本资产定价模型的预测显然有些问题。

国际资本定价模型与市场一体化程度的检验 所有的金融资产是否对全球投资者都应提供一个相同的货币调整，以及风险调整后期望收益率？这一重要理论问题在资本资产定价模型产生的早期一直没有被重视，而后又被作为一个模型被提出并检验。换句话说，是否存在一个唯一的国际权益风险溢价或者是对每个国家的市场都有不同的权益风险溢价？如果满足了国际金融的基本平价条件（对交易或金融资产的流动没有障碍），那么所有市场将是完全一体化的，并产生一个唯一的风险溢价。但是如果金融资产的流动存在障碍，那么资本市场将是分散化的，每个市场可能有极其互不相同的风险收益均衡、波动性和市盈率评估。既然对基本平价条件的证据尚无定论，我们并不能从平价条件角度预测资本市场是否是一体化，只能依赖于实证研究来证实资本市场是否是一体化的。①

Stulz（1981）最先提出了国际资产定价模型（还讨论了分散化资本市场与一体化资本市场）。Adler 和 Dumas（1983）在一篇有影响的调查文章中将该模型概括并列入到国际金融学中的其他领域。随后的实证研究检验了在全球是否存在一个或多个

---

① 在一个近期实证研究中，Abuaf 和 Jorion（1990）证明购买力平价理论（相同的一揽子商品在各国应以货币调整后的同一价格出售）在长期内成立，但在短期内却未必成立。研究债务证券的利率平价理论以及其他关系的有关文章并未证实对均衡状态的任何有经济意义的偏离。尽管如此，有关股票市场一体化的证据却远非结论性的。在第 7 章，Shapiro（1992）引入了国际金融的五个主要平价条件，并讨论了有关这些平价条件的实证研究。

权益风险溢价以及国际资本市场是否是一体化的。使用简单的消费资本资产定价模型，Wheatley（1988）对联合假说即国际权益证券市场是一体化的，并且只有一个全球风险溢价的资产定价模型成立几乎没有发现任何反驳的证据。[①] 在 Wheatley 的模型中，一个国家的代表投资者通过资产的真实收益率同他自己消费的真实增长率之间的协方差来衡量资产的风险。以大概相同的路径，Ferson 和 Harvey（1993）使用一模型对国际证券收益率的可预测性进行了调查，在该模型中全国权益证券市场的条件 β 系数取决于当地信息变量，而国际权益证券市场的条件 β 系数则取决于国际信息变量（这表明国际权益市场只有一个风险溢价）。他们发现他们所记录的收益可预测性中的大部分是由这个国际风险溢价的波动引起的。Glen 和 Jorion（1993）证明了使用远期合同来规避国际投资组合风险极大地提高了全球投资的收益水平而降低了风险水平。他们还指出，如果能够充分利用证券收益率中的可预测部分，该规避风险措施可为投资者带来更大的投资利益。

其他几位作者证实，国际权益证券体现了极其低水平的收益率协相关性（一般低于25%），而且一些市场的系统风险要远高于其他市场。Roll（1992）首先对这些文章进行了概括，然后验证了这些市场明显分散化的原因。他从实证角度记录了三个主要技术性的影响因素：（1）一些全国性指数的分散程度要大于其他全国性指数；（2）每个国家不同的工业结构对股票价格的变化会产生重大影响；（3）对大多数国家而言，一部分看起来不正常的收益率变化实际是汇率变动影响的结果。Heston 和 Rouwenhorst（1994）重新检验了工业结构对国际权益证券市场收益率的相关性和波动性所造成的影响状况，但是得出了一个与 Roll 有些不同的结论。他们认为国家指数之间的低相关性主要取决于与某个国家特定相关的收益率波动原因，而不是取决于这些指数本身的技术特征。Heston 和 Rouwenhorst 的研究表明，资本市场并非完全一体化的，他们还证实了投资组合国际分散化的确给投资者带来一定的利益。

在下面一节中，我们将介绍资本资产定价模型的主要竞争对手——套利定价模型。在该小节的结尾，我们将概括有关这两个模型的文章，并对21世纪初定价理论的发展状况做一展望。

§3.5　套利定价模型

作为金融资产定价的模型，除资本资产定价模型之外的主要理论选择是由 Stephen Ross（1976、1977）提出的套利定价模型。这个模型在提出之初受到金融理

① Lewis（1990）使用期间消费资本资产定价模型对欧洲货币存款单市场的一体化程度进行了检验，却得出一个与 Wheatley 不同的结论。她否定了 β 系数为常量的消费资本资产定价模型，而且这个研究结论对所使用的持有期间非常敏感。随着持有期间逐渐变长，该模型能被驳倒的几率也越来越低。

论界的热情欢迎，因为套利定价模型克服了许多资本资产定价模型固有的理论缺陷，而且似乎也能解决资本资产定价模型所不能解决的那些特例。但是，随着套利定价模型暴露出自身的特定缺点，金融理论界早期的热情也开始逐渐冷却。尽管如此，套利定价模型仍是竞争性金融市场中风险定价较为可行的模型之一，而且该模型在理论和方法方面的缺陷似乎也是可以解决的。既然在可预测的未来，套利定价模型及其理论扩展仍可能是现代金融理论的核心，那么我们将考察套利定价模型的理论发展过程并简要介绍有关该模型的实证研究。

§3.5.1 基本定价模型的发展

套利定价模型以五个主要假设为条件建立起来。① 第一条假设是，资本市场必须是完全竞争和无摩擦的。第二条假设是，投资者对每个证券的期望收益率的求解过程有着相同的预期。第三条假设是，每个证券的期望收益率是通过（线性）k 因素模型求得的，该模型的形式如下：

$$R_i = E(R_i) + b_{i1}\delta_1 + \cdots + b_{in}\delta_n + \in_i \qquad (3.16)$$

$i = 1 \cdots\cdots n$

公式中，R_i = 资产 i 的随机收益率

$E(R_i)$ = 资产 i 的期望收益率

δ_j = 对所有资产而言共有的第 j 种均值为 0 的因素

b_{ij} = 衡量资产 i 的收益率对第 j 种因素变动的敏感程度

第四条假设是，共有因素（$\delta_1 - \delta_k$）反映了资产所面临的全部系统风险，各个误差量（$\in_i$）之间是不相关的。在以后的学习中我们可以知道，这个假设条件非常重要，因为它意味着随着投资组合内资产数量增多，其中的误差量将最终消失。第五条也是最后一个假设是，系统因素的个数 k 要远小于资产的个数 n。

由于投资者可通过卖出一些证券而购入其他证券形成套利投资组合，因此建立一个套利投资组合并不需要额外投入资金，投资者也就无需承担系统风险和非系统风险。套利定价模型正是利用这一特点在实际套利过程中建立套利投资组合。建立这样一个套利投资组合，投资者只需使形成投资组合的单个资产的资金价值 w_i 之和为 0，即：

$$\sum w_i = 0$$

如果该投资组合是由许多资产构成的，那么该投资组合的特定风险将非常小而且接近于 0。如果这样建立投资组合使得所有系统风险也被消除（所有的因素 $b_{ij} = 0$），那么该投资组合将是无风险的。虽然在竞争性市场内这样的投资组合不可能赚取正利

① 在本节中，我们将严格遵循 Roll 和 Ross（1980）在套利定价模型的推导过程中所采用的逻辑顺序和术语，而且他们的推导过程大概是各文章中脉络最为清晰的一个。Copeland 和 Weston（1988，219～288 页）也提出了一个复杂但同样清晰可读的推导过程。

润，但是如果某个资产所提供的期望收益率过高或过低，投资者则可以利用该套利技术形成一个可赚取正向利润的投资组合。此外，既然无风险的套利过程将迫使每项资产提供与其风险水平相适应的收益率，那么只需假设投资者追求价值最大化（总是喜欢更多的财富），而无需再对代表投资者的效用函数做出任何假设。

等式 3.16 中的误差量彼此不相关的一个必要条件是系统因素之间不相关。如前所述，这是非常重要的，因为它保证随着组合中的资产数量增多误差量将逐渐变弱直至消失。从计量角度而言，因素之间不相关这一条件也是相当重要的，因为在检验或应用套利定价模型的过程中一般都使用“因素分析”这一统计技术来决定究竟有多少因素显著影响证券收益率，以及估计单个资产收益率对因素变动的敏感程度。在计量经济学中，彼此之间完全不相关的因素称为直交因素，从数据中所能提取的因素数量取决于能够找出多少个显著的直交影响变量。

如果能够满足套利定价模型的 5 个假设条件，则原始收益率等式 3.16 可以转换为事前期望收益率等式 3.17。在此等式中，期望收益率表示为资产的敏感系数 β_{ij} 和因素风险溢价 λ_j 的函数：

$$E(R_i) = \lambda_0 + \lambda_1\beta_{i1} + \cdots + \lambda_k\beta_{ik} \tag{3.17}$$

此外，如果存在一个收益率为 $E(R_0)$ 的无风险资产，则 $\beta_{0j}=0$，$E(R_0)=\lambda_0$。因此我们可以将等式 3.17 以风险溢价形式表示如下：

$$E(R_i) - E(R_0) = \lambda_1\beta_{i1} + \cdots + \lambda_k\beta_{ik}$$

到底该如何理解某一因素的风险溢价以及如何衡量该风险溢价？在因素 j 的系统风险为 1 单位（$\beta_{ij}=1$）而其他所有因素的系统风险均为 0（$\beta_{ik}=0$）的条件下，资产收益率将为多少？这样该资产的期望收益率为：

$$E(R_i) - E(R_0) = \lambda_j$$

例如，如果因素 j 的风险溢价为 5%，无风险利率为 4%，则资产 i 的期望收益率为 9%。

套利定价模型的实例：欧洲货币单位定价　怎样利用套利定价模型求解股票和债券的收益率？我们可以通过对比套利定价模型与欧洲货币单位的定价公式来形象地说明这一收益率求解过程。欧洲货币单位是欧共体 12 个成员国货币的加权平均值，每个成员国货币在欧洲货币单位中的权重由各成员国政府通过协议确定。现在欧洲货币单位作为货币流通，为许多金融资产标价（尤其为债券标价），因此欧洲货币单位同美元之间的价格比要始终列示。既然欧洲货币单位中的基础货币也要分别同美元进行交易（外汇交易），当欧洲货币单位对美元价格比、基础货币对美元价格比、各基础货币之间的价格比发生一定比例的波动时，必然要引起套利交易行为。为将该原理以套利定价模型的语言表达出来，我们假设欧洲货币单位的基础风险因素（λ_j）是单个货币对美元的价格比，因素系数（β_{ij}）是基础货币创建欧洲货币单位时每个货币单位所占的权重。因此欧洲货币单位的美元价格就是基础收益求取过程的最终结果，当然该结果表示为价格而不是期望收益率。套利过程将迫使欧洲货币单位必须有一个特定的美元价格，而且这个过程非常类似于我们在套利定价模型中所介绍的套利组合技术。如果欧洲货币单位对美元的定价过高，套利者必然要根据基础货币重新组合欧洲货币单位，然后再将欧洲货币单位售出获取利润。同样，如果欧洲货币单位对美元的定价过低，套利者可以低价购入即将到期的以欧洲货币单位标注的证券，然后在当地货币市场中以基础货币兑换成美元售出证券，从而赚取利润。不管怎样，欧洲货币单位的定价将不得不回归到由基础风险因素和因素系数所决定的单一美元价格。

§3.5.2　套利定价模型的利弊

既然套利定价模型将期望收益率表示为因素风险溢价和单个资产对因素风险溢价的敏感程度之间的线性组合，我们就可以据此检验套利定价模型解释实际证券收益率的能力。然而，首先我们需考察，相对于备用定价模型——资本资产定价模型而言，套利定价模型在理论上的优势与劣势。套利定价模型有很多优点，而且是相当重要的优点，我们将列示其中的主要几点如下：

1）套利定价模型无需对证券收益率的基础分布做出假设。

2）推导套利定价模型只需假设投资者追求价值最大化，而无需确定代表投资者的效用函数，也无需强调投资者是风险厌恶型的。

3）在套利定价模型中，市场投资组合以及无风险资产并没有特别用途，因此根本没有必要知道真正市场投资组合的确切组成结构，也不必担心无风险借款利率和无风险贷款利率是否存在以及两者是否相等。此外，套利定价模型只需要使用一小部分资产而不是全部风险资产作为求取资产收益率的基准点。

4）套利定价模型允许多个因素影响证券收益率。

5）套利定价模型极易表示为多期定价模型。

套利定价模型有如此多的优点，难怪套利定价模型会吸引如此多的虔诚信奉者。然而不幸的是，套利定价模型也有其致命的缺点，我们根据各缺点的严重程度将缺点从小到大列示如下：

1）在原始假设条件框架下，套利定价模型只是近似成立，并不能保证套利定价模型可以准确地定价每一项资产。尽管衍生的“均衡套利定价模型”（将在下小节中讨论）能够更准确地定价，但是其却以更多的限制性假设条件为代价。

2）套利定价模型假设求取收益率的真实因素结构是已知的，但是如果这一假设条件不成立（而且也确实没有真实因素结构），如我们后面所讨论的，就会产生许多经济和计量方面的问题。

3）既然套利定价模型并不能明确系统风险因素代表些什么（宏观经济风险如何定价），因此我们根本无法在公司财务环境中应用该模型。

就我们的观点而言，第三点缺陷对套利定价模型是一个最致命的打击。虽然资本资产定价模型有这样那样的缺陷，但资本资产定价模型至少能够明确地告诉管理者以及投资者，某一资产的必要收益率是该资产收益率同市场投资组合之间的协方差的函数。套利定价模型就不能（至少现在还不能）得出如此明确的结论。

下面我们将介绍有关套利定价模型的实证研究以及理论扩展。我们首先讨论早期的实证研究，然后再简要介绍近期的有关文章。最后我们将概括一下套利定价模型以及整个资产定价模型的现状。

§3.5.3　套利定价模型的早期检验

任何新经济理论的诞生都不可避免地要引起理论界和实证界的关注，而套利定价模型尤其如此，因为套利定价模型有望为评估金融风险提供一个全新而概括的模型。在一个主要的早期实证研究中，Roll 和 Ross（1980）证实了套利定价模型的有关预测，并提出了至少 4 个可以评价的因素。Brown 和 Weinstein（1983），Chen（1983）也确认了同样数量的因素，并认为他们的结果支持套利定价模型。Brown 和 Weinstein 提出了套利定价模型的间接检验，该测试在本质上等同于资本资产定价模型的多因素检验法，因为该检验也明确了作为正确的定价模型，套利定价模型所必须满足的有关收益求取过程的特征。[①] Chen 最先检验了套利定价模型能否解释资本资产定价模型所确认的几个特例，他发现当使用因素系数来调整风险时，公司规模和（资产自身的）误差量没有解释特例的能力。

但是也有一些早期实证研究并不支持套利定价模型。Reinganum（1981a）检验了套利定价模型是否可解释小公司效应，结论是否定的。也许对于套利定价模型的拥护者而言，最令人烦忧的还是 Dhrymes、Friend 和 Gultekin（1984）的发现。他们发现就检验一个新理论的有效性而言，早期研究人员一直使用的“因素分析法”本质上是个错误工具。他们还证实了从大样本投资组合中提取的因素数量要多于从小样本投资组合中提取的因素数量，而且所能确认的显著因素的数量与样本投资组合的大小呈正向变动。这意味着随着计算机技术的发展，可以对更大样本量的投资组合进行因素分析，这样可评价因素的数量会随样本量而没有限制地增长，而且这种增长根本没有任何经济意义。

也有一些文章检验了套利定价模型的理论基础。Huberman（1982）指出该模型套利条件的本质在于非系统风险可以通过分散化被消除。Chamberlain 和 Rothschild（1983）证明如果收益率遵循一种近似而不是绝对的因素结构，那么套利定价模型能够成立。他们在估计套利定价模型的因素以及检验模型的合理性时使用“主要构成分析法”，从而奠定了套利定价模型的计量经济基础，该方法被以后的研究人员广泛地使用（在下面讨论）。Grinblatt 和 Titman（1983）通过对典型投资者的效用函数做

① Brown 和 Weinstein 实际在他们的几个研究时间段内也否定了套利定价模型，但是他们对使用大样本的统计内涵也得出一个同 Connolly（1989）一样的结论，即当使用一个较大数据库（包含几千个观察值）时为防止轻易驳斥套利定价模型，研究人员应向下修正显著水平。在调整显著水平之后，Brown 和 Weinstein 不能否定套利定价模型。

了一定的假设（主要是风险厌恶型的假设）后提出了均衡套利定价模型。均衡套利定价模型同以套利为基础的套利定价模型相比，主要优点在于前者允许对单个资产进行更精确的定价，因为均衡套利定价模型的推导前提是所有资产都能提供正确的风险调整收益率，并且该资产由信息完备的理性投资者所持有。①

这重现了资本资产定价模型的实证研究史，套利定价模型的早期实证研究围绕着套利定价模型是否可检验而展开。Shanken（1982）宣称，只有明确了该模型求取收益率的真实因素结构后，才能检验套利定价模型，但是我们现在对真实因素结构根本一无所知。Shanken 的这一评论在本质上极其类似于 Roll 的评论，也深刻地指出了套利定价模型的本质缺陷。Dybvig 和 Ross（1985）也同意 Shanken 的观点，认为套利定价模型是不可检验的。Shanken（1985a）发现大多数研究人员混淆了均衡套利定价模型和原始套利定价模型，在检验时以原始套利定价模型的宽松假设条件为基础，而预测结果却以更为具体的均衡套利定价模型为基础。② 虽然这场争论尚无结论，但是套利定价模型的主要缺陷显然是计量方面的而不是理论方面的。正如下节所介绍的，从 20 世纪 80 年代中期起有关套利定价模型的研究一直集中在对该理论的实证研究方面。

§3.5.4 套利定价模型的近期实证研究

在过去的几十年，套利定价模型的研究主要是运用越来越复杂的计量程序来检验该模型的合理性，并决定有多少个因素可以估价。Lehmann 和 Modest（1988）利用因素分析法研究了较大样本量的股票投资组合，发现套利定价模型能够解释以股利收益率和自身波动（资本资产定价模型无法解释的特例）为基础形成的投资组合期望收益率，但是并不能解释公司规模效应（小公司效应）。他们指出公司规模效应主要集中在规模特别大或者特别小的公司，因此可以说套利定价模型能够以极小的误差对上市权益证券进行定价。

Connor 和 Korajczyk（1986、1988）运用主要构成分析法（principal components analysis，PCA）对影响证券收益率的普遍因素进行了确认和估计。主要构成分析法类似于因素分析法，相同之处在于其均从收益率数据中提取（但是并不确认）影响力较大的因素，不同之处在于因素分析法对收益率分布的限制相对较少。Connor 和

---

① 似乎这个附加的假设条件同中世纪所讨论的"到底有多少个天使可在针尖上跳舞?"一样没有意义。诚然，检验一个经济理论是要检验它是否能够较好地解释客观现实以及预测未来，而不是要检验该理论发展过程中的假设条件是否合理。尽管如此，合理的假设条件对套利定价模型的确比对其他经济模型更重要，因为套利定价模型的预测结果不能轻易由观察值解释。

② 当 Shanken(1992a)建议研究人员应着重使用比常用的精确公式更适用的近似套利关系时，这场争论又重新被挑起。Shanken 实际上是讨论 Reisman(1992a)所得出的研究结果，Reisman 证明如果满足一定的假设条件，几乎所有与真实因素结构相关的变量集均可作为套利定价模型框架的基准。Reisman(1992b)还给出在哪些条件下套利定价模型成立。

Korajczyk 能够以套利定价模型解释 1 月效应，却不能解释更一般的公司规模效应。他们认为，他们的五因素套利定价模型能够比资本资产定价模型更好地解释股票收益率的截面差异。Connor 和 Korajczyk（1993）又提出了一个测试统计量来确定约当套利定价模型（更概括的模型）中的因素数量。[①] 他们从证券收益率中发现了 1 ~6 个可定价因素，除了第一个因素外，这些因素的影响力在 1 月份尤其显著。在非 1 月份时，只有一个或两个因素表现比较显著。

Shukla 和 Trzcinka（1990）以平均收益率、方差和协方差在较长时期内（至少 20 年）稳定为假设条件对套利定价模型进行了测试。他们还比较了因素分析法、主要构成分析法和资本资产定价模型的 β 系数估计法这 3 种方法的实证定价误差。他们发现五因素套利定价模型能够解释收益率代表性波动中的大部分（超过 40%），而且样本测试期越长，套利定价模型的解释能力越强。最后他们得出由于套利定价模型允许更多的波动源，因此能够比资本资产定价模型提供更好的实证研究结果。

Mei（1993a）提出使用半自动回归测试法来检验套利定价模型中的因素个数。这个技术允许研究人员直接估计在评价因素中所涉及的衡量误差的严重程度，从而解决了一个一直困扰研究人员的问题。[②] 他发现套利定价模型在解释实际资产收益率方面比资本资产定价模型稍微好一点，他还清楚地证明了风险溢价因素随着商业周期的变化而变化。Mei 的结论也确认了 Fama 和 French（1988a、1989、1992）以及其他几位作者所提出的用来证实有关股票收益率至少部分是可预测的证据。Mei（1993b）使用自动回归法检验了允许风险溢价随时间变动的多因素套利定价模型，[③] 使用该方法他能够解释小公司效应，但是不能解释 Fama 和 French（1992）所确认的账面价值对市场价值效应以及 Reinganum（1981b）所确认的市盈率效应。此外，他还得出尽管一个 β 系数为非常量的模型可能令人满意地解释证券收益率中的代表性波动，但是一个 β 系数为常量的多因素套利定价模型却不能。

可见变量方法 实证研究的最后一类方法是首先决定哪些宏观经济变量显著地影响证券价格，然后提出了一个可见变量的套利定价模型。Chen、Roll 和 Ross（1986）使用该方法对套利定价模型进行了最前沿的研究，他们检验了各种不同宏观经济变量的创新是否是股票市场中所定价的风险。他们发现证券价格与下列因素密切相关：(1) 工业产出的变化；(2) 长期利率和短期利率之间的收益率差额（常被译为商业周期的指示器）；(3) 低等级债券和高等级债券之间的收益率差额（常被译为经济中整个商业风险的指示器）；(4) 期望通货膨胀率和非预期通货膨胀率之间的差异，尽

---

① 他们的模型允许资产收益率中的可分散因素彼此不相关，而且使用“主要构成分析法”估计这些因素。

② Mei 在该文章中还描述了因素分析法和主要构成分析法的优缺点。

③ 正如该方法的名字所表示的，这个方法使用历史收益率来预测未来期间的系统风险，这样就可从定价等式中消除不可观察的 β 系数。以延迟收益率代替不可观察的 β 系数的方法类似于 Hab 等所描述的“模拟投资组合”。

管只有在显著的通货膨胀率波动存在时，这种差异对价格才是至关重要的。也许最值得研究的还是作者认为并不重要的那些变量。在考虑宏观经济因素后，整个股票市场本身的收益率不再重要了，而且股票收益率和总消费之间也不存在任何显著的关系（这对消费资本资产定价模型实在是个坏消息）。最后，油价与股票收益率也无显著关系。

§3.5.5 资产定价理论的现状

那么，在20世纪90年代中期资产定价模型的状况究竟如何？非常不幸的是，整个状况仍然很混乱。尽管如此，根据我们对有关资本资产定价模型和套利定价模型的文章的探讨，我们至少可从中得出如下几个结论。第一点是，显然固定风险溢价的单因素资本资产定价模型无论在解释实际收益率还是在求取未来期望收益率方面几乎都是无用的。第二点是，没有几个资本资产定价模型的扩展形式在未来有望成为标准的资产定价模型。[①] 第三点是，尽管套利定价模型中缺乏可见变量，使其成为经济方面极其难以理解和解释的纯数理障碍，但是三因素、四因素以及五因素套利定价模型似乎比任何一个单因素模型都能够更好地解释股票收益率中的代表性波动。第四点是，尽管有关公司的规模与异常正收益率之间关系的证据是明确的，但是非常奇怪的是，除非能够清楚地解释这些证据，否则休想在资产定价中取得任何实质性进步。显然，公司的规模必定代表着某些风险因素，但到底是什么因素呢？第五点是，求取股票实际收益率一定要考虑诸多因素，而且过程中的变量要随时间变化。此外，基于宏观经济、商业循环等相关数据，风险溢价中的波动至少部分是可预测的。

为了提出一个所有研究人员都一致支持的可行资产定价模型，哪些是我们现在所迫切需要解决的问题呢？就我们的观点而言，第一个需要迫切解决的问题是决定有多少个因素需系统定价，以及这些因素具体是哪些。Chen、Roll 和 Ross（1986）所进行的研究工作向这个方向跨出了重要的第一步。然而令人奇怪的是，在 Chen、Roll 和 Ross 之后几乎就没有作者试图解决这个问题。第二个需要解决的问题是明确全球资本市场是否是一体化的。换句话说，我们应该解决持有金融资产是否存在单一的、全球的、货币和风险调整后的必要收益率，如果存在这个利率应在哪个国家的证券市场确定？如 Richard Roll（1988，541页）在其就职演讲中所评论的“我们的科学的不成熟之处体现在我们缺乏对一些极其有趣现象的预测能力，尤其是对资产价格变动的预测能力”。在我们真正掌握该学科的预测能力之前，仍有一段很长的路要走，但是，至少我们要比哈里·马科维茨解释投资组合理论之前更接近于我们的目的地。

---

① 然而，如果有人能够提出一个风险溢价随时间变动的资本资产定价模型并根据可见变量给出一个封闭型定价等式，那么这个模型将非常受欢迎，尤其是实证研究表明该模型比其他模型有竞争力时更是如此。

§3.6　有效市场

一个革命性科学理论的突出特征在于，其一旦为受教育的人所接受和理解，就能够改变他们对整个世界的观点。在哥白尼的“太阳中心论”发表之前，西方学者一直视地球为宇宙的中心，认为恒星、月亮和行星以及天使都为人类的荣耀而舞。而当哥白尼发表了恒星运动的太阳中心论后，该理论能更好地解释客观事实，因此这一理论很快取代了欧洲人心目中的“地球中心论”（至少在开明的国度中如此），地球中心论则显得荒诞不经。

尽管现在预测 Fama（1970）所提出的有效市场假说能像哥白尼中心论那样影响人类历史还为时过早，但是我们可以说有效市场假说已经革新了金融经济学说。[①] 简而言之，有效市场假说宣称金融资产的价格全面反映所有可获得的相关信息。这一宣称暗示金融资产的价格反映所有历史和当前的相关信息，而且将所有可预测信息加入到对未来价格的无偏性预测中。在极端的形式下，有效市场假说认为价格应反映所有的信息，包括只有内幕人员才能获得的内幕信息，但是大多数的金融学者和职业人员比较同意只反映公众可获得信息这一有效市场假说。

在这一部分我们将看看有效市场假说对现代金融的影响。首先我们将简要介绍 Fama（1970）所提出的有效市场的三种形式。然后，我们将采用 Fama 在其 1991 年的综述文章所提出的分类体系来评价过去 25 年中的实证研究是否支持了有效市场假说。最后我们将概括有效市场理论的现状。

§3.6.1　效率市场的三种形式

Fama（1970）以可获得的内幕信息和公众信息在价格中的反应程度为基础，提出了三种要求逐渐严格的信息处理效率形式。[②] 在以弱式效率为特征的市场中，资产价格应反映所有的历史信息。尽管这个要求看似无特别之处，但是它意味着完全依据历史价格趋势分析，或者历史关系分析的交易策略并不能为投资者持续带来超额

---

① 此外，该模型在经济界的另一孪生兄弟——合理预期假说，极大地改变了人们对宏观政策制定的观点。如过去的 15 年内世界各国纷纷实行市场经济，正是因为人们对市场有效地处理任何可获得信息并据此优化资源配置这一观点的接受。

② 我们需要强调的是，有效市场假说所需要解决的是金融市场处理信息的效率问题，而不是人们所想的其他效率问题。例如，一个金融市场可能经营效率较高，即它能以最低的劳务成本和日常费用生产产品（如证券交易、批准贷款、债券协商等），它却未必信息有效，反之亦然。一个金融市场的信息有效和分配有效之间的区别却不很明显。虽然一个金融市场必须信息有效才能最优化配置资本（分配于最有利的用途），但是一个信息有效的市场却未必实现资本最优配置。即使垄断生产者能够赚取高额垄断经济利润，它所发行的证券在金融市场中只有合理定价，才能提供给投资者一个正常的投资回报率。

收益。[①] 既然价格是"无记忆力的"，因此价格也是不可预测的，只能根据新信息来相应地调整价格。[②] 同样，这意味着资产的价格变动遵循一种随机漫步模式（一般而言），即随后的价格波动之间没有任何联系，而且资产的价格不可预测地随机波动着。

在以半强式效率为特征的市场中，资产价格应反映所有的公众信息。这意味着资产的价格中应反映所有相关的历史信息、当前信息和可预测的未来信息，而且这些信息均可以从公共资源处获得。该种形式的效率市场还意味着资产价格应该立刻并完全对相关新信息做出反应。就半强式效率市场而言，其信息处理能力既有存量特征又有流量特征。总而言之，这种形式的效率市场要求所有能够从公共资源（报纸、新闻发布会、计算机数据库等）处获得的信息均反映在资产价格中。

在以强式效率为特征的市场中，资产的价格应反映所有的信息，包括公众信息和内幕信息。显然这是个比较极端的市场形式，因为它意味着所有与公司特定相关的重要信息（如即将进行的收购投标、股利增长）在其产生之后的第一次交易中（如在董事会对股利增长做出投票表决之后立即反映于价格中）而在其正式对外宣布之前就应完全反映在资产的价格中。在强式效率市场中，大多数的内幕交易人员是无利可图的，而且从上市公司探出的任何内幕信息也是没有利益的，因为这样所获得的任何信息都已经反映在股票和债券的价格中。同半强式效率市场，强式效率市场的信息处理能力也有存量和流量特征。

有效市场假说再现了资本资产定价模型和套利定价模型的实证研究史，有效市场假说提出之后立即被金融界接受，但是随着研究的进行，人们发现了越来越多的矛盾性证据，早期的热情逐渐冷却，金融界开始变得疑惑不解。在这里，我们不再遵循我们在讨论资产定价模型时所采用的历史顺序，而是首先介绍 Fama 于 1991 年对该领域文章所做的综述。Fama 不是按照市场效率形式来划分实证研究，而是将效率市场的实证研究分为以下三类：（1）收益可预测性检验；（2）案例研究（或者是快速价格调整检验）；（3）内幕信息检验。我们将使用这三类作为我们讨论市场效率实证研究的框架，并着重介绍他没有调查过的文章或者是 1991 年之后发表的文章。此外我们还将讨论第四类：合理基本估价检验。对此 Fama 并没有在其调查中深入研究，这可能因为大部分有关这方面的文章在最近才发表。我们将从收益可预测性检验开始逐一介绍这四项分类。

§3.6.2 收益可预测性检验

有些奇怪的是，自从 1970 年开始发表的有关效率市场的文章主要是研究弱式效

---

① 财务分析专家一直不愿接受有效市场假说，原因很简单。如果有效市场假说正确，那么财务分析专家的劳动成果尤其是那些从事分析工作的专家，对客户而言根本没有任何利用价值。

② 在该领域一篇较关键的早期文章中，Samuelson（1965）证明在有效市场中资产价格随机波动只对新信息做出反应。

率市场的预测是否合理，即资产价格是否反映全部历史信息。大多数研究文章检验了是否可以通过历史或当期可获得信息来预测资产价格的波动，Fama 将这些测试称为收益可预测性检验，我们在此也采用同样的用语。我们将收益可预测性检验进一步分为三类：（1）简单交易规则检验，以最近时期的收益率即一周中的每一天收益率、一年中的每个月收益率为基础；（2）短线（每周或每月）收益率可预测性检验，以短期收益率中可观察到的正向协动性为基础；（3）长线（2～3 年）收益率可预测性检验，以长期收益率中所观察到的负向协动性为基础。

简单交易规则下的检验　在 20 世纪 50 年代之前，人们普遍相信感觉敏锐的投资者能够轻易识别股票价格运动模式，从而利用某一交易策略予以牟利。因此，当首先是 Kendall（1953），然后是 Roberts（1959）和 Fama（1965）均证明了随后的股票价格变化本质上彼此是不相关的（价格遵循随机漫步模式）时，这实在是个不小的震动。价格趋势中缺乏一种持续性，意味着买入暂时的价格上涨股而卖出暂时的价格下跌股是不可能盈利的。[①] Fama 和 Blume（1966）检验了一些更为复杂的过滤规则，如当一只股票上涨了 x% 时买入并持有直至其价格下跌了 y% 才卖出。他们发现没有一个过滤规则能够产生较高的利润，在考虑交易成本后更是如此。自从 20 世纪 60 年代中期之后，一般都认为以简单的近期收益信息为基础的交易策略不值得采用。

如果过滤规则不能产生较高的利润，那么其他交易策略又如何呢？如我们在前一章中所讨论的，在股票收益率数据中确认了许多资产定价特例。这包括由 Gibbons 和 Hess（1981）所确认的星期一效应，由 Banz（1981）所确认的小公司效应，由 Keim（1983）所确认的 1 月效应。在上述三种效应中，期望收益率的波动似乎以一种适合通过交易策略获利的系统方式进行。例如，如果星期一的收益率一般而言要低于每一周中其他各天的收益率，那么投资者（或者共同基金经理）在星期五的下午售出股票而在星期三早上再以低价购回股票时，投资者是否可以获利？同样投资者是否可利用 1 月初小公司股票获取大额异常收益这一事实获利？假设投资者在 12 月下旬买入小公司股票（尤其是公司为获得税收抵免效应极可能在 12 月末售出那些价格下跌的股票，因此可以低价购入这些下跌股），而在 1 月末再售出该股票其是否可获利？

令人惊奇的是，竟然几乎没有学者专门研究这种交易策略的获利能力，而且专业人员也一致认为，这样的交易策略并不能产生超额收益。原因有三：首先是，交易成本有可能吃掉投资者通过这种交易策略所能获得的大部分或者全部利润，在投资者购买大量交易较少的小公司股票时尤其如此。其次是，几乎所有的资产定价模型检验和市场效率假说检验都面临着严重的联合假说问题。这意味着，一个特例如在 1 月份小

① 在 20 世纪 70 年代，Fama 对每日价格波动的检验是在 CRSP 每日收益率数据库形成之前最为广泛的研究之一。他证实股票收益率中有极小的正向序列相关系数，因此不能被有正交易成本的投资者所利用。他还实施了 Robert 提出的"run test"来检验收益率是否表现出朝一个方向持续波动的趋势（一系列两个或多个价格上涨或下跌构成了一个"run"），结果他没有发现这样的波动趋势。

公司股票的超额收益率可能是由股票市场的无效性，即对证券的每月市场价格低估或高估而引起的，或者仅仅是由使用不正确（定向错误）的资产定价模型而引起的，或者是无效率市场和错误的资产定价模型共同引起的。如果不知道哪个模型是真正的均衡定价模型，我们甚至都不能确定是否确实存在可获利的特例。最后，Ritter 和 Chopra（1989）、Fama（1991，表 I）证明了 1 月效应的大小（甚至存在）对用于比较的股票指数非常敏感，Fama 还证明自从 1983 年被关注以来，1 月效应的影响程度（不管怎样衡量）已大大降低了。

短线投资收益的可预测性 研究人员在很短时间内就确认了短线收益率和长线收益率存在着显著的可预测性。尽管这种收益率可预测性本身是否驳斥了有效市场假说仍然是个疑问，但是股票收益率存在极大的自相关性已被证实了。收益率的可预测性分为两类，首先是研究人员证实了证券收益率存在持续的自相关模式（主要是检测一定大小的股票投资组合），而且发现短线收益率（每周、每月）存在显著的正向协动性，长线收益率（2 ~ 3 年）存在系列负向协动性。其次是一系列研究表明，股票和债券投资组合的下一期投资收益率可根据当前可见变量进行预测，这些变量主要包括资产的价格水平、整体商业风险水平和利率的期限结构。这些有关“衍生可预测性”的证据为可预测收益率如何与一个没有无风险套利机会的有效资本市场进行兼容这一问题提供一个可能答案。下面我们将首先检验有关短线收益率可预测性的证据，然后是长线收益率可预测性，最后是衍生可预测性。

有关短线可预测收益率的研究文章主要在最近十年才出现，而且这些研究文章主要归于两类。第一类研究首先检验了股票价格是否遵循随机漫步模式，然后再检查所记录的偏差出现的根本原因。第二类研究直接检验投资者是否能够从实际股票价格首先对新闻或事件反应过度然后在几个月的时间内又回复到均衡价格水平这一趋势中获利。这些测试常被称为“均值回复测试”。如果说第一类研究在一定程度上支持了有效市场假说，那么第二类研究则是公开而激烈地抨击了有效市场假说。我们将顺次检验每一类研究，首先是随机漫步假说的研究。

Lo 和 MacKinlay（1988）依据不相关股票收益率的方差应该与样本期间成比例同向变化（每月方差应该是每周方差的四倍）这一事实提出了一个检验股票收益率是否存在系列相关性的独特创新方法。他们发现每周股票收益率的确是正相关的，因此他们驳斥了随机漫步假说。实际上，Lo 和 MacKinlay 计算了加权平均等权重 CRSP 收益率指数的每周第一批订单股票的自相关性系数（同其前一周收益率的相关性），发现该系数竟高达 30%。最后，他们的结论是他们所记录的自相关模式并不符合由 Summers（1986），Poterba 和 Summers（1988），Fama 和 French（1988b）所记录的静态均值回复模式（将在下面讨论该模式）。在此后的一篇文章中，Lo 和 MacKinlay（1990）证明从“对立投资策略”（买入近期价格下跌股而卖出近期价格上扬股）所获得的利润，只有不超过 50% 部分来源于过度反应。而大部分的利润则来源于股票收益率之间的交叉自相关性，尤其是源于大样本股票投资组合收益率引导小样本股票投资组合收益率的这一趋势。

在一系列文章中，Conrad 和 Kaul（1988、1989），Conrad、Kaul 和 Nimalendran（1991）检验了每周和每月股票收益率的正自相关模式。在 1988 年的研究中，Conrad 和 Kaul 证明每周期望股票收益率随时间变化，而且以静态第一订单的自回归过程为特征进行变化。他们还发现他们所证实的期望收益率能够解释小样本股票投资组合的收益率波动中的 26% 以上，但是对大样本股票投资组合这个解释比例却系统性地降低至 1%。[①] Conrad 和 Kaul 在 1989 年将他们在 1988 年的研究中的原始方法应用于每月股票收益率，他们发现每月期望收益率的均值回复能够解释每月股票收益率波动中的很大一部分（对小规模公司的投资组合该比例超过 25%）。最后，Conrad、Kaul 和 Nimalendran 证明超过 24% 的每周股票收益率波动可由正自相关期望收益率、买卖价差误差中推导出的负自相关期望收益率以及随机波动部分予以解释。

市场过度反应检验　在上述研究中，所有作者都感觉（或者至少是希望）他们的研究结果符合有效市场假说。然而证实短线收益率可预测性的其他几位作者却并不这样认为，实际上，他们一般都证明了市场中存在着许多可利用证券收益率的正自相关性进行套利的机会，因此有效市场假说在一定程度上不成立。在一篇重要的早期研究文章中，DeBondt 和 Thaler（1985）以心理测试研究得出大多数人对非预期事件和重大事件总是反应过度的结论，并检验了这样的过度反应是否也存在于股票市场。他们的研究结果表明投资组合中价格下跌特别厉害的股票往往要比价格上扬特别大的股票为投资者赚取更多的利润，而价格上扬股票的风险性更大些。如在投资组合形成的 36 个月后，前段时间内价格下跌的股票要比价格升高股票多赚 25% 的利润。最后，Thaler 证实过度反应在 1 月份最强烈，他们得出经常记录的 1 月份效应实际上是“价格下跌公司效应”（losing firm effect）而不是“税收抵免效应”（tax loss effect）。

Fama 和 French（1988b）以及 Poterba 和 Summers（1988）均证明了短线收益率是正自相关的而长线收益率是负自相关的，但是就该结果的解释他们却存在分歧。Fama 和 French 认为他们的研究结果是由一种缓慢衰退的静态成分引起的，如非预期信息所引起的价格的大幅度涨跌，而且在较长一段时间内将影响收益率的衡量。但是，他们的结果是由市场无效率造成的还是由于理性投资者行为所引起的随时间变化的期望收益率而形成的，他们对此尚无定论。Poterba 和 Summers 则认为他们的结果是由股票价格中的暂时（假定是短暂的）成分引起的，该暂时成分能够解释每月收益率一半以上的波动。他们认为“噪声交易（noise trading）”（由信息不完全的投资

---

① 这几乎是所有特定收益率可预测性检验和一般市场效率检验都能确认的一个模型。小公司股票的收益率波动特征同大公司股票的波动特征显然不同，小公司股票收益率的可预测程度也一般几倍于大公司股票收益率的可预测程度。虽然“小公司效应”这一特例一直是研究的焦点，Fama（1991，1589 页）却非常精确地指出由于这些小规模公司股票只代表着三大美国股票市场中上市公司股票价值总额的 15%，因此这些研究的宏观经济意义根本微不足道。对比而言，大公司股票则占价值总额的 72.2%。

者根据观察到的估计误差所做出的交易选择，而该估计误差实际上只不过是收益率数据中的干扰值）为股票价格中的暂时成分提供了合理的解释。

其他两个研究检验了以股票价格过度反应为基础形成的交易策略，证明确实存在较多的获利机会。Jegadeesh（1990）证明每月股票收益率存在显著的负一阶自相关性，而超过一个月（两个月以上）的股票收益率则存在显著的高阶正相关性。他以上述相关性规律为基础建立了投资组合，结果发现投资组合最高十分位和最低十分位之间的异常收益率差额为每月 2.49%（每年 34.3%）。此后，Jegadeesh 和 Titman（1993）证实了动量策略即购买最近时期价格上扬股而卖出最近时期价格下跌股的交易策略能够在 3~12 个月的交易期内为投资者产生显著的异常收益。他们检验最详细的策略平均而言能够产生每年 12.01% 的超额收益率，但是这些收益率在持有期超过一年期时则逐渐消失。

到底我们能从这些证明短线收益率存在大额可预测部分（或者说大额的交易策略利润）的研究结果中了解些什么？尽管我们不能说这些研究结果不重要，但是由于三个原因它们对有效市场假说的负面影响可能不大（或者持久）。原因一是，近期的许多实证研究都从实证角度对收益可预测性研究的重要性提出了质疑。Richard 和 Smith（1994）表明以股票价格遵循随机漫步模式这一无效假说为条件，许多有关系列相关性的测试统计数据本身是高度相关的。而一旦纠正了这些偏差，新的检验统计数据与股票收益率的随机漫步模式以及市场有效假说都是相吻合的。此外，McQueen（1992）、Jones（1993）证明由 DeBondt 和 Thaler 所记录的均值回复模式实际上几乎完全由大萧条和第二次世界大战两个时期引起，而在战后开始大规模地消失。[①] 原因二是，由 Jegadeesh（1990）、Jegadeesh 和 Titman（1993）所证实的潜在利润实在是太大而不可信了。[②] 如果是真的，那么如此简单的交易策略必会被共同基金经理采用，这样在有关实证研究文章中也会有所记载，但是我们却根本无迹可寻。原因三是，Roll（1994）从自己作为共同基金（该共同基金拥有几百亿资产）经理的个人经验出发，更令人信服地论证了以这些或其他特例为基础的实际交易策略根本不能产生超额收益。

长线投资收益的可预测性 许多研究（其中一些我们在前面已经引用过）都证实了长线投资收益率的两个特征。首先是在 2~5 年的收益期内存在显著的负自相关性。DeBondt 和 Thaler（1985）、Poterba 和 Summers（1988）、Fama 和 French

① Fama 和 French(1988b)同样也证实了他们的自相关研究结论在 1926—1940 年期间要强于 1940 年之后的期间。Cox 和 Peterson(1994)也对 DeBondt 和 Thaler 的过度反应假说提出了进一步的质疑，Cox 和 Peterson 证明每日大幅度(10%或更多)价格下跌后所出现的回复现象实际上是由变现力和买卖差价效应所引起的，而不是由市场不理性所引起的。他们还证明即使这种模式的过度反应也自 1987 年开始消失了。

② Fama(1991a,1582 页)证明这些研究结果可能是由芝加哥大学证券价格研究中心的(CRSP)定价误差所引起的，由于存在定价误差使价格出现回复现象。

(1988a) 分别证实了这些负自相关模式，而 Reichenstein 和 Rein (1994) 则讨论了投资者如何在他们自己的投资组合中利用这种可预测性获利。Fama 和 French 的研究结论是这一类研究中比较典型的一个。他们证明从持有期为两年开始收益率出现负自相关性，而在持有期为 3～5 年之间时存在最小的协方差系数，在更长的持有期则逐渐回复至 0。这些负协方差系数表明收益率中存在大幅度的可预测性，对于 3～5 年期的小公司股票收益率方差中大约 40% 可预测，而对于大公司股票可预测的方差大约占 25%。

在另一方面，McQueen (1992) 对长线投资收益率的可预测性的显著性甚至是存在性提出了疑问。他证明以前研究所使用的 OLS 回归分析技术隐性（但是极大）地高估了大萧条和第二次世界大战两个时期的收益率可预测性，因为这两个时期都有较大的误差变量和更强的均值回复趋势。在 1926—1987 年期间使用 GLS 测试，McQueen 并不能反驳每月股票收益率遵循随机漫步这一假说，因此他得出收益率是不可预测的。① Ball 和 Kothari (1989) 也对长线投资收益率的负系列相关性的特殊性提出了质疑。他们发现，这个负相关性几乎是完全取决于相对风险，即期望收益率随时间的波动情况。换句话说，他们的研究结果支持了有效市场假说，因为高风险股票的期望收益率在经历了负向波动收益率后必定要提高，而在经历了正向波动收益率后则必定要降低。实际上，如此合理的定价反应必然要在衡量股票收益率时产生负向系列相关性。

为什么随时间变动的期望收益率会损害长线收益率的可预测性？让我们假设某一公司最近几年利润持续增长而且股票价格快速上涨。股票价格的上涨降低了该公司（市场价值）的杠杆率，从而降低了该公司的风险和必要收益率。此外，让我们假设该公司的发展前景依然喜人，这又进一步降低了该公司的预期风险并提高了该公司的股票价格。那么在未来 2～3 年内该公司的期望收益率将为多少？现在该公司股票的市盈率很高，风险水平也有所降低，因此在未来 2～3 年内它顶多能赚取正常的收益率。但是，如果研究人员检验该股票的事后收益率模式就会发现，在异常高的股票收益率（在利润较为丰厚的最初两年）之后的两年是较低的股票收益率，显然他会得出这是证实了长线收益率的负自相关性。对一个刚刚经历较低盈余和股票价格下跌的公司则恰好相反。投资者对该公司股票所要求的必要收益率升高，股票价格持续下跌，但是在未来 2～3 年内（如果该公司能继续生存下去）却会享受较高的期望收益率。同样，下跌的股票价格（负收益率）与随之较高的实际（必要）收益率这一事实好像是证实了长线收益率可预测性的负自相关性，尽管这只不过是一个信息有效资本市场内投资者合理定价行为所引起的最终结果。

---

① Nelson 和 Kim(1993)也证实了即使并不存在收益率的可预测性，用于检验长线收益率自相关性的经济计量程序中所出现的误差往往能使之表现出可预测性。尽管如此，他们发现即使考虑了这些误差，收益率可预测性在 1947 年之后也极其显著。

依据外部信息的预测（衍生可预测性检验） 最近几年来，在财务界最引人注目的事件还是一些作者试图将股票和债券的变化（条件）期望收益率视为当前可观察的宏观经济和金融变量的函数，我们称之为“收益率的衍生可预测性”。因为收益率的可预测性是通过对公司的外部数据计算得出的，而不是通过对该公司的自身历史数据分析计算得出的。既然证券价格是以当期信息而不是历史信息为基础确定的，那么研究人员不必在乎这种形式的收益率可预测性是否违背了有效市场假说的弱势模式。

Keim 和 Stambaugh（1986）最先提出了衍生可预测性检验，他们证明股票和债券的事后风险溢价可以极其准确地根据三个事前变量加以预测，这三个变量中一个源于债券市场，而另两个则源于股票市场。债券变量是低等级公司债券同 1 个月期国库券之间的收益率差额，因此既是违约风险，又是收益率曲线的代理变量。第一个股票市场代理变量是当前真实标准普尔指数的水平和其历史平均的相对值，该代理变量就能衡量资产价格的最近波动趋势是升还是降。另一个股票市场变量衡量在纽约证券交易所上市的小规模公司的平均股票价格，该变量既是资产价格的衡量指标，也是小公司代理指标。Keim 和 Stambaugh 证明所有的这三个变量与当前股票价格正相关，与期望收益率负相关。换句话说，当资产价格低时，期望收益率将高，反之亦然。

Fama 和 French（1988a）发表了第二篇有关衍生可预测性的文章，该篇文章与其他作者发表的文章有所不同，不同之处在于 Fama 和 French 证明了单个股票的期望收益率可根据股票自身的股利收益率（每股股利除以每股股票价格）来预测。以前几位作者也提到高股利收益率股票往往要比低股利收益率股票表现得更为出色，Fama 和 French 的贡献则在于证明了随着股票持有期间的变长，股利收益率的预测能力也随之增加。每月或每季收益率方差中这种时间方差的解释力不超过 5%；而持有期为 2~4 年的收益率方差中，这种时间方差的解释力则超过 25%。

如同 Goetzmann 和 Jorion（1993）所指出的，这是个相当矛盾的发现，因为它表明只需利用一个简单的交易规则就可以轻易获得异常高额的利润，即投资者只需将其资金全部投资于高股利收益率公司，就能始终获得高额利润。① 他们证明股利收益率的预测能力可以确切地说被高估了，因为在相对不变的名义股利支付条件下，股票价格本身的变化就几乎能解释股利收益率中的所有中间变量。在固定股利支付条件下，如果证明了股利收益率能够预测未来股票收益率，就相当于证明了收益率遵循均值回复规律（在一段较差的股票价格表现后，期望股票收益率开始上升，反之亦然）。当 Goetzmann 和 Jorion 以没有预测能力的无效假说为条件建立股票收益率模型时，从统

① 投资者甚至可以通过购买不同工业组内股利收益率最高的股票来获得更加完全的分散化效应。其实，在许多备受称赞能够提供超额收益率的交易规则中存在着难以获得充分的分散化效应这一严重缺陷，尽管这一问题经常会被忽略。

计角度他们几乎无法反驳股票收益率遵循随机漫步的规律。[①]

最后，Fama 和 French（1989）证实了股票和长期债券的期望收益率与商业环境密切相关。他们以三种变量定义商业环境：（1）低风险（AAA 级）公司债券同公司债券投资组合之间的违约风险差额，用来衡量整个商业风险；（2）纽约股票交易所股票的价值加权平均值投资组合的股利回报率，同样衡量整个商业风险；（3）短期和长期公司债券的收益率差额（衡量期限结构），作为商业循环周期的短期衡量指标。一般而言，在商业处于繁荣阶段时，期望收益率较低；而在商业处于衰退阶段时，期望收益率较高。尤其当经济繁荣时，投资者相对来说有较多的现金（对生活也较满足），而在经济衰退时投资者则相对较穷（而且比较焦急），这样，相对于经济衰退时期，在经济繁荣时期投资者更愿意接受一个相对较低的期望收益率。Balvers、Cosimano 和 McDonald（1990）也从理论和实证角度证实了对这种期望收益率和产出水平之间的反向关系，并进一步说明了该关系是值得学术界深入研究的领域之一。

§3.6.3　快速价格调整检验

如前所述，Fama（1991）认为对有效市场假说的半强式效率市场的检验可归类于对新信息的快速价格调整检验。由于事件研究一直是他所引用的研究工作的重点，因此他将这些检验称为事件研究。既然我们的讨论资料的覆盖面要广于 Fama 的讨论覆盖面，而且自从 Fama（1991）的研究之后又有几篇重要的文章发表，我们将对有效市场假说的半强式效率市场的检验定义为快速价格调整检验。我们将快速价格调整检验分为两小类来研究：首先，我们将遵循 Fama 在评论事件研究中所采用的步骤，即检验股票价格是否立刻而完全地将新信息反映在资产价格中（一般来说是股票价格，尽管不总是如此）；其次，我们将检验一组尚不定型的研究，即检查金融市场是否以及如何合理地处理所有可获得的信息。这一类研究包括检验市场如何处理各种谣言、无确定结果的非预期宣布、有关某公司股票从主要股票指数中被删除或被加入到主要股票指数中的消息以及其他有关信息。

事件研究　几乎可以确定地说，由于事件研究具备使用简单、目的明确、灵活以及无复杂的影响等特性，因此事件研究成为实证财务研究的唯一重要工具。事件研究的原理非常简单，为了决定股票市场如何对某一特定消息做出平均反应，我们仅需将单一股票以事件时间排队（而不是具体的日历时间），然后检验特定消息宣布之后的平均股票价格是如何变动的即可。例如，为了估计股利支付宣告如何影响采取这一政

① 值得一提的是，Fama 和 French（1992）又证明了如果把公司规模和所有者权益的账面价值对市场价值之比这两个变量加入到期望收益率模型之中，股利收益率的预测能力更强了。

策的美国公司的股票价格，我们可采取如下措施：[①] 第一步是，收集在纽约股票交易所或者美国证券交易所上市的、自 1962 年 4 月 2 日起宣告发放现金股利的公司样本，这可以通过检查过去 30 年中每年华尔街时报指数（或者其他全国性的公开资料）中的相关部分来收集公司样本。[②] 研究人员将记录每次股利宣布支付的日期（而不是其实际支付日期）以及其他相关信息，如股利支付的数量和管理当局对政策变更所给出的原因等。第二步是，研究人员将宣布日期定义为事件日期起点（t=0），然后再定义相对于事件起点的时间段（但不是说相对于 1985 年 2 月 27 日等具体日期）。第三步是，研究人员将在整个估计期［估计期一般定义为宣布期之前从 1 个月到 6 个月的时间段，如在事件时间中从-150 天到-20 天（或者是 t=-150，-20）］根据整个股票市场的收益率以线性回归方程求某个股票的收益率，即先根据整个股票市场的收益率比如说升高了 0.5% 求取股票收益率的正常值，然后再根据正常值来求取事件期间内的期望收益率（宣布日之前和宣布日之后，包括宣布日本身）。[③] 第四步是，计算事件时期内股票的每日实际收益率，并将该实际收益率同以整个股票市场的整体表现为条件预测的股票期望收益率相比较。实际收益率同期望收益率之间的差额被称为“异常收益率”（abnormal return，AR），而若干天的异常收益率加总在一起所求得的结果则被称作“累计异常收益率”（cumulative abnormal return，CAR）。[④] 大多数研究人员只想确定市场对股利支付宣布的即刻反应，因此他们只注意在股利支付宣告日那天的一个非常狭小的事件窗口。最后一步是，加总所有已检验的宣告日异常收益率（经常是几百个或者更多），然后计算事件的平均异常收益率，最后决定异常收益率或者累计异常收益率是否显著超过 0。

事件研究有如下几个主要的优点。首先，通过平均许多不同观察得到的随机误差，一个研究人员能够无偏差地评价股票价格对给定的事件如何做出反应。而且，通过确定求取平均值中的正、负异常收益率的个数，研究人员能够确定平均值是否由少量的大额异常收益率所驱动，或者大多数股票是否以同样的方式做出反应。其次，可能也是最重要的一个优点，联合假说问题可以通过事件研究方法有效地加以解决，因

① Asquith 和 Mullins（1983）最先进行了事件研究，他们将事件研究获得的异常收益率进行回归分析，以决定股票对股利支付宣告的反应是否与公司特定相关的财务各变量密切相关。

② 事件研究既可采用每日收益率，也可采用每月收益率，但是使用每日收益率的事件研究相对而言要更准确一些。事件研究所采用的主要数据库是芝加哥大学的 CRSP 提供的股票价格和收益率文件。每月文件包括自 1926 年 1 月起 NYSE 上市股票的价格和收益率。每日文件包括自 1962 年 7 月 2 日 NYSE 和 AMEX 上市股票的每日收盘价和收益率。也有几个文件是有关 Canadian、NASDAQ 和其他交易所上市股票的相应资料。所有这些文件每年都更新一次，可供学术、商业以及政府人员自由使用。

③ 例如，某一股票的估计 β 系数为 2.0，估计每日 α 系数（截矩值）为 0.0002 或 0.02%。如果股票市场某一日增长了 0.5%，那么该股票的期望收益率将为 1.02%，即 0.02%+2.0×0.5%。如果股票市场某一日降低了 1.0%，那么该股票的期望收益率将为-1.98%，即 0.02%+2.0×（-1.0%）。

④ 异常收益率有时也被称作超额收益率（ER）或预测误差（PE），而预测误差常常是最准确的称谓。尽管如此，由于异常收益率是最常用的叫法，因此在本书中我们将一直使用该叫法。

为计算期望收益率的方法对所计算的实际异常收益率几乎没有任何影响。[①] 实质上，我们所需做的只不过是对给定的宣布事件计算股票的平均反应，而且事件研究是个非常清晰的测试，通过该研究所获得的结果是明确的。再次，事件研究提供了对半强式效率市场的直接测试，因为它允许研究人员决定信息是否被即刻而且完全地反映在股票价格中。

事件研究经常被应用于公司财务的实证研究中，事件研究极大地提高了我们对股票持有者如何看待股利支付、证券发行、竞价收购以及其他复杂的内部和外部财务事件这些问题的理解。[②] Jensen 和 Ruback（1983），Jensen 和 Warner（1988），Smith（1986）所发表的综述性文章对事件研究如何影响主流公司财务学进行了探讨。就我们的目的而言，毫无疑问，他们研究的关键之处在于事件研究明确支持了市场效率理论，[③] 即价格几乎立即对与公司特定相关的宣告做出反应，并且是以一种无偏的方式进行的。

合理信息处理检验　除了事件研究之外，大多数研究人员还检验了金融市场是否以一种合理快速的方式处理当前信息。总体而言，这些研究间接证实了半强式效率市场。首先，French 和 Roll（1986）对在交易期与非交易期对比条件下市场如何处理信息这一问题做出了惊人的评论。他们证明了在一个正常的交易日内股票收益率的每小时方差是在一个正常的周末内每小时方差的 72 倍。他们发现每日的收益率方差只有 4% ~12% 可能是由错误定价引起的（这实在是市场效率的狂热支持者）。并且 French 和 Roll 认为，上述方差差异也几乎不是由于在交易日比在周末能够获得更多的公众信息所引起的；相反，他们认为，在交易日的高方差主要是因为信息完备投资者在股票交易过程中通过股票价格透露了内幕信息。尽管 Jones、Kaul 和 Lipson（1994）发现收益率方差的差异源于公众信息的获得要多于 French 和 Roll 所认为的，但是他们也证明了噪声交易所引起的错误定价对股票价格的波动几乎是没有影响的。[④]

---

① 许多研究试图最大化事件研究这一方法所有的优点，具体请参见 Scholes 和 Williams（1977），Dimson（1979），Ball 和 Torous（1988），Corrado（1989），Eckbo、Maksimovic 和 Willimiams（1990），Boehmer、Musumeci 和 Poulsen（1991），Salinger（1992），尤其是 Brown 和 Warner（1980，1985）。

② Fama、Fisher、Jensen 和 Roll（1969）进行了第一个事件研究，他们检查了股票市场如何对股票分割做出反应。我们今天所使用的大多数事件研究基本技术都是他们在该篇文章中所采用或介绍的，而且更有讽刺意义的是，Fama（1991）解释这篇文章是作为一个营销工具，以证明新创建的 CRSP 数据文件的有用性。他们中没有一个料想到自己会改变整个财务理论界（至少不是用该篇文章）。

③ Jensen（1978）调查了几篇似乎证实了市场无效性的文章，但是他所调查的大部分文章都使用每月收益率而不是每日收益率（每日收益率文件在 20 世纪 70 年代后期才出现）。而近期使用每日收益率的事件研究很少证实了市场的无效性。

④ 其他几位作者也检验了股票收益率同股票价格波动之间的关系，这些研究中最重要的一个是 French、Schwert 和 Stambaugh（1987）所进行的研究。他们证实了期望市场风险溢价与股票收益率的可预期波动之间正相关，以及非预期股票收益率与股票收益率的非预期波动之间负相关。LeBaron（1992）发现每日和每周系列相关性与他所检验的指数的条件（期望）方差之间负相关，他还证实了在收益率波动性升高时系列相关性较低。

Brown、Harlow 和 Tinic（1988）提出并检验了一个非确定信息假说，通过该假说来确定股票价格是否对非预期信息有效地做出相应的反应。非确定信息假说预测在一个非常重大的金融事件发生后，受到影响的公司股票的风险和期望收益率都要系统地增加，而且公司的股票价格对坏消息比对好消息反应更为敏感些，即在这个假说下价格对坏消息反应过度而对好消息则反应不足，但是他们证明这才是一个理性的、风险厌恶型的投资者所应该做出的反应。他们通过对超过 9 000 个的市场事件和公司特定相关事件进行调查后得出了实证研究结果，他们的研究结果支持非确定信息假说以及半强式效率市场。

Pound 和 Zeckhauser（1990）检验了股票市场参与者能否对有可能是重要事件的谣言做出合理反应。他们研究了市场参与者如何对《华尔街时报》的"道听途说"一栏所报道的收购谣言做出反应，发现市场参与者对这些谣言确实做出了合理的反应，即根据简单交易规则，购买谣言中将被收购的目标公司的股票并不能为投资者带来超额收益。他们还证明这些谣言一般都是不正确的，42 个样本公司中只有 18 个在一年之内收到了收购要约，而只有 2 个在 50 天之内收到了收购要约。

Dhillon 和 Johnson（1991）检验了当一个公司被选择加入到标准普尔 500 上市指数中时，前面所记录的对该公司的正向价格反应是否符合市场效率假说。同前面的研究人员一样，他们也证实了信息宣告日价格存在上扬效应。但是与前面的研究人员不同的是，Dhillon 和 Johnson 并没有证实加入后的几个月内价格上涨效应逐渐消失，即 Harris 和 Guel（1984）所预测的价格压力效应。他们发现期权价格如期望那样做出反应以及债券价格在加入宣布之日也上涨，一般而言，他们的发现支持了某个公司被纳入标准普尔 500 上市指数中这一宣告向市场参与者传递的积极的信息，然而他们的发现与 Shleifer（1986）所提出的不完全取代假说却是相互矛盾的。Dhillon 和 Johnson 还证明了在 1983 年引入标准普尔 500 上市指数的期货和期权之后，市场信息变得更加有效了。

最后，Ederington 和 Lee（1993）检验了计划宏观经济宣布对利率和汇率期货合同的价格影响程度。他们检验期货市场的原因在于期货市场早晨 8 点 20 分开始交易，宏观信息则在 8 点 30 分宣布，而股票市场却要在 9 点 30 分才开始交易。除了证明确有几种类型的宏观经济宣告对利率和汇率期货合同的价格产生重大影响外（该结果本身就是一个重大的贡献），他们还证明了尽管在宣告后的至少 15 分钟内波动性仍比平常情况下高得多，但是对重大宣告的大幅度价格调整主要发生在交易日的最初几分钟。更值得注意的是，除了宣告之时，在整个交易日以及交易周之内波动都是较为平缓的。

上述证据以及前面的事件研究证据都证明金融市场能够对新信息快速而完全地进行反应。如果对此下个结论，那么这些市场显然表现出半强式效率市场的信息有效性。

§3.6.4　非公开信息检验

Fama（1991）建议用内幕信息的阶段检验取代强式市场效率检验。这个阶段检验主要是检验一个市场参与者，如公司的内幕人员或者极其有洞察力的共同基金经理，能否利用内幕信息（非公开信息）赚取超额收益率。尽管这是有效市场假说的一个逻辑扩展，但是人们都本能地认为这个假设连外行都能轻易驳倒。但是正如我们将看到的那样，就连这种形式的强式市场效率也只有在公司内幕人员进行交易条件下才可以被连续地驳倒。就现在而言，任何有关外部分析家可以持续正确地预测市场的证据都是空洞无力的。我们首先将简介 Sharpe（1966），Jensen（1968）对内幕信息的早期检验，他们的测试一发表就对整个金融学术界产生了不可低估的影响。接着，我们将检验有关内幕交易的获利性和模仿内幕交易人员的外部交易的获利性这两个问题的主要实证研究结果。然后，我们将以简介“价值线之谜”为起点检验有关共同基金业绩的实证研究。这些实证研究中的一部分认为共同基金有极佳的股票选择能力（这与市场效率相矛盾），而另一部分认为共同基金根本没有这种极佳的股票选择能力。最后，我们将检验最近两个关于评价养老基金经理业绩的实证研究。由于美国养老基金控制了超过 40 000 亿美元的资产，因此，养老基金经理的相对投资业绩就逐渐显得重要了。

内幕信息的早期检验　在 Fama（1970）提出有效市场理论之前，Sharpe（1966）和 Jensen（1968）就分别发表了有关共同基金经理的研究文章，他们证明对大多数共同基金经理而言投资净收益率（毛收益率减去经营成本）为负。Jensen 的研究尤其重要，因为他提出了一个评价共同基金经理业绩的模型，这个模型被许多后来的研究人员所采用。这个模型衡量一个共同基金经理所管理的投资组合的超额收益率 R_{pt}（名义收益率减去无风险利率），即将超额收益率 R_{pt} 表示为投资组合的风险系数 β_p、市场投资组合的超额收益率 R_{mt}、截距变量 α_p 和误差变量 μ_{pt} 的函数形式，则计算公式如下所示：

$$R_{pt}=(\alpha_p+\beta_p)(R_{mt}+\mu_{pt}) \tag{3.18}$$

在这个函数形式下，对投资业绩是否出众的测试归结为截距变量 α_p 是否同 0 显著不同。至目前为止，人们在茶余饭后对共同基金业绩的闲谈也常常是问：“基金的 α 值为多少？”Jensen 发现他所检验的基金样本的 α 值为负数，即共同基金经理都不能做到盈亏平衡，共同基金的股东更是不能。既然 Sharpe 也得出同样的结论，整个职业界（至少在学术界）都公认共同基金经理不能很好地预测股票市场。在以后的讨论中，我们可以知道此后的几篇文章也赞同这一结论，但是他们的影响程度却远逊于 Sharpe 和 Jensen 的文章。

内幕交易的获利检验　到目前为止，强式效率市场检验的极端形式是检验内幕交易者对本公司证券进行交易是否可获得超额利润。正如你所猜想到的，Jaffe（1974）和 Seyhun（1986）证实了内部交易者在交易中确实可获得超额利润，他们的实证研究结果驳斥了强式效率市场的存在，然而他们对内幕信息对外公布后外部交易者模仿内幕交易者是否可获得超额利润这一问题持不同意见。Jaffe 认为外部交易者通过模仿交易可获得超额利润，这相当于驳斥了半强式效率市场的存在。然而，Seyhun 却更令人信服地论证了 Jaffe 之所以得出上述结论，是因为 Jaffe 假设外部交易者能够比实际更快地获得内幕信息，从而能够比实际更早利用该信息进行交易。Seyhun 利用实际信息发布时间，证实外部交易者不能模仿内幕交易者获利。尽管这两个研究都反驳了强式效率市场，但是后一个研究至少在一定程度上证明了半强式效率市场。

“价值线”之谜 20 世纪 70 年代以及 80 年代早期的一系列文章指出，投资者若遵循“价值线投资服务机构”的建议，就能够获得风险调整后的超额收益。近期两个实证研究重新检验了这一问题。Holloway（1981）发现当存在真实的交易成本时，根据以上建议进行的活跃交易并不能获利，但是对持有策略而言，根据价值线的建议进行交易确实能为投资者带来超额利润。Huberman 和 Kandel（1990）对这一结论提出了质疑，他们发现这些超额收益率实际上只是反映了高系统风险，因此，一旦考虑了这些高系统风险，根据价值线的建议进行交易只能获得正常利润，有效市场假说仍然成立。

共同基金经理业绩极佳的检验 自 1980 年 Sharpe 和 Jensen 的文章发表之后，有大量的作者对共同基金经理的业绩进行评价。在介绍这些评价文章之前，我们须指出这些评价文章将经理的投资业绩分为两部分，即选择部分（股票选择能力）和时机部分（恰当选择买卖时机的能力，在股票价格上升之前买入股票，而在股票价格下降之前卖出股票）。大多数业绩研究文章的一个特点是业绩评价对以下三个变量异常敏感：（1）用于比较的特定基准变量（股票指数或其他经理的相对业绩）；（2）用于评价投资组合风险和计算经理投资业绩的特定方法；（3）这些测试所检验的特定时间段。

下面我们将简要介绍几篇证明共同基金经理业绩极佳的重要文章。Bjerring、Lakonishok 和 Vermaelen（1983）证明，如果投资者遵从一个加拿大经纪所的建议就能够获得超额收益。Cumby 和 Modest（1987）通过使用标准业绩评价指标和他们改进的一个指标，以 7 个技术分析师为一组检验了外国交易所中技术分析师的市场时机选择能力。基于改进的评价指标，这些技术分析师确实有极佳的市场时机选择能力，但是在标准评价指标下却并非如此。而且在一段连续的样本时期内评价技术分析师的业绩，有关市场时机选择能力的证据也没那么有证明力了，因此 Cumby 和 Modest 的研究结果也就不具结论性了。

Lee 和 Rahman（1990）检验了一定数量共同基金经理样本的市场时机和股票选择能力。他们提出了一个简单的业绩评价模型，只需要共同基金投资组合收益率和市场投资组合收益率作为变量评价基金业绩。他们证实了就单个共同基金而言，确有极佳的微观和宏观预测能力，但是就整个共同基金样本而言却不然。Hendricks、Patel 和 Zeckhauser（1993）从一个不同的角度检验了基金业绩，即评价共同基金经理的业绩（不管是极佳还是极差）是否具有短期持续性。他们发现无负担、以成长为目标的共同基金的确有短期持续性，一年评价期尤其如此。他们还发现，如果投资者采取购买热门股而避免冷门股的投资策略，每年可赚取的风险调整超额收益率高达6%。Goetzman 和 Ibbotson（1994）也证明了业绩较佳的共同基金经理在以后的时期内往往也业绩较好。

大概证明共同基金经理能够弥补其管理成本的唯一比较重要的文章是由 Ippolito（1989）发表的。① 他没有驳斥有效市场假说，只是依据 Grossman 和 Stiglitz 的观点（信息收集必须获取经济收益，否则资产的价格不能反映所有可获得信息）修正了有效市场假说。他发现样本基金的 α 值为每年 200 个正基准点（大约为资产价值的 2%），几乎可以弥补所有共同基金的平均费用率，因此他证明了修正后的有效市场假说。Ippolito（1993）又使用无生存偏差的样本检验了 Jensen（1968）的研究结果，发现平均 α 值为+81 个基准点而不是-111 个基准点。而且值得一提的是，Elton、Gruber、Das 和 Hlavka（简称为 EGDH，1993）除了认为 Ippolito 在计算共同基金收益率没有正确考虑非标准普尔资产的业绩之外，也同意 Ippolito 的观点。一旦正确考虑非标准普尔资产的业绩之后，EGDH 发现共同基金所赚取的收益不能弥补他们的信息获取成本（这些共同基金的 α 值显著为负），他们还发现高费用率和周转率的基金业绩不如低费用率和周转率的基金业绩。

共同基金经理业绩极差的检验　除 EGDH 之外，还有一些研究人员发现共同基金经理不能赚取超额利润（甚至不能弥补其经营费用）。Jagannathan 和 Korajczyk（1986）从理论和实证角度证明，即使实际中不存在时机选择能力，我们也能构建出表现这种时机选择能力的投资组合，尤其是投资于期权和有负债公司的股票，其更能显示这种极佳的时机选择能力，但是却以丧失股票选择能力为代价。他们还提出了如何避免业绩评价研究中这些选择偏差的两种方法。

Grinblatt 和 Titman（1989）使用不受生存偏差影响的季度样本检验了共同基金业绩。他们指出，一个具有极强股票选择能力的共同基金经理并不能为外部投资者赚取超额利润，而且就连共同基金经理也只能靠弥补经营费用来保持持续经营从而不至于破产（每年大约可赚取 200 个基准 α 值）。换句话说，精明的共同基金经理也许能够通过高收费和高支出的形式获取极强股票选择能力的大部分收益。但是，Grinblatt 和 Titman 尚不能证实共同基金经理能够弥补其经营成本，也不能证实共同基金经理能够获取超额净利润。②

Hartzmark（1991）进一步证实了未来交易者的财富完全取决于个人运气，而不是取决于预测能力。而且，他证明了在现有的市场条件下比市场参与者随机交易条件

① 此后，Ippolito（1993）讨论了这一研究以及其他研究，并概括了 1989 年的共同基金研究文章（表Ⅱ）。

② 这篇文章的主旨很明确，对那些跃跃欲试的投资者而言，作为共同基金投资建议的出售者要远好于作为该建议的消费者。

下存在较少的能力极佳的财务预测专家，反而存在较多的根本就没有预测能力的所谓预测专家。他还证明了根本就没有所谓的业绩短期持续性，即一个较好业绩之后又是一个更好的业绩这一假设根本不成立，因为实际业绩能力主要凭运气而不是凭技术。

养老基金经理的投资业绩检验 在本部分结束之前，我们将简要介绍近期两篇检验养老基金经理是否能够赚取超额收益的文章。奇怪的是，尽管养老基金的资产一直高于共同基金的资产，而且养老基金经理对共同基金经理的比例是 10∶1（参见 Coggin、Fabozzi 和 Rahman（1993））。Brinson、Hood 和 Beebower（1986）证明投资政策（对各类资产所分配的资金比例）在解释基金收益率的方差时要比投资策略重要，因为投资政策可解释整个方差的 93.6%，而投资策略则只能解释不到 6.4% 的方差。他们还证明，积极买卖市场指数的管理策略所获得的每年 1.1% 的平均收益率要低于消极管理策略所获得的每年平均收益率。Coggin、Fabozzi 和 Rahman（1993）则发现，业绩最佳的养老基金经理能够获得的风险调整超额收益率要高于业绩最差的养老基金经理 6 个百分点。

总而言之，对于共同基金（或养老基金）经理所获得的投资收益能否弥补信息获取成本我们尚无定论。尽管缺乏结论性的证据，但是尚不能证实他们能够为基金股东获取显著正收益这一点，对基金经理就是一个严重的打击。显然，共同基金业绩研究并没有驳斥半强式效率市场。

§3.6.5 合理的基本定价检验

尽管许多早期证据表明金融市场对新信息的反应是有效率的，但是这并不意味着金融资产的价格总是能够完全反映资产的真实基础价值。例如，一个公司的股票价格快速而完全地反映了股利增长的信息，然而股票价格仍可能很大程度上低估或高估其股票价值。合理估价显然是个比信息效率更难定义和操作的概念，但是它的重要性却并非低于信息效率，因为它反映了整个资本主义经济体系的宝贵遗产。此外，几位德高望重的经济学家也开始对资本市场（尤其是美国资本市场）能否提供合理定价提出了质疑。

对合理定价效率的批评者一般采用两种方式证明不能合理定价资产，我们将对这两种方式以及效率市场的守护者对此所做的反击进行一一介绍。首先，有关“方差弹性”的文章认为，股利和利息支付的实际事后波动导致股票和债券价格过于波动，而不能通过合理估价过程求取股票和债券价格。其次，有关“噪声交易者”的文章认为由于存在噪声交易者的交易行为，资本市场根本不能合理估计股票和债券价格。这些信息不完全的噪声交易者认为自己信息完备，并把随机信息当作消息进行交易。他们这种非理性的交易行为给真正的信息完备者带来过多的风险，以至于信息完备者根本不敢同他们进行交易。

方差界限检验 Shiller（1979）观察到如果给定短期利率的实际事后波动，长期利率的波动范围远大于它们实际应有的波动范围，据此他打开了方差界限的研究局面。在后来的研究中，Shiller（1981）、Grossman 和 Shiller（1981）进行了测试，目的是确定真实市场中股价的实际方差是否可通过股利支付的事后方差予以解释，或者是通过投资者计算股利支付现值所采用贴现率的事后方差予以解释。这些作者从数学角度比较了实际价格与完美预期价格（P_t^*），所谓的完美预期价格是指未来期间的实际股利在时间 t 的折现值。如果实际股票价格的波动超过完美预期价格所确定的最大合理方差（也就是方差界限），则股价太不稳定，说明这种价格的产生不是理性投资者行为的结果。

在理论和经济计量基础方面这些研究结果立即受到攻击。其中最有影响的一个评论是由 Kleidon（1986）提出的，他认为大多数早期的研究者所使用的完美预期价格模型确定了错误的界限。他指出，一个恰当规定的方差界限检验并不能驳斥股票价格遵循随机漫步这一假说。此外，他还提到股票价格可能是不稳定的，会经历非持续的大幅涨或跌，但是，早期的方差界限检验（该检验假设价格、股利和折现率均为固定的）并没有考虑到这一可能性。

尽管 Kleidon 的文章在几个方面很有说服力，但是方差界限检验的拥护者仍反对他的许多评论，同时指出过度不稳定性确实存在。特别是，最近的方差界限测试法认为股利和折现率可以变动，而且也不对收益率的求取过程附加有关自变量固定不变的限制。Gilles 和 LeRoy（1991）对这些“第二代”方差界限检验进行了研究，他们发现股票价格确实比预期表现出更大的不稳定性，但是他们却对这些研究文章的持久重要性尚无定论。[①] Campell 和 Ammer（1993）试图以未来期望现金流量和折现率的变化为基础，将股票和债券收益率分解为几部分，从而回答一些尚未解决的不稳定性源泉问题。尽管他们可以将实际的大部分不稳定性归于期望值的合理变动，但是他们发现第二次世界大战后收益率的标准差二倍于或三倍于有关未来股利增长的消息的标准差，因此他们得出结论，战后美国股票市场呈现超额波动性。

最近发表的对方差界限文章的评议是相当有力度的，有关方差界限的文章认为股票价格的方差太大了，以至于不能被股利支付所解释，最近的评议对这一点提出了质疑。使用加拿大股票交易所的数据，Ackert 和 Smith（1993）证明了如果把股利的定义扩展到包括股票回购以及支付给股东的现金购并价款时，所衡量的公司分配给股东的总体现金股利在第二次世界大战后时期大约增长了一倍，而且方差界限测试也不再能反驳市场效率假说。

在我们看来，方差界限文章的中心假设（假设股价的大量方差表明市场无效率）并没有被证实。除了理论和经济计量方面的问题之外，这个假设还有一个很不现实的方面，即认为未来现金流量和股价的估计变化会很大。这些文章似乎暗示，如果在 1933 年初投资者能够预测到民主资本主义对大萧条、法西斯主义的最终胜利，那么

① 虽然 Gilles 和 LeRoy 所发表的文章的可读性极强，他们也承认几乎所有该领域的文章都需要一个极端复杂的经济计量程序才能被读者完全理解。这显然不是一个可经受统计挑战的领域。

也根本不会允许股票价格从1929年的高峰期直线下跌了86%。同样，在1974年投资者本应能够预测西方最终会从石油危机所引起的油价四倍暴涨中恢复过来，即使工业化国家的核心产品价格上涨到预示着世界经济力量的基本转变和重新分布。总之，现在的不确定性总会随时间而变得确定，因此我们能够估计未来现金流量和股票价格。

噪声交易者的理财策略 由于噪声交易者理财策略的支持者提出了一个完整的、内部连续的、以金融资产普遍定价错误为特征的金融市场均衡模型，因此他们的研究结果对金融市场能合理定价资产这一传统观念极可能是致命一击。Summers（1986）最先进行了这方面的研究，他指出由于资产定价错误极难从数理角度证实，因此资产定价错误难以确认和更正。换句话说，使统计学检验变得复杂的同一干扰因素也使利用定价错误进行套利的风险过大。此外，如果风险被赋予更高的期望收益率，噪声交易者会义无反顾地追求那些风险性过高的股票，从而在整个市场中占据主导地位。

Shleifer和Summers（1990）提出了一个更正式的资产错误定价模型，在该模型下市场由两类投资者组成：（1）理性套利者，准确估计证券的风险和期望收益率；（2）信息不完备的噪声交易者，以个人信息和情感为基础进行交易。噪声交易者的交易活动使证券价格偏离合理基础价格，但是，理性交易者由于两种风险而不敢对这种偏离进行套利交易。第一种风险是基本风险，即在未来期间整个市场趋势可能上涨也可能下跌。第二种风险是未来出售证券价格的不确定性，也就是说，即使今天价格被高估，但在下一期价格的高估程度可能更高。

DeLong、Shleifer、Summers和Waldman（简称DSSW，1990）提出一个模型，在该模型下扩展的价格同基础价值之间的偏离源于交易策略的正向反馈，即当价格上涨时买入而在价格下跌时售出。理性投资者对价格偏离的套利交易引起价格上涨，价格上涨又吸引噪声交易者购买该证券，这又进一步推动价格偏离基础价值。DSSW（1991）还提出另一个金融市场模型，在该模型下噪声交易者的交易影响价格，提高了理性投资者的风险，迫使理性投资者放弃本欲进行的套利活动。在DSSW（1991）的模型中，噪声交易者不影响价格，但他们仍要比同样风险厌恶程度的理性投资者赚取更高的期望收益率，因为噪声交易者的非理性使他们购买风险程度高于他们本欲接受的风险程度的证券。在DSSW（1990）的假设条件下，噪声交易者能够在金融市场中存在，而在DSSW（1991）的假设条件下，噪声交易者能够主导金融市场。

有效市场的反例 尽管噪声交易者假说既严密又灵活，但是它（至少在现在的形式下）仍只被少量的专业人员所接受。这主要是因为大量专业人员仍偏爱在几乎所有其他环境下都适用的有效市场假说，而且噪声交易者假说也没有反驳有效市场假说。此外还有大量的实证研究证据表明，价格波动并不是由噪声交易者的非理性或者由投机交易所引起的。例如，Fama（1990）证实股票收益率方差中的58%是由随时间变化的期望收益率、异常现金流量或异常期望收益率所引起的。Schwert（1990）也在对美国一个世纪的历史研究中证实了这一结论。Kothari和Shanken（1992）则能解释每年实际收益率方差中的更大部分（超过70%）。此外，Fama和French（1989）

发现，股票和债券都受相同的商业条件变量的影响，由于资产价格史中的意外消息均只影响某一种证券，因此这一发现反驳了意外消息在资产价格研究中的重要作用。他们还提出那些认为特例有重要定价作用的支持者必须先解释在过去的 20 年内金融市场的规模、复杂、流动性以及科技效率都经历了如此翻天覆地的变化而特例如何能保持稳定。当几百亿的资金被投入到对只有几个基准点的定价误差进行套利交易时，显然噪声交易者的研究所暗示的实际价格同基础价格之间的如此大的偏离无法长久存在。

§小　结

现代金融理论一直在试图用一个灵活的、内在连续的、可度量的标准来定义风险，简而言之，风险可定义为单个资产可获损益的不确定性。然而金融理论研究的着重点在于提出一个理论上合理的资产定价模型，即根据风险和收益之间的权衡关系评价极其分散投资组合中资产的价值。资本资产定价模型和套利定价模型这两个主要资产定价模型自提出以来分别经历了 20 年和 30 年的实证研究，尽管这两个模型在操作上和理论上都有很大的缺陷，但它们均将期望收益率表示为影响所有金融资产的一个或多个普遍风险因素的函数，因此它们仍有一定的实用性。在资本资产定价模型下，某一资产的收益率直接与该资产同市场投资组合收益率之间的协方差相关，因此极易理解。但是该关系过于简单，因此不能作为一个完整的期望收益率均衡模型。套利定价模型允许多种因素影响证券收益率，而且在实证研究中也备受重视，但是它却不能以浅显易懂的经济术语明确这些影响因素到底是什么。

尽管资产定价模型仍是一团糟，有效资本市场理论却算得上投资研究中的一颗璀璨的明珠。有效市场概念（资本市场充分而及时地将所有相关的公众信息反映在资产价格上）看起来是一个相当简单的概念，因此人们极易低估该理论对资本操作、管制和研究的影响。事实上，世界各国逐渐依赖市场力量来组织生产和分配产品这一趋势是以市场能够有效地处理信息为依据的。尽管资本市场效率理论的实证研究并没有完全证实强式效率市场，但现代资本市场毫无疑问能快速、准确而公正地处理信息。

§习　题

1. 为什么对于金融领域的专业人员尤其是管理阶层来说了解风险和收益的关系是非常重要的？

2. 列示并比较资产收益率的事前和事后衡量。为了使用历史（事后）数据来检验期望收益率（事前收益率）的预测准确性应做出哪些假设？

3.（计算问题）利用下列数据计算资产的期望收益率以及标准差。

收益率	概率	收益率	概率
8%	5%	14%	30%
10%	15%	16%	15%
12%	30%	18%	5%

4. 描述正态分布的特征，并讨论正态分布在现代资产定价理论中所扮演的角色。

5.（论述题）如何计算投资组合的期望收益率？如何计算投资组合的方差？两种计算方法有何区别？为什么这些区别对现代投资组合理论如此重要？

6. 定义如下术语：(a) 可分散风险；(b) 系统风险；(c) 总风险；(d) 有效投资组合；(e) 有效边界；(f) 最小方差投资组合。

7. 什么是两基金分离论？为何这一理论对现代投资组合理论如此重要？

8. 列示并简单讨论资本资产定价模型的基本假设。

9.（论述题）使用公式和文字来描述资本资产定价模型的发展过程。为什么该模型的发展是资产定价理论和实务的一个重要突破？

10. 从实证角度检验资本资产定价模型所面临的困难有哪些？研究人员如何克服这些困难？

11. 试用文字及公式来描述有关资本资产定价模型的基本实证预测。

12.（论述题）讨论以下资本资产定价扩展模型的基本原理及实证预测结果：(a) β 系数为 0 的资本资产定价模型；(b) 消费资本资产定价模型；(c) 税后资本资产定价模型；(d) 国际资本资产定价模型。

13. 简述 Roll 评论的基本内容。为什么 Roll 相信资本资产定价模型是不可检验的（甚至在理论上）？

14.（论述题）有关资本资产定价模型的实证研究是否证实或反驳了该模型的经济合理性？资本资产定价模型的各扩展模型中，哪个最受实证研究的支持，而哪个最受驳斥？

15. 什么是随机漫步假说？该假说的关键预测是什么？该假说是否被实证研究所支持或反驳？

16. 列示并简介研究人员在检验资本资产定价模型过程中所发现的三个收益率特例。

17.（论述题）使用文字及公式讨论套利定价模型的发展过程。该模型的基本实证预测结果是什么？

18. 同资本资产定价模型相对比，套利定价模型在理论和实践方面有哪些优缺点？

19. 套利定价模型的主要实证研究结果有哪些？

20. 列示并简介 Fama（1970）所定义的三种效率市场形式及其主要实证预测。Fama（1991）对效率市场的实证研究所做的三种分类包括哪些？

21.（论述题）收益可预测性检验分为哪三类？从这些检验中所获得的发现有哪些？

22. 简要介绍事项研究的脉络和机制。这些事项研究是否支持有效市场理论？

23. 简单讨论对内幕信息的研究中所获得的各种发现。

24. 有人问："共同基金的管理人员以及投资咨询人员是否能够持续地预测市场？"你将如何回答这个问题？

25. 什么是有效市场的方差界限测试？该测试是否最终证实或反驳有效市场假说？

26. 什么是均衡金融市场的噪声交易者模型？有效市场的拥护者如何评价噪声交易者模型对有效市场的反驳？

参考文献

第 4 章　债券与股票的定价

§4.1　导　言

就大多数人的观点而言，“金融”这个词与股票、债券等证券市场紧密相关。尤其在美国，人们从小就开始接触道·琼斯工业指数，很多人已意识到这个数字对他们的个人以及职业生活会产生深远的影响（尽管有时是间接的）。随着越来越多的国家采用市场经济体制，生活受证券市场定价影响的人们的数量将会数以亿计。然而，只有相对很少的人能够理解证券价格是怎样确定的，或者说市场利率的波动如何影响几乎所有债券、股票和衍生工具的价值。幸运的是，这个问题很容易解决，因为证券估价实质上是很简单的。不管是何种证券，其价值评估无非是根据恰当的贴现率确定持有者在证券有效期内期望获得的一系列现金流量的现值，该贴现率与一定经济条件下的无风险利率相关，并根据现金流量的风险程度进行调整。

在本章，我们的主要目的是介绍常用的评价债券、股票和期权等价值的重要理论模型，并讨论迄今为止支持（或驳斥）有关模型的实证研究。首先介绍最简单的用于债券定价的现金流量折现模型，然后介绍较高级一点的估价问题，如债券评价中利率期限结构、持有期间和免疫作用（immunization）、债券评价中的流动性和税收效应以及浮动利率抵押债务工具的评价等。对股票评价，我们也遵循同样的模式，先介绍最简单的现金流量折现模型，然后再探讨难度较高的以收益为基础的股票定价模型和有关通货膨胀、流动性以及个人所得税对股票价值影响的实证研究。在本章结尾部分，我们还要简要介绍日益重要的市场微观结构问题。

§4.2　基本原理

资产的价值是指所有与资产有关的未来现金流量的现值。对债券而言，其价值是指债券有效期内所收到的本金和利息的现值。对普通股这一特例而言，其价值则视为普通股持有者所获得的所有未来收益的现值，或者说是支付给股票持有者的未来现金股利的折现价值。价值评价实际是将风险和收益联系起来决定资产价值的过程。价值评价过程所涉及的关键变量包括现金流入（收益）、资产的有效期和必要收益率（风险）。

资产的价值依赖于持有期间的现金流量。一个资产要具有价值，既可以每年都提供现金流量，也可以提供间歇式的现金流量，或者是在一定期间内只有一期提供现金流量，其余各期的现金流量均为 0。尽管基本的评价方法可应用于房地产、知识产权以及专利、雇佣合同、特许权，甚至是艺术收藏品的价值评价，但在本章中我们的分析将只限于评价债券和股票的价值。进行价值评价，评估者只需预测资产持有人在资产有效期内所获得的现金流量的大小、时点和风险程度。

§4.2.1　必要收益率（风险）

对于单一资产而言，风险用来描述所期望的结果不出现的可能性。一般而言，现金流量的风险程度越高，资产的价值就越低。在涉及现值分析时，如果风险水平较高，则采用一个较高的必要收益率或贴现率。回忆一下我们在第 3 章中提出的资本资产定价模型，我们在该模型中通过较高的 β 系数和较高的必要收益率 k 来衡量某项资产较高的风险程度。在价值评价过程中，通过必要收益率也将风险水平融入了对现金流量的分析过程。风险越高，必要收益率（贴现率）越高；风险越低，必要收益率（贴现率）越低。

§4.2.2　基本定价模型

简单地说，资产的价值是资产在其有效期内所能提供的未来现金流量的现值。[①] 因此，我们可以使用与资产风险程度相对应的必要收益率作为恰当的贴现率，将期望获得的现金流量折为现值来确定资产的价值。使用基本的现值技术，我们可将任何资产在零时点（计时起点）的价值 V_0 表示为：

$$V_0=\frac{CF_1}{(1+k)^1}+\frac{CF_2}{(1+k)^2}+\cdots+\frac{CF_n}{(1+k)^n} \tag{4.1}$$

公式中，V_0 = 0 时点的资产价值

CF_n = 在 n 年末的期望现金流量

k = 恰当的必要收益率（贴现率）

---

① 尽管我们第一眼的感觉是每个投资者的预期持有时间将影响资产价值的评价，但是实际情况并非如此。对某种股票你打算只持有 1 年时间，因此你只关注该股票在未来 12 个月内的市场价值，这似乎不涉及长期价值评价的问题。但是即使如此，该股票 1 年之内的市场价值仍是未来现金流量的折现价值，这是个长期问题。

n=与现金流量有关的相应时期①

使用取自复利现值系数表 A. 3 的 $PVIF_{k,n}$，等式 4. 1 可重新表示为：

$$V_0 = [CF_1 \times (PVIF_{k,1})] + [CF_2 \times (PVIF_{k,2})] + \cdots + [CF_n \times (PVIF_{k,n})] \tag{4.2}$$

将期望现金流量 CF_t、相应时期 n 和恰当的必要收益率 k 代入等式 4. 2 中，我们可确定资产的价值。

§4. 3 债券定价

上述基本定价等式可以按每种证券的特定情况修改后用于评价债券、优先股和普通股等具体的证券。债券和优先股，一个获得固定的合同利率，一个获得固定的现金股利，因此较为相似。债券按照合同规定在将来确定的时点提供给持有者固定现金流入，而优先股也在确定的时点提供给持有者固定但不是合同规定的现金流入。普通股的股利却不能预先确定。我们在本小节中介绍债券定价，而普通股和优先股的定价将在下一小节中予以介绍。

§4. 3. 1 债券定价的基本原理

债券是政府和企业用来筹集大额资金的长期债务工具，尤其是从不同的借款人处筹集资金。大多数的公司债券以固定的票面利率每半年付息一次（每隔 6 个月付息一次），债券的到期时间一般为 10 年到 30 年，票面价值一般为 1 000 美元，企业在到期日必须按票面价值归还借款。例如，火星公司是一家规模较大的航天公司，在 1997 年 1 月 1 日发行 10 年期、票面价值 1 000 美元、票面利率 10% 的半年付息债券。购买这种债券的投资者可获得的契约权利有：（1）每年利息 100 美元（10% 的票面利率×1 000 美元的票面价值），分别在每 6 个月末领取 50 美元；（2）在第 10 年末收取 1 000 美元的票面价值。使用上述火星公司新发行债券的有关资料，我们来讨论基本债券定价以及其他相关问题。

§4. 3. 2 债券定价的基本模型

债券的价值是发行者按照合同规定从现在至债券到期日所支付的款项的现值。恰当的贴现率是取决于当前利率和风险水平的必要收益率 k_d。这样，我们可用基本等式 4. 3 将每年付息 i、n 年后到期、票面价值 M、必要收益率 k_d 的债券的价值 B_0 表示如下：

$$B_0 = I \times \sum_{t=1}^{n} \frac{1}{(1+k_d)^t} + M \times \frac{1}{(1+k_d)^n} \tag{4.3}$$

$$= I \times (PVIFA_{k_d,n}) + M \times (PVIF_{k_d,n}) \tag{4.3a}$$

① 在本章中所使用的股票和债券定价公式（经授权）摘录自 Gitman（1994，第 7 章）。

使用等式 4.3a 以及适当的现值系数表（见本书后的附表 A.3 和 A.4）我们可以计算出债券的价值。使用火星公司 1997 年 1 月 1 日发行的新债券的有关资料，并假定该债券每年付息一次，并且投资者所要求的必要收益率等于债券的票面利率（$I=100$ 美元，$k_d=10\%$，$M=1\ 000$ 美元，$n=10$ 年），则债券价值的计算过程如下：

$B_0=100\times(PVIFA_{10\%,10年})+1\ 000\times(PVIF_{10\%,10年})$

$=100\times6.145+1\ 000\times0.386$

$=614.50+386.00=1\ 000.50$（美元）

因此，债券的价值约为 1 000 美元。

§4.3.3　债券的价值特性

债券的市场价值在其生命期内并不恒为常数。时间的变化以及其他许多经济变量均会影响债券的价值。当投资者要求的债券必要收益率与债券票面利率不同时，债券的市场价值同票面价值就会产生差异。债券的必要收益率同票面利率极易产生差异，这主要由下面两个原因造成：（1）当经济条件发生变化时，长期资金的成本也要随之变化；（2）公司的风险水平发生变化。长期资金的成本以及风险水平的升高都会提高投资者的必要收益率，而成本或风险水平的降低则会使投资者的必要收益率降低。[①]

具体原因是什么并不重要，重要的是当投资者要求的收益率高于票面利率时，债券的价值 B_0 要低于票面价值 M。此时，我们称之为以折价方式出售债券，折价额为（$M-B_0$）。反之，当投资者所要求的收益率低于票面利率时，债券的价值则要高于票面价值。此时，称之为以溢价方式出售债券，溢价额为（B_0-M）。使用等式 4.3a 以及适当的现值系数表我们可以形象地说明上述观点。在上例中，我们知道当投资者要求的收益率等于票面利率时，债券的价值等于票面价值 1 000 美元。如果该债券投资者的必要收益率升至 12%，它的价值计算过程如下：

$B_0=100\times(PVIFA_{12\%,10年})+1\ 000\times(PVIF_{12\%,10年})$

$=100\times5.650+1\ 000\times0.322=887.00$（美元）

因此，债券将在原票面价格 1 000 美元的基础上降价 113.00 美元（票面价值 1 000美元－市场价值 887.00 美元）出售。如果投资者的必要收益率下跌至 8%，则债券价值的计算过程如下：

$B_0=100\times(PVIFA_{8\%,10年})+1\ 000\times(PVIF_{8\%,10年})$

$=100\times6.710+1\ 000\times0.463=1\ 134.00$（美元）

因此，债券将在原票面价格 1 000 美元的基础上加价 134 美元（市场价值 1 134.00美元－票面价值1 000美元）出售。下面我们将上述有关火星公司债券价值和

---

① 除了国民经济对信贷的总需求外，决定利率整体水平的另一个重要因素是中央银行的政策目标。例如，联邦储备局的实际和预期利率目标显著地影响了美国债券市场，这样也就间接地影响了整个世界的债券市场。

以前的计算结果以图形表示，如图 4-1 所示。

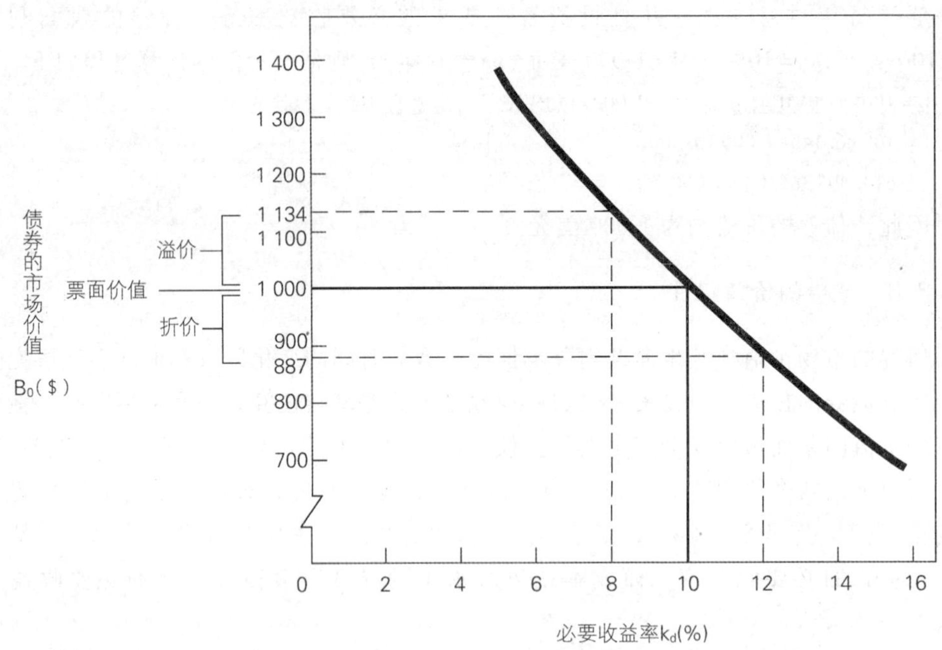

图 4-1　债券价值和必要收益率之间的关系

火星公司在 1997 年 1 月 1 日发行每年付息的债券，票面利率 10%，10 年期，票面价值 1 000 美元。

§4. 3. 4　到期时间与债券价值

只要必要收益率同票面利率之间存在差异，即使必要收益率从发行日起至到期日止一直保持不变，到期时间的长短仍会影响债券的价值。到期时间、必要收益率和债券价值三者之间存在着两个重要的关系，这两个关系分别涉及不变的必要收益率和变动的必要收益率。假定必要收益率至到期日之前一直保持不变，则当必要收益率与票面利率不等时，随着时间逐渐向到期日靠近，债券的价值也逐渐接近于票面价值。当然，在必要收益率等于票面利率时，债券价值一直等于票面价值至到期日。

图 4-2 描绘了前述火星公司发行的票面利率 10%、10 年后到期、每年付息一次的债券的价值特性。在投资者所要求的 3 个收益率，分别为 12%、10%、8% 的条件下，每个必要收益率均保持不变直至到期日。在每个必要收益率水平下，债券的价值都逐渐接近票面价值 1 000 美元并最后在到期日等于票面价值。在必要收益率为 12% 时，随着时间的推移债券的折价额逐渐降低，而债券的价值则从 887 美元升至1 000 美元。当必要收益率等于票面利率 10% 时，债券的价值始终保持不变，等于债券的票面价值。当必要收益率为 8% 时，债券的溢价额逐渐降低，而债券的价值则逐渐升高直至到期日等于票面价值。综上所述，当必要收益率一直保持不变至到期日，随着

到期时间的临近，债券的价值也逐渐接近其票面价值。

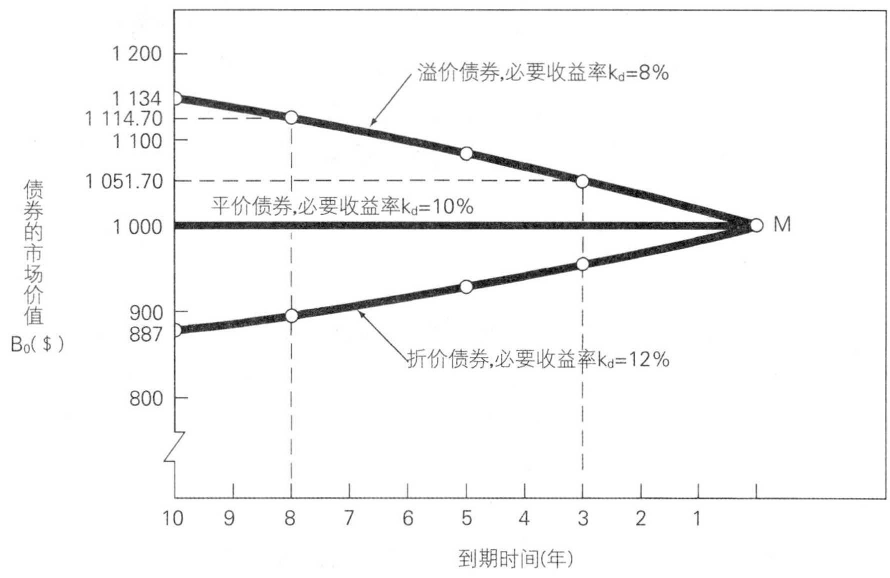

图 4-2　到期日、必要收益率和债券价值之间的关系

火星公司发行的每年付息的债券，票面利率 10%，10 年期，票面价值 1 000 美元。

变动的必要收益率　离债券到期日越近，市场价值对必要收益率的特定变化的反应也就越不灵敏。换句话说，当除到期时间以外的其他债券特征——票面利率、票面价值、利息支付频率等均相同时，到期时间越短，债券的利率风险越小（利率变动对债券价值的影响越小）。我们可使用火星公司的债券和图 4-2 来阐明变动的必要收益率对不同到期时间的债券的影响。如图 4-2 中的虚线所示，在到期时间为 8 年时，必要收益率从 10% 降至 8%，而债券的价值则将从 1 000 美元升至 1 114.70 美元，增长率高达 11.47%。如果在到期时间为 3 年时发生了同样的必要收益率变动，如虚线所示，债券的价值升至 1 051.70 美元，增长率只有 5.17%。在投资者所要求的收益率增高时，我们可看到债券价值对必要收益率的波动做出同样的反应，即离到期日的时间越近，必要收益率的变动对债券价值的影响就越小。

§4.3.5　到期收益率

当投资者进行债券交易和债券定价时，一般情况下他们都会考虑债券的到期收益率（yield to maturity，YTM），即投资者以特定价格 B_0 购买债券并持有至到期日所能获得的收益率。当然，该衡量标准假设债券发行人按照债券合约规定支付本金和利息。当债券的市场价值等于其票面价值时，债券的到期收益率将始终等于债券的票面利率。当债券的市场价值与票面价值有差异时，到期收益率也就不等于票面利率。假设利息在每年支付一次，到期收益率可通过求解基本债券定价等式 4.3 中的 k_d 求得。换句话说，如果已知股票的当前市场价值 B_0、年利息 I、票面价值 M 和到期时间 n，就可求得债券的到期收益率。到期收益率一般通过以下三种方式求得：(1) 试错法；(2) 近似法；(3) 使用掌上商用财务计算器。试错法是指试验几个不同的收益率直至利用该收益率计算的债券价值等于债券的市场价值，此时的收益率即我们所要求取得的到期收益率。我们也可用由等式 4.4 表示的近似法来求取近似的到期收益率：

$$\text{近似收益率} = \frac{1 + \dfrac{M - B_0}{n}}{\dfrac{M + B_0}{2}} \tag{4.4}$$

如何应用"近似法"求取到期收益率见下例。火星公司现在将其发行的每年付息一次、票面利率 10%、10 年期、票面价值 1 000 美元的债券以 1 080 美元的价格出售。B_0 = \$1 080，I = \$100 (0.10×1 000)，M = \$1 000，n = 10 年，将它们代入等式 4.3a，我们可得如下等式：

$$1\,080 = 100 \times (PVIFA_{k_d,10\text{年}}) + 1\,000 \times (PVIF_{k_d,10\text{年}})$$

我们的目的是解等式求出到期收益率 k_d。将相应的数据代入近似等式 4.4，我们可得如下等式：

$$\text{近似收益率} = \frac{100 + \dfrac{1\,000 - 1\,080}{10}}{\dfrac{1\,000 + 1\,080}{2}} = \frac{100 + (-8)}{1\,040} = \frac{92}{1\,040} = \underline{\underline{8.85\%}}$$

因此，近似到期收益率为 8.85%，与使用常规等式 4.3a 计算得出的到期收益率 8.77% 并没有太大的差别。

§4.3.6 半年期利率与债券价值

用来评价半年付息债券的过程类似于每年复利计息次数超过一次的利息计算过程，只不过这里我们使用现值而不是终值而已。计算过程如下：

1）将年利率 I 转化为半年利率，即用 I 除以 2。

2）将以年计算的到期时间转化为用每 6 个月计算的到期时间，即用 2 乘以 n。

3）将以年利率 k_d 表示的每半年付息一次、同样风险水平下的债券必要（但不是有效的）收益率转换为半年期利率，即用 k_d 除以 2。

将上述三种变化代入等式 4.3，得等式 4.5：

$$B_0 = \frac{1}{2} \times \left[\sum_{t=1}^{2n} \frac{1}{(1 + \frac{k_d}{2})^t} \right] + M \times \left[\frac{1}{(1 + \frac{k_d}{2})^{2n}} \right] \tag{4.5}$$

$$= \frac{1}{2} \times (PVIFA_{\frac{k_d}{2},2n}) + M \times (PVIF_{\frac{k_d}{2},2n}) \tag{4.5a}$$

如何应用该等式以及相应的现值系数表见下例。假设火星公司的债券每半年付息一次，且每半年付息一次的同样风险程度下的债券的必要收益率 k_d 为 12%，代入等式 4. 5a 可得：

$$B_0=\frac{100}{2}\times\left(PVIFA_{\frac{12\%}{2},2\times10年}\right)+1\ 000\times\left(PVIF_{\frac{12\%}{2},2\times10年}\right)$$

$$B_0=50\times\left(PVIFA_{6\%,20年}\right)+1\ 000\times\left(PVIF_{6\%,20年}\right)$$

$$=50\times11.470+1\ 000\times0.312=885.50（美元）$$

将上述求得的结果 885. 30 美元同按年复利求得的结果 887. 00 美元比较，我们发现使用半年期利率求得的债券价值较低，而这种情形经常发生在债券以折价形式出售时。当债券以溢价形式出售时，则会发生相反的情况（半年期利率计算的债券价值相对较高）。

§4. 4　债券定价的高级技术

尽管有关债券定价所运用的数学知识浅显易懂，但要在市场利率起伏不定、投资者情况各异的条件下对实际债务工具进行定价绝非易事。事实上，由于债务到期时间、发行者风险因素、债券价格对利率变动的敏感程度以及债券条款等（如票面利率、提前赎回证券条款、契约限制等）诸多因素的影响，债券定价已经成为所有金融工具定价中最为复杂和困难的一个。全面介绍所有的债券定价技术并未在本章的讨论范围内；相反，我们只讨论几个影响债券定价的关键因素。首先我们将介绍所有利率等式中最基本的一个——费雪效应（fisher effect），然后我们将给出解释利率期限结构的四个主要理论以及有关这四个理论的实证研究。

在讨论期限结构理论之后，我们将介绍持有期间（duration）的概念并简要介绍债券投资组合如何免受利率变化的影响。然后我们将依次介绍公司发行债券时选择到期结构的理论动机，债券契约条款（包括可转换权）的重要性与价值评估、流动性和个人所得税对债券评价的影响等问题。我们还要介绍如何评价浮动利率抵押债务工具。最后，我们概括地介绍一下与债券定价有关的其他问题，如评定机构的经济作用，迄今为止发表的债券定价模型、收入和储蓄债券的作用及其价值评估。

§4. 4. 1　费雪效应与预期通货膨胀

如前所述，债券定价的最根本问题在于如何将名义（观察到的）利率水平确定为贷款期内的真实（经过通货膨胀率调整后的）必要收益率和期望通货膨胀率之间关系的函数。我们将下述等式 4. 6 中介绍的关系称作“费雪效应”（又称费雪等式），该等式是以提出许多解释利率关系理论而闻名的美国经济学家欧文 · 费雪（Irving Fisher）命名。费雪声称名义利率应近似等于真实利率（根据通货膨胀水平调整后的利率）加上一个补偿投资者期望通货膨胀损失的溢价。一般情况下，该模型以乘法形式表示上述关系（如等式 4. 6 所示），但是对于较低的通货膨胀率而言，以加法形式（$R_f=a+i$）表示这种关系也近似正确。一般情况下，费雪效应表示为：

$$(1+R_f)=(1+a)(1+i) \tag{4.6}$$

公式中，R_f=无违约风险的名义利率

a=投资者要求的真实收益率（根据通货膨胀水平调整后的收益率）

i=债务期内预期通货膨胀率

看起来是不是相当简单？在理论上，这种关系的成立似乎是不言而喻的，投资者显然要在通货膨胀期内为储蓄（而不是消费）要求一个溢价利率。但是在这个模型中暗示了这样一个假设，即实际利率在一段时间内保持稳定，而名义利率所有的或大多数的变动是由通货膨胀率的预期变动而引起的。但不幸的是，实证研究表明这个假设并不总是成立（甚至经常是不成立的）。① 虽然 Fama（1975）、Fama 和 Schwert（1977）、Mishkin（1990）、Evans 和 Lewis（1995）证明了名义利率的变化确实主要反映预期通货膨胀率的变动，但是 Pennachi（1991）却发现真实利率要比预期通货膨胀率更不稳定，因此名义收益率的变化主要是由真实必要收益率的波动引起的。② 此外，历史上还有很长一段时期，尤其是在 19 世纪 70 年代的后期，名义利率几乎等于有时甚至低于通货膨胀率。显然，还没有一个模型预测到负的真实利率水平。尽管 Evans 和 Lewis（1995）的研究增加了我们对模型基本准确性的信任度，但是我们仍不得不说就连最基本的利率模型——费雪效应的实际可行性都是值得怀疑的。

§4.4.2 利率的期限结构

债券定价中有一个经久不衰的原则，即在任何时点，对任何给定风险等级的债券而言，其到期收益率和到期时间之间都存在系统性关系。一般情况下，收益率同到期时间之间是一个正向关系，即到期时间越长，收益率越高：到期时间为 6 个月的无风险国库券的必要收益率要低于到期时间为 1 年的国库券的必要收益率；同理，1 年期的必要收益率低于 5 年期的必要收益率，而 5 年期的又低于 10 年、20 年、30 年期的国库券的必要收益率。收益率同到期时间之间的关系称作“利率的期限结构”，以图形表示的收益率同到期时间之间的关系则被称作“收益率曲线”。

图 4-3 列示了 3 个不同时间段上的收益率曲线。在 1981 年 5 月，利率的整体水平很高，曲线向下倾斜（短期利率水平高于长期利率水平）。这种形状的收益率曲线

---

① 同样，较为复杂的利率模型也没有证实名义利率同预期通货膨胀率之间存在着简单的一对一的关系。Benninga 和 Protopapadakis（1983）、Chan（1994）将通货膨胀率同实际消费机会之间的协方差所表示的风险溢价融入利率模型中。Chan 的实证研究表明，在短期利率中确实存在一个稳定的通货膨胀率和消费机会之间的协方差风险溢价。

② Evans 和 Lewis 的研究尤其值得一看，因为他们在研究过程中使用了最近发展起来的时间序列法（Markov 的转换模型），利用该方法他们证明 Rose（1988）和 Mishkin（1992）之所以得出真实利率要受与费雪效应不相符的永久性干扰的影响的结论，可能源于第二次世界大战后时期通货膨胀形成过程变化所引起的小规模样本误差。Evans 和 Lewis 发现，根据通货膨胀率的合理预期波动进行调整后的真实利率似乎是一个不变的值。

是不常见的，而且一般在衰退期才能观察到，当中央银行（如美国的联邦储备委员会）为了缓冲通货膨胀对经济造成的压力而推动短期利率上扬时更是如此。1993 年 10 月的收益率曲线则是一条陡峭的向上倾斜的（正常的）曲线，而且该时期的利率整体水平较低。当处于经济扩张时期，企业的盈利状况较好，能够以充裕的现金流入弥补经营现金支出以及资本投资现金支出，而且通货膨胀对经济的压力也较低，这时一般可观察到这种形状的收益率曲线。1995 年 1 月的收益率曲线则比较平坦，即短期和长期两种证券提供的收益率几乎相同，长期证券的收益率要比 15 个月前（1993 年 10 月）增长了 2 个百分点（200 个基差点），而短期证券的收益率在这一段时间内增长幅度更大，增长了几乎 4 个百分点。这一般是在经济扩张处于成熟期、通货膨胀压力逐渐加大时所能观察到的收益率模式：此时由于生产能力的限制以及其他生产薄弱环节促使投入品的价格上扬，而且失业率的降低也使得工资水平开始逐渐大幅度增高，这都使企业的经营支出提高，因而现金流量不足以满足企业资本投资支出，企业不得不大额举债，从而推动了利率水平的上扬。[①]

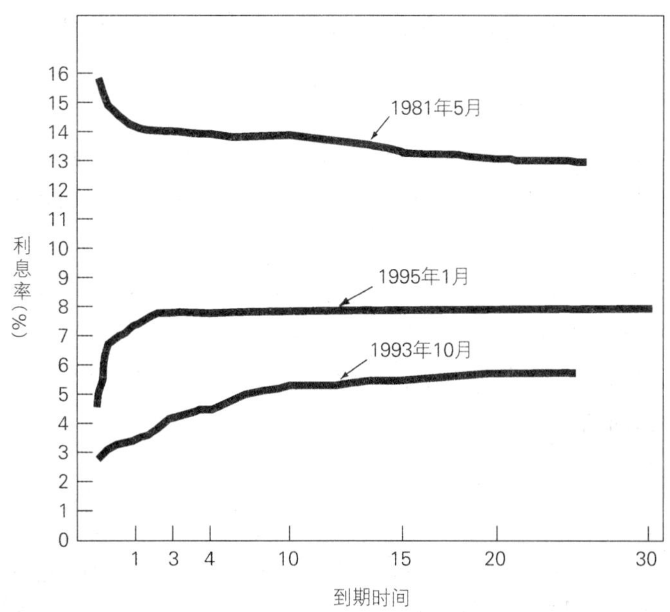

图 4–3　美国国库券在 1981 年 5 月、1993 年 10 月和 1995 年 1 月的收益率曲线

资料来源：MOODY’S BOND RECORD。

正如在讨论收益率曲线形状以及商业周期阶段过程中所知道的，现代金融理论已

① 到 1995 年 1 月，从 1991 年 3 月开始的经济扩张期已经进行了 4 个年头，在整个恢复期内美国经济以大约 3.5%的平均年增长率进行扩张，这其中包括 1994 年约为 4%的增长率水平。从历史上我们知道，对于像美国这样一个发展成熟的经济体，在不引发严重的通货膨胀压力的基础上很难保持超过 3%的增长率。

经发展了若干个解释利率期限结构的理论。这些不同的理论将利率期限结构视为一个或多个因素组合的函数，这些因素包括投资者的预期、宏观经济因素、对不同到期时间的证券的供需情况、流动性对投资者的相对重要程度等。这些理论中的大多数可归为如下两类：(1) 预期理论 (expected theory)，即利率期限结构体现着投资者对未来利率发展方向的预期；(2) 市场细分理论 (segmented markets theory)，即利率期限结构是投资者与发行者对不同分段 (segmented) 的到期时间偏好的函数。① 上述两个大理论类别还包含不同的分理论。在介绍市场细分理论之前，我们将先介绍预期理论中的预期无偏性假说、变现力补偿理论和环境偏好假说。

预期无偏性假说 根据利率期限结构的预期无偏性假设（也叫纯预期假说），收益率曲线上的各点均体现了市场参与者对未来实际利率变化的最佳预期。② 如果收益率曲线的形状正常向上倾斜，则投资者预期利率在未来将上涨。如果收益率曲线的形状为向下倾斜的，则投资者预期利率会下跌。而平坦的收益率曲线则表明投资者预期利率在未来并不会发生变化。如果预期无偏性假说成立，任何给定的收益率曲线都存在一个内含远期利率期限结构。现举例说明这一概念：假设 T 期末到期证券的当前(时期 0) 观察到的到期收益率${}_0R_T$为多个一期远期利率${}_tf_{t+1}$的乘积结果，将该关系用等式 4.7 表示如下：

$$[(1+{}_0R_T)]^T=(1+{}_0R_1)(1+{}_1f_2)\cdots(1+{}_{T-1}f_T) \tag{4.7}$$

远期利率${}_1f_2$是投资者在第一期期末购买债券并持有至第二期期末所期望获得的一期利率，而等式 4.7 中的最后一项${}_{T-1}f_T$则表示在第 T-1 期期末购买债券并持有一期的远期利率。

如果我们已知 0 期末购买的一年期债券收益率${}_0R_1$和 0 期末购买的 2 年期债券收益率${}_0R_2$，我们可采用等式 4.7 计算在下一年年末购买的 1 年期债券内含远期利率${}_1f_2$。假设 1 年期收益率${}_0R_1$和 2 年期收益率${}_0R_2$分别为 5.00% 和 6.00%，则重新整理等式 4.7 可求得内含远期利率${}_1f_2$：

---

① 尽管有几个学校的教材也对利率期限结构理论的分类进行了详细的介绍，但是我们将采用 Fabozzi、Modigliani 和 Ferri(1994，第 12 章) 所介绍的分类方法。就此分类方法亦可参见 Kidwell、Peterson 和 Blackwell(1993，第 14 章)，Brealey 和 Myers(1991，第 23 章)。对利率期限结构理论的具体数学处理请参见 Copeland 和 Weston(1988)，我们在本章的讨论中将引用他们的有关数学处理。

② 这个理论最初是由费雪(1896)提出的，然后 Lutz(1943)又对该理论进行了扩展。Cox、Ingersol 和 Ross(简称为 CIR，1981)三人从理论上检验了预期无偏性假说，发现这个模型的最简单形式在持续时间、投资者为风险中立的合理预期经济条件下并不能成立，因为该理论忽略了与长期证券相关的更高程度的价格风险和再投资风险。他们对预期理论模型进行修正提出了以有限(尤其是较短)持有期内的无偏性预期为前提条件的“有限预期假说”，该假说能够更好地适应合理预期经济条件。Gibbons 和 Ramaswamy(1993)分别对 CIR 三人在 1981 年和 1985 年提出的模型进行了检验，他们从很大程度上证实了 CIR 三人的模型。但是 Pearson 和 Sun(1984)的实证研究结果却极大地驳斥了 CIR 三人 1985 年的模型。Brown 和 Dybvig(1986)使用美国政府发行的国库券价格对 CIR 三人 1985 年的模型进行了预测，他们发现该模型高估了短期利率，从而高估了债券发行中的溢价，低估了债券发行中的折价。

$(1+{}_1f_2) = (1+{}_0R_2)^2/(1+{}_0R_1) = (1.0600)^2/1.0500 = 1.0701$

这个公式表明在下一年的年末，市场参与者预期短期（1 年期）利率将上涨至 7.01%，而且如果该债券的 2 年期收益率为 6.00%，那么投资者现在只会愿意购买 2 年期债券。同样的计算过程可用来计算收益率曲线上任意给定的远期利率。

尽管该内含远期利率的计算简单并易于理解，但该预期无偏性假设仍存在几个基本的缺陷。尤其严重的是，该假设不能解释与长期证券投资有关的较高价格风险，只能解释与长期证券投资有关的较低再投资风险。[①] 由于在给定的利率水平变化条件下，长期债券要经历更大幅度的价格变化，因此长期债券的价格风险程度比短期债券的要大。[②] 如果投资者购买债券的实际到期时间短于投资者意图进行投资的时间，则投资者必须将到期的债券收入重新投资于其他短期债券直至其意图投资的债券到期为止，这样就产生了所谓的"再投资风险"。例如，假设投资者在退休前的 10 年内有 1 000美元供其投资，每期可获得 80 美元的收益。投资者可选择购买 10 年期、年利率 8%、票面价值 1 000 美元的债券，或购买一系列的 2 年期债券，并累计投资 4 次（每两年后以当前的 2 年期市场利率进行再投资）直至投资者退休。显然，在此例中，10 年期债券的再投资风险要远低于一系列的 2 年期债券的再投资风险（10 年期债券的再投资风险为 0）。

变现力补偿理论　与预期无偏性假设相对立的一个假设是最初由 Hicks（1946）提出并由 Langetieg（1980）改进的变现力补偿理论（也经常被称作变现力偏好假设）。该理论以如何确定长期证券利息的预期模型为基础，但假设投资者偏好短期证券，因此投资者购买并持有长期证券必须获得额外的溢价，即随到期时间变长，投资者要求更多的预期收益率补偿价格变动风险。[③] 这种对变现力（短期债务工具）的偏好是理性的，因为持有短期证券的投资者面临较低的价格风险，而且持有至到期日比买卖长期证券的交易成本低（只需支付一次经纪人佣金，如果购买再出售长期证券

---

① 令人奇怪的是，对预期无偏性假说的实证研究结果也是比较适中的。尤其是，Fama（1984a）发现在 1975—1982 年内含远期利率只能够提前 1 个月预测未来的实际即期利率，而在 1959—1969 年前则能够提前 5 个月预测未来的实际即期利率。然而即使这算是对预期无偏假说的认同，内含远期利率绝不是万能的。Mishkin（1989、1990）则试图确定对于实际收益率与未来预期通货膨胀率收益率曲线到底能提供什么信息，他发现对于到期时间小于或等于 6 个月的债券，利率期限结构并不能为未来通货膨胀率提供什么信息，但是能为实际收益率的期限结构提供较有用的信息。对于到期时间较长的债券（一般为 9～12 个月），名义期限结构不再提供有关实际期限结构的信息，但是开始为未来期望通货膨胀率提供有用信息。Harvey（1988）证明（期望）实际期限结构能比延迟消费模型或主要计量经济模型提供更多的有关实际消费增长的信息。

② 例如，当市场利率从 10%变为 15%，一个 5 年期、年利息 120 美元、票面价值 1 000 美元的债券价值将从原市场价值 1 075.82 美元跌至 899.44 美元，下跌率达 16.4%。而票面价值和年利息相同的 10 年期债券则下跌 30.54%，从 1 222.89 美元跌至 849.44 美元（Copeland 和 Weston，1988，68～69 页）。

③ Brealey 和 Schaefer（1977）根据不确定的未来通货膨胀率导出一个类似于变现力补偿理论的利率期限结构理论，即该理论中的收益率曲线也是向上倾斜的，但是这种倾斜性不是由投资者的到期时间偏好引起的，而是由投资者对不确定的通货膨胀率所要求的风险溢价所引起的。

则需支付二次佣金）。①

环境偏好假说 另一个预期偏性假设是最初由 Modigliani 和 Sutch（1966）提出的环境偏好假设。这个模型同样假定利率期限结构主要是由预期决定的，但是它假设除非有一个足够高的（对投资者而言）或足够低的（对发行者而言）利率，使得他们改变原有的到期时间偏好而进入另一个到期时间偏好，借款方和贷款方的到期时间偏好会一直保持不变。该模型吸引人的特点在于能够解释收益率曲线上的弯曲部分，如在收益率曲线上 7 年期债券的收益率低于 5 年期和 10 年期债券的收益率而形成的向下弯曲部分。这一理论同样可以解释为什么收益率曲线总是改变形状，在商业周期中这种趋势更为明显。其原因在于，投资者对到期时间的偏好不同，从而引起不同证券的供求变化。不幸的是，如果不知道关于投资者和发行人各自到期时间偏好的具体资料，这个理论的“基本”特征是难以检验的。而这些资料到目前为止仍然无法获得，因此环境偏好假说尚不能检验。

市场分割（细分）理论 我们最后讨论的期限结构理论是由 Culbertson（1957）提出的市场细分理论。这一理论同环境偏好假设的相似之处在于，都假设投资者和发行者对证券的发行和投资存在到期时间偏好。与环境偏好假设不同的是，市场细分理论假设不同的到期时间区域实际上是截然不同的细分市场，在此细分市场下投资者和发行者并不能被更有利的收益率吸引到其他细分市场。但是这样的消费者行为难以使用合理的财富效用模型加以解释，而且也忽略了大量表明投资者对收益率差别进行套利的证据，即投资者愿意并有能力通过购买低估（高收益率）的债券同时出售高估（低收益率）的债券对债券收益率的差别进行套利。总而言之，我们可得出结论：不管前述三个理论到底哪个理论更好地描述了实际情况，显然其他三个预期理论作为反映现实的利率期限结构要优于市场细分理论。

§4.4.3 持有期间与免疫作用

许多不同的因素，如票面利率、市场利率、发行者的违约风险、到期时间、变现力和可转换权等契约条款，均能够显著地影响单个债券的价格，因此债券是很难评价的。为了解决这种评价的内在复杂性，实务界和学者在很长一段时间内一直试图将前述几个因素综合为一个直观而概括性的衡量标准，来衡量债券价格的敏感程度。虽然这种衡量标准尚未产生，而且产生的可能性也很小，但是由于“持有期间”的概念将债券的票面利率以及利率支付次数、到期时间、到期收益率综合在一起形成一个以时间单位命名的概括性衡量标准，因此可视为衡量价格敏感程度的指标（弹性率）。

① 对变现力补偿理论的几个实证研究中有两个值得一提。其一，McCulloch（1975）从数量方面估计并证明了到期时间从 1 个月至 30 年的美国政府债券的变现力补偿溢价。其二，Fama（1984a）证实了长期国库券的期望收益率要高于 1 个月的短期国库券。他发现短期国库券的期望收益率在 8 个月或 9 个月达到顶峰，但收益率的持续增长并不能超过 12 个月，由于长期债券收益率的波动性，Fama 并没有估计出长期的变现力风险补偿溢价。

Macauley（1938）杜撰了“持有期间”这一术语，并将其定义为现金流量的平均年限。[①] 在 Weil（1973，589 页）的文章中，Macauley 的持有期间被定义为“等于收到一系列的现金支付的现值所经历的时间”。使用本书中我们一直使用的变量符号，Macauley 的持有期间的定义如等式 4.8 所示：[②]

$$D = \frac{\sum_{t=1}^{n} \frac{CF_t(t)}{(1+k_d)^t}}{\sum_{t=1}^{n} \frac{CF_t}{(1+k_d)^t}} \tag{4.8}$$

公式中，D = 债券的持有期间

CF_t = 在时间 t 支付的利息或本金

t = 收到现金流量的时点

n = 到期日前的时期

k_d = 到期收益率

此等式中的分子是债券须支付的所有现金流量现值与现金流量的支付时点的乘积（即用该时点对现值进行加权），此等式的分母是计算债券价值的公式。

在 Macauley 的论文发表一年后，Hicks（1939）推导出等同于 Macauley 持有期间的弹性指标。[③] Hicks 的“平均期间”衡量资本价值相对于贴现率的弹性，即如果市场利率变化了一个单位（例如 1%），支付固定现金流量的资产的价格将如何变化？由于这个公式既可以衡量时间也可以衡量价格的敏感程度，因此“持有时间”作为理论的概念以及债券分析工具是非常有用的。不幸的是，这种灵活性却导致学术文献对持有期间主要作用表述混乱。例如，在编写本章的过程中，我们对 6 本主要教材进行了调查，有 4 本将持有期间定义为时间，而另两本则将其定义为价格敏感性。[④] 此外，也没有两本教材以同样的方式描述持有期间的定义（从图形或文字角度）。因

---

① Cox、Ingersol 和 Ross（1979）也同意“持有期间”的定义，但是他们提出了一个理论上更为严格的衡量标准，类似于 Macauley 所提出的持有期间概念，该衡量标准也是以时间单位定义的。

② 在对 Macauley 的持有期间模型进行介绍的几篇文章中，我们选择了 Kidwell、Peterson 和 Blackwell（1993，126 页）提出的模型，尽管在介绍过程中我们对债券的必要收益率使用了自己的符号 k_d 而不是他们所使用的符号 i。他们还讨论了债券评价（127 ~129 页）过程中持有期间的几个重要特性，并列举了几个计算实例。

③ 除了 Weil（1973）之外，其他人也对 Macauley 和 Hicks 如何发展并应用持有期间模型进行了讨论，他们包括 Bierwag（1977），Bierwag、Kaufman 和 Toevs（1982），Fisher 和 Weil（1971）。Bierwag、Kaufman 和 Latta（1988）对自 Macauley 以来所提出的各种各样的持有期间模型进行了分类。而 Christensen 和 Sϕrensen（1994）则讨论了债券投资组合管理的持有期间的内涵。Haugen 和 Wichern（1974）从理论上提出了债券和股票的利率弹性模型，并将该模型应用于评价人寿保险公司的所有者权益价值。Williams 和 Pfeifer（1982）提出了使用持有期间和价格弹性来衡量股票价格风险的模型，并对该模型进行了检验。他们能证实相对于其他股票而言，低股利增长率的股票如果持有期间较长，则能够影响股票收益率，但是他们却无法解释实际观察到的收益率波动。

④ Bodie、Kane 和 Marcus（1993），Rrealey 和 Myers（1991）Kidwell、Peterson 和 Blackwell（1993）以时间定义了持有期间（即平均现值支付期间），而 Copeland 和 Sinkey（1988），Fabozzi、Modigliani 和 Ferri（1994）则将持有期间定义为弹性度。

此，持有期间可以有两种定义：（1）以本金和利息的现值收回投资于某一证券的货币所需要的时间；（2）市场利率的1%变化所引起给定债券价格变动的大约百分比。

免疫作用 对于持有证券组合的投资者而言，恰当的持有期间可用来使债券投资组合获得免疫力，即投资组合的价值不受市场利率变化的影响。只要选择证券的持有期间等于投资组合管理人的投资水平线就可获得免疫力。[①] 一种免疫力策略涉及配比投资组合内各资产和负债的到期时间和票面利息支付，使之尽可能接近。[②] 这一策略对银行、保险公司等金融机构尤其适用，因为这些机构主要投资于长期证券，而长期证券又对利率变动特别敏感，因此这些机构需要尽可能地规避利率变动所引起的价格风险。直观地讲，其他免疫策略的基本观点是建立一个投资组合，使得市场利率上升所引起的资本损失与利用期间票面利息支付进行再投资所带来的大额收益相互抵消。或者说，希望完全免疫的投资者只需购买票面利率为0（纯贴现）的证券。因为在纯贴现证券这种情况下（也唯有此种情况），证券的持有期间等于到期时间。将该证券持有至到期日，投资者所获得的事后收益率等于投资者预期的事前到期收益率。

至此，我们对证券评价一直是讨论投资者偏好以及这些偏好如何影响利率和债券价格。下面我们将着重讨论发行者在选择证券发行过程中所面临的一系列决策问题。首先介绍债务到期结构的选择以及所做出的到期结构选择如何影响公司的价值，到期结构的选择问题在近期一直是研究人员进行科研的重点课题。

§4.4.4 债务到期结构选择

乍一看，我们会问为什么债务到期结构选择（对应的是债务和所有者权益的资本结构选择问题）会影响公司的价值？如果有影响，又是怎样影响的？然而，对已观察到的债务发行政策进行最简单的分析，就会发现在各种到期结构类别的选择中，不同行业以及不同国家呈现出系统性差异。在没有市场缺陷尤其是管理者和股东之间不存在信息不对称时，Merton（1974）指出到期结构的选择是不相关的，而且Modigliani 和 Miller（1963）、Stiglitz（1974）提出的资本市场均衡模型也清楚地证实了这一结论。所有现代的到期结构模型都是以市场缺陷的存在为条件的，并且假设信息不对称是决定到期结构选择的一个重要因素。这些模型的不同之处主要在于到期结构选择是否还受其他因素的约束（如发行公司本身、发行公司所面临的投资机会的丰富程度等因素），或者说管理者是否通过到期结构选择来传递内部信息给外部投资者。根据 Barclay 和 Smith（1995）提出的分类方案，到期结构选择模型可归为两大类：合同成本模型和信号模型。[③] 我们将依次讨论这两类模型，最后我们将概述一下

---

① Bierwag(1977)也讨论了免疫力策略，并讨论了每种策略在何种条件下可能会成功。

② 如果想了解有关这种和其他免疫力策略，请参见 Bodie、Kane 和 Marcus(1993，492 ~499 页)。

③ Barcley 和 Smith 实际上还提出了到期结构选择模型的第三种类型——税收假说，由于这些税收假说模型所介绍的关系也与公司的投资机会集(IOS)相关，因此我们将在合同成本模型中介绍这些税收假说模型。

当前的实证研究。

到期结构的合同成本模型　合同成本模型均预测发行公司所做的债务到期结构选择与该发行公司的资产、经营、市场准入程度以及所有者控制结构等方面相关。Myers（1977）发表了有关该研究领域的第一篇同时也是最重要的文章。该篇文章的著名之处在于解释了为什么实务中以债务形式为成长机会筹措资金是困难的，因为如果该项投资所获得的大多数利益归债权人所有，理性的管理者一般会放弃为这些盈利的投资项目筹集资金。Myers 还表明债务到期结构选择可以缓解企业投资不足的问题。也就是说，通过发行到期时间短于投资项目有效期的债务，股东可以偿付债权人的固定要求权，然后自己为项目融资，从而获得该项目的所有经济租金。Myers 还从理论上解释了为什么实务中公司发行债务的到期时间总是与融资形成资产的到期时间相配比，因为这使得债务支付额随着资产未来价值的降低而呈递减趋势。

解决到期结构选择问题的第二篇论文是由 Morris（1976）发表的。作者认为：如果公司的经营净收入与利率之间的相关性足够高，即在经济繁荣时期利率和公司利润同时增长，而在经济衰退时期利率和公司利润同时下降，那么使用短期债务可有效地将固定利率成本转换为可变利率成本，从而降低了公司的损益平衡点和经营杠杆系数（或者说经营杠杆作用）。

Barnea、Haugen 和 Senbet（1980）提出了一个所有者结构论来解释公司债券中的提前赎回证券条款以及公司债务结构选择问题。具体而言，他们假设这些债券条款使公司能够以非常低的成本最小化债务代理成本，所谓的债务代理成本是由信息不对称、管理者的风险激励机制、Myers 所说的投资不足问题导致预先增长机会丧失所引起的。与直觉恰好相反，他们发现在债券发行中采取缩短公司债务的到期时间和加入提前赎回条款（使公司有权提前赎回或强迫投资者回售某次发行中所有流通在外的债券）等方法在债券发行中都能解决代理成本这一问题。

Brick 和 Ravid（1985）提出以公司负担的税负为基础解释债务到期结构选择。他们指出只要利率的期限结构曲线是向上倾斜的，发行长期债券就能够降低期望税负的现值，从而最大化公司的市场价值。然而 Lewis（1990）对此结论提出了质疑，Lewis 认为如果最优杠杆作用和债务到期结构是被同时决定而不是依次决定的，那么税负根本无法影响公司的价值。

Smith（1986）则认为公司的行为越受管制，公司债务的平均到期时间就越长。Barclay 和 Smith（1995）预测债务到期时间与公司规模之间存在着同样的正向关系，而且到期时间与公司规模之间的正向关系主要是市场准入程度的函数。相对小公司而言，大公司发行长期债券要容易一些，因此小公司的借款主要限于短期性质的银行借款。受管制的公司为减少管理阶层随意处理资产的自行决定权，更倾向于长期债务。采取长期债务筹集资金限制了监管人员通过惩罚性价格和经营管制等方式剥夺被管制公司的股东财富（并将其转移给公司经营参与人）。这在公用事业和交通运输行业尤其重要，因为这些被管制的公司必须为大额、长期和不能撤回的资本投资筹集资金。

除非这些公司在合同中预先承诺将投资所获得的现金流入偿还长期债务，否则极易受到监管人员策略行为的不利影响。

债务到期选择的信号模型 债务到期结构模型的第二类是信号模型。依据该模型，债务到期结构的选择与管理者和外部投资者之间的信息不对称程度相关。尽管我们采用 Barclay 和 Smith（1995）对这些理论提出了分类方案，但是并非所有的这些理论都满足信号模型的严格定义（在以信息极不对称为特征的市场中，公司常采用代价高昂的财务信号来向投资者传递其价值优良的信息，这种现金支出行为虽没有内在价值但成本却高得惊人，因此业绩较差的公司根本无法采用这种财务信号措施）。然而，这些模型都假定拥有公司未来发展前景等内幕信息的管理者，试图通过到期结构选择将该信息传递给信息不足的投资者。

在该研究领域第一篇较重要的文章中，Flanner（1986）提出了古典信号模型，他认为发展优势强的公司要比发展优势弱的公司更倾向于发行短期债务。当发行短期债务时，发展优势强的公司不得不承担更多地披露公司信息后重新举债的风险。而发展前景较差的企业管理者并不愿承担这一重新举债的风险，因此会选择发行不受中途谈判制约的长期债务。如果证券发行是一种代价较高昂的行为，Flanner 证明证券市场会形成一个分离均衡，即发展前景较好的公司会发行短期债务（这种行为使得公司获得一个相对较高的市场价值），而发展前景较差的企业则发行长期债务。①

最有影响的两个到期结构选择的信息不对称模型是由 Diamond 分别在 1991 年、1993 年提出的。在 Diamond（1991a）发表的第一篇文章中，债务到期结构选择被视为借款人在发行短期债务的愿望（由于掌握着公司发展前景喜人的非公开信息，因此想通过发行短期债务来向外传达这一信息）和依赖短期债务筹集资金所面临的流动性风险之间进行权衡的结果。流动性风险被定义为如果有不利消息传出，贷款人不愿再续借款给借款人，则借款人将失去不可分配的控制租金（只能由管理者得到的却不能分配给债券持有人的货币和非货币利益）的风险。② 在此模型中，评价等级高的公司会选择发行短期债务，评价等级低的公司没有选择，只能发行短期债务，而中等风险等级的公司则会发行长期债务。这个三类借款模式是 Diamond（1991a）模型的独创。

在以后发表的另一篇文章中，Diamond（1993）解决了掌握有关自身未来信用的内幕信息的借款人如何选择债务的到期时间以及债务的优先权等问题。使用短期债务不仅会提高企业的流动性风险，还会提高融资成本对新信息的敏感程度，因此只有发展前景好的企业才会采用短期债务这种融资方式。这个模型预测短期债务优于长期债

---

① 如果证券发行的成本为 0，那么 Flanner 的模型会得出一个混合均衡，即投资者并不能区分发展前景不同的公司。

② Diamond 假设贷款人对借款人的偿债能力过度敏感，因此尽管企业有偿债能力但是短期内无法偿还债务，贷款人仍会选择取消该公司的抵押品赎回权（预先收回借款）。

务，而且采用长期债务之后仍可以发行额外的短期债务，因为这样的发行策略在不改变对管理控制权的保护程度的同时，提高了融资成本对新信息的敏感程度。

Goswami、Noe 和 Rebello（1995）将债务到期结构选择表示为不对称信息的时间分布函数。例如，当不对称信息主要与长期现金流量的不确定性相关时，公司将会选择发行部分限制股利支付、按票面利率付息的长期债务。而在另一方面，当不对称信息在短期和长期债务之间随机分布时，公司将主要依赖于短期债务融资。这样作者无需寻求市场不完善或代理成本等方面的原因就能够解释短期和长期债务的发行情况，以及为什么存在股利支付限制和按票面利率支付债券（发行的债券并非全是纯贴现债券）等现象。

债务到期结构选择的实证研究　对于到期结构选择，我们有两种合理而对立的（但不一定是相互排斥的）解释。一般而言，信号模型预测，发展前景好的企业更倾向于选择短期债务，发展前景堪忧的企业则并非如此。而合同成本模型认为，到期结构选择与企业的投资机会、受管制程度和所有者结构等因素密切相关。

令人奇怪的是，尽管有许多介绍债务到期结构选择理论的文章，但对到期结构选择的主要实证研究却只有 Barclay 和 Smith（1995）。他们的研究结果支持了合同成本模型的预测结果，然而却无法充分地证明 Diamond（1991a，1993）所提出的信号模型。① 具体地说，Barclay 和 Smith 证实了越大的公司、越受管制的公司以及成长机会较少的公司会发行相对较多的长期债务，但他们并没有证实债务到期结构选择的税负解释理论。

§4.4.5　债券保证条款

除商业票据外，实务中公司所发行的债务工具中，很少有以简单条款保证在未来的某一时点以一大笔固定数额偿还债务。相反，实际上债务证券都规定了多种附加条款与合同义务，这些条款和义务一般被总称为债券保证条款。有些明确规定债务协议的基本细节，如债务到期日、票面利率、支付日期、优先权和赎回价值（价格）等，而另一些条款或为保护投资者免受发行公司发行债券后的侵权行为，或赋予发行公司采取单方面行动的权利，如提前赎回权等。②

财务理论和常识都说明了投资者为什么坚持在借款合同中加入债券保证条款，因为他们实际上是以硬货币兑换几张表明公司（有限责任）允诺在未来某一时期偿还

① Diamond 模型在以下方面得以证实，潜在信息极不对称的公司倾向于发行短期债务，债务到期结构选择是与债务人的信用风险有关的函数（风险评估等级低和风险等级高的公司倾向于发行短期债务，而中等风险等级的公司则倾向于发行长期债务）。

② Barnea、Haugen 和 Senbet（1980），Goswami、Noe 和 Rebello（1995），Smith 和 Warner（1979）从理论角度对提前赎回条款进行了研究。Vu（1986）从实证角度证实了大多数提前赎回的债券都以低于赎回价格（发行公司行使赎回权所必须支付的价款）的市场价格进行买卖，而且许多债券的提前赎回主要是为了解除债券契约中特别限制性的条款。他还发现股票价格对提前赎回宣告的反应与公司资产负债率（杠杆率）的变动方向正相关。

投资者资金的证券凭证。除非投资者能够合理地确信他们会按照债券规定得到偿还，否则他们不会购买债券，或者说他们只有在获得极高利息的情况下才会购买债券。因此，必须采取某种强有力的激励措施，从而促使融资企业愿意以合同方式限制自己侵占债券持有者财富的能力。债券保证条款是一种既允许公司以合同形式表示他们的善意又能使投资者的补偿得以保证的法律措施。

Smith 和 Warner（1979）对美国公司所采用的债券保证条款进行了堪称经典性的描述和分析。他们讨论每类保证条款的目的，并论证只有这些条款所带来的经济利益超过所带来的经济成本时才会被列示在债券发行合同中。Smith 和 Warner 将债券保证条款归为五类：（1）公司生产、投资的限制；（2）股利支付的限制；（3）未来融资政策的限制；（4）债券偿付条款的修订；（5）其他保证条款。在以下讨论债券保证条款对债券评价的影响时，我们将使用上述分类方法。

公司生产、投资政策上的限制 投资者知道一旦将货币资金借出，他们就无法直接监督或控制货币的使用。债券保证条款允许投资者以间接方式控制货币的用途，即通过限制借款公司管理者对借入款项的自主支配权实现。其中两个常见的保证条款是对公司合并以及资产处置的限制。投资者知道，如果管理者希望抽出公司资本而留给债券持有者一个破产的公司壳，那么公司合并（或资产出售）只需以对合并另一方（或资产购置者）极其有利的方式进行。[①] 其他保证条款则限制借款人可购置资产的类型（禁止向风险性过高的企业投资），规定公司必须保持资本资产的价值以及间接要求公司持有现金和其他流动性资产。

股利支付的限制 对借款公司管理者而言，侵占债权人财富最容易的方法可能就是先发行债券，然后再将此次发行收入作为股利分配给股东。当债券到期时（或者当违约引发债权人对债务人第一次提起法律诉讼时），债券持有者所剩下的只不过是对无价值公司法律上的可执行要求权。此外，由于公司只承担有限责任，债券持有者不能起诉股东，要求他们归还作为股利发放的债券款项。为了保护投资者不受如此简单而又有效的欺骗行为的侵害，一般而言，债券持有者总是要限制借款公司发放现金股利的能力。[②] 如 Kalay（1982）所证明的，这些股利支付限制条款一般是要建立一个“资金池”，原本管理者拥有不受限制的权力将这些资金作为股利分配出去。在该保证条款下，股利可以从债务还本付息后所剩余的利润中支付，或者从新股发行收入中支付，或者两者兼而有之，但是不能从公司资产出售收入或新债务发行收入中支付。

---

① 这可不是学术上的异想天开。Marais 和 Smith（1989）、Asquith 和 Wizman（1990）、Kaplan 和 Stein（1990）均证实了在 20 世纪 80 年代后期的合并浪潮中，缺乏有关风险保护条款的债券持有者遭受了巨额财富损失。

② 对于债券持有者而言，股票回购计划与支付大额现金股利的性质极其相似，因此股票回购计划一般也受到限制。

未来筹资政策的限制　借款人还可能采取另一种策略，即发行同等优先权或优先权更高的新债务证券，从而稀释原债权人的地位（不能获得优先偿还权）。因此，债券持有者必须限制这种行为的发生。[①] 为规避这种要求权稀释的风险，债券持有者可规定借款公司只能发行次级付款承诺的债务债券（只有在优先债务要求权得到全额补偿之后才能获得偿付的债券），或是仅仅限制公司发行同等优先权债务和高优先权债务的能力。就保证条款而言，如果投资者希望从限制性较强的保证条款中获得更大的保护，投资者必须愿意接受较低的承诺利率，以补偿借款公司在经营自主权上所受到的严格限制。同样，如果借款公司希望在债券合同中加入提前赎回条款或其他对公司自身有利的条款，它就必须为获得此特权而承诺支付更高的利率。[②]

债券偿付条款的修订　债券保证条款也可用于重新修订标准债务合同的支付方式，使之对投资者更有吸引力。最常见的债券偿付修订条款有三种：（1）偿债基金条款；（2）提前赎回条款；（3）可转换条款。偿债基金条款是发行公司有义务或通过公开市场回购或通过部分使用提前赎回权，每年偿还一部分发行在外的债券。随着时间的流逝，使用债券发行收入所购买资产的经济价值要逐渐下降。为保护投资者，偿债基金通过减少发行在外的债券价值，与资产下降的经济价值相协调，从而减少借款人在债券到期需支付本金时违约的可能性。[③] 如前所述，尽管提前赎回债券要求公司除支付本金之外还需支付提前赎回溢价（提前赎回溢价一般随时间的推移而递减），但是提前赎回条款赋予了发行公司提前偿还所有发行在外的债券的权利。[④] 该条款对处于利息率下降时期的公司尤其有利，如在 20 世纪 90 年代的早期和中期阶段。

可转换债券允许投资者将他们的债务证券转换为发行公司一定数量的股票。因此，转换价格可视为投资者“购买”股票的内含履约价格，而且转换价格的确定总是高于可转换债券发行当时的股票价格。可转换债券使得投资者既无需放弃固定收益证券的安全性，又同时享受对杰出公司业绩的要求权。[⑤] 可转换债券尤其适合快速成长公司或有大量无形资产的公司。[⑥] Brennan 和 Schwartz（1977，1980）提出评价可转

---

① 如果该种掠夺的可能性显得有些怪异，我们应该记住现代财务理论并不是在实验室中创造的，而是从将近 400 年的实践活动中总结出来的。实践中的磨炼是我们真知的来源，因此本小节介绍的每一条债券保证条款都是在对公司借款人的智慧和贪婪的考虑基础上发展来的。债券投资者已经学会倾听英特尔公司总裁的名言“唯有时刻保持怀疑态度的人才能生存下去”。

② Merton（1974）、Black 和 Cox（1976）从理论上研究了债券保证条款对债券价值的影响。Harris 和 Raviv（1989）、Nachman 和 Noe（1994）讨论了证券的最优模式（以价值最大化为基础的控制以及现金流量权力的分配）。

③ Dunn 和 Spatt（1984）对偿债基金债券进行了理论分析。

④ 在发行的最初几年中债券是受提前赎回权保护的，也就是在近几年中公司不能行使提前赎回权。

⑤ 除发行可转换债券之外，许多公司还发行附带认股权证的定息债券。这种债券实际上是长期性质的期权，赋予投资者在未来某一固定的时期内（一般是几年之内）以固定的价格购买公司的普通股。

⑥ Cornell 和 Shapiro（1988）、Sahlman（1988）、Brennan 和 Schwartz（1988）均探讨了可转换债券在快速成长公司的融资中的作用。

换债券的模型，并给出了发行公司提前赎回债券的最佳时机。理论上的最佳时机是在债券的转换价值超过提前赎回价值那一时点，但实践表明公司一般在此时点之后才提前赎回可转换债券，而且经常是它们根本就不提前赎回所发行的债券。[①]

其他保证条款 最后一类保证条款是规定借款公司管理者应采取措施，保护债券持有者的投资以及为债权人监控提供可靠的信息。其他保证条款一般规定如下：(1) 公司必须遵循公认会计原则（GAAP）；(2) 必须向投资者提供经过审计的会计报表；(3) 公司必须购买财产和关键人员的保险，以预防重大的意外损失。一些条款明确具体的财务比率，以衡量公司是否满足该比率的要求（如最小的流动比率和最大杠杆比率），而另一些则具体规定哪些构成违约行为，以及该违约行为发生时投资者应获得何种补偿。一般而言，规定借款公司必须执行的条款称作“积极条款”，而规定借款公司不得实施的条款称作“消极条款”。大多数的债券约定书（列示各种保证条款的法律文件）都包含大量的积极条款和消极条款。[②]

§4.4.6 流动性与税收效应对债券定价的影响

对影响债券价值的因素，我们不再讨论公司为什么发行特定种类的债券（或者说是带有一定特征的债券），而转向讨论资本市场参与者如何评价特定债券的特征。在此小节，我们主要探讨对债券评价影响极大的税负和流动性特征。

流动性与债券评价 虽然从理论角度上看，证券的流动性显然会影响债券评价，但是直至1986年Amihud和Mendelsohn证实交易不频繁（流动性差）的股票比交易频繁（流动性高）的股票需提供给投资者更高的风险调整收益率，理论和实践之间的联系才具体化了。[③] 此后，Amihud和Mendelsohn（1991）证实，在债券的交易中存在同样的关系。具体地说，他们解释了为什么到期时间少于6个月的美国中期国库券比同样到期时间的短期国库券的收益率高。由于这两种债务工具风险水平相同而且在到期日前都不付息，那么两者收益率不同的唯一解释只能是中期国库券的流动性低，因此需提供较高的收益率。Kamara（1994）扩展这一研究得出短期国库券与中期国库券之间的收益率差别取决于两者相对的交易频率以及卖方的税负水平（个人和公司交易者以及投资者）。Boudoukh和Whitelaw（1993）也证实了各方面几乎相同

---

① 许多作者提出了信号模型以及其他信息不对称模型，来解释为什么发行者要在最优时点之后实行提前赎回权（参见Ingersoll（1977a，b），Mikkelson（1981），Harris和Raviv（1985），Ofer和Natarajan（1987），Campbell、Ederington和Vankudre（1991））。然而，Asquith和Mullins（1991），Campbell、Ederington和Vankudre（1991）的实证研究表明这些延迟的可转换债券提前赎回并非如此神秘，因为在最佳时点处实际流通在外的可转换债券相当少，而且公司是否实施提前赎回条款同税后票面利率成本和股票的股利收益率之间的差额大小密切相关。

② 除了上述研究工作之外，Ho和Singer（1982）、Malitz（1986）也对债券契约中的债券保证条款进行了实证研究分析。

③ Lippman和McCall也对偿债能力进行了有影响力的分析和定义，尽管他们的文章面向的对象是经济读者而不是财务读者。

的日本政府债券之间存在惊人的价格差异。由日本政府选定的基准债券提供的收益率一般要比同样到期日的非基准债券低 40% ~60% 。Boudoukh 和 Whitelaw 还证实交易方面的制度限制是流动性价值成为稳定均衡点的必要条件，甚至在大型活跃的资本市场中流动性也有显著的价值。①

税收效应与债券评价　我们知道研究人员一直在试图研究税负对证券评价和公司财务政策的影响。② 这些研究中与债券评价尤其相关的是纳税债券收益率和免税债券收益率之间的比率。③ 根据 Miller（1977）提出的债券市场均衡模型，免税债券（在美国主要是地方政府债券免税）的风险调整收益率应等于同等条件下的纳税利率与（1-公司税率）的乘积。然而关于这个问题的实证研究结论却是矛盾的。Trzcinka（1982）证实在考虑地方政府债券相对国库券的额外风险条件下，该市场均衡模型是成立的。但是 Ang、Peterson 和 Peterson（1985），Busher 和 Hess（1986）却证实免税债券收益率要远高于 Miller 市场均衡模型所预测的收益率。

Green（1993）将这两个观点进行了调和，发现高税负的个人投资者所进行的合理税负套利交易打破了纳税债券收益率曲线和免税债券收益率曲线之间的简单联系。据 Green 的观察，免税债券的收益率曲线在 1954—1990 年内从不向下倾斜，而纳税债券的收益率曲线在上述时期却经常发生向下倾斜，这一事实有力地证明了市场对免税债券的反应与特定高收入投资者群体的独特性有关。④

§4.4.7　浮动利率抵押债券的评价

资本市场在过去 20 年内的一个最重要的创新是流动性极强的抵押债券市场的发展。抵押债券也被称为“过手债券”，因为抵押借款人所支付的本金和利息要传递给投资者（当然是在抵押服务公司抽取分成之后）。McConell 和 Singh（1994）指出在 1993 年 9 月流通在外的此种抵押债券的票面价值超过了 12 000 亿美元。抵押债券主要分为固定利率抵押债券（FRMS）和浮动利率抵押债券（ARMS）两种。这两种抵押债券都极难定价，因为投资者在评价固定利率抵押债券时需考虑违约风险以及再支付风险，在评价浮动利率抵押债券时不仅需要考虑违约风险，而且浮动利率抵押债券在任意时点的价值取决于在价值评估日利率的未来变化趋势（它们的价值与未来变化趋势紧密相关）。尽管在利率整体水平下跌时几乎所有的债券投资者都要面临提前赎回风险，但是抵押债券投

---

① 然而令人惊奇的是，Warga（1992）也证实了美国国库券市场中存在着与流动性相关的相似程度的收益率差异，但是这种差异只存在于新发行的债券。

② 参见《资本结构与股利政策》一书的第 7 章和第 8 章。

③ 除了对收益率比率的研究，Constantinides 和 Ingersoll（1984）还提出了个人投资者如何最大化其债券投资的税后收益率的最优交易策略模型。

④ 即使在 1980 年 3 月和 5 月这两个极端月份内，1 年期国库券的收益率也要高出 30 年期国库券收益率 300 个基准百分点，而长期（30 年）市政债券收益率却仍旧高出同等风险程度的 1 年期市政债券收益率 150（在 3 月份）和 80（在 5 月份）个基准百分点（Green，1993，235 页）。

资者尤其要承担这种提前赎回风险。因为房主可以更低的成本进行抵押借款，也由于个人和职业等方面的因素，抵押借款人出售房屋（这样就使借款人直接或间接地偿还了抵押借款）的频率要远高于发行公司提前赎回发行在外债券的频率。

抵押债券定价的数学原理过于深奥，因此我们不在本书中介绍其定价的数学原理。感兴趣的读者请参见 Dunn 和 McConnell（1981），Titman 和 Torous（1989），Schwartz 和 Torous（1989）Kau、Keenan、Muller 和 Epperson（1992，1993），McConnell 和 Singh（1994）等人提出的固定利率抵押债券模型，以及 Kau、Keenan、Muller 和 Epperson（1990，1993）提出的浮动利率抵押债券模型。Ramaseamy 和 Sundaresan（1986）提出了对浮动利率公司债券（包括抵押债券）进行定价的一般模型。①

§4.4.8 债券定价的其他问题

在高级债券定价问题中，我们将介绍最后两个问题，首先是债券评估机构的作用，然后是研究人员最近提出的债券定价模型。

债券评估机构的作用 大多数美国公司在公开发行债务之前，都要请一个或多个知名债券评估机构对其发行的债务进行评级。最主要的两个评估服务机构是标准普尔公司和穆迪投资服务公司，这两个机构都提供每次债券发行的违约风险评定。尽管在评定过程中所使用的实际变量是严格保守的商业秘密，至少有两个近期研究对评估机构所提供服务的经济作用进行了检验。Weinstein（1977）证实了一个与直觉不相符的结果，即债券级别评定结果的公布并不会有效地影响该债券的市场价值。他指出这是信息有效市场的必然结果，因为评估机构也是依据发行公司的经营业绩对债券等级进行评定，而且市场参与者也完全知道评估机构所掌握的企业信息。Wakeman（1981）也得出同样的结论，他还说明通过使投资者确信债券的真实风险已经过评估并且对外公开，债券评估机构提供了一个加强投资者对企业偿债能力了解的有价值的服务。毕竟，债券评估机构对债券风险的每一次评定，也都是对自身声誉的一次挑战。

公司债券的定价 奇怪的是，很少有人试图确定债券收益率的精确定价公式。在费雪（1959）的突破性研究之后，Merton（1974）、Black 和 Cox（1976）从理论上提出了债券定价模型。然而，除 Edwards（1986）检验了如何对政府（而不是公司）发行的债券进行定价之外，我们尚不清楚任何近期有关债券的实证研究。相对而言，银行借款定价方面的实证研究倒是很多，我们将在第 9 章深入探讨这些研究。② 银行借

---

① 一些作者提出并发表了有关特定债券的定价模型。例如，Brennan 和 Schlarbaum（1977b）提出了评价储蓄债券、可提前赎回债券的模型。收入债券只有公司的利润为正时才向债券持有者支付（可抵减税的）利息，因此对财务状况不是很好的公司而言，收入债券应该是个相当有吸引力的融资工具，但是近期美国公司对收入债券的发行越来越少，McConnell 和 Schlarbaum（1981a、b）分析了美国公司对收入债券融资的利用下降的原因。

② 当然，一些实证研究也检验了债券发行的公募与私募方式之间的选择问题以及债务融资是采取内部融资还是外部融资的问题。

款定价方面的研究结果主要是确认了人们的直觉（高风险和低流动性的公司需要支付较高的利率），但如果对上市交易债券的研究也能得出同样的结果，则更能说明这一问题。①

§4.5　普通股定价

现在，我们讨论普通股和优先股定价的有关问题。在本章我们要介绍三部分内容，首先我们将简要介绍普通股和优先股的基本定价技术。其次我们将讨论普通股定价的高级问题，如会计收益与股票价格之间的关系、通货膨胀和其他宏观信息宣布对股票价格的影响、流动性和个人所得税对股票价格的影响等。最后，我们将简要介绍“市场微观结构”这一研究领域的进展和有关问题。

如前所述，我们将先概述普通股的基本定价技术，但是在讨论之前，我们要重新温习有效市场的概念（具体的介绍请参见第 3 章），因为在有效市场条件下交易频繁股票的市场价格同它们的真实价值不会存在太大的差异，所以市场有效是定价的基础。

§4.5.1　市场效率的重要性

经济上理性的买者与卖者根据他们对资产的风险和收益的评价来决定资产的价值。对买者而言，资产的价值代表着他购买该资产所愿意支付的最高价格；对卖者而言，资产价值则代表着他出售该资产所愿意接受的最低价格。在有许多参与者的自由竞争市场条件下，如在纽约股票交易所中，买者（对股票的需求）与卖者（对股票的供给）之间的竞争形成了每种证券的均衡市场价格或市场价值。这个价格反映了买卖双方以全部可获得信息为基础的整体行为。假定买者与卖者获得新信息时均能迅速地消化，从而通过购买和出售行为快速地产生一个新的市场均衡价格。

这种市场对新信息的调整过程可通过收益率指标来衡量。根据第 3 章的介绍，我们可通过 β 系数以及资本资产定价模型，预测给定的风险水平下投资者所要求的特定期间收益率（必要收益率 k）。在任一时点投资者预测资产的期望收益率 $\hat{k}$（在第 3 章有时以符号 E（R）表示期望收益率），即投资者预期某一资产在无限的时间范围内所获得的收益率。期望收益率也可定义为每期的期望收益除以资产的当前市场价格。只要投资者发现期望收益率不等于必要收益率时（$\hat{k} \neq k$，原文为 $\hat{k} = k$，译者注），市场价格的调整过程就开始了。如果期望收益率小于必要收益率（$\hat{k} < k$），投资

① Booth（1992）检验了公司债券上市交易如何影响借款利率，并得出一个有趣的研究框架。他发现相对私募公司，公募公司（债券上市流通）支付较低的风险调整借款利率。事实上，私募借款人能够自由操纵公开债券持有者所提供的监控机构，因此也就愿意索取较低的借款利率。

者就会出售该资产，因为该资产期望获得的收益并不能弥补其风险。这种资产出售行为会最终压低资产价格，如果资产的期望收益不变，那么期望收益率会提高直至等于必要收益率。如果期望收益率大于必要收益率（$\hat{K}>K$），投资者就会购买该资产，从而抬高资产价格、压低期望收益率直至等于必要收益率。现举例说明市场的调整过程。

AI 公司普通股的当前市场价格为 50 美元/股，市场参与者预期该普通股收益在未来每个期间均为 6.50 美元/股。此外，无风险利率 R_f 为 7%，市场收益率 R_m 为 12%，该股票的 β_{AI} 系数为 1.20。根据上述资料计算该公司股票的当前期望收益率 $\hat{k}_0$：

$$\hat{k}_0 = 6.50/50.00 = 13\%$$

将上述各值代入资本资产定价模型计算该公司股票的当前必要收益率 k_0：

$$k_0 = 7\% + [1.20\times(12\% - 7\%)] = 7\% + 6\% = 13\%$$

既然 $\hat{k}_0 = k_0$，那么市场正处于均衡状态，股票价格公平地定在 50 美元/股。假设刚刚报出的盈余公告表明 AI 公司的现金流量对宏观商业周期的变动要比以前所知道的敏感，投资者会立即向上调整他们对 AI 公司的风险评估，将该公司的 β 系数从 1.20 提高至 1.40。新的必要收益率变为 $\hat{k}_1$：

$$\hat{k}_1 = 7\% + [1.40\times(12\% - 7\%)] = 7\% + 7\% = 14\%$$

由于期望收益率 13% 低于必要收益率 14%，许多投资者会卖掉手中的股票，从而压低股票价格至 46.43 美元/股，使得期望收益率 $\hat{k}_1$ 重新提高至 14%：

$$\hat{k}_1 = 6.50/46.43 = 14\%$$

这个 46.43 美元/股的新市场价格使市场重新处于均衡状态，即 14% 的期望收益率 $\hat{k}_1$ 等于 14% 的必要收益率 $\hat{k}_1$。

如第 3 章所提到的，像纽约股票交易所这样的活跃市场是有效率的。该市场由许多理性投资者组成，这些投资者对新信息做出客观迅速的反应。“有效市场假说”是描绘完美市场行为的基础理论，其要点包括：

1）“证券市场处于均衡状态”是指证券被公平地定价并且期望收益率等于必要收益率。

2）在任一时点，证券价格都能完全反映有关该公司以及公司证券的任何可获得的公开信息，而且证券价格会对新信息迅速做出反应。

3）既然股票价格已被公平地定价，显然投资者不应该浪费时间去寻找并倒卖定价不公平的证券（高估或低估的证券）。

既然已经温习了旧资料，我们就该介绍财务分析师所经常使用的股票定价模型。

§4.5.2 普通股定价的基本等式

同债券价值的定义类似，普通股价值可定义为，股票期望提供的所有未来收益的现值。简单地说，普通股价值等于该股票在一个无限时间范围内所期望提供的未来股利的现值。[①] 尽管以高于原始购入价格出售股票，股票持有者获得现金股利之外还可获得资本利得，但是持有者实际出售的仍是未来获得股利的权利。在一个可预测的未来时间段内不支付股利的股票仍有价值，因为该股票可通过公司的出售或公司资产的清算获得遥远的未来股利。因此，从价值评估的角度来看，只有股利与股票评价相关。普通股的基本评价模型可表示为等式 4.9：

$$P_0=\frac{D_1}{(1+k_s)^1}+\frac{D_2}{(1+k_s)^2}+\cdots+\frac{D_\infty}{(1+k_s)^\infty} \tag{4.9}$$

此式中，P_0 = 普通股的价值

D_t = 在 t 年末期望获得的每股股利

k_S = 普通股的必要收益率

根据期望增长率重新定义每年股利额 D_t，我们可以简化等式 4.9。这里我们主要考虑三种股利增长模式：零增长、持续增长和波动增长。

零增长　零增长模型——股利评价的最简单方法，假设股利以一个固定数额持续分配。使用上述标记表示为：

$$D_1=D_2=\cdots=D_\infty$$

以 D_1 表示每年分配的股利，在零增长模型下等式 4.9 可重新表示为：

$$P_0=D_1\times\left[\sum_{t=1}^{\infty}\frac{1}{(1+k_s)^t}\right]=D_1\times(PVIFA_{k_s,\infty})=\frac{D_1}{k_s} \tag{4.10}$$

该等式表明零增长模型下的股票价值等于永续年金 D_1 以利率 k_S 折现的现值。举例如下：Disco 公司是一个稳定的木制品生产厂商，它期望每年分配股利 3 美元，如果该股票的必要收益率为 15%，则该公司的股票价值为 20 美元（3 美元/0.15）。

持续增长模型　持续增长模型是迄今为止引用最多的股利评价模型。假设股利以比率 g 持续增长（g 低于必要收益率 k_S，即 $g<k_S$），以 D_0 表示最近一次的股利支付，则等式 4.9 可表示为：

$$P_0=\frac{D_0\times(1+g)^1}{(1+k_s)^1}+\frac{D_0\times(1+g)^2}{(1+k_s)^2}+\cdots+\frac{D_0\times(1+g)^\infty}{(1+k_s)^\infty} \tag{4.11}$$

重新整理等式 4.11 得等式 4.12：

$$P_0=\frac{D_1}{k_s-g} \tag{4.12}$$

---

① 正如许多作者所证明的（Miller 和 Modigliani（1961）最先进行了研究），我们可通过每股收益或每股股利评价股票价格。留存收益只会提高企业未来支付股利的数量，而且随着时间的过去，企业只能从其收益流中支付现金股利。企业将留存收益转化为对股东有价值之物的唯一方法，是（最终）将该留存收益作为股利分配给投资者。为理解上述观点，你可以问自己具有下述特征的公司的市场价值是什么？该公司的特征有：（1）根据法律规定，该公司具有生产垄断权，显然该公司是相当盈利的，但是该公司却被禁止向股东支付股利，所有的收益必须进行内部投资或捐赠给慈善机构；（2）所有管理者的工资均为固定数额（没有奖金，也没有与股票价格相关的补偿计划）；（3）一个投资基金拥有该公司的所有投票股（允许该公司公开发行无投票权股票），如果该公司的控制权售出，其生产垄断权也将被终止。不管该公司的盈利状况有多好，无投票权股票的市场价值将为 0。

等式4.12中的持续增长模型一般称为戈登增长模型，以在19世纪60年代和70年代普及该公式的经济学家Myron Gordon命名。该模型的具体应用举例如下：Lazertronics公司是一个小型科学仪器公司，它在1991—1996年的股利分配如下所示：

年份	每股股利（$）
1996	1.40
1995	1.29
1994	1.20
1993	1.12
1992	1.05
1991	1.00

假设每年股利增长率等于期望股利增长率g，则利用附表A.3的复利现值系数PVIF，可求得股利增长率为7%。公司预计1997年可分配的股利D_1为1.50美元，假设投资者的必要收益率k_S等于15%。将上述各值代入等式4.12中可求股票价值P_0为：

$$P_0=\frac{1.50}{0.15-0.07}=\frac{1.50}{0.08}=18.75\text{（美元）}$$

假设D_1、k_S和g的估计值是精确的，那么Lazertronics公司的股票价值为18.75美元/股。

波动增长模型　分别以等式4.11和等式4.12表示的零增长和持续增长普通股评价模型均不允许期望增长率波动。但是在实际生活中，预期的变化引起未来增长率随之向上或向下波动，因此反映股利增长率变动的波动增长模型是十分有用的。设g_1等于初始增长率，g_2等于随后的增长率，假设该增长率的唯一变动（从g_1到g_2）发生在第N年末，我们采用以下四个步骤决定股票价值：

步骤1：确定第一次增长阶段（从第1年至第N年）每年末的股利分配D_t。该步骤要求使用第一次增长率g调整最近时期的股利分配D_0，计算每年的股利分配。因此，第t年末的股利为：

$$D_t=D_0\times(1+g_1)^t=D_0\times FVIF_{g_1,t}$$

步骤2：求第一次增长阶段的期望分配股利的现值。使用以前的标记符号，其现值可表示为：

$$\sum_{t=1}^{n}\left[\frac{D_0\times(1+g_1)^t}{(1+k_S)^t}\right]=\sum_{t=1}^{n}\frac{D_t}{(1+k_S)^t}=\sum_{t=1}^{n}(D_t\times PVIF_{k_S,t})$$

步骤3：求在第一次增长阶段末的股票价值$P_N=D_{n+1}/(K_S-g_2)$，即股票从第N+1年到无穷年以假设的持续股利增长率g_2增长所期望获得股利的现值。通过应用持续增长模型（等式 4.12）可求得股票第 N 年末的价值。P_N的现值表示从第 N+1 年到无穷年期望收到的所有股利的当前价值。P_N的现值可表示如下：

$$\frac{1}{(1+k_S)^n}\times\frac{D_n+1}{k_S-g_2}=PVIF_{k_S,n\times P_n}$$

步骤 4：将步骤 2 与步骤 3 求得的现值加总后，我们可求出以等式 4.13 表示的股票价值 P_0：

$$P_0 = \sum_{t=1}^{n}\left[\frac{D_0\times(1+g_1)^t}{(1+k_S)^t}\right]+\left(\frac{1}{(1+k_S)^n}\times\frac{D_{n+1}}{(k_S-g_2)}\right) \tag{4.13}$$

下面的例子是对这四个步骤的应用，假设其增长率的变化也只有一次。Morris Industry 是一个飞速发展的船舶制造商，该公司最近一期（1996 年）支付的股利为 1.50 美元/股。公司的财务主管预测新引进的现代船舶使公司的股利分配在最近 3 年（1997 年、1998 年、1999 年）以 10% 的年增长率 g_1增长。而在第 3 年末（1999 年）公司的生产线达到饱和状态，使得股利分配增长率开始以 5% 的增长率（记为 g_2）持续增长下去。公司的必要收益率 k_S是 15%。为估计 Morris Industry 的当前（1996 年末）普通股价值 $P_0=P_{1996}$，根据上述数据采用四步骤法计算如下：

步骤 1：1997 年、1998 年、1999 年这 3 年分配的现金股利见表 4-1 的栏（1）、（2）和（3）的计算。1997 年、1998 年和 1999 年的股利分别为 1.65 美元、1.82 美元和 2.00 美元。

步骤 2：第一次增长期 1997—1999 年期望获得的股利现值计算见表 4-1 的栏（3）、（4）和（5）。这三期现值总额是 4.14 美元，见栏（5）的总计。

步骤 3：计算在第一次增长阶段末（N=1999）的股票价值时，先计算 $D_{N+1}=D_{2000}$：

$D_{2000}=D_{1999}\times(1+0.05)=2.00\times1.05=2.10$（美元）

通过 $D_{2000}=2.10$ 美元、$k_S=0.15$ 和 $g_2=0.05$ 可计算 1999 年末的股票价值：

$P_{1999}=\frac{D_{2000}}{k_S-g_2}=\frac{2.10}{0.15-0.05}=\frac{2.10}{0.10}=\underline{\underline{21.00}}$（美元）

最后，将 1999 年末的股票价值 21.00 美元转换为现值（1996 年末的现值）。使用 15% 的必要收益率，我们可得：

$PVIF_{k_S,N}\times P_N=PVIF_{15\%,3}\times P_{1999}=0.658\times21.00=13.82$（美元）

步骤 4：根据等式 4.13 将第一次增长期获得的股利现值（在步骤 2 中求得）和第一次增长阶段末的股票价值的现值相加得 Morris Industry 股票的当前价值（1996 年末）。

$P_{1996}=4.14+13.82=17.96$（美元）

该股票当前价值为每股 17.96 美元。

值得一提的是，零增长模型、持续增长模型和波动增长模型为我们进行股票价值评估提供了有用的理论框架。显然，由于未来增长率和贴现率本身只是个估计值，因此股票价值这个评估值也就不可能特别精确。从另一个角度讲，由于对增长率和贴现率进行舍入，使之尽可能达到整数的百分数，股票价格估计中难免会存在大量的舍入

表 4-1　　Morris Industry（1997—1999 年）分配股利的现值的计算

t	某年末	$D_0=D_{1996}$ (1)	$PVIF_{10\%,t}$ (2)	D_t (1)×(2) (3)	$PVIF_{15\%,t}$ (4)	股利现值 (3)×(4) (5)
1	1997	$1.50	1.100	$1.65	0.870	$1.44
2	1998	1.50	1.210	1.82	0.756	1.38
3	1999	1.50	1.331	2.00	0.658	1.32

$$股利现值总计=\sum_{t=1}^{3}\frac{D_0\times(1+g_1)^t}{(1+k_S)^t}=4.14$$

误差。因此，在应用评价模型时为减少误差，我们最好谨慎地估计这些比率、保守地舍入，如果可能，舍入至小数点的后十位。

§4.5.3　普通股定价的其他方法

除上述普通股定价方法外，还存在着许多其他定价方法，但只有一个被广泛接受。最常用的方法包括：账面价值法、清算价值法和市盈率法（市盈倍数法）。

账面价值法　简单地说，如果公司的所有资产完全以账面价值（会计价值）出售并且偿还所有债务（包括优先股）后所剩余的资产出售收入在普通股持有者之间进行分配，每股普通股可获得的资产收入额就是每股账面价值。但是账面价值法不够精确，而且完全依赖于可能已经不符合实际情况的资产负债表历史资料，该方法还忽视了公司的期望收益潜力，因此每股账面价值与公司实际市场价值之间的关系一般不大。① 具体请看下例：

Mason 公司现有（1996 年 12 月 31 日）资产总额为 6 000 000 美元，包括优先股在内的负债总额为 4 500 000 美元，流通在外的普通股数为 100 000 股，则该公司的每股账面价值为：

（6 000 000-4 500 000）/100 000=15（美元）

账面价值法假设资产均以账面价值出售，因此它可能无法代表股票价值的最小值。事实上，尽管大多数股票均以高于每股账面价值的价格出售，经常也会出现以低于每股账面价值的价格出售股票的情况。

清算价值法　公司将所有资产出售、所有负债（包括优先股）清偿后所剩余的货币资金在普通股持有者之间进行分配，每股普通股可获得的收入就是每股清算价

① 然而，在公司的生命周期中确有一个阶段适合使用账面价值法，因为在此阶段账面价值是唯一可获得的资料。对于新成立公司（刚刚起步）每股收益指标尚不存在，公司的持续经营价值也不可预测，因此使用每股账面价值来评价公司的价值。

值。对不准备清算的公司，这个衡量方法显然比账面价值更符合实际情况，但是它仍旧没有考虑公司资产的盈利能力。现举例如下：

Mason 公司经过调查表明，如果现在出售资产只能获得 5 250 000 美元，因此每股清算价值为：

（5 250 000－4 500 000）/100 000＝7. 50（美元）

忽略清算过程中的任何费用，则上述每股清算价值将成为该公司股票的最低价值。

市盈率法（市盈倍数）　市盈率反映投资者愿意为 1 美元收益所支付的价款。如果投资者以评价整个行业“平均”收益的方式评价某一公司的收益，那么某一特定行业的平均市盈率可作为评价公司价值的标准。市盈率法是评价公司价值的常用方法，根据该公司的期望每股收益乘以所在行业的平均市盈率来估计公司的每股价格。特定行业的平均市盈率可从标准普尔工业指数处获得。市盈率在评价非上市公司时特别有用，而市场价格则在评价上市公司时特别有用。不管是上市公司还是非上市公司，市盈率法都要优于账面价值法以及清算价值法，因为市盈率法考虑了公司未来的收益情况。具体应用见下例：

Mason 公司期望下一年（1997 年）的每股收益为 2. 60 美元，该期望值是以公司的历史收益趋势、期望的经济行业情况为基础分析得来的。Mason 公司所在行业的平均市盈率为 7，如果投资者继续以收益的 7 倍来衡量平均公司的价值，则用平均市盈率 7 乘以该公司的期望每股收益 2. 60 美元可求出公司的股票价值为每股 18. 20 美元。

值得一提的是，职业证券分析师一般采用多种模型和技术来评价股票。例如，分析师可能采用持续增长模型、清算价值法和市盈率法来估计股票的真实价值。如果分析师认为他的估计值正确，则股票价值应视为不高于分析师的最大估计值。如果公司的每股清算价值高于使用评价模型（零增长、持续增长或波动增长模型）或市盈率法估计的每股持续经营价值，那么该公司在持续经营时期的价值要低于清算时期的价值（死了比活着更有价值）。在此种情况下，公司将缺乏足够的收益能力证明其存在的合理性，因此极有可能被清算。从投资者的角度看，如果投资者能够以低于清算价值的价格购买该股票，这将是非常有利的投资机会，但是这种情况在有效市场条件下根本不会发生。

§4. 5. 4　优先股定价

既然优先股在假定的无限寿命期内持续支付固定股利给投资者，等式 4. 10 也可用于计算优先股价值。用固定优先股利以及优先股投资者的必要收益率分别替换等式 4. 10 中的 D_1 和 k_s，我们可求得优先股价值。例如，某一优先股每年支付固定股利为 5 美元/股，投资者的必要收益率为 13%，则根据等式 4. 10，优先股价值为 38. 46 美元/股（5 美元/0. 13）。Sorensen 和 Hawkins（1981），Emanuel（1983），Ferreira、Spivey 和 Edwards（1992）提出了优先股定价的高级模型。Bildersee（1973）检验了优先股的投资业绩，Lin 和 Rozeff（1995）研究了可转换优先股。

§4.6 普通股定价的高级研究

由于普通股评价的内在复杂性，近几年研究人员进行了大量的有关专门定价的课题研究也就不足为怪了。在这里我们将讨论如下几个课题，首先是最为广泛研究的公司收益与股票价格之间的关系，然后再讨论股票价格和通货膨胀之间的理论与实证关系，接下来是宏观信息对股票价格评价的影响，最后是流动性和个人所得税对普通股定价的影响。

§4.6.1 股票价格与公司收益（损益）

如前所述，普通股的价值可定义为股利或每股收益的现值。有关股票定价的大多数实证研究都对收益和股票价格之间的关系做了检验，在此部分我们将概述这部分实证研究文章，首先讨论所谓的“收益敏感度检验”，即检验股票价格对公司异常收益的敏感程度。然后概括那些证明财务分析师对公司收益的预测优于简单时间系列外推法的预测的文章。最后讨论以上两个部分没有涉及的几个相关收益课题。

收益灵敏度研究 在一篇早期文章中，Ball 和 Brown（1968）研究了年收益报告所传递的信息内容。既然非预期的好消息引起股票价格迅速上扬，而突然的不利收益信息则引起股票价格下跌，他们的结论是收益报告中的数字传递着非常重要的经济和统计方面的信息。然而，最能引起人们兴趣的是，他们发现几乎 10% ~15% 的年度意外收益信息在实际公布前已经反映在股票价格中。这样该项研究不仅确认了公司收益数字对股票定价的重要性，也间接证明了股票市场的有效性，因为在有效市场中，交易者能够利用实际收益宣布之前可获得的公开信息对实际收益情况进行合理预测。

此后的研究检验了股票价格对收益宣布做出反应的速度和有效性。Joy、Litzenberger 和 McEnally（1977）证明，季度收益报告中的意外收益结果要在收益宣布后的几个月之后才能全部反映于股票价格中。随后的几个研究人员也得出了这个研究结果，当然我们能否根据此结果制定交易策略来获利仍是个未知数。在某一相关课题研究中，Bernard、Thomas 和 Abarbanell（1993）概括了近期文章并得出当前股票市场对收益宣告的典型反应过小而不是过大，与那些认为十分敏感的股票市场对收益信息反应总是过度的研究人员所得出的结论恰好相反。Datta 和 Dhillon（1993）发现意外收益信息（非预期的有利或者不利消息）影响股票和债券市场，即收益宣布中的信息影响所有的证券持有者，证券持有者要共享由于意外损益所引起的收益与损失。

财务分析师的收益预测与时间序列预测 有关收益的文章中的一小部分是研究财务分析师所提供的收益预测是否要比时间序列插值法预测或其他技术预测可靠。显然，这个问题连外行人都能回答。因为证券经纪公司的确高薪雇佣分析师进行收益预测，而且只有这些分析师提供的预测分析优于传统预测方法，从而弥补证券经纪公司的高薪雇佣的成本支出时，证券经纪公司才会愿意雇佣他们。Brown 和 Rozeff（1978）首先证实了财务分析师的预测优越性，Givoly 和 Lakonishok（1984），Vander、Weide 和 Carleton（1988）在调查中也确认了这一研究结果。

一些研究人员以财务分析师的预测值为自变量建立了评价模型。例如，Harris 和 Marston（1992）使用财务分析师对标准普尔 500 指数值的预测得出政府和公司债券在 1982—1991 年这个研究期内的平均资本风险溢价，即政府和公司债券的（非稳定）市场风险溢价分别为 6.47% 和 5.13%，他们还证实了资本资产定价模型所预测的个别股票的风险溢价与 β 系数之间的正向关系。

与收益相关的其他研究　除上述主要收益研究领域之外，许多研究还检验了收益和股票价格之间关系的其他方面。Beaver、Kettle 和 Scholes（1970），Bildersee（1975）证实，由市场决定的风险量度（β 系数）和由会计决定的风险量度（杠杆比率、获利能力比率等）高度相关并且可能都反映相同的基础风险因素。Linke 和 Zumwalt（1984）首先证明分析师和公共事业监管人员经常使用的现金流量折现公式存在着估计偏差，然后给出了用于纠正偏差（该偏差与股利收取时间相关）的调整因素。在一个相关课题研究中，Hickman 和 Petry（1990）检验了几个评价非公开上市公司股票的模型，并得出法院赞同的市场比较法（比较同行业中的上市与非上市公司）在一般情况下比其他常用的评价技术更精确并且更有适应力。

Lee、Mucklow 和 Ready（1993）证实了在收益宣布前夕纽约股票交易专家买卖差价的幅度扩大而交易数量下降，这显然表明流动资金提供者对信息不对称风险的变动非常敏感，要采用买卖差价来规避此种风险。[①] 在这些研究中最重要的大概是，Fama 和 French（1995）发现影响收益率的市场、公司规模和账面对市场价值比（见本书第 3 章）也反映在公司的收益水平上。换而言之，较高的账面价值与市场价值比表明企业的长期盈利水平较低，这与合理定价模型的结论显然相一致。[②] Chan、Jegadeesh 和 Lakonishok（1995）发现价值股（低市盈率股票，value stock）的经营业绩优于热门股（高市盈率股票，glamour stock），这并不是数据选择偏差的结果，因为即使对交易频繁的股票采用无选择偏差的样本，这个关系仍存在。

§4.6.2　股票价格与通货膨胀

Fama 和 Schwert（1977）经过研究得出了令人困惑的结论，即普通股的收益率与期望通货膨胀率甚至非预期通货膨胀率负相关。该结论引发了一系列的研究。常识和

---

① 买卖差价研究将在本章中的市场微观结构中做深入分析。

② 不幸的是，由于数据中的干扰值，Fama 和 French 并不能证明收益中的账面与市场因素影响着收益率中的账面与市场因素，尽管得出此结论是非常合理的。

经济理论都表明作为真实资产要求权的股票可以规避通货膨胀所造成的损失，但是有关研究证据表明，虽然建筑等不动产可以规避预期和非预期的通货膨胀，债券也可部分保值，股票却是个完完全全的失败者。Fama（1981）研究证实，股票收益率与通货膨胀率之间的负向关系实际上源于通货膨胀与具体经济活动（尤其是资本支出）之间更基本的负向关系。Geske 和 Roll（1983）指出，通货膨胀率和股票收益率之间存在着财政以及货币联系，即上升的通货膨胀率意味着政府税收收入降低、借款增多、联邦储备系统发行更多的政府债务，从而增加了货币流通量，这反过来又导致更高的真实利率和下跌的股票价格，从而造成恶性循环。

在过去的十年中，研究人员弄清了通货膨胀率和股票收益率之间的具体关系。Titerman 和 Warga（1989）发现，股票收益率和未来通货膨胀率以及利率之间存在显著正向关系，该发现表明股票收益率以一种符合逻辑的方式预测未来价格变动幅度，即股票价格上升预示较高的通货膨胀率和利率，而股票价格的下跌则预示较低的通货膨胀率和利率。Boudoukh 和 Richadson（1993）通过检查股票价格变动和长期通货膨胀率之间的相关性更明确地解释了当期股票收益率与通货膨胀率之间的关系。他们发现在1802—1990 年这个期间，名义收益率与事前预测通货膨胀率以及事后分析得出的通货膨胀率均是正相关的。Boudoukh、Richadson 和 Whitelaw（1994）分别从理论和实践角度检验了不同行业的股票收益率和预期通货膨胀率之间的关系，发现这两者之间的关系与行业产出的周期波动密切相关。非周期波动行业的股票收益率往往与预期通货膨胀率同向变动，而周期波动行业的股票收益率往往与预期通货膨胀率反向变动。

§4.6.3 股票收益率与宏观经济信息

财务管理教师所面临的一个难题是如何向学生解释宏观经济信息（尤其是有关经济增长速度的信息）与股票收益率之间的关系。例如，经济实际增长速度高于预期增长速度的消息将如何影响股票价格的整体水平？一方面，较高的经济增长速度意味着公司收益以较高的速度增长，既然股票价格简单地说是所有未来现金流入的现值，那么较高的公司收益必然意味着较高的股票价格。然而，高经济增长速度同样表明公司借款需求增加以及真实利率上升，这样股票评价等式中的贴现率也会升高。因此，经济增长率升高的宣布可能引起股票价格上升，也可能使之下降，上升还是下降要取决于股票价格评价等式中的分子（每股收益）和分母（贴现率）所受的影响哪个更大一些。

虽然尚没有作者直接确认并检验在决定股票价格方面收益增长率与贴现率之间的关系，因为不管怎样这个关系都是极难明确的，但确有几位作者检验了宏观经济信息对股票价格水平的影响。① 在早期研究中，Pearce 和 Roley（1985）证实有关货币政

① Scott(1985)认为利率变动确实能够部分地解释他所观察到的股票价格的极度波动，但是他却无法从实证中检验这一结论。

策的意外消息极大地影响了股票价格，有关通货膨胀率的意外消息对股票价格影响有限，而具体经济活动的意外消息根本就没有多大影响。McQueen 和 Roley（1993）在考虑了商业循环各阶段的不同股票价格效应后修正了上述结论。他们发现，当经济发展态势良好时，股票市场价格与有关更大规模具体经济活动的消息之间是负相关的，因此他们得出结论，由于贴现率比期望现金流量增长幅度大引起了股票价格同具体经济活动消息之间的负向关系。

Bartov 和 Bodnar（1994）调查了国际经营业务较多的美国公司的股票收益率和汇率变动之间的关系。理论上，国际业务频繁的公司应从美元贬值中获利，因为外国收益的美元价值会升高而美国本土生产的产品在世界市场上以外币表示会变得便宜，这样它们的出口外汇收益增多。尽管 Bartov 和 Bodnar 证实了美元的滞后变化很大程度上能够解释当前股票收益率的波动，但却未能证实同期股票收益率与美元价值变化之间的预期相关性。他们认为这个研究结果证实了市场对国际业务频繁的美国公司的股票价格定价错误。

在我们介绍股票价格与流动性之前，还有两篇文章值得一提。Shinnar、Dressler、Feng 和 Avidan（1989）以大型美国公司为样本提出一个估计真实经济收益的方法，他们证实从 20 世纪 60 年代到 20 世纪 80 年代这些公司的核心盈利能力下降了。[①] French 和 Poterba（1991）试图解释日本股票价格在 1986—1989 年之间的大幅度上涨以及随后股票价格的暴跌，虽然股票价格的下跌要比最初的上升更容易解释，但是它们仍然无法充分地解释这两种股票价格变动。[②]

§4.6.4　股票价格与流动性

如同债券评价中债券价值与流动性的关系一样，股票价值同流动性之间的合理关系直至 1986 年才被实证研究所证实。在 1986 年，Amihud 和 Mendelson 证明了股票流动性（以买卖差价来衡量）与期望收益率之间存在着一个非线性负向关系，投资者持有流动性差的股票必然要求一个相对较高的期望收益率。Amihud 和 Mendelson（1991）还检验了上述流动性研究结果对投资期限不同的投资者的作用。

有趣的是，1986 年也是另一个研究流动性或股票收益文献支派的重要年份，他们研究“交叉上市”或股票包含在一个主要股票指数中对股票价格的影响。Harris 和 Gruel（1986）分析了如果某公司股票包含在标准普尔 500 指数中是否影响其市场价值，既然这种包含并不传递关于该公司未来发展的任何信息，因此检验这种包含的影

① 事实上，在经济扩张期内（从 1991 年 5 月开始）这一趋势已经开始反转，到 1995 年美国公司的盈利能力已达到 45 年内历史最高水平。

② French 和 Poterba 还证实了经常引用的日本和美国公司之间的平均市盈率差别中的大约一半可通过会计差异予以解释。这些会计差异却不能解释为什么日本股票价格在 1986—1989 年之间上涨了 1 倍，也不能解释为什么随后的股票价格暴跌。

响实际上等同于检验 Scholes（1972）的“价格压力假说”。由于包含在标准普尔 500 指数中该股票价值立即上涨了 3%，而且两个星期后价格又回落到原始价格，因此 Harris 和 Gruel 将他们的研究结果作为支持该假说的论据。一旦某一股票被包含在标准普尔 500 指数中，共同基金的经理（尤其是指数基金的经理）就会购买该股票，添加到自己的投资组合中，但是这种需求的增加很快会减退，因此股票价格也就慢慢回落到初始价值。

此后的两个研究支持了 Harris 和 Gruel 的结论。Kadlec 和 McConnell（1994）检验了在纽约股票交易所上市对股票价值的影响，他们发现从其他交易市场转移到纽约股票交易所上市使股票价格迅速提高 5%，同样也使股票持有者的数量增加以及买卖差价降低。他们的结论是，投资者对股票的认可以及流动性水平的提高都是转移上市所增加价值的源泉。Beneish 和 Gardner（1995）发现，包括在道·琼斯平均工业指数中并不像包括在标准普尔 500 指数中那样，股票价格和交易数量并没有提高很多。他们把这种情况归因于缺乏使股票市场重新达到均衡的指数基金（没有以道·琼斯平均工业指数为基础的主要期货或期权合同）。①

除了上述的实证研究之外，Diamond 和 Verrechia（1991）还从理论角度检验了流动性的价值，他们检验了公司为减少信息不对称并提高证券流动性而自愿公开信息的动机。显然，他们发现大公司自愿公开信息的动机较多，因为流动性增加能给它们带来更多的利益。Diamond 和 Verrechia 还证明了完全消除信息不对称会促使市场庄家退出交易，从而会减少流动性并降低证券的价值。

§4.6.5 税收与股票评价

现在我们要谈最后一个问题，即有关个人所得税对股票定价的影响。由于我们将在其他章节中深入研究这一问题（尤其是风险与收益、资本结构和股利政策等章中介绍），而且在债券评价中也介绍了这一问题，我们在这里只是简单介绍并着重于资本利得税对股票价格的影响。这个领域的研究侧重于估计资本利得税的有效税率，并研究这些税收如何影响对税负敏感的投资者的交易行为。

Protopapadakis（1983）、Poterba（1987）、Seyhun 和 Skinner（1994）、Bossaerts 和 Dammon（1994）检验了美国的资本利得税的有效税率。Protopapadakis 估计在 1960—1978 年这一研究期间内有效的边际资本利得税率为 3.4% ~6.6%，他还发现资本利得一般在股票持有 24 ~31 年之后才实现。Poterba 检验了美国税收实现资料来调查投资者是否能够逃避资本利得税，他发现投资者在避税方面存在着巨大的差异，但是的确有超过 40% 的投资者支付了高额的资本利得税。Seyhun 和 Skinner 也检验了税收实现资料，发现投资者的资本利得税负的确很重，但是投资者并不试图通过股票

① 然而，Beneish 和 Gardner 却发现当某一股票被道·琼斯平均工业指数排除在外时收益率显著下跌，他们认为股票被排除在外后，投资者获取信息以及进行交易的成本升高导致了收益率显著下跌。

交易来减少其税收负担。Bossaerts 和 Dammon 研究了如果在评价收益率时考虑个人所得税因素是否会提高消费资本资产定价模型的解释能力。他们发现，加入股利税变量提高了模型的适用性，但是资本利得变量的协方差不够精确而且大得相当不合理。

在最早也是最重要的一个研究中，Constantinide（1984）检验了个人所得税如何导致投资者交易行为发生改变，他论述了投资者应如何交易从而最小化个人税负，并指出这种最小化税负的交易行为可能与股票收益率的“1 月效应”有关（小额股票的不正常的年初高额收益率）。Auerbach（1988）在试图评价资本利得税率变化的影响时，调查了一些介绍税收导向交易以及资本利得税如何影响股票价值的文章后，他得出这样的结论：实际上，我们现在所了解的关于消费者行为的知识并不足以预测税率变动将如何影响交易模式或证券定价。如前所述，Seyhun 和 Skinner（1994）检验了资本利得税是否会促进投资者积极进行交易，但几乎没有发现任何证据。

在另一方面，Umlauf（1993）证实了在 1980—1987 年之间瑞士政府对股票交易征收股票交易税引起股票价格和交易量下降，但没有减少价格的波动幅度。在 1986 年股票交易税率上升至 2% 引起在瑞士交易的股票转移至伦敦进行交易，这个实证研究的结果与 Levine（1991）的税负政策与经济增长模型的预测相吻合。Levine 预测，对金融资产交易征税会减少分配至公司的经济资源，以及增加公司提前将资本从生产性用途转移出去的可能性，因此交易税的净结果是降低每单位资本的经济贡献率。

§4.7　市场微观结构理论与实务

在过去的几十年中，大概还没有哪个金融领域能够像市场微观结构理论那样吸引学术界和实务界。该理论研究如何通过交易活动将信息反映在证券市场价格中，以及市场制度安排如何影响证券定价的效率。这个相对较新的研究领域由于下述两个主要原因成为研究的焦点：一是 1987 年证券市场的崩溃迫使政策制定者和学术研究者不得不面对现实，证券市场要比他们以前所认为的更波动（更脆弱）;① 二是在过去的几十年中资本市场一直在发展中，许多国家第一次建立了它们的股票和债券市场，同时，解除管制和私有化再次推动了其他国家的已经发展起来的证券市场的交易规模，

① 我们都知道，在 1987 年 10 月 19 日交易历史上灾难性的一天，美国主要的股票交易市场仅仅一天就损失了其价值的 25%。在那一天纽约证券交易所中大约 6 亿股的股票易手，道·琼斯工业指数降低了大约 500 点（大约是工业指数当前价值的 22%），而在美国的其他证券交易所和国际交易市场中情况更糟。然而就在第二天，市场就恢复了其损失值的 1/3，不到一年内美国主要的股票交易市场又达到了历史新高水平。有趣的是，到 1995 年平均股票交易量如此之大以至于在 1995 年 7 月 19 日这一不利但不是灾难性的一天中创出交易量新纪录。在那一天在 NASDAQ 和 NYSE 两个股票交易所分别有 5. 975 亿股和 4. 829 亿股的股票易手，DJIA 和 NASDAQ 指数分别下跌了 57. 41 和46. 12 点。尽管如此这两个指数下跌并没创下新纪录，但 NASDAQ 的交易量则是最高水平，而且 NASDAQ 和 NYSE 两个股票交易所的股票交易量合计第一次超过了 10 亿股。

这种证券交易量的大规模增加促使理论界去研究证券市场的运作原理。

市场微观结构是个新的研究领域，对此我们尚没有确切的分类方法，要介绍这些理论因而变得相当困难（而且是相当有争议性的）。因此，我们并不试图使用一个简单的分类方法，我们将列出微观研究领域试图解决的六大重要问题，而这六个问题将作为我们介绍有关文章和进行讨论的主线。实际上，微观研究领域已建立了六种模型来解决如下问题：

1）价格形成模型：该模型解决了相关的内幕信息如何反映在证券的市场价格中，以及市场庄家如何防御同掌握充分信息的交易者进行交易遭受损失的可能性。

2）价格-成交量模型：几个价格－成交量模型试图解释实践中有关现象，即交易量和价格在市场开盘之后以及市场收盘之前发生的迅速而有规则的大幅度波动。另一些模型则试图预测一个掌握充分信息的交易者为了尽可能地利用内幕消息的价值何时以及如何选择进行交易（是在频繁还是不频繁的交易阶段，以及是采用一笔大额交易还是几笔小额交易）。

3）买卖差价模型：在大多数的金融市场中，对提供流动资金的市场庄家的补偿是以买卖差价形式做出的，买卖差价是指市场庄家购买证券所愿意支付的价格（收购价，bid price）与出售证券所愿意接受的价格（要价，ask price）之间的差额。几个理论模型预测了买卖差价的大小以及构成（根据买卖差价的大小以及构成决定不对称信息的相对重要程度、订单处理和存货控制成本等），并预测在不同的制度环境下的市场之间差价如何变化。一些实证研究检验了这些模型，但检验结果的差异明显。

4）市场结构模型：非常奇怪的是，美国两个最大的股票交易市场竟有根本不同的做市制度，依据任何过去的标准来衡量，两者都有着极为成功的历史。在纽约股票交易所（NYSE），交易所指定的每个专家都有责任保持某一特定公司股票交易的秩序，这个专家或者必须配比市场参与者所提交的买卖订单，或者必须自己成为希望购买或出售股票的市场参与者的交易对方。[①] 相对而言，纳斯达克市场（NASDAQ）则允许多个交易者作为某一特定股票的市场庄家，在短期通知的条件下，这些交易者可以自由进入或退出市场交易。学术研究人员一直在试图解释专家和交易者市场为何能共存，并试图预测哪种类型的市场更有竞争优势。

5）非股票市场的微观结构模型与应用：几个研究人员已经将主要用来检验股票市场的微观结构研究工具应用于对其他几种金融市场的考察中。他们一直在试图用微

① Lindsey 和 Schaede(1992)介绍了专家系统这一历史创新。大约是在 1875 年一个叫 James Boyd 的经纪人由于一条腿断了严格限制了他的活动范围，因此决定只在交易所的某处对某一股票(Western Union)进行交易。很快其他交易者发现在 Boyd 的位置处他们就可以作价买卖股票，因此其他经纪人也对其他股票复制这一创新做法。到 1910 年纽约股票交易所的成员中大约 10%(1 000 人中有 123 人)为专家，而到 1987 年这个比例提升至 31%(1 336 个成员中有 422 人为专家)。

观结构效应来解释未能解释的金融现象，如公司宣布发行新股后，为什么股票持有者获得负收益率？

6）证券市场监管的最优模式：它是微观结构研究最有发展前途的领域之一，它提供了分析证券市场监管的有效性与成本的客观工具，这些市场监管方式既包括已经实行的，也包括提议或考虑但尚未实行的。正如你所期望的，目前的研究结果表明就连政策制定者自己都感觉有反对强制管制的必要性。

在下面我们将依次讨论上述模型，首先是价格形成模型。我们并不试图全面地介绍每个领域中的所有文章，只是简要介绍每个领域中的关键理论模型以及这些核心模型的理论扩展与实证研究。

§4.7.1　价格形成模型

现代资本市场理论存在自相矛盾之处。为了有效地传递信息及分配资源，金融市场必须能够迅速而完全地将所有非公开信息融入资产要求权的价格之中。然而，Grossman（1976）、Grossman 和 Stiglitz（1980）证明，如果市场参与者只作为价格接收者并且价格是完全无所保留的（即反映所有相关信息），那么市场均衡的存在就不需要昂贵的信息获取成本。[①] 既然投资者的信息获取投资不会获得任何相应的收益补偿，就没有一个投资者有获取信息的投资动机。但是我们知道如果投资者不去获取任何信息，价格就不会传递任何信息给投资者。因此为使金融市场有效，交易就必须是昂贵的而且存在一个能够补偿交易者的信息投资成本的机制。促成上述市场均衡形成的理论模型被称作噪声理性预期模型（参见 Diamond 和 Verrechia（1981）、Verrechia（1982）），或者简称价格形成模型。

最早的、迄今为止最具影响力的以及较为完备的价格形成模型是由 Kyle（1985）所提出的一个动态的（多期间）交易模型，该模型允许检验价格的信息成分、投机市场的流动性特征以及非公开信息对内幕人员的价值。在 Kyle 的模型中有三类交易者：（1）一个风险中立的内幕人员；（2）多个相互竞争的、风险中立的市场庄家；（3）不了解信息的、进行随机交易的噪声交易者。内幕人员可利用自己信息垄断的优势在一个动态的市场环境中最大化其收益；而噪声交易则可为他提供伪装，从而掩饰他与市场庄家之间的交易。内幕人员和噪声交易者的总需求量称作订单流量，内幕人员以一种将非公开信息逐渐融入市场价格中的方式进行交易，市场庄家理性地解释订单流量所传递的信息，然后据此确定一个能从交易中获取零利润的价格。因此，最后市场庄家的损益平衡，获取利润为零，而内幕交易人员以噪声交易者的损失为代价赚取利润。

Kyle 的模型代表着整个理论界的重大突破，因为该模型描述了在信息不对称影

---

① Jackson（1991）对此自相矛盾的观点进行了有效的讨论。

响数量和价格的条件下所形成的市场交易均衡。随后，Easley 和 O'Hara（1987），Subrahmanyan（1991），Harris 和 Raviv（1993），Wang（1994），George、Kaul 和 Nimalendran（1994），Foster 和 Viswanathan（1994）扩展了该模型或者重新提出新的价格形成模型。[①] 总而言之，这些作者都阐述了在多种制度并存以及信息不对称环境下，交易的作用就是将所有相关信息反映于市场价格中，从而补偿内幕交易人员的信息价值，同时提供竞争性的收益给市场庄家。[②]

由于价格形成模型的理论特点，这些模型一直不是实证研究的主要课题之一。但是，Jones、Kaul 和 Lipson（1994）对价格形成模型做了分析，证明尽管正如所预测的那样，交易量能够向交易者提供一定量的信息。但是就有关提供信息的解释而言，交易的总体数量比交易规模更重要。事实上，交易规模的大小根本无法解释上述几种交易的价格波动性。

§4.7.2 价格-成交量模型

一系列实证研究（Wood、McInish 和 Ord（1985）进行了最初的研究）证明，平均股票价格波动性和成交量在每个交易日的开始和结束时是最高的。[③] 几个作者一直在试图以完全信息理论模型解释这些 U 形的价格波动性和交易量模式。[④] Adamti 和 Pfleiderer（1988）、Foster 和 Viswanathan（1990）提出了时间交易量模型，证明信息如何通过掌握信息的交易者的交易策略反映在证券价格上。[⑤] 这些研究的不同点在于：Adamti 和 Pfleiderer 预测当假设交易成本很低时，掌握信息的交易会集中在流动性交易经常发生的时间段，即每个交易日的开盘和收盘期间；而 Foster 和 Viswanathan 则预测掌握信息的交易者会回避这些交易密集时间段，因为这段时间内不利信息成本

---

① Easley 和 O'Hara 证明，如果允许交易规模变化，在交易中就引入了一个逆向选择问题，也就是掌握充分信息的交易者所希望进行的交易额要高于噪声交易者的。Subrahmanyan 在 Kyle 的模型基础上为市场庄家和掌握充分信息的交易者加入风险厌恶。Harris 和 Raviv 根据交易者对公开信息（不是内幕信息）的观念差异提出了投机市场中的交易模型。Wang 认为交易者信息天赋的差异性取决于竞争市场中价格和交易量的波动度。George、Kaul 和 Nimalendran 证明交易量同专家市场（在此市场中交易成本被审慎地确定）中的信息不对称程度之间反向相关。Foster 和 Viswanathan 描绘了在两类信息不对称交易者以及完全不了解信息的市场庄家这三类交易者条件下的市场均衡。

② 在《财务研究博览》（1991）的市场微观结构特刊中，一些作者从理论或实证角度检验了几个重要的定价模型。

③ 使用纽约股票交易所的一个新交易数据资料，Wood、McInish 和 Ord 也证实了平均收益率在开盘和收盘时是最高的，而且一旦考虑了不正常时间内交易所引起的偏差值，股票收益率几乎不存在短期自相关性。Tauchen（1985）在讨论中有效地总结了该篇文章的事实。

④ Spiegel 和 Subrahmanyan（1995）提出了一个有点相关的模型，该模型分析了期望大额需求压力对资本价格的影响。这个模型还预测了可以准确选择交易时间的大型机构会选择在开盘时或在交易量极其高的时间内交易。

⑤ 这两篇文章均采用了 Kyle 的基本结构模型，即信息完备的交易者、竞争性的市场庄家与不了解信息的噪声交易者的三结构模型。

(以及整体交易成本) 最高。Foster 和 Viswanathan (1993) 证明逆向选择成本和收益波动性在交易开盘时是最高的，他们认为这个发现与 Adamti 和 Pfleiderer 的结论恰好相反，但是支持了他们自己 1990 年提出的时间交易量模型。①

最近几个实证研究也检验了当天收益率所显示的价格与成交量（以及波动性）之间的关系。Berry 和 Howe (1994) 证实公开信息的到达（以路透社信息服务部的信息发布来衡量）呈现出系统性的当日和季节性特征，他们还描述了发布的信息与交易量之间存在着正向关系（与波动性之间不存在正向关系)。Gerety 和 Mulherin (1994) 利用共 40 年的“道・琼斯 65 合成工业指数”的每小时观察值检验了波动性每日的演变过程，他们证实在每个交易日瞬间波动性慢慢降低，并认为他们的结论支持了交易促进价格形成的观点。② Chang、Jain 和 Locke (1995) 证实了标准普尔 500 期货市场的 U 形波动性特征在标准普尔 500 股票市场收市后才出现。既然期货市场在股票市场收市后仍交易 15 分钟，这种波动性特征表明即使基础资产市场已经收市，价格的发现过程仍然继续着。

§4.7.3　买卖差价模型

买卖差价模型是市场微观结构研究范围之一，它不仅适用于进行理论与实践分析，还极易于理解。因此，买卖差价模型实际上也是市场微观结构理论研究的成功之处。从概念角度，证券市场中的买卖差价是指为了保证市场庄家继续提供流动性服务而给他的经济补偿。尤其是，我们期望市场庄家时刻准备买入任何人想要卖出的证券，而时刻准备卖出任何人想要买入的证券。市场提供给可能顾客的买入价同卖出价之间的差额被称作“牌价差额”(quoted spread)，而市场庄家购入证券实际支付和出售证券存货实际收到之间的差额则被称作“有效差价”(effective spread)。在实务中，有效差价几乎是总小于牌价差额。例如，在美国股票交易市场中，有效差价稍微高于牌价差额的一半。③

对流动性服务的早期理论研究主要着重于处理买卖订单的交易成本 (Demsetz, 1968)。事实上这些已经支付的机会成本只是牌价差额的一小部分，这部分成本常被

---

① Foster 和 Viswanathan 还证明在周末以及多日收盘波动模式与交易周内的隔夜收盘波动模式之间存在着差异。Slezak(1994)提出了一个模型，并利用该模型解释了较长收盘期间内以不确定性(以及持有证券存货所带来的风险增加)延迟解决为基础的交易日期间模式。

② 他们还认为这驳斥了停板制度以及其他强制性停市制度(只要价格波动超过一定的数量，整个股票市场的交易都要中止)，这些我们将在下面详细介绍。

③ Stoll(1989)发现在 NASDAQ 市场中已实现的差价一般为牌价差额的 57%，Peterson 和 Fialkowski (1994)证实上市交易股票的差价甚至更低(一般只有牌价差额的 50%)。Peterson 和 Fialkowski 还发现纽约股票交易所的差价(但对顾客而言差价稍微大一些)要小于地方股票交易所的差价，而且他们认为这有力地驳斥了美国股票市场统一的观点。Campbell、LaMaster、Smith 和 Van Boeing(1991)证实了在一个实验市场中交易者愿意以低于公开买卖差价的价格私下交易股票(场外交易股票)，这种私下交易允许他们在不公开承认愿意让价的基础上分享由差价所代表的收益。

称为订单处理成本。同样，早期的实证研究往往对比不同市场中所观察到的差价总额，而并不试图将差价总额分解为几个部分进行分析（Branch 和 Freed，1977）。在 20 世纪 80 年代一个买卖差价综合模型逐渐发展起来。Holl 和 Stoll（1981，1983）证明，市场庄家将根据牌价差额调整他们个人的证券存货水平，即当存货水平过低时他们会提高实际买价与（或者）卖价，而当存货水平太高时他们降低实际买价与（或者）卖价。这就是从买卖差价中分解出来的存货控制成本，存货控制成本表明买卖报价的调整过程具有明显的特征。[①] Copeland 和 Galai（1983），Glosten 和 Milgrom（1985）证明，如果可能存在掌握充分信息的交易，这种可能性自身就能导致一个正的买卖差价，而且在大多数情况下也能够提高牌价差额。买卖差价中的这种“逆向选择成分”（adverse selection component）意图补偿市场庄家与一个信息更完备的交易者做生意的风险，逆向选择成本也是买卖报价调整过程的特征之一。既然在任何给定交易中市场庄家的对方交易者总有可能是一个掌握充分信息的交易者，因此市场庄家在每次购买之后都要降低其买入价，而每次出售之后都要提高其卖出价。

许多实证研究均证实了牌价差额（开列买卖差价）三成本模型的基本有效性，但对不同成本的重要性则存在差异。Glosten 和 Harris（1988）、Hasbrouck（1988）清楚地证明了逆向选择成本模型的重要性，但是迄今为止最全面的差价分解实证研究还属 Stoll（1989），他对纳斯达克的股票牌价差额进行了研究，并证实了牌价差额中对逆向选择成本、订单处理成本和存货控制成本的补偿分别约占牌价差额的 43%、47% 和 10%，有效差价平均占牌价差额的 57%。

§4.7.4 市场结构模型

美国金融界对专家市场与交易者市场的竞争优势至少争论 30 年了。这场争论中只有部分是学术性质的，绝大部分还是属于实务界的——美国两大主要股票交易所在这场争论中的获益更高，因为不管谁赢得这场争论都相当于赢得了未来全球资本交易的绝对优势。[②] 就本质而言，这场争论围绕着这个问题展开：“哪个市场结构能提供给市场参与者下述流动性特征的最优组合？”（1）市场深度，大额证券交易对价格造成最低影响的市场能力；（2）市场紧度，快速证券交易对价格不造成很大影响的市场能力；（3）定价效率，交易能够快速而完全地将相关信息融入价格的能力；（4）经营效率，以低成本提供做市服务（有限的买卖差价以及最低交

---

① 对买卖差价如何对订单处理成本、存货控制成本和逆向选择成本做出反应阐述最清晰的大概应属 Stoll（1989）。

② 既然世界各国的交易体系都在试图获得地区或国际优势地位，其他国家在此争论中也有一定的利益关系。然而奇怪的是，三个最大的股票交易市场，东京、大阪、法兰克福对零售交易均不采取任何类型的市场庄家（参见 Lindsey 和 Schaeda，1992，48 页），但是 Lehmann 和 Modest（1994）证明，这并不能防止东京股票市场的有效运作。

易费用)；(5) 有保证的做市服务，即使在市场危机时刻，市场庄家仍愿意提供买卖服务。

Ho 和 Stoll (1983) 最先从理论方面检验了专家市场与多券商市场的孰优问题，[①] 他们证明对于同种可比证券，多券商市场的买卖差价（如 NASDAQ）要高于专家市场的买卖差价（如 NYSE 和 AMEX），因为多券商市场总是时刻准备以牌价进行更大数量的交易。换句话说，在低交易成本与高交易量之间总是存在一个权衡关系。Ho 和 Macris (1985)、Grossman 和 Miller (1998) 也证明同专家市场相比多券商市场的确有较高的证券存货持有量，而且提供更佳的市场深度。[②] 在另一方面，Leach 和 Madhavan (1993) 预测专家市场更利于价格发现，因为作为垄断交易者的专家能够试验不同的价格水平直至获取合适的价格水平。专家可以用以后交易期间的盈利订单流弥补其早期的交易损失，[③] 而在多券商市场中，没有任何交易者能够试验价格水平，因此每笔交易必须盈亏平衡。

既然理论界对最有效的市场结构尚没有定论，那么在实证研究中两个市场结构是否已决出胜负？就现在而言，多券商市场的前景是相当黯淡的。几项研究已明确地证实了专家市场的竞争优势。Leach 和 Madhavan (1993) 证实了他们所预测的专家市场的价格发现优势。Affleck-Graves、Hedge 和 Miller (1994) 证明 NYSE 和 AMEX 的订单处理成本要低于 NASDAQ 的订单处理成本（尽管 NASDAQ 的逆向选择成本要低）。然而最具杀伤力的还是 Christie 和 Schultz (1994) 以及 Christie、Harris 和 Schultz (1994) 所做的实证研究。Christie 和 Schultz 对 NASDAQ 市场中频繁交易的 100 种股票进行了研究，他们发现分母是 8，分子是奇数的报价对其中 70 种股票实际上是不存在的。此结论暗示了最小的买卖差价是 2/8 (0.25 美元)，也显然表明了 NASDAQ 的交易者串通起来保持较大的差价。Christie、Harris 和 Schultz (1994) 再次确认了这个结论，他们证实，1994 年 5 月 26 日他们第一次的研究结果在全国商业媒体公布后，几个最大的 NASDAQ 股票的有效差价降低了约 50%。

然而，并不是所有的实证研究都赞同专家市场。尽管 Affleck-Graves、Hedge 和 Miller (1994) 证明了 NYSE 的订单处理低成本，他们也证实了 NASDAQ 的低逆向选择成本以及较低的存货控制成本。Brock 和 Kleidon (1992)，Harris (1994)，Chan、Christie 和 Schultz (1995) 证实了在 NYSE 买卖差价的每日模式中交易所专家的垄断能力，该模式也反映了（可能也是相关的）所观察到的波动性以及交易

---

① Glosten(1994)等所进行的另一理论和实证研究分支检验了电子化交易系统是否(或者是将)能与交易所系统并驾齐驱。

② Affleck-Graves、Hedge 和 Miller(1994)概括了有关专家市场与交易者市场的相对市场深度的文章。

③ Aitken、Garvy 和 Swan(1995)使用澳大利亚股票交易所的资料证实了在客户与经纪人之间的长期关系下也存在这样的交易利益。

量的 U 型模型。最后，Stoll（1993）讨论了当大部分交易量发生在场外时，专家交易的实际重要性开始逐渐降低，在 NYSE 亦是如此。[①] 总而言之，多券商市场显然应该有相对重要的优势，尽管实证研究对此尚没有定论。如果多券商市场没有优势，我们又怎么解释 NASDAQ 交易量的显著增长，而且 NASDAQ 现在的交易总量比 NYSE 和 AMEX 两个交易所的合计量还要多。[②]

§4.7.5 非股票市场微观结构模型与应用

虽然大多数核心微观结构模型意在解释美国股票市场的交易，也有几个研究使用市场微观结构分析工具检验其他市场的交易模式。Vijh（1990），Figlewski 和 Webb（1993）检验了股票期权市场的作用以及流动性特征。Bollerslev 和 Domowitz（1993）、Bessembiner（1994）检验了银行间外汇市场的买卖差价。此外，Bessembiner（1993）检验了八大期货市场中交易量、价格波动性以及市场深度三者之间的关系，发现未结清权益水平（大量流通在外的未结清合同）降低了价格波动性。

其他相关实证研究重新检验了以前尚未解释的金融现象，以确定这些现象是否可部分或全部以微观结构效应来解释。显然，只要考虑了微观结构效应，许多现象或者消失或者变得不怎么明显了。有关这些方面的研究工作包括：Lease、Masulis 和 Page（1991）（解释非适时股票发行宣布后的负每股收益率），Baker 和 Edelman（1992）以及 Cowan、Carter、Dark 和 Singh（1992）（AMEX 对 NYSE、NASDAQ 对 NYSE 的上市决策比较），Conrad 和 Conroy（1994）（股票分割日的超额正收益率），Han（1995）（反向股票分割的流动性效应）。此外，Huang 和 Stoll（1994）、Park（1995）分别解释了以前证明的作为微观结构非自然信号的每日内和不同交易日间股票收益率的自相关关系。

§4.7.6 证券市场监管的最优模式

大多数金融专家，不管是在商业还是在学术界，都对金融市场管制有着发自内心的厌恶。市场微观结构研究不可能改变他们的厌恶情绪，但是该研究的确为分析证券市场管制的有效性以及成本提供了一个坚实的理论基础。在市场微观结构研究应用中，最极端的例子是，1987 年 10 月市场崩溃后交易所（迫于政府的压力）所采用的停板制度（circuit breaker）。这些制度的意图在于如果交易日中价格变化超过预先确

---

① Madden（1993）所讨论的市场趋势以及改革建议也清楚地表明专家作用的再度降低已经为期不远了。

② 然而在 NYSE 和 AMEX 上市交易股票的平均价格相对较高，因此它们的每日成交额仍然很大。此外，既然 NYSE 和 NASDAQ 两个股票交易市场的每日交易量均超过 3 亿股，显然在我们可预测的未来任何一个市场都不可能击败另一个市场，那么这任何一种体制的支持者只能取得金融上的成功而不能获得最终胜利的情感上的满足。

定的数额时就中止交易（交易停板）。[①] Lee、Ready 和 Seguin（1994），Subrahmanyam（1994）都从实践和理论角度研究了交易停板问题，并都得出交易停板并没有降低反而提高了交易量和价格波动性。[②] Grundfest（1993）和 Mulherin（1993）则非常有说服力地证实了美国证券交易委员会制定监管规则的假设条件要么有缺陷，要么已经过时。

§小　结

资本市场的核心作用在于为评价公司债务以及所有者权益要求权提供价格信号。从理论角度讲，股票和债券评价是个相当简单的过程，只需首先估计证券持有者可获得的现金流量，然后再利用恰当的风险调整贴现率确定这些现金流量的现值。而在实际条件下，评价过程是相当复杂的，要受与所有公司相关的市场因素以及与每个公司相关的特定因素这两类因素的影响。本章分别介绍了这两类因素，首先是介绍利率期限结构的决定因素，然后是分析市场微观结构在决定证券价值方面的重要性。

§习　题

1. 请简单描述在资本市场内如何对证券进行定价？

2. 在市场利率分别为 6%、8%、10% 时，计算 10 年期、票面利率 8%、每年付息一次的债券价值。

3. 定义下列术语：(a) 票面价值；(b) 到期时间；(c) 溢价债券；(d) 折价债券。

4. 当债券的票面利率与市场利率均为 6% 时，5 年期债券以票面价值出售。假设这时市场利率上涨至 9%，则该市场利率的变化所引起债券价值变化的百分比是多少？

5. 讨论债券利率风险与票面利率以及到期时间之间的关系。

---

① 当道·琼斯平均工业指数波动超过 50 点时将触发第一类停板制度，而波动超过 250 点时将触发第二类的停板制度。在第一类停板制度下，希望进行投资组合保险交易策略（在此动态交易策略下，投资者为保持投资组合价值的同时买卖基础股票以及这些股票的指数期货和期权合同）的投资者不能使用交易所的清算设施（参见 Brenna 和 Schwartz，1989）。在第二类停板制度下，只要波动达到了 250 点，整个交易所将在本交易日内停止交易。自从 1987 年第一类停板制度已被多次触发，而第二类停板制度尚未触发过。但是如 Power（1995）所指出的，由于该制度是以名义值波动（250 点）而不是以百分比波动表示的，因此该制度在某一天必定会被触发。

② Dutta 和 Madhavan（1995）对交易所在没有政府压力条件下所采取的价格保持制度（限制个别股票价格波动的制度）得出了一个略有不同的结论。就那些专家发起的交易中止制度而言，尽管这些制度使利润在交易者间重新分配，它们并没有降低价格的指示作用。

6. 使用第2题中的资料，但是该债券不是每年付息一次而是每半年付息一次，在此条件下重新计算债券的价值。

7. 什么是费雪效应？实证研究是证实了还是反驳了该模型的预测？

8. 定义如下术语：(a) 利率期限结构；(b) 收益率曲线；(c) 正常的或向上倾斜的收益率曲线；(d) 向下倾斜的收益率曲线；(e) 平坦的收益率曲线。

9. （论述题）描述利率期限结构的3个主要预期理论。每个预期理论所预测的收益率曲线在正常情况下是何种形状？

10. 假设当前1年期利率是6.5%，当前2年期利率是8.0%，则在下一年末1年期债券的内含远期利率是多少？如果当前2年期利率是5.5%而不是8.0%，则内含远期利率又是多少？

11. 什么是市场细分假说？该假说如何成功地解释了利率期限结构？

12. （论述题）简要介绍“持有期间”，并讨论持有期间同债券评价之间的关系。为什么持有期间既可用时间衡量又可用价格弹性衡量？

13. 如何将“债券投资组合”免疫？说明“免疫”一词的含义以及投资者为什么要将“债券投资组合”免疫？

14. （论述题）描述债务到期结构选择的主要理论以及该理论的关键特征。每个理论模型的主要实证研究预测是什么？哪些模型在实证研究中获得了证实？

15. 在到期结构选择模型中，偿债能力风险是指什么？

16. （论述题）描述债券约定书中的典型债券保证条款。加入这些保证条款的意图是什么？

17. 为什么并非所有债务约定书中都加入债券提前赎回条款？在此条款下，谁将作为支付方以及如何支付？

18. 为什么并非所有债券约定书中都加入可转换条款？可转换债券的强制转换在实证研究中有哪些规律可循？

19. 介绍积极保证条款和消极保证条款之间的区别。

20. 流动性和税负将如何影响债券评价？

21. 对抵押债券而言，投资者必须面临哪些普通公司债券持有者无需承受的特定风险？

22. 简述证券评估机构所期望行使的经济功能以及它们行使这些功能的有效性。

23. 已知某公司的资本必要收益率为12.5%，该公司期望每年持续支付固定股利4.00美元/股，则该公司的股票价格应为多少？

24. 假设当前无风险利率为6.0%，市场（资本）风险溢价为5.0%，某个公司的β系数为1.40。如果该公司期望以后每年持续支付固定股利5.00美元/股，则该公司的股票价格应为多少？

25. 假设ABC公司当前支付股利2.50美元/股，并且期望股利以每年5%的增长率持续增长。如果该公司的必要收益率为12%，则股票价格应为多少？

26. 假设上述 ABC 公司的股利不再以每年 5% 的增长率持续增长，而是在前 4 年先以 6% 的增长率增长，4 年后再以 3% 的增长率持续增长。如果必要收益率仍为 12%，则股票价格应为多少？

27. 每年固定股利为 7.00 美元/股的优先股在市场上出售的价格应为多少才能产生 11% 的年收益率？

28.（论述题）描述公司收益同股票价值评估之间的实证关系。

29. 对比财务分析师的公司收益预测与时间序列插值法求得的公司收益预测之间的精确度。

30. 简述并解释通货膨胀率和股票评价之间的关系。

31. 流动性和个人所得税将如何影响股票评价？

32.（论述题）介绍近年来市场微观结构领域的重要课题并概括这个研究领域的主要成果。

33. 介绍 Kyle 价格形成模型的主要特征，该模型为什么是理论界的一大突破？

34. 买卖差价所必须包括的 3 个主要成本成分是什么？在实证中每个成本成分的重要性是什么？

35.（论述题）一个纽约股票交易所的热衷人士曾经说过这样一番话："纽约股票交易所的专家系统从本质上要优于多交易人员的市场庄家系统。"你将如何评论这番话？

36."停板制度"的含义以及目的是什么？它是否已成功地实现了上述目标？

参考文献

第 5 章　期权估价

§5.1 导　言

期权，金融中常用术语，赋予持有者在到期日或到期日之前以某一特定的履约价格购买或出售某种商品的权利，但这并不是一种义务。尽管我们生活中常见的期权合约赋予持有者的只是购买或出售股票、债券以及其他证券的权利，但是在现代经济活动中，投资者、管理人员等个人面临着越来越多具有期权性质的选择。例如，某一公司投资基金负责人决定对一个刚刚研制成功但发展前景广阔的新兴科技进行投资，他实际也是在购买一项期权。成绩优异的本科毕业生继续其硕士学业同样也在为自己创造一种期权。如前述两例所表明的，期权的主要特征是赋予投资者以确定的价格购买一定价值的商品的单方面权利，却没有相应的强制履约义务。[①]

本章着重介绍金融市场期权，尤其是上市交易的普通股期权。在 5.2 小节我们首先介绍期权市场交易中的常用术语，然后介绍买卖期权合约的投资者所面临的损益模式。在 5.3 小节我们将讨论布莱克-斯科尔斯期权定价模型（Black-Scholes option pricirg model，B-SOPM）的发展过程以及该模型中自变量是如何影响期权估价的，在此节的结尾处我们将描述合理期权定价的边界条件。5.4 小节概括了有关布莱克-斯科尔斯期权定价模型的实证研究以及以非常量收益率方差为假设的其他模型。5.5 小节研究了 1973 年以后提出的基本定价模型的理论扩展及其应用，接着又讨论了有关近二十年来发展起来的高级期权定价模型的实证研究。

---

① 在我们上述的两种期权以及在该章中所介绍的其他各种期权之间存在着细微但是很重要的差别。尽管这两种期权代表着净价值的创造，然而几乎每种期权都是零和博弈，即博弈一方的收益恰是另一方的损失。

§5.2　期权交易的术语与损益图

§5.2.1　术　语

几乎每个金融领域都有其独特而丰富多彩的专业词汇，期权交易这一领域也绝不例外。下面我们将介绍几个主要的期权交易术语以及它们在现代金融中的具体应用实例。

买方期权　买方期权（又叫看涨期权）赋予投资者在到期日或到期日之前以某一特定的价格购买某一资产的权利。现举例说明该买方期权合约的运行方式。假定在1995 年 1 月 11 日（星期三）你购买了一份买方期权，在此期权合约下你有权在 1995 年 2 月 18 日星期六当天或之前以 40 美元/股的固定价格购买 TELMEX 股票[①]。你购买该期权时基础资产 TELMEX 股票的市场价格是 35.375 美元/股（实际上表示为 35⅜美元/股），因此，作为买方期权持有者的你自然是希望在以后的 5 个星期内 TELMEX 股票价格能够上扬，从而在到期日你可以 40 美元/股的价格购买股票，并在证券交易市场售出所购入的股票，我们假设该股票将以 45 美元/股售出，这样每售出一股你就可赚得利润 5 美元。在买方期权中，期权合约的买方处于看涨的有利地位，而另一方面，期权合约的卖方（卖给你期权的人处于看跌的有利地位，看涨的不利地位）则希望在 2 月 18 日之前 TELMEX 股票的价格不会高于 40 美元/股，如果高于的话，他不得不以低于市场的价格履约。如果基础股票价格持平或者下跌，期权买方将放弃期权，而期权卖方则获得权利金。

卖方期权　卖方期权赋予投资者在到期日或到期日之前以某一特定的价格出售某一资产的权利。现举例说明该卖方期权合约的运行方式。假设你的朋友 Forrest Grump 对股票的走势相当悲观，在你购买该股票买方期权的同时，他以相同的履约价格 40 美元/股购买了 TELMEX 股票的 2 月份到期的卖方期权，在此卖方期权合约下，你的朋友 Grump 有权在 2 月 18 日当天或之前以 40 美元/股的价格卖出 TELMEX 股票。如果在以后的 5 个星期之内 TELMEX 股票价格继续下跌并低于当前股票价格 35.375 美元/股，Forrest Grump 将获利。期权的卖方自然是希望 TELMEX 股票价格能够上涨，或者至少是价格保持不变。在股票价格持平或上涨时，期权将不会被履行而期权卖方

---

① 关于在芝加哥期权交易市场进行期权交易的具体细节请参见 Bodie、Kane 和 Marcus(1993)第 19 章和 20 章中的详细介绍。股票期权一般在其到期月的第三个星期六那一天到期。因此我们的 2 月份到期的期权合约应该在 1995 年 2 月的第三个星期六到期。此外，在实际中，期权合约是以每 100 股为一履约单位，而不是我们所说的一股。但是为了简便起见而且在实际中股票和期权的价格都是以每股的形式表示，我们在讨论中仍使用每股的形式。

将获得权利金。

履约价格 又被称为敲定价格、执行价格。对于买方期权，是期权持有者决定履约，买入基础资产而必须支付给期权卖方的每单位价格（通常是每股价格）。对于卖方期权，履约价格是期权持有者决定履约，卖出基础资产而向期权卖方支付的价格。在上例中，40 美元/股是以 TELMEX 股票为基础资产的买方期权和卖方期权的履约价格。

到期日 又被称为满期日，是期权合约到期以及期权卖方不再承担不利价格波动的义务的日期。像 TELMEX 这样交易频繁的股票一般都有多种到期日的上市交易期权合约，有的到期时间甚至高达 1 年①。投资者或利用套期交易避险的公司若想获得长期的股票或商品期权，可通过与商业银行或其他期权交易商私下协商获得。

欧式期权与美式期权 欧式期权只能在到期日履行，而美式期权可在到期日或到期日之前的任意时点履约。显然，美式期权至少和其他条件与其等同的欧式期权有着相同的价值，而在一般情况下，相对而言，美式期权价值更高。此外，如在上例中的 TELMEX 股票期权，大多数交易的期权合约是美式期权，尽管这些期权是在欧洲期权市场中上市交易的。②

权利金 权利金是期权买方向期权卖方交纳的期权合约价格。不管期权买方是否履行合约，期权卖方都将获得该权利金。上例中 TELMEX 买方期权的卖方获得 1.313 美元/股的权利金（或者说每 100 股的期权合约的权利金是 131.25 美元），而 TELMEX 卖方期权的卖方则获得 5.625 美元/股的权利金。在以后的讨论中，我们将知道期权的权利金与无风险利率、期权的履约价格、到期时间、基础资产的当前价格以及价格的波动性等因素是特定相关的。

增值期权、减值期权和平值期权 这些期权交易术语所要告诉我们的是，如果期权在此时到期是否具有价值。在上例中的卖方期权，由于当前股票价格 35.375 美元/股远低于履约价格 40 美元/股，Forrest Grump 先生购买的期权每股增值 4.625 美元。期权的履约价格同基础股票的当前价格之间的差额被称作内在价值，而权利金同内在价值之间的差额被称作时间价值。所以，TELMEX 卖方期权的 5.625 美元/股的权利金可分解为 4.625 美元的内在价值和 1.00 美元的时间价值，Grump 先生只需每股付出 1.00 美元就可享受在以后 5 周内从 TELMEX 股票价格下跌中获利的权利。另一方面，你所购买的买方期权则是减值期权，即内在价值为 0，1.313 美元/股的权利金代表的只是该期权的时间价值。如果该期权在你阅读完这句话时恰好到期，那么很对不

① 令人奇怪的是，在 1994 年 TELMEX 股票是纽约证券交易所中交易最为频繁的股票之一，但更奇怪的是，该股票只不过是在 1991 年随着 TELMEX 公司私有化以及随后美式存托凭证（ADR）发行之后，才在纽约证券交易所上市。

② 该一般规则的主要例外是标准普尔 100 指数合同，该指数期权合同自 1983 年 3 月 11 日在芝加哥期权交易所开始上市交易，而且很快（现在仍是）成为最受欢迎的期权合同之一。

起，你的期权一文不值。如果 TELMEX 股票的当前价格恰为 40 美元/股，即期权履约价格等于当前股票价格时，买方期权和卖方期权都是平值期权。在此情况下期权的内在价值均为 0，而期权的权利金则代表着时间价值。

§5.2.2　期权卖方与买方的损益图

表 5–1 列示了节选自《华尔街时报》的有关 TELMEX 股票在 1994 年 12 月 19 日的上市期权行情表（A 组）。在 1995 年 1 月 10 日墨西哥政府将比索贬值 15%（币值随后下跌 20%，在 1 月初又稍有回升），导致包括 TELMEX 股票在内的几乎所有的墨西哥金融资产的美元价格都猛烈下跌，因此，我们又列示了比索贬值第二天即 1995 年 1 月 11 日的 TELMEX 期权行情表（B 组）。讨论基础资产价格的波动性在期权价值评价过程中的重要性时，我们将比较这两个日期之后的期权价值。现在，我们的目的主要是研究在各种到期股票价格水平下的 TELMEX 股票期权买卖双方的损益情况。

表 5–1　　节选自《华尔街时报》有关 TELMEX 股票的情况

在 1994 年 12 月 19 日（A 组）和 1995 年 1 月 11 日（B 组）的上市期权行情表　　单位：美元

股票收盘价	敲定价格	到期月份	买方期权		卖方期权	
			成交量	收盘价	成交量	收盘价
A 组：1994 年 12 月 19 日						
$48\frac{1}{2}$	45	1 月	296	$4\frac{3}{8}$	3 462	$\frac{3}{4}$
$48\frac{1}{2}$	45	2 月	25	5	529	$1\frac{1}{4}$
$48\frac{1}{2}$	45	5 月	—	—	927	$2\frac{1}{16}$
$48\frac{1}{2}$	45	8 月	—	—	103	$2\frac{5}{8}$
$48\frac{1}{2}$	50	1 月	3 168	$1\frac{7}{16}$	3 363	$2\frac{3}{4}$
$48\frac{1}{2}$	50	2 月	1 053	2	953	$3\frac{3}{8}$
$48\frac{1}{2}$	50	5 月	290	$3\frac{7}{8}$	2 864	$4\frac{1}{8}$
$48\frac{1}{2}$	50	8 月	110	$5\frac{1}{4}$	1 946	$4\frac{7}{8}$
$48\frac{1}{2}$	55	1 月	3 442	$\frac{3}{8}$	1 491	$6\frac{1}{2}$
$48\frac{1}{2}$	55	2 月	2 257	$1\frac{3}{16}$	157	$6\frac{1}{4}$
$48\frac{1}{2}$	55	5 月	2 180	$2\frac{1}{8}$	163	$7\frac{3}{4}$
$48\frac{1}{2}$	55	8 月	3	$3\frac{3}{8}$	213	$8\frac{1}{8}$
$48\frac{1}{2}$	60	1 月	1 901	$\frac{1}{8}$	2 175	$10\frac{7}{8}$
$48\frac{1}{2}$	60	2 月	512	$\frac{3}{16}$	2 004	11
$48\frac{1}{2}$	60	5 月	140	$1\frac{1}{8}$	2 310	$10\frac{3}{4}$
$48\frac{1}{2}$	65	1 月	6	$\frac{1}{16}$	2 101	$15\frac{7}{8}$
$48\frac{1}{2}$	65	2 月	1 562	$\frac{1}{8}$	2 232	16
$48\frac{1}{2}$	65	5 月	232	$\frac{1}{2}$	16	$15\frac{3}{4}$
$48\frac{1}{2}$	85	1 月	—	—	50	$35\frac{3}{4}$

续表

股票收盘价	敲定价格	到期月份	买方期权		卖方期权	
			成交量	收盘价	成交量	收盘价
B 组：1995 年 1 月 11 日						
35 3/8	30	2 月	2 114	6 3/8	4 941	1 5/16
35 3/8	30	5 月	292	7 3/4	1 278	1 3/4
35 3/8	30	8 月	121	7 1/2	588	2 1/4
35 3/8	35	1 月	19 443	1 7/8	5 033	1 7/16
35 3/8	35	2 月	12 786	3 1/8	4 122	2 5/8
35 3/8	35	5 月	1 027	4 3/4	862	3 7/8
35 3/8	35	8 月	766	5 1/8	317	4 1/4
35 3/8	40	1 月	5 289	5/16	2 099	5 1/4
35 3/8	40	2 月	6 229	1 5/16	1 265	5 3/8
35 3/8	40	5 月	1 423	2 9/16	320	6 5/8
35 3/8	40	8 月	378	3 1/4	114	7 1/2
35 3/8	45	1 月	8 535	1/8	332	10 1/4
35 3/8	45	2 月	1 239	9/16	233	10 1/4
35 3/8	45	5 月	686	1 3/8	263	10 1/2
35 3/8	45	8 月	173	11 5/16	149	11
35 3/8	50	1 月	38	1/16	16	15
35 3/8	50	2 月	1 505	1/4	123	14 7/8
35 3/8	50	5 月	411	3/4	100	15 3/4
35 3/8	50	8 月	61	1 3/16	43	17 3/4
35 3/8	55	1 月	99	1/16	6	22 1/2
35 3/8	55	2 月	111	1/8	30	21 1/2
35 3/8	55	5 月	139	1/2	109	21 7/8
35 3/8	55	8 月	146	1 3/16	68	22

图 5–1 是前述履约价格为 40 美元/股的 TELMEX 买方期权的损益情况图。该图的 X 轴表示 TELMEX 股票在到期日 2 月 18 日的各种可能价格，Y 轴则表示交易双方在各价格水平下的可能损益。当 TELMEX 股票价格低于或等于 40 美元/股时，期权卖方的净利润是其在 1 月 11 日所获得的 1.313 美元/股的期权权利金，而这恰是期权买方的净损失（作为期权买方你的损失）。如果股票价格高于 40 美元/股时，TELMEX 股票价格每上涨 1 美元，买方期权的持有者就多赚 1 美元的利润，而该利润的赚取是以期权卖方多损失 1 美元为代价的。在股票价格等于履约价格加上期权权利金，即 41.313 美元/股时，期权买卖双方处于损益平衡（净利润或净损失为 0）。

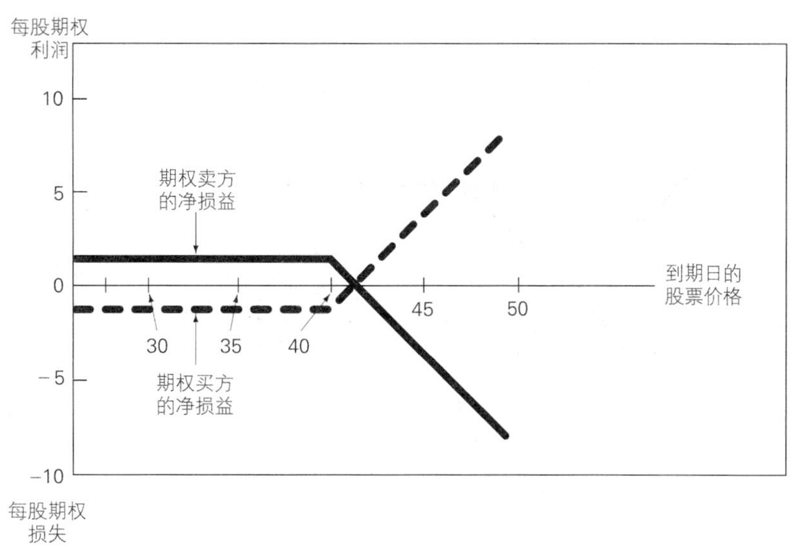

图 5-1　关于 TELMEX 股票买方期权的损益情况图

图 5-2 是前述履约价格为 40 美元/股的 TELMEX 卖方期权的损益情况图。在任何 TELMEX 股票到期日价格高于或等于 40 美元/股时，期权卖方的净利润是其在 1 月所获得的 5.625 美元/股的期权权利金，这也是期权买方（Forrest Grump）在此价格范围内的净损失。在 TELMEX 股票到期日价格低于 40 美元/股时，股票价格每下跌 1 美元，期权买方就相应地多赚 1 美元，而期权卖方就相应地多损失 1 美元。如果在以后的 5 周内，墨西哥政府决定将 TELMEX 公司收归国有并且不补偿投资者的任何损失，那么在纽约证券交易所上市交易的 TELMEX 股票价格将跌至 0，而卖方期权的持有者 Grump 先生将以 40 美元/股的履约价格售出其基础股票，每股获得 34.375 美元的净利润（即 40 美元/股的履约价格减去 5.625 美元/股的期权权利金）。如果股票价格大崩溃这种不幸的事确实发生，期权卖方将遭受期权买方所获得利润那么多的损失。当股票价格在到期日等于 34.375 美元/股，即履约价格减去期权权利金时，期权买卖双方处于损益平衡（净损益为 0）。

§5.2.3　买卖平价理论

下面我们将证明对于始终持有相同资产，其买卖期权价格之间存在着系统相关性。假设我们采取如下交易策略：（1）在股票市场上以当前市场价格 S 购买一股 TELMEX 股票；（2）以履约价格 X=40 美元/股出售一份欧式买方期权；（3）以同一履约价格 40 美元/股购买一份欧式卖方期权。在到期之日（未来的 T 时点），TELMEX 股票的市场价格可能高于或等于其履约价格 40 美元/股（S≥X），或低于其履约价格（S<X）。使用上述符号和交易策略中的价格指标（45 美元/股或 35 美元/股），现将上述交易策略中的损益情况列示如下：

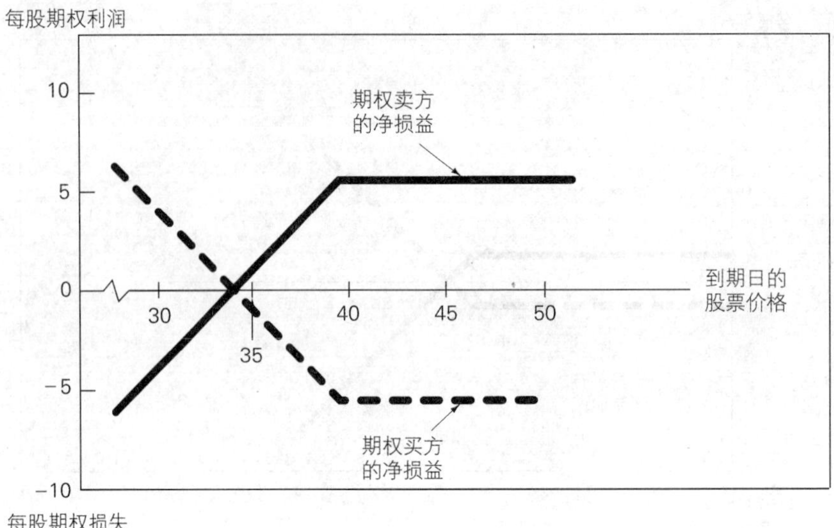

图 5-2　关于 TELMEX 股票卖方期权的损益情况图

	\$45/股	S≥X	\$35/股	S<X
持有股票的价格	S	\$45	S	\$35
售出的买方期权的价值	-（S-X）	-\$5	0	\$0
购入的卖方期权的价值	0	\$0	（X-S）	\$5
组合的净价值	X	\$40	X	\$40

从上表中我们可以看到，不管 TELMEX 股票的到期价格如何变动，该投资策略的损益值一直是 40 美元。既然该投资组合在时间 T（未来 T 时点）的损益可确定为 40 美元，且是确定的，因此我们可以使用无风险贴现率 r_f 计算该投资组合的现值。根据不连续贴现的原理，当前股票价格 S_0、履约价格为 X、到期时间为 T 的欧式卖方期权的现值 P_0 以及履约价格和到期时间相同的欧式买方期权的现值 c_0 之间的关系可表达为下述代数等式 5.1：

$$S_0+P_0-c_0=X/(1+r_f)^T \tag{5.1}$$

将该公式重新整理可得等式 5.2，由于等式 5.2 以当前股票价格、到期时间、期权履约价格为基础恰当地表达了卖方期权价格和买方期权价格之间的关系，因此又将其称为买卖平价公式：

$$S_0+P_0=c_0+X/(1+r_f)^T \tag{5.2}$$

如果知道买卖平价公式的 6 个变量 S_0、P_0、c_0、X、r_f或 T 中的任意 5 个变量，以这 5 个变量值为基础，我们可求出剩下那个变量的值。例如，使用前述的 TELMEX 股票的有关数据，即 $S_0=\$35.375$，$P_0=\$5.625$，$X=\$40.00$，$r_f=0.075$（年利率为 7.5%）和 T=0.1041（以 1 年 365 天除 1 月 11 日至 2 月 18 日之间的 38 天），我们可求出买方期权的现值为：

$$c_0 = S_0 + P_0 - X/(1+r_f)^T$$
$$= 35.375 + 5.625 - 40/1.075^{0.1041}$$
$$= 1.30 \text{（美元）}$$

事实上，此买方期权的市场价值确为 1.313 美元/股，因此，我们所计算的买方期权价值 1.30 美元/股与实际情况相当接近。

§5.3　布莱克-斯科尔斯期权定价模型

在 1973 年费希尔·布莱克（Fischer Black）和迈伦·斯科尔斯（Myron scholes）提出他们的封闭式估价模型之前，经济学家一直在试图对期权进行估价①。以前的估价模型一直在是否应确定普通股期权持有者所要求的必要收益率中停滞不前。期权作为一种衍生工具（衍生工具的价值源于基础资产的价值），其价值与作为其基础的普通股的价值紧密相关，但是在费希尔·布莱克和迈伦·斯科尔斯之前，期权价值同股票价格之间的精确关系仍是一个未知数。但有两点是显而易见的：（1）既然买方期权有效地代表着投资者对股票的杠杆要求权（levered claim），因此期权比作为其基础的股票的风险性高（其价格波动性更高）；（2）即使股票的期望收益率（和实际收益率）在一段时间内保持不变，期权的期望收益率仍然要随股票价格的变化而持续波动。

费希尔·布莱克和迈伦·斯科尔斯（1973）经研究认为：如果特定市场的有效性和收益率概率分布假设能够成立，投资者可以通过购入股票（股票市场上多头）同时卖出该股票的买方期权（期权市场上空头）形成一个无风险套期投资组合。只要建立无风险套期组合，使用一个简单的动态交易策略，该套期组合的无风险性就可以保持至买方期权的到期日。既然在均衡市场中无风险投资必然要赚取以无风险利率计算的利息，布莱克-斯科尔斯模型不仅能够巧妙地计算出期权本身的期望收益率，而且能够将买方期权的价值表示为五个可观察（或至少是可计算的）变量的函数，即当前股票价格、期权履约价格、期权到期日、无风险利率、股票价格的瞬间波动性等变量的函数。在进行深入研究之前，我们需先介绍布莱克-斯科尔斯期权定价模型成立的假设条件，然后再系统地介绍两人推导出买方期权定价公式的逻辑过程，但不会探讨他们在推导过程中所使用的高等数学知识。在讨论过程中，我们将使用 Smith 所使用的有关术语（1979，288 ~296 页）。②

---

① 如果想了解在布莱克和斯科尔斯之前的期权估价理论（如法国数学家 Louis Bachelier 所进行的研究）请参见 Smith（1976，628 ~633 页）。

② 如果你希望全面了解布莱克-斯科尔斯期权定价模型的推导过程，请查阅布莱克-斯科尔斯期权的文章原文或者是 Smith（1979）的相关文章。Copeland 和 weston（1988，296 ~299 页）提出了一个较易理解但不很严密的期权定价模型推导过程。最后是 Merton（1973，162 ~169 页）提出了另一种推导过程。

§5.3.1　布莱克-斯科尔斯期权定价模型的基本假设及其发展

在推导期权定价模型之前，布莱克和斯科尔斯做出如下基本假设：(1) 存在无摩擦市场，在此市场条件下，交易成本和税金均为0；(2) 股票的短期交易不受任何限制；(3) 股票不发放股利和其他各种形式的收益；(4) 市场持续存在；(5) 在连续时间内股票价格的波动呈随机分布，以及在任何有限的时期末，可能的股票价格的概率分布是对数正态分布；(6) 股票收益率的方差为常数；(7) 期权持有者只有在到期日才能履行期权合约（该期权是欧式期权）；(8) 无风险利率已知，并始终保持不变①。换言之，布莱克和斯科尔斯假定存在无摩擦市场，股票价格变动呈静态随机变动（价格在一个稳定的边界内持续变动）以及利率和收益率方差为非随机数（常数）。

布莱克和斯科尔斯经过验证得出：投资者通过购买股票（在股票市场为多头，a long position in the stock）同时卖出买方期权（在期权市场为空头头寸，a short position in call option）可能获得一个确定价值为 V_H 的无风险套期保值组合，而且必须权衡所需购买的股票数量和卖出的买方期权数量之间的比例，使股票与期权价格的变动相互抵消，从而获得无风险套期组合。以 Q_c 表示套期保值组合中须售出的买方期权数量，Q_s 表示套期保值组合中须购买的股票数量，则套期保值组合价值 V_H 可由等式5.3表示如下：

$$V_H = Q_s S + Q_c C \tag{5.3}$$

同前，该式中的S表示每股股票价格，C表示有权购买每股股票的买方期权价格。

如果能够恰当地选择股票和买方期权的数量 Q_s 和 Q_c，使两者之间的数量比 Q_s/Q_c 等于期权价格变动和股票价格变动之比的相反数 $-(\partial_c/\partial_s)$，那么套期保值组合价值的变动（我们假设该变动是由股票市场价格上涨所引起的），恰可被售出的买方期权价格上涨所带来的负债的增加所抵消。事实上，正是通过股票价格与期权价格之间变动的这种相互抵消关系，投资者投资于套期保值组合的净资本变得没有风险。而且投资者只要随时间变动相应调整 Q_s 和 Q_c，使 Q_s/Q_c 恒等于 $-(\partial_c/\partial_s)$，套期保值组合的无风险状态就可始终保持。既然套期保值组合的到期日价值可预先确定，那么套期保值组合的现值可用无风险利率折现套期保值组合的到期日价值求出。

根据无风险套期保值组合的原理，布莱克和斯科尔斯仅利用可观察或可估计变量股票价格S、期权履约价格X、股票收益率方差 σ^2、到期时间T（当前时点t同到期时点 $t*$ 之间的间隔，表示为 $t*-t$）和无风险利率r推出确定买方期权价格的微分方程②。既然期权到期日价值必为到期日股票价格S和期权履约价格X之间的差额

---

① 尽管这些假设条件看起来过于极端而不切合实际，但是在以后的讨论中，我们可以看到在弱化了若干假设条件后，布莱克-斯科尔斯期权定价模型仍然成立。

② 值得注意的是，这个无风险利率是连续复利的无风险利率r，而不是在我们以后讨论中所用的单期、非连续无风险利率 r_f。

$S*-X$或 0 两者之间最大值，那么我们可确定买方期权到期日价值的边界条件等式 5.4：

$$c* = \max[S*-X, 0] \tag{5.4}$$

在此边界条件下，布莱克和斯科尔斯对原不可求解的微分方程进行变量替换，得出另一个有已知解的微分方程（物理上的热量交换恒等式）。布莱克和斯科尔斯最终导出的等式如等式 5.5 所示：

$$c = SN(d_1) - e^{-rT}XN(d_2) \tag{5.5}$$

公式中：

$$d_1 = [\ln(S/X) + (r+\sigma^2/2)T]/\sigma\sqrt{T}$$

$$d_2 = [\ln(S/X) + (r+\sigma^2/2)T]/\sigma\sqrt{T}$$

公式中：c＝买方期权的现值

T＝期权到期时间（或表示为 t^*-t）

e＝2.71828，自然对数的底数

ln＝自然对数

N（d）＝累积的正态概率密度函数

同前，变量 S、X 和 r 分别表示股票当前价格、期权履约价格和无风险利率。如果将 N（d）近似地看作风险调整后的期权到期增值的概率，我们可据此理解该期权定价模型的工作原理。[①] 首先，假定股票价格远高于买方期权的履约价格（$S/X>>1.0$），这表明买方期权到期增值的概率几乎是 1。因此在此例中，$N(d_1)$ 和 $N(d_2)$ 都将非常接近于 1.0，$N(d_1)$ 和 $N(d_2)$ 代入买方期权定价公式后，等式 5.5 近似转化为 $S-Xe^{-rT}$，即买方期权的现值等于当前股票价格减去期权履约价格的现值。再假定股票价格远低于买方期权的履约价格（$S/X<<1.0$），因此 $N(d_1)$ 和 $N(d_2)$ 将非常接近 0，代入期权定价公式中可知买方期权的价值也大约为 0，而这恰是对完全减值期权的期望值。综上所述，当 N（d）的值介于 0 与 1 之间时，买方期权的价值可视为期权履约价格乘期权到期增值概率后的折现值同持有股票至期权到期日所获损益之间权衡后的结果。

§5.3.2　期权价值的决定因素

买方期权价值可用等式 5.6 这种更一般的函数形式表达，即只表示为股票价格、期权履约价格、到期时间、收益率方差和无风险利率这五个自变量的函数：

$$c = c(S, X, T, \sigma^2, r) \tag{5.6}$$

同理，卖方期权价值（P）也可以同样的函数形式表示，尽管各变量同期权价值

---

① 我们在此部分中的讨论将严格遵循 Bodie、Kane 和 Marcus（1993，681～683 页）所使用的分析模式，他们对布莱克—斯科尔斯期权定价模型工作原理的分析，是我们迄今为止所看到的最易理解的一个。

之间关系的变化方向是不同的。以这种函数形式表示买方期权价值和卖方期权价值，能够更清晰地表明各变量是如何影响期权估价的。例如，期权履约价格 X 的上涨会对买方期权价值造成何种影响？显然，在一定的股票价格和到期日条件下，较高的履约价格会降低买方期权价值。这是因为在较高的履约价格下，期权到期增值的可能性大大降低了（而更有可能在期权到期时不行权）。因此，买方期权持有者不会喜欢一个较高的履约价格。恰好相反的是，卖方期权的持有者却出于同样的原因而喜欢较高的履约价格，履约价格越高，卖方期权越可能到期增值。我们可将上述关系用数学方式表达，即买方期权价值对履约价格的偏导数为负（$\partial_c/\partial_x<0$），而卖方期权价值对履约价值的偏导数为正（$\partial_p/\partial_x>0$）。

表 5-2 概括了等式 5.6 中的 5 个变量同买方期权价值和卖方期权价值之间的相互关系。表中第 1 栏列示了各变量名称及代表符号，第 2 栏和第 3 栏分别以文字（正向或负向）和符号（偏导数）形式描述了该变量同买方期权之间关系的变化方向，第 4 栏和第 5 栏提供了有关该变量同卖方期权之间的关系的相同信息。在我们下面的讨论中将使用真实的价格资料进一步阐明一些关键点，因此我们会经常查阅两个不同时期的 TELMEX 股票期权价格，见表 5-1。此外我们对这些关系的解释仅局限于了解阶段，如果希望获得更精确严密的数学解释，请查阅 Smith 的有关书籍（1979，293 ~ 294 页和 295 ~296 页）。

表 5-2　　股票期权价值同基本定价因素之间关系的变动方向

因素名称和代表符号	买方期权		卖方期权	
	变动方向	偏导数表达式	变动方向	偏导数表达式
股票价格 S	正向	$\partial_c/\partial_s>0$	负向	$\partial_p/\partial_s<0$
期权履约价格 X	负向	$\partial_c/\partial_x<0$	正向	$\partial_p/\partial_x>0$
到期时间 T	正向	$\partial_c/\partial_r>0$	正向或负向	$\partial_p/\partial_r\leqslant0$ 或 $\partial_p/\partial_r\geqslant0$
股票收益率方差 σ^2	正向	$\partial_c/\partial\sigma^2>0$	正向	$\partial_r/\partial\sigma^2>0$
无风险利率 r	正向	$\partial_c/\partial_r>0$	负向	$\partial_p/\partial_r<0$

股票价格 S　在给定的期权履约价格和到期日条件下，股票价格和买方期权价值是正向变动的（$\partial_c/\partial_s>0$），而股票价格和卖方期权价值是反向变动的（$\partial_p/\partial_s<0$）。很显然，1 个月期、履约价格 45 美元的买方期权在当前股票价格为 48. 50 美元/股比在当前股票价格为 35. 375 美元/股的条件下更有价值，而卖方期权在当前股票价格为 48. 50 美元/股的条件下价值反而要低。表 5-1 中所列示的真实股票价格与期权价值清楚地反映了这一关系。1994 年 12 月 19 日 TELMEX 股票价格为 48. 50 美元/股，履约价格 45 美元/股、1995 年 1 月到期的买方期权的权利金是 4. 375 美元/股（该期权是增值期权），履约价格 45 美元/股、1 月到期的卖方期权的权利金是 0. 75 美元/股（该期权

是减值期权)。1995 年 1 月 11 日 TELMEX 股票价格已下跌至 35.375 美元/股，履约价格 45 美元/股、2 月到期（到期时间 1 个月）的买方期权的权利金仅为 0.563 美元/股（该期权是减值期权)，而履约价格 45 美元/股、2 月到期的卖方期权的权利金却高达 10.25 美元/股，该期权每股增值 9.625 美元。

期权履约价格 X　在给定的股票价格和到期日条件下，履约价格与买方期权价值是负相关的（$\partial_c/\partial_x<0$)，而履约价格与卖方期权价值是正相关的（$\partial_p/\partial_x>0$)。如前所述,其原理很简单——履约价格越高，股票价格在期权到期时间内上涨使买方期权向增值方向移动的可能性就越小，因为股票价格并不能无限地上涨。同理，卖方期权的履约价格越高，到期日股票价格低于履约价格的可能性就越大，即该期权就越可能增值。1995 年 1 月 11 日 TELMEX 股票的买方和卖方期权价值清楚地证实了这一关系。在当前股票价格为 35.375 美元/股时，履约价格 35 美元/股、2 月到期的买方期权价值为 3.125 美元/股，而履约价格 40 美元/股、2 月到期的买方期权却只值 1.313 美元/股。卖方期权刚好相反，履约价格 35 美元/股、2 月到期的买方期权价值为 2.625 美元/股，而履约价格 40 美元/股、2 月到期的买方期权却卖到 5.625 美元/股。

到期时间 T　到期时间实际上从两个方面影响期权价值。影响之一是：期权到期时间越长，股票价格上涨（或下跌）使买方（或卖方）期权向增值方向移动的可能性就越大。到期时间与买方和卖方期权价值之间均是正向变动关系（∂_c/∂_r，$\partial_p/\partial_r>0$)。影响之二是：到期时间越长，越降低期权履约价格的现值。这一影响又进一步提高了买方期权价值，因此买方期权价值同到期时间之间是明确的正向关系（$\partial_c/\partial_r<0$)。由于卖方期权持有者希望在期权到期日收取现金，然而降低了期权履约价格现值也就减少了卖方期权的现值（$\partial_p/\partial_r<0$)，这也就降低了该期权持有者将来可收回现金的现值。因此，到期时间的两个影响综合在一起，我们并不能直接推出到期日对卖方期权的净影响是正向还是负向，因为该影响还须依赖于无风险利率和股票价格变动率的整体水平。表 5-1 表明，1995 年 1 月的卖方期权价值随到期时间的变长而提高。例如，1995 年 8 月到期履约价格为 35 美元/股的卖方期权价值为 4.25 美元/股，而 1995 年 2 月到期履约价格为 35 美元/股的卖方期权价值仅为 2.625 美元/股，1995 年 3 月到期履约价格为 35 美元/股的卖方期权价值则为 3.875 美元/股。买方期权价值与到期时间是明显的正向关系。1995 年 1 月，8 月到期履约价格为 35 美元/股的买方期权价值要比 2 月到期的买方期权价值每股高出 2.00 美元（5.125-3.125)。

股票价格波动幅度 σ^2　股票价格波动幅度对买方和卖方期权价值的影响类似于到期时间的影响。股票价格波动幅度越大，股票价格上涨（或下跌）使买方期权（或卖方期权）向增值方向移动的可能性就越大（$\partial_c/\partial\sigma^2$，$\partial_p/\partial\sigma^2>0$)。期权这种波动幅度越大对投资者越为有利的非均衡特性，与其他金融资产的均衡损益特性形成鲜明对比。大多数投资者偏好于波动性较小的证券，因为这会减少持有期间因大幅度的价格下跌而遭受巨额投资损失的可能性。而期权代表的是一种对到期日股票价格概率分布中的高峰价格（买方期权在高峰价格处行使要求权）和低谷价格（卖方期权在低谷价格处行使要求权）的要求权，价格波动幅度越大自然是越好。

无风险利率 r 在所有影响期权价值的变量中，无风险利率变化的影响在直觉上是最不明显的——尽管这种影响是相当直接的。无风险利率的上调降低了增值买方期权持有者在期权到期日所须支付的履约价格的现值，从而提高了该期权的价值，因此无风险利率同买方期权价值是同向变动的（$\partial_c/\partial_r>0$）。反之，无风险利率的上调降低了增值卖方期权持有者在期权到期日可收取的履约价格的现值，从而降低了该期权的价值，因此无风险利率同买方期权的价值是反向变动的（$\partial_p/\partial_r<0$）。

§5.3.3 合理期权定价的限制因素（或边界条件）

Merton 在一篇与布莱克和斯科尔斯所发表的论文几乎具有同样影响力的论文中，使用简单优势辩证法（dominance argument）证明了合理期权定价的几个限制因素或边界条件。大多数限制条件显然遵循基本期权定价公式（例如，期权价值必须非负；在相同履约价格条件下到期时间较长的期权价值至少等于到期时间较短的期权价值；美式期权的价值应至少等于与其等同的欧式期权的价值），我们在这里就不再具体列举。感兴趣的读者请查阅 Merton 的相关文章或 Smith 对这些限制条件的概括性文章（1976，620～627 页）。然而其中两个限制条件却并不能直接从基本期权定价公式中推出，因此我们在这里进行相应的分析。一方面，Merton 证明了持有不分红股票的美式买方期权的投资者不会提前履约，即使该期权的增值额已经很高，投资也不会在到期日之前履约。因为不管此时期权的内在价值有多高，期权价值总有可能进一步上涨，提前履约意味着投资者必须放弃该期权的剩余时间价值。对于希望从增值期权获取现金收益的投资者来说，出售该期权比提前履约更有利，因为提前履约只能使投资者以低于市价的价格买入股票，而出售该期权则可直接获得现金收益。

另一方面，Merton 的第二个定价限制条件证明：对于分红股票，有时提前履约才是期权持有者的最佳选择。当股票分红高于除息日后买方期权的剩余时间价值，投资者就会提前履约。例如，假设某投资者持有履约价格 50 美元/股的买方期权，该期权的基础股票当前累积分红价格为 52 美元/股，两天之后公司将支付每股 4 美元的股利，而该股票的价格预期届时将下跌至 48 美元/股。现在考虑如何对到期时间 9 个月、履约价格 50 美元/股的欧式买方期权进行估价？显然，反映了每股股票即将分配 4 美元股利的当前股票价格与评价欧式期权并不相关。真正相关的反而是除息日时 48 美元/股的预期股票价格，而且 9 月后到期、履约价格 50 美元/股的买方期权价值可能会相当低，也许是每股 0.50 美元（由于其内在价值是 0，该 0.50 美元全部是时间价值），因此投资者不会有提前履约的动机。

然而，如果该买方期权不是欧式期权而是除履约时间不同、其他方面均相同的美式期权，情况就完全不同了。在此例中，期权不存在能够促使投资者不出售或不提前履约（事实上是立刻提前履约）的合理价值。由于当前累积分红的股票价格是 52 美元/股，任何理性投资者都不会为此期权支付超过 2 美元/股的权利金，以 50 美元/股的价格购入股票，因此期权价值高于 2 美元/股是不合乎情理的。如果真有人傻到出价高于 2 美元/股，期权持有者会毫不犹豫地卖出该期权。与此同时，如果期权的权利金低于 2 美元/股，期权持有者不履行该期权也是不合乎情理的，因为不履行期权持有者不仅放弃了每股 4 美元的现金股利，而且还要在除息日看到股票价格以同样的数额下跌，乃至期权的内在价值降至 0。事实上，对任何合理的期权估价（从 0 ~ 2 美元/股），期权持有者履行买方期权才是最佳的选择，以 50 美元/股的价格购入股票，然后收取现金股利或在除息日前售出购入的股票。

一般而言，上市交易的期权多是美式期权，而且是非股利保护期权（期权履约价格不会为补偿由于股利分配而造成的股票价格下跌而做相应的下调），因此买方期权持有者经常会发现提前履约是最优选择。Merton 在从理论上证明该结论后，又在同一篇论文中提出了评估分红股票的第一个封闭型解，但是解的求出是以公司采取连续分红（如以折价债券形式）而不是偶然大额分红的不现实假设为前提条件的。在以下理论应用章节的讨论中，其他几个作者也提出了考虑现实股利分配政策的估价模型，尽管这种现实灵活性是以模型的格外复杂性为代价的。

§5. 3. 4　所有者权益与买方期权

和提出上市期权估价模型同样意义重大的是，布莱克和斯科尔斯认识到期权定价理论在公司财务分析中的潜在的却更为基础的应用，尤其是在评价负债公司的所有者权益方面有不可估量的作用。为理解该期权定价理论的应用过程，我们假定：无负债公司的管理当局决定发行在未来时点 t 到期的不付息折价债券，并将债券的发行收入全部分配给该公司的股东，这样公司的整体资产和商业风险均未发生变化。① 通过举债，该公司的股东在法律意义上已经将该公司的资产出售给债券持有人，并购买了有关这些基础资产的买方期权，股东可在未来时点 t 通过全额偿债履行此买方期权。如果公司资产的价值在时点 t 高于债券的票面价值，股东将履行该买方期权。反之，如果低于债券的票面价值，股东将放弃履约权利或者说是不偿还债款（有限责任公司股东确有此权利），债券持有人就成为新的剩余权要求者，有权获得公司资产的任何剩余价值。换言之，负债公司的所有者权益实际上是对该公司资产的买方期权。我们也可说有限责任负债公司的股东持有可不偿还债务的“潜在”期权，只要在期权到期日（即债务到期日）该公司的净价值（公司资产的市场价值减去到期债务的票面价值）为负，股东就会履行期权合同不偿还债务。

在介绍了布莱克和斯科尔斯定价基本模型并讨论了影响期权定价的变量之后，我们将概述有关布莱克和斯科尔斯定价模型的几个重要实证研究以及近二十年发表的有

① 在通常情况下，债券的发行收入被用来购回流通在外的普通股这个假设条件是至关重要的，因为如果债券的发行收入用于进行内部投资，该公司的投资政策和资产规模均发生了变化，而且这个变化也不再是纯资本结构的变化。

关该模型的派生模型。我们只要随便翻翻财经专栏，就可以发现许多文章介绍了由于不恰当（或碰巧不幸）使用期权等衍生工具所造成的灾难，我们就可以知道，这些衍生工具对现代财务体系是如何的重要，其结构是如何的复杂多变。

§5.4　布莱克-斯科尔斯期权定价模型的实证研究及理论扩展

自从布莱克-斯科尔斯期权定价模型发表以来，对职业界和学术界就一直颇有影响，它也是一个既迅速又严密地发展起来的知识体系的典范。在此小节中，我们将先讨论该模型的早期实证研究，然后再介绍弱化该模型中的常量收益率方差假设后所形成的几个重要的理论扩展模型。

§5.4.1　布莱克-斯科尔斯期权定价模型的实证研究

在主要金融学期刊上最早发表的有关期权定价模型的实证研究，实际上是 Stoll（1969）对买卖平价理论的检验。尽管在当时还没有设想出布莱克-斯科尔斯期权定价模型，Stoll 却能够提出有关买卖平价理论的边界条件（合理的定价限制条件），并在实践中证实了现存的场外交易市场是有效的（OTC 市场，即证券等不通过交易所直接售给顾客的市场），在该市场中不经常发生违反边界条件的情况。十年后，Kemkosky 和 Resnick（1979）经研究对上市期权市场得出了相似的结论。

布莱克-斯科尔斯于 1972 年在一篇论文中对他们的期权定价模型进行初步检验，但是模型本身的发表则是在一年之后。他们要证实：在场外交易市场购买被低估的期权（相对使用布莱克-斯科尔斯期权定价模型所预测出的价格而言），同时卖出被高估的期权所形成的无风险套期组合是否能够为投资者带来正利润。为建立这一套期组合，布莱克-斯科尔斯首先通过期权定价模型预测期权价格，然后再将该预测价格同实际的场外交易初始价格相比较。尽管投资者以市场价格而不是以预测价格购买期权并持有至到期日时，该套期组合策略能够为投资者带来大量的超额利润，但是即使只考虑微量的期权交易费用，这些利润也会消失。基于这一点，布莱克-斯科尔斯得出结论：场外期权交易市场是有效的。Galai（1977，1978）和 Bhattacharya（1983）在检验芝加哥期权交易市场（该交易市场从 1973 年开始期权交易）的有效性时，也得出了相似的结论。在考虑交易成本后，该市场交易的期权价格不经常发生违反边界条件的情况。

其他有关布莱克-斯科尔斯期权定价模型的实证研究主要检验：是否可在实践中证实收益率方差为常量这一假设。MacBeth 和 Merville（1990）将布莱克-斯科尔斯所提出的期权定价模型与 Cox（1975）提出的期权评价的固定弹性方差模型比较后，发现假设收益率方差并非常量而是与当前股票价格呈反向变动的 Cox 模型，与简单的布莱克-斯科尔斯期权定价模型相比，能更好地解释所观察到的期权定价数据。Beckers

(1980) 证实了对大多数的股票而言方差实际上是股票价格的反函数，支持了 MacBeth 和 Merville 的固定弹性方差模型比布莱克-斯科尔斯期权定价模型更有优势的结论。

更令人迷惑的是，Manaster 和 Rendleman (1982) 提出这样一个违反逻辑的问题：布莱克-斯科尔斯期权定价模型中的内含股票价格同纽约证券交易市场和其他交易市场上的股票价格相比，是否可以更好地预测出均衡股票价格。尽管这似乎不切实际，但我们确实有几个理由能够证明股票的相关信息首先体现在期权价格变动上，然后再体现在股票价格的变动上。第一，由于在期权交易中涉及大量的杠杆效应，掌握各种好的或坏的内幕消息的投资者对每一美元投资于买方（或卖方）期权要比投资于（或出售）现行股票获得更高的收益，而且对于不希望承受买卖股票风险而又想对股票变动方向下赌注的投资者，显然期权要比股票更有吸引力。再者，期权交易为买卖股票时不希望泄漏身份的投资者提升了更高的保密程度。不管什么原因，Manaster 和 Rendleman 发现，期权价格在时间上要先于股票价格 24 个小时体现有关信息。

近期的实证研究 在 20 世纪 80 年代早期，对布莱克-斯科尔斯期权定价模型本身的实证研究相对较少，但是已有若干研究人员利用该模型检验其他金融问题。Ball 和 Torous (1984) 利用有关股票的最高价、最低价和收盘价等历史数据，得出一个非常有效的股票价格变动预测体系，并用其为布莱克-斯科尔斯期权定价模型构建一个极其有效的统计置信区间。Barone-Adesi 和 Whaley (1986) 使用布莱克-斯科尔斯期权定价模型和 Roll 的股利调整模型推导出：在除息日大多数股票相对期望价格下跌。他们还发现，期望股票价格下跌值一般同每股股利差别不大（股票价格的下跌值一般是公司向投资者分配的股息数）。

Skinner (1989) 经研究发现，当对基础股票引入期权交易后，股票收益率方差变小而股票交易量大幅度升高，这些结果同期权提高股票流动性的观点是一致的。Conrad (1989) 也检验了引入期权的影响，并发现一旦实际引入期权（但不是在宣布引入之时）就会引起股票价格永久性地大幅度上涨，而且期权引入后股票价格的波动性也相对减弱。Vijh (1990) 对芝加哥期权交易市场的流动性进行了调查，基于大额期权交易对股票价格几乎没有影响，得出该期权交易市场有较好市场深度（有效性市场）的结论。他还发现该流动性是有一定的代价的，即使平均每股期权的价格只是每股股票价格外加借款的 1/2 甚至更少，期权的买卖差价却几乎等同于股票本身的买卖差价。

在最近的研究中，Sheikh 和 Ronn (1994) 证实：期权收益率在每天之内都是系统变化的，即使根据期权基础资产的均值和方差变化模式调整后，亦是如此。他们的研究结果符合这样一种观点，即在期权交易市场中信息完全的交易本身就是一种信息的体现（期权价格体现有关内幕信息），这使得期权在市场不会成为过剩资产。Hutchinson、Lo 和 Poggio (1994) 使用已有的知识体系提出一个新的非参数估价模型。当期权基础股票的收益率求取过程并非已知时，这个模型就要比标准期权定价模型有用，但是该模型非常大的缺点就在于需要大量的数据来形成知识体系。最后，Brenner 和 Subrahmanyan（1994）提出一个利用布莱克-斯科尔斯期权定价模型构建套期组合的简化公式，使用该公式，管理者即使不明白高等数学也可同样精确地估计套期组合的比例以及波动敏感性等不同风险因素。

§5.4.2 非经常性波动与布莱克-斯科尔斯期权定价模型

从一开始，布莱克-斯科尔斯期权定价模型中有关已知、固定的收益率方差假设就受到了理论界和实践界的质疑。现在，我们将讨论理论研究人员如何将不同波动性变量加入布莱克-斯科尔斯期权定价模型。首先讨论固定方差假设的其他理论解释，然后再检验对实际收益率方差的实证研究。

股票波动的理论模型 令人惊奇的是，在理论著作中第一个提出的比较重要的方差替代变量也是最受近期实证研究所支持的。在一篇财务学术界引用最多但并没有公开发表的论文中，Cox（1975）提出了股票价格波动性的固定弹性方差模型，在该模型中以收益率的瞬时方差与股票的价格水平反向相关为前提条件。我们可用数学等式 5.7 表达该关系，即将股票收益率 dS 表示为时间和收益率方差的函数 $\sigma S^{\alpha/2}$，假定此式中的 α 不大于 2。[①]

$$dS = \mu Sdt + \sigma S^{\alpha/2} dz \tag{5.7}$$

在企业经营业绩不佳的一段时期后股票价格下跌，此时投资者对该股票可能收益率的概率分布也丧失信心从而不再确信，那么不管从公司内部角度（当所有者权益价值下降时，由于存在固定的经营成本和财务成本，使得所有者权益收益率的离散程度上升），还是从价值评估的角度，认为收益率方差在股票价格下跌时要上升的观点都是很有道理的。如前所述，MacBeth 和 Merville 一直从实证研究上支持固定弹性方差模型，而 Geske（1979）的复合期权模型明确证实了杠杆在决定收益率方差方面的重要作用。[②]

在 Cox 之后又有几位作者提出将收益率方差模型融入布莱克-斯科尔斯期权定价基本模型中并不会影响定价模型的一般性。在考虑跳跃式的正负股票价格变动后，Merton（1976）以及 Cox 和 Ross（1976）导出混合跳跃-扩散股票收益率模型。在保留大多数收益阶段的基本持续扩散模型的特点之外，这些模型还融入了一个重要的现实性因素，比如重要的信息突然进入市场时，股票价格确实经历不规则、非持续性的

① 如果 α 的值等于 2，那么该收益率表达式就等同于固定方差的布莱克-斯科尔斯的基本期权定价模型。

② Geske 还证明因为普通股本身是一个以负债公司的资产为基础出售的买方期权，那么一个股票的买方期权实际上是一个以期权为基础的期权，所以方差在期权定价模型中不可能总是一个常量。他还发现股票收益率方差是股票价格的函数。Galai 和 Masulis（1976）在对他们的模型（该模型融入了布莱克-斯科尔斯期权定价模型和资本资产定价模型）的分析中也得出了相似的结论，股票的 β 系数不可能是不变的。

跳跃式波动。Rubinstein 在 1976 年以及 Cox、Ross 和 Rubinstein 三人在 1979 年（三人提出的模型称为 CRR 模型）分别证明了：即使股票交易在不连续区间内进行，布莱克-斯科尔斯期权定价模型在特定的情况下仍然成立。CRR 模型的重要性在于，该模型是以简单的二项分布为基础（在二项分布条件下，下一期的股票价格只能取两个价格中的一个），相对而言是一个比较简单的期权定价模型，因此不懂随机微积分学的普通经理和投资者也能使用该模型。

Jarrow 和 Rudd（1982）对布莱克-斯科尔斯期权定价模型的主要贡献是，他们弱化了到期日股票价格服从对数正态分布的假设，并引入影响期权估价的其他两个因素（股票收益率概率分布的不对称度和峰度），在此基础上提出新估价模型。他们发现，由此得出的期权价格并按照收益率随机变化的高点进行调整后恰好等于布莱克-斯科尔斯期权定价模型得出的价格。

随机波动与其他近期的理论模型　在过去的这些年中，Hull 和 White（1987）、Wiggins（1987）、Scott（1987）、Lamoureux 和 Lastrapes（1993）、Naik（1993）分别提出了随机波动期权定价模型以及有关该模型的实证研究，在该模型中股票收益率方差随时间随机波动，而并非仅仅是股票价格变动的函数。在假设股票价格波动风险不可定价的基础上，Hull 和 White 通过使用 Monte Carlo 模拟模型提出了一个分析性估价模型，而 Wiggins 则使用有限次一次微分技术提出了一个数字估价模型。他们均发现随机波动模型和布莱克-斯科尔斯期权定价模型得出的期权价格相差不多。Scott 对以股票收益率随机波动为基础的欧式期权定价进行了检查，也证实了期权定价对股票价格变动性的时不时的依赖性。① 他发现随机波动估价模型所产生的期权价格比固定波动估价模型更接近于市场价格。与 Hull 和 White 的预测恰好相反，Lamoureux 和 Lastrapes 经实证研究证明波动性风险可以定价。Naik 则提出资产收益率波动性是随机跳跃式的（由竞标收购、意外收益等其他突发消息引起），该研究还证实交易策略可用来防御收益率跳跃式波动的风险。

在理解资产收益波动性方面，最近的理论和实践发展是在评价中使用内含二叉树。Rubinstein 在其就职演说中提出一个使用内含二叉树的方法，该方法从欧式期权推导出风险中立概率，然后再根据此方法推导与风险中立概率相一致的唯一二叉树。对求取资产收益率的基本随机过程，如果说传统方法产生的信息至此是可行的，内含二叉树法的优势在于能够获得更有价值的信息。Rubinstein 还证明自从 1987 年以来，股票收益波动性似乎一直在向上调整并大幅度地提高了减值卖方期权的价值。最后他证明将履约价格（敲定价格）与内含标准差（implied standard deviation，ISD，将在 5.4.3 小节中介绍其定义）的函数关系以图形表示，被估量的内含标准差图形远远偏离布莱克-斯科尔斯所指的水平线，形成一条称作“波动性曲线”的凸起线。

① 这意味着股票价格的波动性变动常常形成一个波形模式，即在一个时期波动性提高时，在下一个时期波动性将进一步提高。

§5.4.3 内含标准差法及其应用

在应用布莱克-斯科尔斯期权定价模型中最为巧妙的还属 Latané 和 Rendleman (1976)，他们证实，对任何至少存在一种上市期权的基础股票都可使用期权定价模型本身来支持股票的内含波动性预测。我们知道期权定价模型的五个变量中有四个(S，X，r 和 T) 是已知的，并且也只有方差这个未知变量需要估计。如果你观察到了期权的市场价格，你就得到了期权定价模型中的五个变量（其中四个为可观察自变量，另一个为作为结果的因变量），据此你可根据布莱克-斯科尔斯期权定价模型求出产生该期权价格的唯一方差解。假定布莱克-斯科尔斯期权定价模型是正确的期权定价模型，该方差即被称为股票的内含标准差，或者是以观察到的期权价格为基础的股票内含波动性估计。当某一股票的期权交易种类超过一种时（根据到期日或履约价格的不同划分期权的种类)，可计算出该股票的加权内含标准差（weighted implied standard deviation，WISD)，即通过平均每种上市交易期权的内含标准差得出。虽然每种期权都会有一个不同的内含标准差，但用来计算加权内含标准差的确切权数并不明确，一直引起人们的广泛争论。

Latané 和 Rendleman 提出内含标准差法后，又根据实际数值计算了几种股票的加权内含标准差，证明这些内含波动性比历史方差估计外推法所预测的实际未来方差更准确。Chiras 和 Manaster（1978）也计算了股票未来收益率的内含标准差，发现这些内含标准差确实比根据历史波动性测量的方差估计值更接近于随后所观察到的方差值。但是，奇怪的是，他们发现无风险交易策略，即通过买入被低估的期权（期权的内含标准差高于加权内含标准差）同时卖出被高估的期权（期权的内含标准差低于加权内含标准差）能够为投资者带来大量的超额利润。Schmalansee 和 Trippi (1978) 使用内含标准差检验随时间变化的波动性演变过程，证实：(1) 事实上，方差不是常量而是连续负相关的；(2) 期望波动性的变动与实际当前（历史）方差无关。

近期 Ajinkya 和 Gift（1985)，Day 和 Lewis（1988)，Resnick、Sheikh 和 Song (1993) 通过使用内含标准差法，分别证实了收益率方差的系统变动模式。Ajinkya 和 Gift 在一种股票的未来收益的分析预测中发现，内含标准差明确地反映了股票收益的当期离散情况，而且比历史数据为基础的预测更精确。Day 和 Lewis 证明，指数期权（将在下一小节中讨论）的内含标准差反映股票价格波动性的升高经常伴随着季度股指期货的到期和非季度指数期权的到期。[①] Resnick、Sheikh 和 Song 在 1993 年发现早期研究人员所观察到的股票价格方差的“1 月效应”也体现在 1 月期的加权内含标准

① 由于指数期权合同、指数期货合同和股票市场本身在每年的第四个星期五要自动闭市停止交易，在纽约证券交易所的交易最后一个小时被称为“三重魔法力小时”。在这段时间内价格发生大幅度波动，有可能上涨，也可能下跌，就其他可比的交易时段而言远远提高了价格的波动性。

差。他们使用到期加权内含标准差而不是简单的加权平均数，给感兴趣的读者留下如何恰当地选择计算内含波动性权数的探讨点。

§5.5　布莱克-斯科尔斯期权定价模型的延伸及应用

自从 1973 年以来，在期权定价模型发展中最重要的趋势是将布莱克-斯科尔斯期权定价基本模型扩展应用于除“不分红普通股票”之外的其他金融资产和投资机会。期权定价理论的一个最重要的应用是评价投资机会，该应用我们将在下一章（第 7 章资本预算和投资决策）中讨论。下面我们介绍如何将期权定价模型应用于评价不同的金融资产，首先是评价分红股票，但是我们并不具体列举每个定价模型。感兴趣的读者请参阅 Smith（1979），该文章介绍了每个模型的具体内容，而且大部分是摘录介绍相关模型的文章原文。

§5.5.1　股利支付评价

对于布莱克-斯科尔斯期权定价模型，一个与现实极其不符的特点是假设基础股票不支付股利或不分配其他各种形式的收益，而事实上大多数股票进行上市期权交易的美国公司经常向投资者分配股利。此外股利因素并不是可以完全忽略而不影响整个模型的准确性。Merton（1973）证明一次足够大的现金股利会导致提前履约（提前履约才是买方期权持有者的最佳抉择）。由于这个问题的重要性，许多作者在考虑现金股利因素后对原有的布莱克-斯科尔斯期权定价模型进行了调整。

Merton（1973）提出假设股票持续分配股利的评价模型，但是公司总是以不连续大额形式分配股利，而不是持续性累计分配股利，① 因此该模型在实践中并不十分有用。两年后，布莱克（1975）指出分红股票的买方期权的价值可通过从现行股票价格减去期权有效期内收取的股利的现值近似求出，然后在布莱克-斯科尔斯期权定价模型中使用股利调整后的期权价值。Roll（1977），Cox、Ross 和 Rubinstein（1979），Geske（1979），Rendleman 和 Bartter（1979），Whaley（1981），Geske 和 Shastri（1985），Boyle（1988）提出更精确但更复杂的分红股票的买方期权定价公式。Whaley（1982），Sterk（1982），Geske、Roll 和 Shastri（1983），Geske 和 Shastri（1985）对这些模型的检验结果倾向于 Roll 的调整模型，但是没有一个模型能够在现实中应用自如。

§5.5.2　卖方期权评价

虽然布莱克和斯科尔斯提出评价买方期权的方法，但他们并没有明确如何评价卖

① 然而，在以后的讨论中我们可以看出这个模型在评价货币期权方面是极其有用的。

方期权。最早应用于评价欧式卖方期权的布莱克-斯科尔斯期权定价模型的衍生模型是 Smith 在 1979 年提出的，而 Brennan 和 Schwartz 则在 1977 年提出评价美式卖方期权的模型。Geske 和 Johnson 则在 1984 年提出评价分红股票的美式卖方期权的分析性模型。

§5.5.3 债务期权评价

Smith 提出债务期权评价公式，包括对折现债券、抵押债务和租赁合同等的评价。他使用布莱克-斯科尔斯期权定价模型评价承销合同以及债券契约。Courtadon (1982) 提出无违约风险债券的期权定价模型，而 Turnbull 和 Milne (1991) 提出在随机利率条件下评价债务期权的离散时间模型。他们还给出十种利率敏感期权公式的封闭解，这十种期权包括汇票期权、债券期权、期货合同期权、期货期权、利率上限期权、外汇期权和股票期权等。

Dietrich-Campbell 和 Schwartz (1986) 提出描绘利率期限结构的两因素模型，然后利用该模型推导出以短期和中期国库券为基础的买方和卖方期权的理论价格。他们将由此模型推导的期权价格同实际期权价格进行对比后，发现他们的模型比其他近似方法所得出的价格更准确。Ho 和 Lee (1986)，Heath、Jarrow 和 Morton (1992) 分别提出期限结构的单因素（Heath 等三人）和两因素（Ho 和 Lee）模型，并根据提出的模型评价利率的或有要求权。Fleasker (1993) 在对这些模型检验后，驳斥了最简单的固定方差模型，并通过实证研究的证据支持了更复杂的方差模型。Heston (1993) 给出了随机波动的期权定价模型的封闭解，并将其应用于评价同基础资产波动性相关的债券期权和外汇期权。

§5.5.4 货币期权评价

工商业正以一个常人难以理解的速度向全球化方向发展。例如，外汇交易市场的每日交易量总额以几何级数增长，现已超过万亿美元。由于存在人们交易货币的需要，而任何不利的汇率方向变动都可能迅速地摧毁一个公司的盈利能力（甚至使公司破产），因此不可避免要产生货币期权合同来帮助企业规避所面临的风险。1983 年，在费城外汇交易市场，货币期权合同一上市就成为市场热点之一。由于期权本身的灵活性，货币期权市场的成功也就理所当然。因为在期权交易中，(1) 规避风险的同时无需牺牲从有利的价格变动中获利的机会；(2) 锁定与某一交易（例如在外国建筑合同的竞标中获胜所形成的交易）有关的外汇汇率，如果交易成为泡影，竞标商也不必承担必须进行外汇交易的义务；(3) 以最大的杠杆作用对外汇的运动方向进行投机交易却无需承担期货合同条款中规定的大额履约义务。①

---

① Shaprio(1992，第 2 章)，Smith、Smithson 和 Wilford(1989) 分别介绍了如何在国际金融环境下使用外汇期权合约。Abken(1991) 介绍了世界期权市场的增长状况。

最早研究外汇期权定价的是 Garman 和 Kohlhagen（1983）、Biger 和 Hull（1983），而 Tucker 则在 1985 年证明了早期费城外汇期权交易市场的有效性。外汇期权定价模型形成的关键在于重新修正 Merton（1973）的持续股利分配模型（该模型假设股利持续自然地分配），即在模型中反映两个国家之间的利率水平的差别以及即期和远期外汇汇率相应的差别，而且根据外汇汇率理论中的利率平价条件，这种外汇汇率的水平不同是由利率差别造成的。Briys 和 Crouhy（1988）将远期汇率应用于他们的定价模型中，但是实际上与外汇有关的衍生工具的定价的关键在于评价利率的差异。[①] 此后有关货币期权的有效性以及基本货币期权模型的扩展模型的实证研究主要是由 Boduitha 和 Courtadon（1986），Ogden 和 Tucker（1988），Tucker、Peterson 和 Scott（1988），Hilliard、Madura 和 Tucker（1991），Turnbull 和 Milne（1991），Heston（1993）进行的。

§5.5.5　指数期权评价

在 1983 年 3 月 11 日，芝加哥期权交易市场出现了历史上第一次以标准普尔 100 指数为基础的股票指数期权交易。依据当时理论界和实务界对金融市场创新产品以及定价模型做出反应的历史惯例，几位作者随后发表了指数期权估价模型和有关这些估价模型的实证研究。最早的实证研究是 Bailey 和 Stulz 在 1989 年所提出的一般均衡环境下的简单指数期权定价模型。就实证研究方面而言，Evnine 和 Rudd（1985）检验了标准普尔 100 指数合同和主要市场指数（major market index，MMI）合同，证实了经常会发生违反买卖平价理论的合理边界条件的情况，并发现这些合同的定价偏低于以内含股票价格为基础所求得的理论价格。据此他们得出这样的结论：期权交易市场的无效率主要是因为投资者在高得惊人的交易成本条件下无法对指数期权进行套期交易（在对基础股票交易的同时买入或卖出期权合同）。令人奇怪的是，由 Canina 和 Figlewski（1993），Diz 和 Finucane（1993）分别进行的实证研究同样也证实了至少指数期权缺乏定价准确性，而且实际上期权市场也绝非信息有效。这几乎与从所有其他期权市场中获得的证据形成鲜明对比，大概反映了前述有关对于应体现大量的基础股票价值的指数进行套利交易的困难。

§5.5.6　其他期权合约评价

在过去的 20 年中，研究人员已经将布莱克-斯科尔斯期权定价模型扩展并应用于确实令人费解的诸多金融工具与合约中，而且这一趋势显然没有任何减弱的迹象。

---

① 对于熟悉国际金融市场中的五个平价条件的读者而言，他们可能会发现利率平价条件实际上反映了通货膨胀的差别，即每个国家利率的费雪效应同连接两个国家货币市场的国际费雪效应之间的差别。即使在上述两个费雪效应不成立的条件下，利率平价条件也必然成立，因为只要在两个货币之间存在远期交易市场，任何利率平价条件的背离都会引起对利率的套利，直至平价条件成立、套利机会消失。

例如，Ramaswamy 和 Sundaresan（1985），Whaley（1986），Gay、Kolb 和 Yung（1989）分别在理论和实践领域检验了期货期权，并且达成期货期权市场基本有效但提前履约又是理性做法的一致结论。此外，Lauterbach 和 Schultz（1990）检验了认股权证（直接从一个公司购买新发行股票的长期股权）的定价，发现布莱克-斯科尔斯的固定方差假设在多期间条件下是不正确的，而固定弹性方差模型则能更准确地预测期权价格。

在 1987 年前的一段时间内，养老金收益担保公司（pension benefit guarantee corporation，PBGC）对养老金计划的担保人提供卖方期权保险而且在该保险条件下担保人只需缴纳无息（非风险调整后的）权利金。Hsieh、Chen 和 Ferris（1994）对 PBGC 所提供的 176 个养老金计划担保人的卖方期权进行了研究并推导出这些卖方期权的价值，他们发现资金不足的养老金计划由 PBGC 收取的保险责任范围权利金偏低，而资金充足的养老金计划其价格相对较公平。Fleming 和 Whaley（1994）提出评价通配符期权模型，通配符期权指在期权持有者公开其履约意图之前，在期权的履约价格已经确定的期权合同中所内含的另一种期权。从经济意义角度，他们证实通配符期权是整个标准普尔 100 指数价值中相当重要的一部分。在对布莱克-斯科尔斯期权定价模型假设条件进行弱化过程中，最具有戏剧性的是，Margrabe（1978）提出了一个履约价格不确定的期权定价模型。在履约价格不确定时，他将期权的价值表示为交换两个非现金资产的权利的价值，而该权利的价值则是用于交换的两个资产收益率的相关性函数。

在下一章的讨论中，我们可以看到对期权定价模型最重要的扩展应用是在资本预算领域。当作为评价经营灵活性的工具越来越精确和普遍适用时，管理者就能够精确地评价有关时机选择、市场进出和生产能力规划等决策的内含期权价值。他们甚至可能至少在概念上理解并学会评价他们自己以及雇员等人力资本的未开发创造性期权。

§小　结

期权定价理论的发展分别从理论和实践上改变了现代财务管理。从实践角度讲，自芝加哥期权交易市场 1973 年开始交易以来，上市交易和私下谈判所形成的期权合约的价值总额一直呈幂数倍增长。许多公司和个人使用期权规避以前交易必须承担的价格风险。从理论角度讲，期权定价理论赋予研究人员一把通往评价不对称损益情况之门的钥匙，不对称损益是指一方购买了以固定价格在某一到期日或之前买卖资产的权利却不承担相应的购买义务。此外，由于所有者权益可视为由债务持有者以公司资产为基础卖出、由股东在到期日通过全额偿还债务履约的买方期权，期权定价理论使我们以一个全新的角度评价负债公司的所有者权益价值。对于学术界和管理者，期权定价理论还是一个有效的评价复杂投资项目价值的资本预算工具，该工具将在下一章中讨论。

§习　题

1. 期权同期货合约等其他衍生金融工具之间的区别。除金融工具期权之外，我们实际生活中还存在哪些期权性质的交易和机会？

2. 欧式期权同美式期权之间的区别。两者中哪个价值更高？为什么？

3. 定义下列期权术语：（1）买方期权；（2）卖方期权；（3）履约价格（或敲定价格）；（4）期权权利金；（5）期权买方；（6）期权卖方。

4. 定义期权定价的有关术语：（1）增值期权；（2）平值期权；（3）减值期权；（4）内在价值；（5）时间价值。

5. 使用表 5-1 提供的 1994 年 12 月 19 日的有关数据，画出履约价格 50 美元/股的买方期权的损益图，再画出履约价格 50 美元/股的卖方期权的损益图。

6. 假设到期日 TELMEX 股票价格分别为：（a）45 美元/股；（b）55 美元/股。在履约价格为 50 美元/股时，推导 TELMEX 股票的买方期权和卖方期权之间的买卖平价关系式。

7. 根据买卖平价公式计算 1995 年 1 月、到期履约价格 50 美元/股的 TELMEX 买方期权的价值，其中股票价格和卖方期权价格如表 5-1 所示的 1994 年 12 月 19 日的资料，无风险利率 r_f为年利率 7.5%，到期时间 T 是 0.0905（从 1994 年 12 月 19 日到 1995 年 1 月 21 日之间的 33 天被一年 365 天除）。

再使用上述资料计算 1995 年 1 月到期、履约价格 50 美元/股的 TELMEX 卖方期权的价值。比较你所计算的价值与实际市场中期权价格的接近程度。

8. 尽管在布莱克和斯科尔斯之前许多学者也试图建立封闭式估价模型，但是均以失败告终。布莱克和斯科尔斯两人从这些失败中得到了如何推出定价模型的一些启发，请简单介绍这些启发。

9. 列举布莱克-斯科尔斯定价模型的假设条件，并对此进行简单的讨论。

10. 你的叔叔 Jack 很聪明而且受过大学教育，但是对高等数学却不甚了解。他希望你能解释持续调整投资组合中的股票和期权之间的数量比例在布莱克-斯科尔斯期权定价模型发展过程中的作用。你将如何回答？

11. 列举并略述布莱克-斯科尔斯期权定价模型的五个变量。哪些是可观察的？哪些必须加以估计？再介绍这五个变量同买方期权价格和卖方期权价格之间的关系。

12. 指明并解释到期时间同卖方期权价格之间关系的方向。同到期时间与买方期权价格之间的关系相比，为什么该关系变化方向并不明确？

13. 在何种情况下提前履约是期权持有者的最佳选择？为什么？

14. 为什么布莱克和斯科尔斯认为负债公司的所有者权益可视为买方期权？

15. 实证研究结果是证实还是驳斥了布莱克-斯科尔斯期权定价模型？

16. 简单介绍期权定价的固定弹性方差模型，并讨论为什么有些人认为该模型比原布莱克-斯科尔斯期权定价模型更具解释能力。

17. 什么是内含标准差？如何计算内含标准差？实证研究结果是支持还是驳斥了内含标准差？

18. 至少列示并介绍四个有关金融资产（除普通股之外）的期权定价扩展理论。

参考文献

第 6 章　资本预算与投资决策

§6.1 导　言

现代企业之所以存在并主宰全球经济活动有着充分的经济理由，因为它们是创造和利用投资机会的最佳工具。若不是为了开发这种有价值的“成长期权”（growth options），大多数的经济活动可以通过公开市场进行，通过公开市场购买材料、资本，进行劳务输入，同时销售商品和提供服务。然而，这种在商品市场进行的产品交换往往被认为是高竞争、低利润的交易行为。对新技术的应用及使产品流向资本更密集的市场是整个现代经济活动的驱动力，只有具备了一定数量并且比较稳定的财务、技术、人力资源的企业才能实现这两个目标。从世界范围来看，最成功的企业往往拥有完善、有效的经济决策程序，该程序能够保证企业把握投资机会，并且从可供选择的投资机会中筛选出最有保证的投资项目。这一点对一个国家也适用：提供具有吸引力的经济投资环境的国家比那些对投资决策进行限制并使投资决策政治化的国家更繁荣①。

这一章将要讲述一些现代的理财技术，并用其来判断一项投资机会是否应该付诸实施，所有这些统称资本预算程序。首先我们将简要论述在资本投资分析中涉及的问题，并介绍现金流量现值（discounted cash flow，DCF），因为现金流量现值分析一直是现代资本预算方法的传统核心内容。近几年对过去 15 年发展起来的资本预算分析方法进行了修正，特别考虑了资本投资决策中存在的代理成本、流动性及期权定价理

---

①　甚至非正式的官方经济统计调查(例如国际货币基金组织出版的《国际金融统计》)也清楚地表明投资额本身远不如针对投资的政策环境重要。举例来说，尽管大多数的发展中国家的总投资都占 GDP 的 20%～30%，但只有东亚和拉丁美洲的一些国家长期以来贯彻以市场为导向的经济政策，从而能够获得持续、快速的经济增长。另外，由于企业家文化、复杂的金融体制、长期以来对私人投资的依赖，使得美国能够在关键的行业处于领先地位，获得就业率与国民收入较快的增长——尽管它的总投资增长率(自 1980 年以来占 GDP 的 14%～18%)是主要的工业化国家中最低的。

论，本章将在最后对此问题进行探讨。特别是，我们将看到怎样把各种各样的选择方法——如弹性选择、时间选择，以及过剩生产能力的价值——融入资本预算程序中，从而丰富了传统的 DCF 程序并提高了公司资本投资项目的投资有效性。

§6.2 资本预算决策程序

资本预算程序包括：提出长期投资方案；对投资方案的复核、分析与筛选；对筛选出来的投资方案贯彻执行。因为长期投资需要大量的资金投入，这就要求企业对给定的投资方向与计划进行适当的分析与筛选。必须注重对相关现金流量的衡量及决策方法的适当应用。随着时间的流逝，固定资产会日益陈旧或者需要进行大修理才能继续使用，这时也需要进行财务决策。资本预算是一个评估及筛选长期投资的决策过程，这一过程与股东财富最大化息息相关。企业的长期投资多种多样，但对于生产性的企业来说最为普遍的投资就是对固定资产的投资，包括房地产（土地）、工厂、设备。[①] 因为这些固定资产为企业提供了最基本的盈利能力，所以往往被称为收益性资产。

资本预算与融资决策被看作是两个独立的过程，尽管以后我们会清楚地看到资本成本作为折现率可以把两个过程联系起来。一般来说，一项投资一旦被采纳，财务经理随后就会筛选出最好的融资方式。因此，在这里我们将主要考虑固定资产的购买而不管具体采用什么样的融资方法。本章的这一部分将讨论资本支出的动机、资本预算程序的步骤，以及基本的资本预算术语。

§6.2.1 资本支出动机

资本性支出就是一家企业为了在超过一年的一段时期获利而投出去的资本。经常性支出是为了在一年以内获利而发生的支出。固定资产支出是资本性支出，但并不是所有的资本性支出都是固定资产支出。一台价值 60 000 美元、使用寿命为 15 年的机器可以看作是资本性支出，并且作为固定资产列示在资产负债表上。如果一项价值 60 000 美元的广告支出可以为企业带来很长一段时间的盈利的话，也可以作为资本性支出。但一般来说广告费用极少被列示为固定资产。[②]

---

① 有趣的是，近几年混合投资方式迅速发生变化，特别是在工业化国家里。例如在美国，Stewart（1994）指出 1991 年“信息时代”的资本投资（在计算机与通信设备方面）第一次超过了“工业时代”的资本投资（在制造业、采矿、建筑、农业设备及建造方面），而现在其差距进一步扩大。另外，Stewart 经研究得出美国投资于计算机的制造与服务行业的收益 8 倍于每年投资于其他有形资产所获得的收益。

② 对于研究开发费用在经济及会计上的处理是非常不明确的。虽然这些支出往往能够产生有价值的投资机会并带来跨期收益，但如何处理这些支出，应该把这些支出资本化作为投资资产，还是费用化作为经常性的经营费用并没有一致的意见。本章的最后一部分会介绍关于研究开发费用市场价值的实证研究。

资本性支出的动机虽然有很多，但它们的价值评价方法却是相同的。资本性支出最基本的动机就是为了扩大、置换或更新固定资产，或者保证其他一些有形资产在较长的一段时间内获利。资本预算程序可以看作由五个截然不同而又相互联系的步骤组成，依次为：方案产生、审核与分析、决策制定、执行及反馈。表 6-1 简要地描述了这几个步骤。

表 6-1　资本预算程序的步骤

步骤（按顺序排列）	说明
方案产生	一个经济组织内部的各个层次都能提出资本支出方案。为了鼓励员工提出对节约成本有利的资本支出方案，许多企业都对方案被采纳的提出者进行现金奖励。一般来说，资本支出方案都是从提出者传递到高层的审核人员手中。可以清楚地看到，相对于支出小的方案，资本支出比较大的方案要接受更严格的审核
审核与分析	对于一项资本支出方案，需要审核以下几项内容：（1）审核该方案在企业整体目标与计划下的适当性，更重要的是，考虑方案的经济效益。（2）估算方案的成本与收益并且把估算结果转换成相关的现金流量来表示，从而运用各种资本预算工具对现金流量进行评价，得出潜在支出的投资价值。在评价的过程中，要把与方案有关的风险的各个方面与经济分析结合起来或者予以计算和记录。经济分析结束后将形成一份带有建议书的总结性报告，提交给决策者
决策制定	一项资本支出的实际数额与重要性的大小决定其由哪一层组织决策。公司往往依据金额的大小来分配资本支出的决策权。通常董事会保留超出一定限额的资本支出决策权，而小金额的资本支出则可以由其他的部门来决策。小额的资本支出，如购买一把价值 15 美元的锤子，则可以计入营业费用，而不需要进行正规的分析。[a]一般来说，在企业的生产紧张期，可以不需要严格地按照资本支出计划来进行。在这种情况下，为了保证生产的顺利进行，虽然有时资本支出的数额超出了车间主管的决策权限，他（她）还是被授权做出必要的决策
执行	一旦一项方案已经被批准而且资金已经准备好，[b]那么执行阶段就开始了。对于小额的资本支出，执行程序相对固定，先支出后付款。对于大额的支出，需要进行严格的控制，以保证这些被提议并获得通过的项目是在预算成本下进行的。执行过程中发生的每笔支出需公司主管人员签字批准
反馈	这一过程包括在执行过程中对结果进行监控。把项目收益与成本之间的产出比与该项目预期数据以及历史数据进行比较是非常重要的。当实际产出偏离预期产出时，应该削减成本、提高收益或终止该项目的进行

[a]超过一定资金限额的支出会被资本化并进行折旧而不是将其费用化。这种资金限额在很大程度上取决于美国国内税收署所允许的限度。在会计上是否费用化或资本化一项支出是由重要性原则所决定的，根据重要性原则（例如数额较大），如果认为一项支出相对于公司允许的范围来说很重要则应将其资本化，而其他的应该在当期将其费用化。

[b]资本性支出通常作为年度资本预算过程的一部分。尽管直到预算被执行时才开始为该项目提供资金——通常要在预算制定的 6 个月后才能开始。

资料来源：Gitman，Lawrence J.，Principles of Manageral Finance，Seventh Edition（New York：HarperCollins，1994）。

§6.2.2 基本术语

在我们开始介绍审核分析与决策制定的概念、工具、技术之前，先来了解一些有关的术语。同时，我们还要介绍一些重要的假设，这些假设能够简化我们在本章后一部分的论述。

独立与互斥项目 这是两个最普通的项目类型：（1）独立项目；（2）互斥项目[①]。独立项目就是项目之间的现金流量互不相干。进一步说，就是对某个项目的接受并不会排除其他项目的实施。如果某企业的投资资金不受限制，那么所有达到企业最低投资标准的独立投资项目都能得以实施。举例来说，一家投资资金不受限制的企业有三个可行的独立投资项目：（1）在车间里安装空调；（2）购买一个小的工具；（3）购买一个新的计算机系统。可以清楚地看出对任何一个项目的接受都不会影响其他项目的实施；三个项目都可能被接受。互斥方案是指那些拥有相同的功能并因此可以相互比较的方案。也就是说，在一组互斥方案中，一项方案的接受意味着对其他方案的排斥。举例来说，一家公司需要扩张其生产能力，可以采纳的方式有：（1）车间的扩建；（2）购买另一家公司；（3）与另一家公司签订生产合同。可以清楚地看出这三个可选方案中任何一项方案的选择都意味着对另外两个方案的排斥。

非限量资金与资金限额 企业资本支出可动用的资金影响它的决策环境。如果一家企业的可动用资金是不受限制的，那么决策就很容易制定，所有能够提供高出预期收益水平的独立项目都可以被接受。但是，企业常常认识到自己并不处于上述环境之中，而是面临资金限额问题。这就意味着他们仅有一个固定的资金数额可供资本支出，而有很多项目争夺这一有限的资金。因此企业必须合理分配资金以使每股收益最大化。[②] 资金限额的处理将在本章的后面讲到。下面我们将要讲到的是非限量资金。

接受-拒绝法与投资项目排序法 这两种方法是资本预算决策中的基本方法。接受-拒绝法通过判断资本支出方案是否满足企业最低的评价标准来做出决策。这种方法用于拥有非限量资金的企业及互斥项目的初步评估，或者在资金需要分配的情况下使用。在这些情况下只考虑可以接受的方案。第二种方法，投资项目排序法，是对一些项目进行初步评估（如净现值法或内含报酬率法）之后进行排序。收益最高的项

---

① 探讨独立与互斥项目之间区别的最主要的论文之一是由 Lorie 与 Savage（1955）撰写的。两位作者同时也考察了几个其他的问题包括：资本投资决策制定的组织体系，运用内含投资报酬率（IRR）而不是净现值（NPV）分析问题，具有多重内含报酬率的项目，当公司面临资金限额时的项目排序方法。

② 理论研究者对于这一情况有着传统的敌视态度，即在资本市场非常完善的国家里，现有的公司常常面临资金限额问题。当然，这一敌视的态度并没有妨碍许多理论研究者在面临资金限额时制定出精致详尽的处理程序。

目排在第一位，收益最低的项目排在最后一位。只有对可能被接受的项目才进行排序。排序法在以下情况下非常有效：在一组互斥方案中选择出最优的一个；在资金限额的条件下对方案进行评价。

常规与非常规现金流量模式　与资本投资方案有关的现金流量模式可以分为常规现金流量模式与非常规现金流量模式。常规的现金流量模式是由最初一次的现金流出与以后连续的现金流入组成的。许多资本支出项目都是这种模式。举例来说，一家企业现在投入 10 000 美元，期望在以后的 8 年内每年有投资收益 2 000 美元的现金流入。非常规的现金流量模式是指最初的现金流出并没有带来连续的现金流入。举例来说，一家企业支出 20 000 美元购买机器，头 4 年每年产生 5 000 美元的现金流入，第 5 年对机器进行大修理，再次支出 8 000 美元，之后的 5 年中每年产生 5 000 美元的现金流入。

年金与混合年金　年金是指每年相等的现金流。除了年金以外的连续的现金流量就是混合年金。第一个例子中每年 2 000 美元的现金流量就是年金的形式；相反，第二个例子中每年不等的现金流量就是混合年金。如果现金流量是年金的形式，则评价所采用的方法就要简单得多。

§6.3　识别相关（增量）的现金流量

要想评价资本支出方案，必须考虑相关的现金流量，包括增加的税后现金流出量与后续税后现金流入量。增加的现金流量代表资本支出预计产生的额外现金流入或流出。现金流量并不是会计利润，之所以使用这个概念，是因为它将直接影响到企业的付现能力及固定资产的购买能力。而且，会计利润与现金流量不一定相等，因为在企业的利润表中存在一部分非现金支出。下面我们将着重讲述与资本支出方案相关的现金流量的评估程序。

§6.3.1　现金流量的主要组成因素

任何一个拥有常规模式的项目，其现金流量都由三个基本要素组成：（1）初始投资；（2）经营现金流入量；（3）终结现金流量。所有的项目不管是扩建、重置、更新还是有其他别的目的，都包含前两个要素。然而有些项目没有终结现金流量。图 6-1 描述了某项目在一段时间内的现金流量。现金流量的每一个要素都标注在上面。本项目初始投资——标注在零年的现金流出量是 50 000 美元。它在存续期间内产生的税后经营现金流入量逐年递增，第一年是 4 000 美元，到第 10 年即最后一年增长到 10 000 美元。终结现金流量——本项目最后一年的税后非经营现金流量即项目的清算价值是 25 000 美元，在该项目 10 年寿命期的最后收回。值得注意的是，终结现金流量不包括第 10 年的经营现金流入量 10 000 美元。

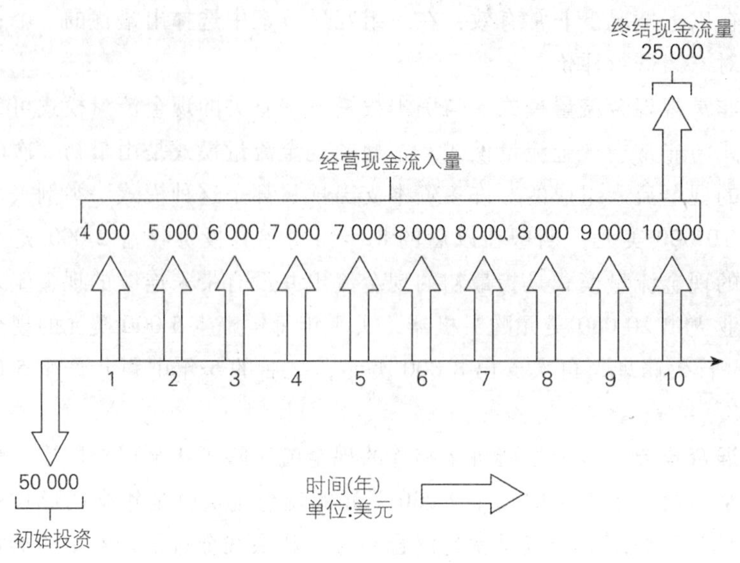

图 6-1　现金流量主要组成因素时间表

§6.3.2　扩建与重置的现金流量

相关现金流量在扩建决策中的应用最直接，在这种情况下，初始投资、经营现金流入量与终结现金流量仅仅是与预算相关的税后现金流入量或流出量。而重置决策中相关现金流量的运用则相对较复杂。重置预算中，企业必须计算出增量现金流入量与流出量。在这种情况下，购买新设备的支出减去旧设备的变价收入所得差额的税后现金流量就是初始投资。新设备产生的经营现金流量减去被置换的旧设备所产生的现金流量，其差额即为经营现金流量。经营寿命期结束时，新旧资产终结使用后的预计税后现金流量的差即为终结现金流量。

表 6-2 中的第一栏表示的是在购置新设备 B 的扩建投资决策中的初始投资、经营现金流入量、终结现金流量。公司希望 13 000 美元的购入价格能带来随后 5 年每年5 000美元的现金流入量，以及第 5 年末的 7 000 美元的终结现金流量。如果把新设备 B 看作是对旧资产 A 的置换，则相关的现金流量就等于新设备 B 的期望现金流量减去旧设备 A 的期望现金流量。表 6-2 中的第二栏与第三栏分别表示新旧设备的期望税后现金流量。因为旧设备 A 的变现价值为 3 000 美元，所以第二栏中列示的新设备 B 的初始投资就是 10 000 美元。第三栏中列示的置换旧设备 A 将减少每年的现金流量，从第 1 年到第 5 年依次是：3 000 美元、2 500 美元、2 000 美元、1 500 美元、1 000美元，其第 5 年的终结现金流量为 2 000 美元。因此置换决策中的相关现金流量就是新旧设备的期望现金流量的差额，如第四栏中列示的。

表 6-2　扩建与重置现金流量

	扩建	重置		
	新资产 B (1)	新资产 B (2)	旧资产 A (3)	相关现金流量 [(2)-(3)] (4)
初始投资	\$13 000[a]	\$10 000[b]	…	\$10 000
年度		经营现金流入量		
1	\$5 000	\$5 000	\$3 000	\$2 000
2	5 000	5 000	2 500	2 500
3	5 000	5 000	2 500	3 000
4	5 000	5 000	1 500	3 500
5	5 000	5 000	1 000	4 000
终结现金流量	\$7 000	\$7 000	\$2 000	\$5 000

a 购买价格。

b 用资产 B 13 000 美元的净购买价格减去旧资产 A 的预期税后清算现金流入量 3 000 美元。

§6.3.3　国际资本预算与长期投资

尽管基本的资本投资决策既适用于国内投资又适用于国际投资，但是在考虑国际投资决策的时候还要考虑几个额外的因素。① 国际资本预算与国内资本预算的差别在于：（1）现金流入与现金流出以国外货币计量（如果汇率波动的话，现金流量的货币价值也将发生变化）；（2）国外资本投资将会面临潜在的重大政治风险，包括公司资产被扣押的风险。如果公司计划足够细致，这两种风险可被降至最低。

汇率风险是指美元与项目的现金流量的计价货币之间无法预料的汇率变动，所造成的该项目的现金流量市场价值的减少。一般来说，无论某项目的初始投资以投资所在国的货币计价还是以美元计价，投资所在国货币贬值的时候，以美元评估的未来现金流入量都将发生显著的变化。从短期来看，特定现金流量的风险可以用货币期货或期权等金融工具来规避。长期的汇率风险可以通过以下两种方法进行规避：项目的融资全部或部分采用投资所在国货币；原料的购买和产品的销售尽量采用同种货币。② 这样就可以确保项目的收入、营业费用、财务费用以投资所在国的货币计量，而不必用美元（对美国公司而言）计量财务费用。同理，对于以投资所在国货币计价的短期现金流量的价值，可以通过进行一定的证券投资或采取一定的策略，如期货、远

① 关于跨国公司资本预算项目应用程序的探讨是由 Holland(1990) 提出的，在 Shapiro(1992) 书中的第 18 ~ 20 章也有论述。

② 汇率风险的本质及原因见 Pringle 与 Connolly(1993)。

期、期权市场工具[①]等来保值。

政治风险 一旦某个国外的项目遭受到了政治风险，那是很难防范的。因为外国政府能够截留利润、查封公司的资产（称为没收），或者直接插手项目的运营。[②] 这种无法控制的政治风险致使经理人在投资之前对政治风险的考虑更加重要。[③] 经理人规避政治风险可以通过两条途径：调节预期现金流入量以适应政治风险；在资本预算公式中运用风险调整折现率法（将会在本章的后面予以讨论）。总的来说，运用主观判断单独调节每个项目的现金流量使之适应政治风险要比所有项目都用同样的调整方法好。

再具体一点讲，国际资本预算中的政治风险既可以通过融资策略也可以通过经营策略来降低。举例来说，调整投资结构，如组成合资企业或选择一个有能力并且有着很好关系网的当地公司作为合作伙伴，都可以使美国公司减少被查封或被干扰的营运风险。另外，美国公司也可以调整其资本结构，使用负债而非权益进行融资，从而免于收益被地方政府截留的风险。债务偿还是合法的、强制性的索偿权，而所有者权益（如股利）则不是。就算当地的法庭不支持美国公司的这项索偿权益，该公司也可以在美国对该案件进行起诉。

除了跨国公司必须面临一些特殊的风险之外，还有涉及国际资本预算的几个特殊问题。这些问题包括：税法差异、项目评估时转移价格的重要性、需要从战略和财务两个角度来分析国际项目。因为只有税后的现金流量才与资本预算相关，所以财务经理必须仔细计算在所在国境内获得的收益（或者是收入）向该国政府交纳的税金。他们还必须报告这些税款支付对本国母公司纳税义务的影响，因为向国外支付的税款通常会享受全部或部分的减免。事实上，包括跨国公司在内的大多数国际贸易公司，只是简单地把货物及劳务从母公司的一个全资子公司输送到另一个境外的子公司。母公司对转移价格（transfer prices）的制定有很大的决定权，所谓转移价格就是子公司之间相互对货物及劳务交易的索价，因为这些子公司之间的交易并不是在开放的市场中以公平价格（arms-length）进行的。在国际贸易中，除非所用的转移价格能够准确地反映实际成本及增加的现金流量，否则转移价格制定的重要性及应用的广泛性致使跨国公司在做资本预算时十分困难。

最后，跨国公司必须经常从战略的角度而不是严格地从财务预算的角度来选择国际资本项目。举例来说，一个跨国公司可能会出现这种情况，即在项目本身并没有一个正的净现值的情况下，也需要在一个国家投资以确保其不会从该国市场退出。这种动机对于日本的汽车制造商来说非常重要，即使在20世纪80年代早期美元坚挺使得

---

① 如何运用这些金融工具来规避汇率风险见 Smith、Smithon 与 Wiford(1989)。

② 对没收风险进行定价及规避的方法见 Mahaian(1990)，关于政治风险更加详细的内容见 Shapriation(1992)，第20章。

③ 从事出口销售的美国公司能够从国外信用保险联合会(FCIA)那里获得商业风险保险和政治风险保险——但是这一点却不能适用于直接投资，国外信用保险联合会是一个由美国进出口银行(输出输入银行)与大型私人保险公司集团协作组成的。

他们向美国出口汽车比在美国本土生产汽车更加经济的条件下，他们也在美国建立装配工厂。同样的缘故，美国在欧洲的投资势头早在欧洲共同体 1992 年成立以前就十分高涨。跨国公司经常在其主要竞争对手的母国进行生产投资，这样做是为了打破竞争对手独占其国内市场的局面。为达到广泛联合的目标，如建立生产线，拓宽原材料的来源渠道等，跨国公司可能会感觉到一种压力，那就是即使有时不会获得丰厚的利润，也必须在某个特定的行业或特定的国家进行投资。①

国际投资的重要性　尽管有以上的困难，在对外直接投资方面，包括美国、欧洲、日本或其他跨国公司对资本、管理、技术资产等的对外投资近几年仍然日益高涨。例如，美国公司的国外资产价值已经超过了 8 000 亿美元，但是由于这些投资是在 20 年前开始的，所以它们资产的账面价值还不足 4 000 亿美元。② 同样，外国在美国的直接投资在市场与账面价值上目前都已经超过了 5 000 亿美元，其中英国公司占据了最大的份额，其次是日本、加拿大、荷兰、德国公司。③ 另外，美国公司每年的对外投资现在超过 500 亿美元，并有增长的势头，特别是在东亚与拉丁美洲。④

§6.4　资本预算方法

本章在前面已经讨论过必须对相关现金流量进行分析，以评估某项目本身是否可以被接受，或判断是否需要对项目进行排序。在分析过程中可以应用很多方法。较好的方法往往都包括了对时间价值方法的应用，对风险和收益的考虑，对评估概念的运用，应用这些方法来选择最佳的资本支出方案，以达到公司所有者财富最大化的目标。这一部分与下一部分重点讨论如何应用这些技术方法来评估资本支出的方案从而做出决策。

同样，我们还是要用一个简单的例子来阐述如何应用本章所讲述到的这些方法。

---

① 关于国际融资与投资的战略性的问题在 Lessard(1991)与 Shapiro(1991)的书中有详细的讨论。

② 美国对外直接投资的账面及市场价值通常(至少一年)由美国贸易部在《当前贸易调查》刊物上公布。

③ Coughlin 考察了外国对美国直接投资的主要模式之后，得出了一个非常明确的结论，那就是从总体上来看对外直接投资对美国经济的影响是正面的。另外，由于近几年美国的通货膨胀率较低，经济不断扩张，并且美元的币值相对稳定或者说相对贬值(稳定是相对于大多数欧洲货币而言，贬值是相对于日元)，这使得美国主要经济行业的成本很低。由于良好的经济环境，美国作为国际跨国公司进行以出口为导向的制造业生产投资的主要场所，其吸引力迅速攀升。

④ Mandel(1994)的报告指出，美国公司 1993 年用于国外经营的投资额为 580 亿美元，从 1994 年的头 9 个月来看，美国公司 1994 年的对外直接投资可以达到 650 亿美元。Flanders(1994)的报告指出，1993 年全世界对外投资总数达到 1 700 亿美元，其中接近 40% 投向了发展中国家(1993 年超过 200 亿美元投向了中国)。比国际直接投资资本流动更让人吃惊的是国际组合投资资本流动的总价值。Flanders 的报告指出，这些实质上是被动的投资流量从 20 世纪 80 年代每年少于 2 000 亿美元增长到 1993 年每年差不多 6 000 亿美元——伴随着的是大约 1 000 亿美元投向了发展中国家。20 世纪 90 年代，美国投资者在国际投资中占有巨大的份额，其主要原因在于美国养老基金的经理们希望在他们总的股权份额中能够将国际股东的比例从 2% 增加到 5%。

这个例子与 Delta 公司有关，它是一个中型的金属制造厂，目前计划了两套方案，方案 A 要求初始投资 42 000 美元，方案 B 需要初始投资 45 000 美元。该项目两个方案的经营现金流入量的增量在表 6-3 中列示。该项目符合传统的现金流量模式。另外，我们假设两个项目的现金流量具有同等水平的风险，两个项目具有相同的寿命期，而且公司具有非限量的资金（并不需要对资本进行合理分配）。由于极少有决策是在以上这些条件下做出的，所以在本章的后面将对这些简化的假设进行修正。这里我们讲述三个最常用的资本预算方法：回收期法、净现值法、内含投资报酬率法。

§6.4.1 回收期法

回收期（payback period）是用来评价投资计划的一种常用的评价标准。回收期是指某项目从计划产生现金流入量开始到现金流入量累积到等于初始投资所需要的时间。在现金流量为年金的条件下，回收期可以等于初始投资与年现金流入量相除的结果；在混合年金的条件下，回收期必须是年现金流量累积到初始投资可以被收回的时候。尽管回收期法很流行，但它却是一个过于简单的资本预算的方法，因为它没有明确地考虑到货币的时间价值，即没有将现金流量折现。[①]

用回收期法制定接受-拒绝决策的标准如下：如果回收期少于最长可接受回收期，则可以接受该项目；如果回收期大于最长可接受回收期，则拒绝该项目。举例来说，表 6-3 中列示的 Delta 公司的项目 A 和项目 B 的数据可以用来演示回收期法的计算。对于项目 A，因为是年金形式的现金流量，所以回收期是 3 年（42 000 美元初始投资/14 000美元年现金流入量）。而项目 B 产生了一个混合的现金流入量，回收期的计算就没这么简单了。在第一年公司会回收初始投资 45 000 元中的 28 000 元。到第二年年末将回收 40 000 美元（第一年 28 000 美元+第二年 12 000 美元）。到第三年年末回收的数额将达到 50 000 美元（第一、二年的 40 000 美元+第三年 10 000 美元）。因为第三年年末共收回的数额比初始投资要大，所以回收期介于第二年与第三年之间。第三年只需补偿 5 000 美元（45 000-40 000），而实际上却补偿了 10 000 美元，即只有 50% 的现金流入量（5 000/10 000）需要完成初始投资（45 000 美元）的回收。因此项目 B 的回收期为 2.5 年（2 年+第三年的 50%）。

如果 Delta 公司可接受的最长回收期为 2.75 年，项目 A 则被拒绝，项目 B 将会被接受。如果最长回收期是 2.25 年，则两个项目都会被拒绝。如果把项目进行排序，则项目 B 比项目 A 要好，因为它的回收期较短（2.5 年相对于 3 年）。

---

① Gitman 与 Maxwell 通过调查美国公司投资决策程序指出，尽管回收期法比较粗糙，但在实务中，运用回收期进行排序是仅次于内含投资报酬率法的预算工具。回收期法比净现值法及其他的一些方法（除了内含投资报酬率法）应用得更加广泛。另外，Hodder（1986）报告指出大多数大型的日本制造公司，不用 IRR 或 NPV，而是依靠粗糙的计算利润的方法，要么就是忽略时间价值，要么就是用所要求的利率直接进行计算。尽管这样，极少有人认为日本制造业的财务及技术方法是落后的。

表 6-3　　Delta 公司的资本支出数据

	项目 A	项目 B
初始投资	$42 000	$45 000
年度	经营现金流量	
1	$14 000	$28 000
2	14 000	12 000
3	14 000	10 000
4	14 000	10 000
5	14 000	10 000
平均	$14 000	$14 000

回收期法的优缺点

回收期法非常流行，特别是在一些小公司，主要因为它的计算容易并且仅通过直觉就可以进行判断①。它的优点在于考虑到了现金流量而不仅仅是会计利润；它也暗含着对现金流量时间的考虑，也就是对货币时间价值的考虑。因为回收期法能够反映最低的风险承受能力，所以许多公司应用回收期法作为决策标准，或者作为复杂决策方法的补充。回收期越长，不利事件发生的可能性就越大。因此缩短回收期可以降低公司的风险。

回收期法的主要缺点在于不能根据股东权益最大化的目标（当代财务的主要目标）来确定合理的回收期，因为回收期法并不是根据现金流量的折现值来判断是否这些现金流量增加了公司的价值。相反，合理的回收期只是主观判断最大可接受的时间段，在这段时间内，该项目的现金流量盈亏平衡（也就是现金流入量正好等于初始投资）。第二个缺点是，回收期法不能充分计算货币的时间价值因素；计算多长时间能够收回初始投资时，只是暗含着对现金流量时间的考虑。第三个缺点是没有考虑到发生在回收期之后的现金流量。

§6.4.2　净现值法

因为净现值法（net present value，NPV）暗含着对货币时间价值的考虑，所以被认为是比回收期法更为复杂的资本预算方法。净现值法与其他的一些方法（如内含投资报酬率法）都是采用一种方式或其他某种方式以特定的比率对公司的现金流量进行折现。这个比率——通常被称作折现率、机会成本或资本成本——是指在公司的

① 在作者早期的职业生涯中曾经有过经理人将项目回收期固定在某一点上的经历，因为当时作者听说一位跨国石油公司副总裁宣称仅愿意接受回收期为三年的项目。那时候（20 世纪 70 年代晚期）实际利率常常是负的，石油价格却疯狂上涨，因此与石油相关的投资利润也十分丰厚。这一宣言虽然根本不现实，但它的确发生在世界上最大、最先进的苯乙烯制造基地（在那里作者做生产工程师方面的工作，是个新手），并且是由一个聪明并很有成就的工程师做出的。

市场价值不变的情况下某项目应该获得的最小报酬。如等式 6.1 所示，净现值可以看作：以公司的资本成本（k）进行折现的净现金流入量（cash flows，CF_t）的现值减去初始投资（initial investment，II）。

NPV＝现金流入量现值-初始投资 (6.1)

应用净现值的实质就是将未来现金流入量和流出量用现在的美元来衡量。因为我们面对的都是常规的投资，所以初始投资都以现在的美元来计算。如果不是这样，则某项目的净现值就等于流入量的现值减去流出量的现值。

当 NPV 应用于拒绝-接受决策时的决策标准如下：如果净现值大于 0 美元则接受该项目；如果净现值小于 0 美元则拒绝该项目。如果净现值大于 0 美元，公司将会获得大于其资本成本的收益。这个项目的实施会增加公司的市场价值，从而增加所有者财富。净现值法可以用表 6-4 中 Delta 公司的数据来举例。如果公司的资本成本是 10%，则计算项目 A（年金）与项目 B（混合年金）的净现值分别得出 11 074 美元与 10 914 美元。两个项目都可以被接受，因为每个项目的净现值都大于零。然而，如果项目被排序的话，项目 A 被认为优越于项目 B，因为它的净现值比 B 大（11 074 美元比 10 914 美元）。

表 6-4　　Delta 公司资本支出选择方案的净现值计算

项目 A	
年金	$14 000
×年金现值系数（PVIFA[a]）	3.791①
-初始投资	42 000
净现值（NPV）	$11 074

项目 B

年	现金流量 (1)	现值系数 (PVIFA[b]) (2)	现值 (1) - (2) (3)
1	$28 000	0.909	$25 452
2	12 000	0.826	9 912
3	10 000	0.751	7 510
4	10 000	0.683	6 830
5	10 000	0.621	6 210
		现金流入量的现值	$55 914
		-初始投资	45 000
		净现值（NPV）	109 114

[a]取自书后附表年金现值表 A-4，5 年，10%。

[b]取自书后附表复利现值表 A-3，给定年限，10%。

① 原书为 3 791——译者注。

§6.4.3　内含投资报酬率法

尽管内含投资报酬率法（internal rate of return，IRR）在计算上比净现值法困难得多，但它却是资本预算中考虑到货币时间价值最常用的一种方法。[①] 内含投资报酬率被定义为与某项目相关的使净现金流入量的净现值与初始投资相等的折现率。换句话说，内含报酬率就是使某投资项目的净现值等于零（因为现金流入量的净现值等于初始投资）的折现率。等式 6.2 给出了净现值的计算公式，内含报酬率即为使净现值等于零的 k 值。

$$0 = \sum_{t=1}^{n} \frac{CF_t}{(1 + IRR)^t} - II$$

$$\sum_{t=1}^{n} \frac{CF_t}{(1 + IRR)^t} = II \tag{6.2}$$

IRR 应用于拒绝 - 接受决策时的决策标准如下：如果 IRR 大于资本成本，接受该项目；如果 IRR 小于资本成本，则拒绝该项目。这个判断标准确保公司至少要获得必要报酬。而这种结果应当增加公司的市场价值，从而增加所有者财富。

计算 IRR 可以用试错法，也可以用一个财务计算器或计算机。即便全部读者都使用计算器来计算，我们还是需要讨论现值与终值表的应用。[②] 通过表 6-3 给出的 Delta 公司项目 B 的现金流量的数字，计算其混合年金的内含投资报酬率正好是 21.65%。因为 IRR 近似于 22%，大于 Delta 公司的 10% 的资本成本，所以项目 B 是可以接受的。这与用净现值计算出来的结果是一样的。有意思的是，IRR 的结果显示项目 B 比项目 A 优越，项目 A 的 IRR 近似于 20%。这与用净现值法排序的结果相矛盾。产生这种矛盾是正常的，因为并不能保证每次用两种方法（NPV 和 IRR）计算的结果一定相同。然而，在大多数实际项目中两种方法得出的关于接受或者拒绝接受的结果是相同的。

§6.5　净现值法与内含投资报酬率法的比较

对于一些常规的项目，净现值法与内含投资报酬率法总能得出相同的拒绝或接受决策，但是由于假设前提的不同，其排序的结果可能不同。为了理解这些方法的不同点与优缺点，我们必须观察净现值表与排序差异的问题，从而回答哪种方法更好。

---

① 这一点是从 Gitman 与 Maxwell（1987）及其他的一些文献中发现的。然而，应当指出，在大多数情况下，资本预算最困难的方面并不是决定采用哪种技术方法进行决策，也不是决定适当的折现率，而是对于现金流入量与流出量的精确预测。（这一预测也是决策中最重要的一步。）Butler 与 Schacter（1989），Pohlman、Santiago 与 Markel（1988）及 Pruitt 与 Gitman（1987）等人对此做了更详尽的阐述。

② 关于 IRR 运用试错法进行计算的更全面讨论见 Gitman（1992，347 ~352 页）。

§6.5.1　净现值表

项目可以通过净现值表进行相互比较，净现值表描述的是在不同折现率下项目的净现值。这些图表在评价和比较项目时非常有用，特别是存在排序差异的情况下，下面这个例子会证明这一点。就 Delta 公司的两个项目 A 和 B 来说，绘制净现值表的第一步是绘制横轴为折现率、纵轴为净现值的坐标图。每个项目都可以很容易地找到三个坐标点；它们是折现率为 0%，10%（资本成本率，k）和 IRR。折现率为 0% 的净现值就是把所有的现金流入量加起来减去初始投资。用表 6-3 中的数字来计算一下项目 A 可以得出：

（14 000+14 000+14 000+14 000+14 000）-42 000=28 000（美元）

计算项目 B 可以得出：

（28 000+12 000+10 000+10 000+10 000）-45 000=25 000（美元）

项目 A 与项目 B 在 10% 的资本成本率的条件下的净现值分别为 11 074 美元与 10 914 美元（表 6-4）。由于内含报酬率是使净现值等于 0 的折现率，而内含报酬率等于 20% 的项目 A 与内含报酬率等于 22% 的项目 B 的净现值恰好都等于 0。

把上面得出来的数字在以净现值折现率为横轴的坐标图中绘制出来，见图 6-2，得出项目 A 与项目 B 的净现值表。通过对该图的分析表明，在任何小于近似 10.7% 的折现率下，项目 A 的净现值要比项目 B 大。超过这一点，项目 B 的净现值比项目 A 大。因为项目 A 与项目 B 相交于某一正净现值的点，在折现率小于 10.7% 的任何条件下，两个项目应用净现值与内含报酬率进行的比较排序都会得出不同的排序结果。

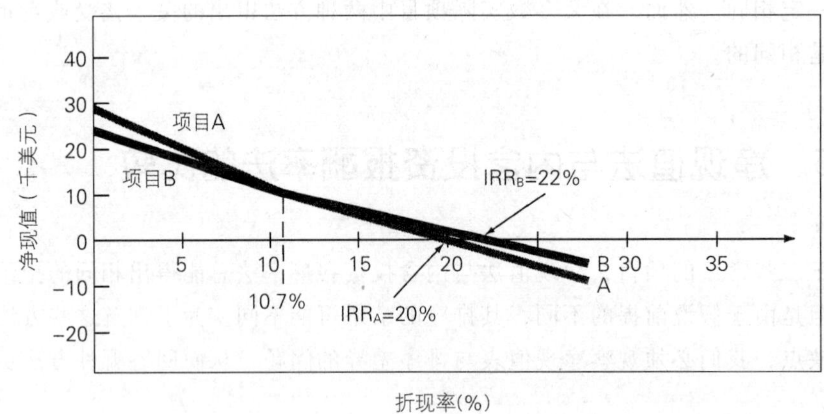

图 6-2　Delta 公司项目 A 与项目 B 净现值表

§6.5.2　排序差异

使用 NPV 和 IRR 两种方法可能会引起排序差异，这一点从 Delta 公司的例子中看得很清楚。在项目之间相互排斥或存在资金限额的条件下，进行排序是非常重要的。[①] 应用 NPV 和 IRR 进行排序产生排序差异的主要原因在于现金流量的数量和时间的不同。但是，尽管这两个因素可以用来解释排序差异，究其最根本的原因还在于两种方法所暗含的对现金流入量再投资的假设不同，这些现金流入量是指在项目终结之前收到的中期现金流入量。在净现值法下，中期现金流入量以资本成本率进行再投资，而内含报酬率法却假设中期现金流入量以该项目中期的内含报酬率进行再投资。这些假设所引起的差异可以以一个例子来证明。

某项目的初始投资为 170 000 美元，所期望带来的随后 3 年中每年年末的经营现金流入量分别为 52 000 美元、78 000 美元、100 000 美元。该项目（该公司的资本成本率为 10%）的净现值为 16 867 美元，它的内含报酬率为 15%。显然该项目是可以接受的（NPV = 16 867 美元>0 美元，IRR = 15% >10% 的资本成本率）。表 6-5 列示了该项目以 10%（资本成本率）和 15%（内含报酬率）的回报率计算的 3 年后的终值。以 10% 的资本成本率进行再投资所计算出来的终值为 248 720 美元（第 5 栏），以 15% 的内含报酬率进行再投资计算出来的终值为 258 496 美元（第 7 栏）。

表 6-5　　项目的再投资率比较

年 (1)	现金流量 (2)	获得利息 (t) 的年数 [3-(1)] (3)	项目再投资率			
			10%		15%	
			$FVIF_{10\%,t}$ (4)	终值 (2)×(4) (5)	$FVIF_{15\%,t}$ (6)	终值 (2)×(6) (7)
1	$52 000	2	1.210	$62 920	1.323	$68 796
2	78 000	1	1.100	85 800	1.150	89 700
3	100 000	0	1.000	100 000	1.000	100 000
		3 年年末的终值		$248 720		$258 496
NPV @ 10% = $16 867						
IRR = 15%						

如果把表 6-5 中每种方法下的终值看作是从今天开始 3 年后由初始投资 170 000 美元带来的收益，现金流量可以表述成表 6-6 中的形式。表 6-6 列出了每种方法下的净现值和现金净流量。可以看到，如果以 10% 的再投资率进行计算的话，净现值余额为 16 867 美元，但如果以 15% 的内含报酬率进行再投资的话，计算出来的净现值余额则为 24 213 美元。可以看出，净现值的计算是假设以资本成本率（本例为 10%）

① Lorie 与 Savage 40 年前就认识到了这一点。

进行再投资。注意到以10%进行再投资，内含报酬率将是13.5%，而不是以15%的再投资率计算出来的15%。显然内含投资报酬率假设中期现金流入量有能力以内含投资报酬率进行再投资。如果再投资不再以这个比率进行的话，内含投资报酬率将不是15%。以低于内含投资报酬率的比率进行再投资得出的IRR将低于内含投资报酬率，以高于内含投资报酬率的比率进行的再投资得出的IRR将高于内含投资报酬率（如表6-6所示）。[①]

表6-6　　再投资后的项目现金流量

		再投资率	
		10%	15%
初始投资		$170 000	
年		经营现金流量	
1		$0	$0
2		0	0
3		248 720	258 496
	NPV @ 10%	$16 867	$24 213
	IRR	13.5%	15.0%

一般而言，小规模的投资项目，或者前几年的现金流入量比较少的项目，趋向于应用较低的折现率。前几年的现金流入量比较高的项目趋向于应用较高的折现率。这些行为可以用一个事实来解释，那就是在较高的折现率条件下，后几年的现金流入量在净现值法下损失将会很大。[②] 当然年金（年现金流入量相等的项目）形式不具备这种特征。相对于其他的现金流入量而言，年金形式可以很容易被计量。在前面的那个例子里，Delta公司的项目A和项目B在公司的资金成本率为10%的条件下，存在排序差异。图6-2描述了这种情况。如果我们回顾一下表6-3中列示的每个项目的现金流入量模式，我们会发现尽管每个项目所需要的初始投资是相同的，但是现金流入量的模式却是不同的——项目A拥有每年相等的现金流入量，项目B拥有较高的前

① 实际上，内含报酬率在计算方面的再投资假设问题比其表面上所看到的更加普遍和重要，因为内含报酬率法代表了证券定价和其他固定支付报酬的投资方式在财务方面的基本方法。然而，我们通常忽略了下面这一点，那就是用以评估公司证券的到期值法中暗含着这样一个假设，即中期现金流量可以在计划产出的基础上进行再投资。因此证券投资已经实现的产出通常要超过或少于计划产出。如果投资者不管市场利率水平及其变化如何，能够肯定获得确切的而又有保证的产出的唯一办法是购买零息票证券，并将其持有至到期日。

② 这一点可以部分地解释为什么在20世纪80年代日本公司比美国公司更热衷于长期投资——日本公司的资本成本比较低并且这一较低的折现率使得其未来的现金流量在折现时的损失比较小。Frankel讨论了这一假设，并适度地对其表示支持，但是他认为其他的一些因素如金融、人口、公司控制等方面更能解释日本公司与美国公司之间的投资差异。

期现金流入量。从逻辑上来看，在较高的折现率下，项目 B 比项目 A 要好。图 6-2 证实了这一点。如果使用大于 10.7% 的折现率，项目 B 的净现值将超过项目 A 的净现值。很明显，项目的数额大小和时间确实对它们的排序有影响。

尽管这种现金流入量模式的分类在解释排序差异问题上很有用，但是现金流入量的数额及其在时间分布上的不同，并不能保证一定会出现排序差异。一般来说，现金流入量的数额及其在时间分布上的差异越大，排序差异出现的可能性就越大。由净现值和内含报酬率引起的排序差异可以由计算来协调；为了做到这一点，需要创造并分析一个增量现金流项目，该项目反映的是两个互斥项目之间现金流量的差额。

§6.5.3　多重内含报酬率

排序差异似乎并不是一个很重要的问题，这一观点首先是由 Lorie 和 Savage（1955）与 Hirshleifer（1958）等几个专家证明的：一定的现金流量可以有两个或更多个内含报酬率。为了证明这一点，Hirshleifer 举了一个例子，该项目在第 0 年、第 1 年和第 2 年的现金流量分别为-1，5，-6，第 1 年和第 2 年的含报酬率分别为 100% 和 200%。Hirshleifer 还证明了某些项目（例如现金流量为-1，3，-2.5）可能没有真正的内含报酬率。更一般地说，内含投资报酬率在许多条件下（如现金流量变化多样）并不能得出唯一的值。相比之下，内含报酬率起作用时，净现值也起作用，在大多数内含报酬率不起作用的实例中，净现值却仍可以被很好地运用。

§6.5.4　哪种方法更好

因为各种方法在理论和实务中的优势各不相同，所以很难说在评估资本支出时哪种方法更好。因此，明智的做法是，根据以下的标准来衡量净现值法与内含投资报酬率法。从纯理论的角度来看，净现值法是比较好的资本预算方法。其理论上的优势归因于许多因素。最重要的一个事实是，净现值法的应用假设为：任何由再投资产生的中期现金流入量都将以公司的资金成本率进行再投资。内含投资报酬率的应用假设是：中期现金流入量以内含投资报酬率进行再投资，而这个利率通常是很高的。因为资本成本率更接近于公司对中期现金流量实际进行再投资合理估计的比率，所以净现值法以其更稳健而又现实的再投资比率在理论上更加受到偏爱。另外，一定数学参数的运用可能会使某个具有非常规现金流量的项目得出零个或不止一个的 IRR；在净现值法下这个问题不会出现。

实践证明，尽管在理论上净现值法很优越，但是财务经理还是偏爱内含报酬率法。对于内含投资报酬率法的偏爱归因于商人们一般更加关注报酬率而不是实际的美元收入。因为利率、利润等是最经常的年收益率的表达方式，所以用内含报酬率对财务决策者来说更加容易理解。他们认为应用净现值法非常困难，因为净现值法并不能衡量相对于投资总额来说的收益。当然，因为各种各样的方法可以用来避免内含报酬率法的缺陷，所以对内含报酬率法的广泛应用并不能说明部分财务决策者缺乏运用复杂方法的能力。

§6.6 风险调整法

有几种“操作”方法可以用来处理风险，这些方法通过将现金流量赋予不同的风险水平，从而使财务经理对项目本身的风险有了更好的了解。① 这些方法包括净现值比较法、敏感度法和情景分析。② 不幸的是，这些方法并没有为项目风险评估提供直接的基础。我们现在将要介绍的是应用净现值进行决策的两种主要风险调整法。净现值法的决策规则是，只有在净现值大于零时该项目才会被采纳，在这两种方法下这一规则仍然适用。等式 6.1 是净现值的基本等式。对该等式仔细观察后可以发现，因为初始投资（II）发生在零期，它的数额就应该是确定的，所以只有现金流入量的现值包含了项目的风险，如下所示：

$$\sum_{t=1}^{n} \frac{CF_t}{(1+k)^t} \tag{6.3}$$

针对现存的风险可以用两种方法进行调整：（1）现金流入量 CF_t 可以被调整；（2）折现率 k 可以被调整。这里我们将解释并比较这两种方法——应用确定等值的现金流入量的调整程序和应用风险调整折现率来进行的风险调整程序。另外，除了考虑确定等值与风险调整折现率的应用之外，我们还要考虑有关项目分析的投资组合效应。

§6.6.1 确定等值法

风险调整技术中一个最直接也是理论上最受偏爱的方法就是确定等值（certainty equivalents，CEs）法，确定等值是指每年使投资者满意的预计现金流入量中确定（无风险）的份额，而不是每年所有可能的现金流入量。等式 6.4 表示运用确定等值进行风险调整的基本表达式：

$$NPV = \sum_{t=1}^{n} \frac{\alpha \times CF_t}{(1+R_f)^t} - II \tag{6.4}$$

公式中，α_t = t 年的确定等值系数（$0<\alpha<1$）

CF_t = t 年中相关现金流量

① 许多学者对与公司风险水平不同的现金流量的风险调整提出了自己的看法。Hill 与 Stone（1980）提出“贝塔系数法”，该法用于收入报表各项目之间相互关系的衡量及各项目风险的测量，同时，Fuller 与 Kerr（1980）提出了“独立经营法”或叫作类比法，该方法把单个项目独立于整个公司来处理。这两种方法在 Ehrhardt 与 Bhagwat（1991）的著作中有所讨论，同时他们也提出了自己的风险调整方法，将公司看作是各种项目的组合。如果没有新的项目加入，公司的风险贝塔系数就简单地等于各项目风险贝塔系数的组合。

② 这些内容在 Gitman 的书中第 9 章 357 ~362 页有所讨论。

R_f = 无风险报酬率

该等式表示，首先将预期现金流入量转换为确定等值 $\alpha_t \times CF_t$，然后以无风险报酬率 R_f 对现金流入量进行折现，从而将该项目调整为无风险的净现值，这里的无风险报酬率是指某人在进行无风险投资（如投资于美国的国库债券时）所获得的报酬率。该程序是为了对确定现金流入量进行折现，不能与风险调整折现率相混淆。（如果用风险调整折现率的话，该风险将被计算两次。）尽管这里所描述的将风险现金流入量调整为确定现金流入量的做法有一些主观主义，但是该方法在理论上是正确的——现举例对其进行证明。①

Delta 公司希望在分析 A 与 B 两个项目时考虑到风险因素。这两个项目基本的数据资料首先在表 6-3 中列出，应用净现值法对这两个项目进行分析，并假设这两个项目拥有相同的风险，如表 6-4 所示。在忽略风险差异及应用净现值法的条件下，以该公司 10% 的资本成本计算，按照前面的计算结果，项目 A 优越于项目 B，因为项目 A 的净现值 11 074 美元要比项目 B 的净现值 10 914 美元高。然而，如果我们进一步分析的话，就会发现项目 A 实际上比项目 B 的风险要高。为了考虑风险差异因素，公司对每个项目每年的确定等值系数进行估计。表 6-7 的纵栏（2）与纵栏（7）分别列示了项目 A 与项目 B 的估计值。用相应的确定等值系数（分别列示于纵栏（2）与（7））乘以风险现金流入量，分别得出项目 A 与项目 B 的确定现金流入量，列示于纵栏（3）与（8）中。

表 6-7　　用确定等值法分析 Delta 公司的项目 A 与项目 B

项目 A					
年（t）	风险现金流入量（1）	确定等值系数[a]（2）	确定现金流入量（1）×（2）（3）	$PVIF_{6\%,t}$（4）	现值（3）×（4）（5）
1	$14 000	0.90	$12 600	0.943	$11 882
2	14 000	0.90	12 600	0.890	11 214
3	14 000	0.80	11 200	0.840	9 408
4	14 000	0.70	9 800	0.792	7 762
5	14 000	0.60	8 400	0.747	6 275
			现金流入量的现值		$46 541
			-初始投资		42 000
			净现值		$4 541

① Bogue 与 Roll（1974）讨论过确定等值在资本预算中的应用，并且描述了如果公司资产并不是在完全二级市场上进行交易的条件下（如果完全二级市场存在，大多数的多期评估模型可以归结到单期，即将现金流入时作为期初，将资产以资本化价值进行出售时作为期末），如何对基本的价值评估模型进行修正。

续表

项目 B					
年（t）	风险现金流入量 (6)	确定等值系数[a] (7)	确定现金流入量 (6) × (7) (8)	$FVIF_{6\%,t}$ (9)	现值 (8) × (9) (10)
1	$28 000	1.00	$28 000	0.943	$26 404
2	12 000	0.90	10 800	0.890	9 612
3	10 000	0.90	9 000	0.840	7 560
4	10 000	0.80	8 000	0.792	6 336
5	10 000	0.70	7 000	0.747	5 229
			现金流入量的现值		$55 141
			-初始投资		45 000
			净现值		$10 141

注：项目基本的现金流量列示于表 6-3，运用净现值与假定的等值风险进行分析见表 6-4。

[a]这些数值是由经理人员估计的，这些数值反映了经理人员在现金流入量中感知的风险。

通过调查，Delta 公司的管理部门估计现行的无风险报酬率（R_f）为 6%。用 6% 的无风险报酬率对项目 A 与项目 B 的净现值进行折现，如表 6-7 所示，其中项目 A 的净现值为 4 541 美元，项目 B 的净现值为 10 141 美元。值得注意的是，经过风险调整之后，项目 B 要比项目 A 好。我们现在对于应用确定等值法进行风险调整的作用应该是很清楚了；它唯一的难点在于确定等值系数必须通过主观估计来确定。

§6.6.2 风险调整折现率

风险调整的一个更实际的方法就是运用风险调整折现率（risk-adjusted discount rates，RADRs）。确定等值法是对现金流入量进行风险调整，而风险调整折现率法是对折现率进行风险调整。

等式 6.5 是应用风险调整折现率时净现值的基本表达式：

$$NPV = \sum_{t=1}^{n} \frac{CF_t}{(1 + RADR)^t} - II \tag{6.5}$$

风险调整折现率是某特定的项目应当满足公司所有者需要的收益率，该收益率能够保持或者提升公司的股价。某项目的风险越高，RADRs 就越高，则给定的现金流入量的净现值就较低。因为 RADRs 应用的逻辑基础与第 3 章所讲述的资本资产定价模型紧密相关，所以在我们阐述 RADRs 之前首先回顾一下资本资产定价模型的部分基本原理。当然，因为真实的公司资产不可能像有价证券那样在有效的市场进行交易，所以 CAPM 不能总是直接应用于真实资产的决策。[①]

RADR 与 CAPM　第 3 章所讲到的资本资产定价模型把所有在完美市场中交易的有关资产的风险和收益联系了起来。在 CAPM 的研究中，我们把某项资产的总风险定义为：

$$总风险=不可分散风险+可分散风险 \tag{6.6}$$

可分散风险是指资产在完美市场进行交易时，由不可控或随机因素带来的风险，可分散风险可以通过风险分散来降低。因此相关风险即为不可分散风险——该风险由这些资产的所有者来承担。有价证券的不可分散风险通常由贝塔系数来测量，贝塔系数是表达某项资产的收益率对市场收益率变化的反应程度指标。

运用 β_j 测量某项资产 j 的相关风险，CAPM 为：

$$K_j = R_f+\beta_j\times(K_m-R_f) \tag{6.7}$$

公式中，K_j = 资产 j 的必要收益率

R_f = 无风险收益率

β_j = 资产 j 的贝塔系数

K_m = 资本市场投资组合收益率

在第 3 章我们阐述了对于特定资产 j 的必要收益率能够由 R_f、β_j、K_m 所组成的 CAPM——等式 6.7 来决定。如果预期收益超过所要求的必要收益，该有价证券就会被接受，如果预期收益低于必要收益的话，该有价证券就会被拒绝。如果我们暂时假设公司的真实资产，如计算机、机器工具和专用机器，能够在完美市场进行交易，CAPM 也可以被定义为如公式 6.8 所示：

$$K_{项目j}=R_f+[\beta_{项目j}\times(K_m-R_f)] \tag{6.8}$$

在图 6-3 中的证券市场线（security market line，SML），即是对 CAPM 进行生动描述的图形，它与等式 6.8 的含义相同。如图所示，IRR 高于有价证券市场线上所有项目都可以被接受，因为该项目的 IRR 高于必要收益率 $K_{项目}$；所有的只要 IRR 低于 $K_{项目}$ 的项目都会被拒绝。[②] 就净现值而言，任何一个位于 SML 线上方的项目一定有一个正的净现值，任何一个位于 SML 线下方的项目一定有一个负的净现值。图 6-3 中列示了 L 和 R 两个项目。设项目 L 的贝塔系数为 β_L，内含报酬率为 IRR_L，风险为

---

① 除了在前面所提到的几位作者之外，还有几位研究人员考察了非交易项目与真实资产的风险调整（与价值评估）折现率法。这些研究人员包括 Timme 与 Eisemann（1989）及 Weaver、Clemmens、Gunn，还有 Dannenburg（1989）。

② Rubinstein 是第一位将 CAPM 应用到包括资本预算在内的公司财务的其他领域。后来，Fama（1977）提出了在资本预算决策中什么是对应用（和误用）风险调整折现率的规范讨论。更近的一些时候，Buller 与 Schacter（1989）也讨论过 RADRs。

β_L，必要报酬率为 K_L。[①] 因为项目 L 的预期报酬率高于必要报酬率（$IRR_L>K_L$），所以项目 L 是可以被接受的。项目 L 的现金流入量以必要收益率 K_L 进行折现的净现值应该是正的。另外一方面，项目 R 产生的 IRR 低于其风险 β_R 所要求的收益率（$IRR_R<K_R$）。当该项目的现金流入量以其必要收益率 K_R 进行折现时，该项目的净现值应该为负。项目 R 应该被拒绝。

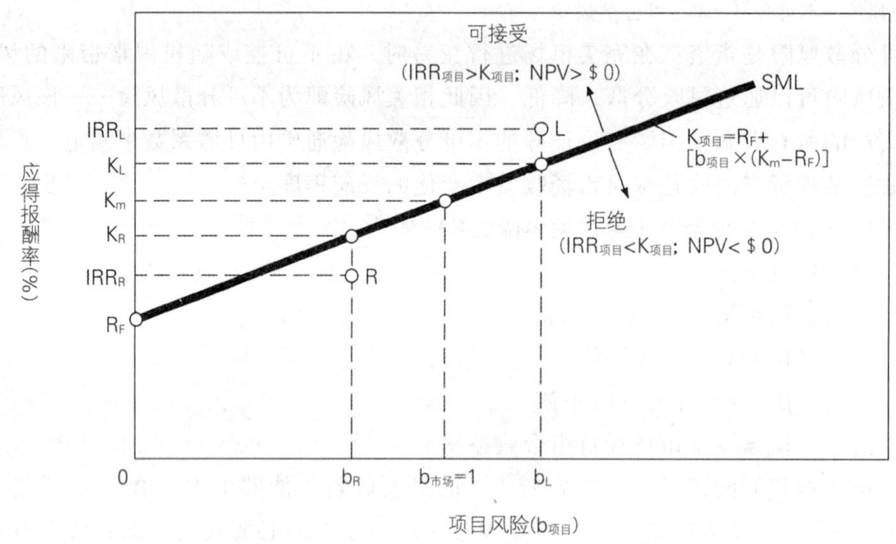

图 6-3　资本预算决策制定中的资本资产定价模型与 SML 曲线

投资组合效应　如第 3 章中所提到的，如果投资者不想承担可分散风险，他们就应该拥有分散化的证券投资组合。既然可以把一家公司看作是各种资产的组合体，那么该公司拥有分散化的资产组合是否同样重要呢？通过拥有分散化的资产组合，该公司可以减少现金流的不确定性。通过将两个负相关的项目结合在一起，可以将现金流入量差异相抵消——因此风险也随之减少了。但是，这种方式是否能够真正地分散风险？如果答案是肯定的话，公司可以通过多行业经营而分散风险，从而使其价值得以提高。但是，令人惊讶的是，通常在完美市场进行公开交易的公司股票价值并没有受

① 几位学者曾经强调过在资本投资决策过程中公司所应该应用的贝塔系数的问题——真实的股票贝塔系数（计算股票的收益率与整个市场收益率之间的关系）或者在非杠杆作用下的股票的贝塔系数，非杠杆作用下的股票的贝塔系数的确定是用真实的股票贝塔系数减去公司当前水平下的财务杠杆作用的影响，并且实际衡量公司资产的贝塔系数。从 Modigliani 与 Miller（1958）及 Hirshleifer（1964）开始，大多数学者认为应该应用非杠杆作用下的股票贝塔系数，并且 Hamada（1972）阐述了如何在标准的贝塔系数基础上计算非杠杆作用下的贝塔系数。推荐使用非杠杆作用下的贝塔系数是建立在这样一个传统的假设基础上的，即投资与融资决策是相互分离的——经理们应该首先决定哪个项目的风险调整折现率足够高，然后运用适当的内部与外部融资方式为该项目融资。然而，Myers（1974）、DeAngelo 与 Masulis（1980）、Mackie-Mason（1990）及许多人清楚地认识到融资与投资的分离很容易被打破。举例来说，税收制度激励公司运用更多的负债融资而不是股权融资。这一问题将在本章的后面讲到。

到分散化经营的影响。换句话说，分散化经营通常不会受到额外的青睐，因此也不是必需的。[①]

通过分散化经营来分散风险得不到相应的回报是基于这样一个事实，即投资者本身可以通过持有不同公司的股票来分散风险；投资者并不需要公司代替他们做这件事情，因为在更加有效的信息与交易机制的作用下，交易的随意性与低成本使得投资者能够非常容易地分散风险。当然，如果公司引入新的生产线，其现金流量趋于对经济条件的变化做出更多的反应（也就是增加了更多的不可分散风险），则会被期望得到更多的回报。对于增加了的风险而言，如果公司获得收益超过必要收益（IRR>K）的话，公司的价值将得以提高。同样，分散化风险也可以带来其他的一些利益，如现金增加、借款能力增强、原材料供应得到有效保证，如此等等，在这些利益受到现金流量直接影响的同时，也要被分散化风险所调整。

确定等值法与风险调整折现率的应用　从理论上讲，确定等值法是人们在项目风险调整中比较偏爱的方法，因为该方法对风险和时间进行了分别的调整。它首先把现金流量中的风险因素排除在外，然后把确定的现金流量以无风险报酬率进行折现。另一方面，风险调整折现率有一个主要的理论问题：它是用一个单独的折现率把风险调整和时间调整结合进行。这种结合使得风险调整折现率中暗含着这样一个假设：风险是时间的函数。从某种程度上讲，正是因为这一暗含的假设，使人们认为确定等值法在理论上要优于风险调整折现率法。

但是，由于确定等值法应用的复杂性，在实务中经常应用的还是风险调整折现率。其原因在于：（1）它与财务决策者倾向于用报酬率进行决策的意向保持一致；（2）风险调整折现率比较容易估计与运用。第一个原因明显是个人偏好的问题，但是第二个原因是以 RADRs 中涉及的计算的便利性及完善的程序为基础的。

§6.7　资本预算的深入探讨

为了适应特殊环境下对资本预算项目的分析，通常需要进行一些修正，这些修正减少了前面所论述的一些为简化条件而作的假设。有两个内容通常需要进行特殊分析：（1）拥有不同寿命期的互斥项目之间的比较；（2）由预算约束所引起的资金限额。

§6.7.1　不同寿命期下方案的比较

财务经理常常必须挑选出一组最好的项目以供选择，而这些项目的寿命期可能不同。如果这些项目是相互独立的话，那么这些项目的寿命期就不是很重要。但是如果不同寿命期的项目是互斥的，寿命期不同所造成的影响必须被考虑进去，因为超过可

① 关于这一点 Galai 与 Masulis(1986) 论述得非常好。

比的一段时间周期之后，某些项目就不会提供服务了。尤其当需要该项目提供持续性的服务时，这一点非常重要。下面进行的讨论，假设进行比较的不同寿命期的互斥项目是持续进行的，如果是不持续的，那么就应选择具有最高净现值的项目。

由于所选择的最佳项目组合是一组不同寿命期的互斥项目，这就引出了一个基本问题，即项目之间的不可比性，关于这一点可以用一个简单的例子来说明。CTV 公司，一家地区性有线电视公司，正在对两个项目 X 与 Y 进行评估。表 6-8 给出了每个项目相关的现金流量。用以评估这两个相同风险项目的资本成本为 10%。

表 6-8　　运用年净现值法比较 CTV 公司的项目 X 与项目 Y

	项目 X	项目 Y
初始投资	$70 000	$85 000
年	现金流量	
1	$28 000	$35 000
2	33 000	30 000
3	38 000	25 000
4	—	20 000
5	—	15 000
6	—	10 000

当资本成本为 10% 时，每个项目的净现值为：

$$NPV_X = 28\,000 \times 0.909 + 33\,000 \times 0.826 + 38\,000 \times 0.751 - 70\,000$$
$$= (25\,452 + 27\,258 + 28\,538) - 70\,000$$
$$= 81\,248 - 70\,000 = 11\,248 \text{（美元）}$$

$$NPV_Y = 35\,000 \times 0.909 + 30\,000 \times 0.826 + 25\,000 \times 0.751 + 20\,000 \times 0.683 + 15\,000 \times 0.621 + 10\,000 \times 0.564 - 85\,000$$
$$= (31\,815 + 24\,780 + 18\,775 + 13\,660 + 9\,315 + 5\,640) - 85\,000$$
$$= 103\,985 - 85\,000 = 18\,985 \text{（美元）}$$

项目 X 的净现值为 11 248 美元，项目 Y 的净现值为 18 985 美元。如果忽略两个项目不同的寿命期，则这两个项目都可以被接受（净现值大于零），并且项目 Y 优于项目 X。换句话说，如果两个项目是互相独立的，但所能提供的资金有限，只有一个项目可被接受，拥有较大净现值的项目 Y 会被采纳。另外一方面（不忽略寿命期的问题），如果项目之间是互斥的，他们不同的寿命期必须被考虑；项目 X 可以提供 3 年的服务，而项目 Y 则为 6 年。

如果项目之间是互斥的，那么这个例子单单用净现值法进行分析就是不完整的（余下的讨论中将会提到我们自己的假设）。为比较这些不同寿命期的互斥项目，在分析中一定要把不同寿命期的问题考虑进去；单纯地运用 NPV 来选择比较好的项目可能会导致不正确决策的产生。许多方法可以用来处理寿命期不同的问题，这里我们只讲最有效的一种方法——年净现值法。

§6.7.2　年净现值法

年净现值（annualized net present value，ANPV）法是将不同寿命期项目的净现值转换为一个相等年数下的数值（以净现值表示），该数值能用于选择出最好的项目。这种以净现值为基础的方法可以通过以下步骤，应用于不同寿命期互斥项目的选择。

第一步　计算每个项目 j 在整个寿命期 n_j 中的净现值（NPV_j），采用恰当的资本成本 k。

第二步　在给定的资本成本与项目寿命期的条件下，用现值系数除以每个净现值为正的项目的净现值，得出每个项目 j 的年净现值（$ANPV_j$）。

$$ANPV_j = \frac{NPV_j}{PVIFA_{k,nj}} \tag{6.9}$$

第三步　将项目进行排序并选择最好的。拥有最高 ANPV 的项目将是最好的项目，紧接着就是下一个最高 ANPV 的项目，以此类推。

我们可以用前面那个例子的数字对这些步骤进行举例。应用前面 CTV 公司的项目 X 与项目 Y 的数字，ANPV 的三个步骤运用如下：

第一步　在前面单个资产购买的例子中，项目 X 与项目 Y 以 10% 进行折现计算出的净现值为：

$NPV_X = \$11\ 248$

$NPV_Y = \$18\ 985$

如前面所提到的那样，以 NPV 为基础，忽略不同的生命周期，项目 Y 优越于项目 X。

第二步　应用等式 6.10 中得出的 NPV，每个项目的年净现值计算如下：

$$ANPV_X = \frac{11\ 248}{PVIFA_{10\%,3}} = \frac{11\ 248}{2.487} = 4\ 523\text{（美元）}$$

$$ANPV_Y = \frac{18\ 985}{PVIFA_{10\%,6}} = \frac{18\ 985}{4.355} = 4\ 359\text{（美元）}$$

第三步　回顾一下第二步中 ANPV 的计算，我们可以看出项目 X 优越于项目 Y。假设项目 X 与项目 Y 是互斥项目，项目 X 就会被接受，因为它提供了较高的净现值。

§6.7.3　资金限额

公司运营一般是在资金限额条件下进行的——它们的资金有限，但是可以接受的独立项目却很多。理论上讲资金限额是不存在的。[①] 公司应该接受所有净现值为正（或者 IRR>资本成本）的项目。然而，实际上，许多公司在运营时仿佛面临一个资

① Weingartner(1997)调查并评估了资金限额的问题。尽管在理论上资金限额是不存在的，但是最近的研究表明，从单个公司的层次上讲，投资与各种变现方法（或现金流）之间有很强的联系，对于小公司而言，这种相关性更加显著。在本章的下一部分我们将讨论这一重要的问题。

金限额。一般说来，公司总是在经理人制定出的资本预算约束下寻找并挑选出最好的项目。研究发现，经理人往往在内部对资本支出预算施加压力，以避免“超过”所认定的新融资的水平，特别是负债水平。公司不可能为所有可接受的项目提供资金，尽管这一事实与所有者财富最大化的目标不相一致，但是在这里我们还是要讨论资金限额的应用程序，因为它们在实务中广泛应用。

资金限额的目标是为了选择一组合适的项目，这组项目能够提供最高的净现值，并且所需要的美元数额不超过预算。资金限额的先决条件是必须把所有的最好的互斥项目挑选出来，把它们放到独立项目组合中去。我们这里讨论在资金限额的条件下两个最基本的选择法。

§6.7.4 内含投资报酬率法

内含投资报酬率法需要通过绘制一张图表来解决问题，在该图表中 IRR 与投资总额成反向变动，它被称作投资机会一览表。通过绘制资本成本线，然后设置预算限制，经理人可以决定哪些项目可以被接受。这一技术的最大缺陷在于不能保证公司获得最高的资金回报率，它只能解决资金限额的问题。现就这一方法举一个例子来说明。

Sigma 公司，一个快速成长的塑料制品公司，在该公司的预算为 250 000 美元的条件下，有 6 个相互竞争的项目。每个项目的最初投资及 IRR 如图所示：

项目	初始投资	IRR
A	$ 80 000	12%
B	70 000	20
C	100 000	16
D	40 000	8
E	60 000	15
F	11 000	11

该公司的资本成本率为 10%。图 6-4 即为投资机会一览表，该表以 IRR 为基础按降序排列了 6 个项目。就这张表而言，只有项目 B、C 与 E 应该被接受。三个项目合计将吸收 250 000 美元预算中的 230 000 美元。项目 D 不值得考虑，因为其 IRR 小于公司 10% 的资本成本。然而，这种方法的缺点在于，对项目 B、C 和 E 的采纳并不能保证公司财富最大化，从而也不能使所有者财富最大化。

§6.7.5 净现值法

净现值法是以净现值为基础来选择使股东财富最大化的项目组。该方法的步骤如

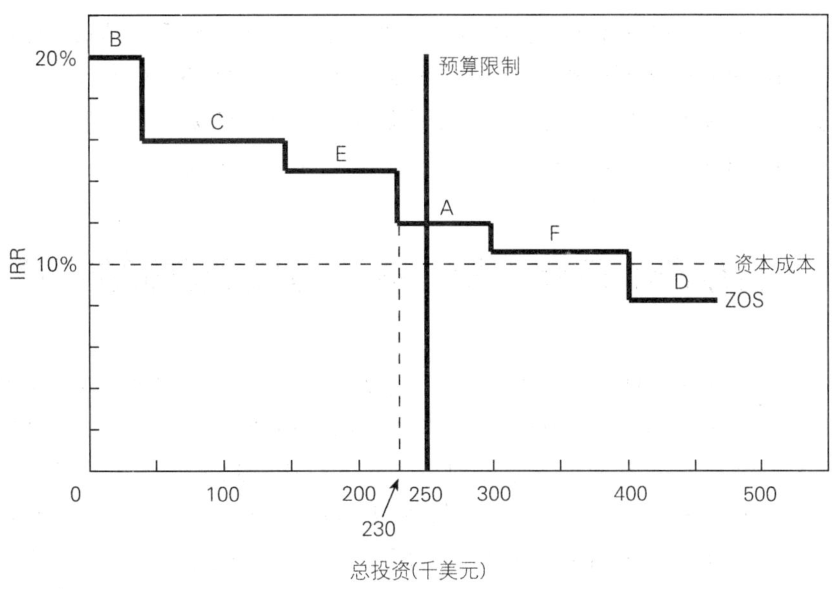

图 6-4　Sigma 公司的项目投资机会一览表

下：首先根据 IRR 对项目进行排序，然后对各项目潜在收益的净现值进行评估，从而决定全部净现值最高的项目组合。这与最大化净现值的道理是一样的，因为不管预算资金是否能够被全部使用，它都被看作是最初总投资。没有使用的那部分预算资金并没有增加公司的价值。至多，这部分资金投资于证券市场，或者以现金股利的方式返还给所有者。不管哪种情况，股东财富似乎都没有增加。

前面提到的项目组，以 IRR 为基础进行排序，排序结果列示于表 6-9 中。与项目相关的现金流入量的现值也包括在此表中。项目 B、C 与 E 总共需要 230 000 美元的投资，并且产生 336 000 美元的净现值。然而，如果项目 B、C 与 A 被执行的话，全部预算 250 000 美元都会被使用，现金流入量的现值会是 357 000 美元。这超出了按 IRR 排序选出的项目的预期回报。选择 B、C 与 A 比较好，是因为它们可以在给定的

表 6-9　Sigma 公司项目排序

项目	初始投资	IRR	以 10%计算的现金流量的现值	
B	$70 000	20%	$112 000	
C	100 000	16	145 000	
E	60 000	15	79 000	
A	80 000	12	100 000	
F	110 000	11	126 500	中止点
D	40 000	8	36 000	（IRR<10%）

预算条件下得到最大的净现值。公司的目标就是为了应用其预算得到最大的流入量现值。假设未用的那部分预算既未获利也没赔本的话，项目 B、C 与 E 的总 NPV 为 106 000美元（336 000-230 000），而对于项目 B、C 与 A 来说，总 NPV 为 107 000 美元（357 000-250 000），因此选择 B、C 与 A 会使 NPV 最大化。

§6.8 高级资本预算问题：融资与投资之间的相互作用

迄今为止，本章我们已经讲到的所有资本预算方法都以现代财务学的经典假设为基础——追溯到 Modigliani 和 Miller（1958，以下称 M&M）时代——公司的投资与融资决策应该是分离的。M&M 的框架在理论上比 CAPM 受到了更多的欢迎，在其指导下，公司经理人员通过使用相同风险等级的无负债公司折现率（投资必要报酬率）来评价个别投资项目。[①] CAPM 理论出现之后，个别项目所使用的折现率又和其面对的风险有关，这个风险可以用该项目的现金流量与市场上全部风险资产报酬率的相关性来衡量。在任何一种情况下，只要该项目风险调整之后的预期报酬率大于必要的报酬率，公司的经理人就会接受，然后经理人可以通过完全竞争资本市场（无“摩擦”）为可供接受的项目进行融资。因为 M&M 理论认为，在完美资本市场下，资本结构是无关的，融资与投资决策之间没有联系。

即使抛开 M&M 的完美资本市场假设，融资与投资之间的分离依然存在，只不过进行了一点修改，那就是经理在进行项目评估的时候，应该用加权平均资本成本作为折现率对同公司本身风险等级相同的项目进行评估，其中加权平均资本取决于“首选的”资本结构。即使资本结构受到税收或其他因素的影响，其仍然清楚地表明单独的投资项目与单独的融资决策之间没有直接的联系，不仅如此，投资决策应先于融资决策。[②]

然而从 Myers（1974，1977）开始，关于投资的财务理论发生了重大的变化，学

---

① 因为 M&M 理论并没有清楚地说明：如果项目的风险等级与公司本身的风险等级不同的话，项目的投资政策又应该是怎样的，所以关于这一点的解释与 M&M 理论的最初模型有出入——在我们的解释中已经暗含了这一点。

② 为了阐述这一点，假设公司能够以 7% 的税后成本发行 100 万美元的债券，那么该公司随后必须以 13% 的成本率发行股票用来补充权益资本。更进一步，假设该公司目前具有（并且满足于）这样一个资本结构：50% 的负债，50% 的权益资本，那么它的平均资本成本为 10%。然后假设两个投资项目按以下的顺序摆在经理面前：项目 A 需要 100 万美元的资本成本，能提供 9% 的税后利润，项目 B 也需要 100 万美元的资本成本，但是有 12% 的产出。如果该公司的经理和你一样训练有素的话，他们会知道用 10% 的平均资本成本作为折现率，并得出正确的结论：接受项目 A 拒绝项目 B。然而如果经理们用公司的负债成本（可以用来投资）来评价第一个项目的话，他们会接受项目 A——因为 9% 的产出率超过了 7% 的负债成本——但是这样做之后就必须放弃项目 B，因为 12% 的产出低于对新的股权资本所要求的 13% 的收益率。很清楚，如果不把每个融资方式从单独的项目分开的话会得出错误的投资收益值。

术研究带头人之一——史蒂芬·罗斯（Stephen Ross）指出，传统的现金流量折现分析可能仅适合于非常简单的投资项目。罗斯坚持认为，如果想对现实的投资项目进行充分评估的话，分析者必须考虑各种项目之间的相互作用及内置期权（imbedded options）——最重要的是选择某个项目并推迟其执行（递延期权）。①

我们将用本章剩下的部分讨论比较高级的资本预算问题，这些理论都是近些年发展起来的。我们首先从融资与投资相互作用的关系开始。这种相互作用来源于：（1）公司投资机会组合的特点——特别是投资项目资产的抵押能力；（2）涉及经理与股东之间关系的代理成本；（3）投资公司的盈利及资金流动情况；（4）税收政策。在我们讨论完股票市场如何对投资项目进行评估之后，我们将简要地考察一下，在公司资本结构的信号模型、股利政策、权益评估模型中，投资政策作为信息揭示工具是如何发挥作用的。在此之后，我们将讨论资本市场评价公司投资计划的实证研究结果。最后，我们将会简要地介绍一个最新的投资分析技术——经济增加值（economic value added，EVA）。本章的下一部分将讨论几种期权，这些期权是大多数投资决策中固有的一部分，包括选择开采或关闭某座矿山，选择新增或废除某道生产工序，时间选择（包括项目的递延期权），关于投入或产出的弹性选择，还有成长型企业的价值选择——特别是由研发成本带来的选择。

§6.8.1　投资机会选择与融资政策

1977 年以前，理论界面临着一个难题，即由于税收激励作用的存在，负债融资显然有很大的好处，但是为什么没有公司完全依靠负债进行融资？Myers（1977）指出，实际上许多投资项目在其开发期间都需要持续的资金投资。他还指出，在公司的杠杆作用率较大的条件下，如果公司的经理人发现投资利润的大部分要归债券所有者所有的话，就不会去选择继续用负债为成长性的项目融资——因而就不得不依靠股权资本融资。换句话说，需要持续随时提供资金的成长性项目应该由权益性资本来融资，而对于有形资产比较多的公司而言，由于它比较容易监控，并且其资产可以在流通的二手市场进行处置，这样其变卖资产之后的资金可以用来清偿债务，所以可以差不多都用负债来融资。Myers 模型得出的最基本的经验预测结果是，高新技术与其他成长型企业（计算机、软件、制药、航空企业）应该比一些拥有真实资产交易且有形资产丰富的公司（如房地产、交通业等）的杠杆率要低。这种经验关系在 Smith 与 Watts（1992）、Baker（1993）、Gaver 和 Gaver（1993）以及 Skinner（1993）等人的著作中都被很有说服力地阐述过。

财务领域的另外一个分支就是如何在公司生产技术固有的经济风险与最佳的杠杆率之间建立联系。Dotan 与 Ravid（1985）最早提出了两者之间的理论关系，Ravid

① Ross 在 1994 年 10 月圣路易斯的财务经理联合会上提出了上述观点。

(1988) 归纳了有关生产/融资之间关系的早期文献，Kale、Noe 与 Ramirez (1991) 发现了 U 形图，即生产经营与财务杠杆之间的非线性关系。另外一方面，Green (1984) 与 Berkovitch 及 Kim (1990) 指出，运用负债来融资的决策对该公司的投资积极性有显著的（常常是负的）影响，这就意味着运用负债来融资的公司有可能放弃一个正净现值的投资机会。最后，Baldwin 与 Ruback (1986) 就有关研究通胀与投资之间大体负相关关系的文献进行了整理。

§6.8.2　代理问题与公司投资政策

如果不存在代理成本问题，经理人会：(1) 对所有正净现值的投资项目进行投资，抛弃所有负净现值的项目；(2) 他们将仅仅把注意力集中于项目现金流量的系统风险上（投资者不能分散的系统风险），而不会以总风险（其中包括非系统风险，投资者可以无成本地对其进行分散）为基础对该项目进行评估；(3) 经理人会在给所有正净现值的项目提供资金之后，把剩余的现金当作股利支付出去。换句话说，经理人追求市场价值最大化的资本投资决策，即使当这一决策并不能使经理人本身利益最大化时也是如此。

当然在现实世界里，经理人与股东之间存在着显著的代理成本问题，经理人所追求的是低风险/低利润的投资项目，而不是有较高价值的高风险/高利润的项目——因为这样做减少了公司现金流量起伏不定的可能性，从而降低了经理人任期的风险。出于同样的原因，经理人会喜欢以总风险为基础对项目进行评估，而不是单单依靠系统风险。投资者可以通过向不同的公司投资来分散某项目的系统风险，但是一个经理人将其自己的人力资本冒险投向一家公司，其结果是很容易被一个错误的项目置于死地。同样，经理人会理性地选择那些很难被外界监督者客观评估的项目，因为这样，会使监督人员（例如，股东）难以精确地衡量他们的管理能力。最后，大多数经理人愿意保留闲置的现金流量（给正净现值的投资项目提供资金后剩余的那部分），而不愿意把这笔钱作为股利分配给股东。因为这样做既增加了经理人自由控制资源的数量，又减少了公司在面临变现问题时的风险。遗憾的是，这部分保留款项事实上等于将资金投向了负净现值的项目。①

就像上面所提到的一系列风险一样，经理人错误制定公司投资政策的空间很大，资本投资项目本质上的差异性使得这些代理问题更加严重。Jensen (1986, 1993) 与 Fama、Jensen (1985) 在书中详细地讲到了这些问题及可能的解决办法。② 在投资政策问题上，为协调经理人与股东间的利益，可能唯一的也是最重要的解决办法就是构建适当的经理人报酬体系，该体系包括股票期权（减少经理人对总体风险的恐惧并

① Cooper 与 Richards(1988)及 Jensen(1993)提供了有关这一观点的经验支持——剩余的现金流量往往会做出错误的选择。

② 对于劳动管理型公司里的特殊投资政策问题，Jensen 与 Meckling(1979)对此进行了引人入胜的分析。

且可以对经理人施加压力——他们必须使股东财富最大化）及延期付薪制度（避免经理人为了暂时有利可图的投资而抽空当前的收益）。[①] 然而，完美的答案并不存在，在现实的投资计划与分析过程中，必须始终将潜在的代理问题考虑在内。

§6.8.3　变现性与投资

有趣的是，财务研究者在过去的十年中论证的经验规律表明，许多公司的变现性与投资水平之间有着显著的关系。[②] 在完美资本市场条件下，公司的流动性水平（被定义为各种形式，如头寸、自由的现金流或未来的借款能力）与其融资能力（包括内部、外部融资能力）没有关系——对正的净现值投资机会的融资。在 Fazzari、Hubbard 与 Peterson（1988），Whited（1992），Fazzari 与 Peterson（1993），Peterson 与 Rajan（1994），以及 Vogt（1994）等人关于美国公司的经验研究中，以及在 Hoshi、Kashyap 与 Scharfstein（1990）等人关于日本公司的实证研究中——都清楚地指出投资与流动性之间直接相关，至少对于比较小的不能完全利用资本市场的公司而言是这样的。[③] 这种关系既对单个公司具有决策指导作用——（例如，它为一种现实的倾向提供了理论基础，这一倾向就是，某些公司拥有的令人难以理解的高水平的现金及有价证券），同时也为政府制定宏观经济和监管政策提供了指导。为了使固定投资水平达到最大化，政策制定者必须确保本国银行系统具有充分的流动性，并通过机构与市场之间的竞争确保胜出的公司获得充分、及时的融资。

§6.8.4　税收与投资

这几年，极少有哪个方面的经济研究可以像这一课题一样引起学者的关注，这一课题就是商业投资与公司税收之间的理论与实践关系。然而，在财务方面，近几年才开始比较正式地运用有关的公司数据与公司行为的财务模型来研究这一课题。在一篇重要论文中，Myers（1974）首次论述了美国税法规定对负债融资的巨大激励作用如何影响了单个公司的资本结构和投资政策。De Angelo 与 Masulis（1980）指出，从理论上讲，折旧与摊销等非负债税收规避，能在公司的资本结构决策中代替负债，然而，DeAngelo 与 Masulis（1985）指出，由于各种替代效应和收入效应的存在，税收与折旧对公司投资和财务杠杆的净效应非常模糊。Dotan 和 Ravid（1985）也从理论上验证了公司所得税对最佳的公司运

---

① Larcker(1993),Baker、Jensen 与 Murphy(1988),Smith 与 Watts(1992),Gaver 与 Gaver(1993),及 Skinner(1993)都阐述了报酬与投资政策的内在关系。

② 一个较早的理论流派曾经考察过在公司的股利分配与投资政策之间是否存在简单的联系。Fama(1974)发现没有这样的关系,并且认为股利支付并没有使公司的融资政策受到限制。另外,Peterson 与 Benesh(1983)统计表明两者之间存在显著的联系。

③ Barro(1990)阐述了一个明显关联的现象——股票价格与美国及加拿大公司的投资水平之间显著地正相关。尽管模型中已经包括了现金流量差异的因素,这种关系依然存在,这表明股票价格的提高对于股东自身的权利非常重要,而不仅仅是代表增加权益资本的能力得到了加强。

营及杠杆率的影响，并得出了相似的却很模糊的结论。令人感到惊讶的是，Mackie-Mason (1990) 是第一个提出以下观点的研究者。他指出，负债税收规避与非负债税收规避在公司的投资与资本结构决策过程中是可以相互替代的。

迄今为止，对于“美国税收政策对公司投资政策的影响”这一课题最综合的（证据确凿的）分析是由 Poterba 提出的。他指出，1986 年的《税制改革法案》的主要内容为取消所得税信贷，减少采用加速折旧率法，降低对利润分配（股利）征税的税率，目的是要降低公司投资的均衡水平。尽管原因与结果很难从宏观经济数据中孤立出来，但是 Poterba 的预测似乎被 20 世纪 80 年代晚期 90 年代早期的事实所证实——如国际货币基金组织的《国际财务统计报告》指出的一样，总投资占 GDP 的比例大约降低了 2 个百分点（1981—1986 年间，平均从 19.7% 降低到 17.5%）。[①]

§6.8.5 公司投资的信号模型

假设我们重视公司的长期行为，并且假设现金流量的变化完全在经理人的自由选择之下，那么几位研究者得出信号模型也就理所当然了。所谓信号模型，它是指在以信息不对称为特征的资本市场里，资本投资是关键的信号之一（或唯一的信号），经理人能运用它将公司盈利的信息传递给投资者。John 与 Nachman (1985)，Miller 与 Rock (1985)，还有 Ambarish、John 以及 Williams (1987) 研究得出一个结论，即公司经理人所选择的投资支出水平可以反映公司的现金流量水平，从而作为现金流量水平的可信信号，因为这种信号对于一些较弱的公司，需耗尽其全部的现金储备才能模拟。正因为如此，投资增加传递的是好消息，投资减少传递的则是坏消息。

§6.8.6 资本投资支出的市场评价

美国的金融系统经常受到批评，其中非常重要的一个方面是认为它不支持经理人向研究开发及资产设备方面做长期投资。Poter (1992) 提出了一个十分清楚的（尽管不是很复杂）的观点——“融资扼杀了美国经济”。那么根据实证研究的结果，市场是如何对资本投资支出进行评价的呢？当然不会支持 Poter 的观点——事实正好相反！McConnell 与 Muscarella 通过许多综合的测试指出，股票价格对公司计划增加资本投资支出的反应是显著上扬，而对削减资本支出做出的反应是下降。[②] 另外，Jarrell、Lehn 与 Marr (1985) 发现高额的研究与开发支出并没有增加公司成为被收购目标

---

① 虽然自从 1991 年开始美国的资本投资疯狂地增长，我们仍不清楚这一现象是否可以归因于以下这些因素：快速扩张的经济，非常有利的出口环境，资本商品的信息处理成本降低与利润提升，由低通货膨胀带来的利息率下降，或者是这些因素的综合。对于税收政策的研究并没有得出最终的答案——只能是旧瓶装新酒。

② 对于这一模式唯一重要的例外情况是关系到石油与天然气的开发成本。股票市场对于宣布增加这类投资的计划会做出负反应，这一点与 Jensen(1986) 的理论相一致，那就是石油公司在 20 世纪 80 年代特别倾向于浪费闲置的现金流量（将现在较高的收益再投资于没落的产业）。

的可能性——成为被收购目标是 20 世纪 80 年代融资的主要代价之一。Chan、Matin 与 Kensinger（1990）进一步指出，许多研究与开发投资都会得到股票市场投资者的正面评价，尽管 Hall（1993）指出，历史上市场对研究与开发很高的估价曾经在 20 世纪 80 年代骤然下跌。[①] 最后，Pilotte 指出，那些需要为成长型项目提供资金的公司发行普通股会使股价下跌，但这种影响比成熟型公司宣布适时股票发行所带来的影响要小。

§6.8.7　经济增加值

用以分析公司资本支出有效性的一个最新办法就是测量投资的经济增加值（economic value added，EVA）。Joel Stern 与 Bennett Stewart 在 Walbert（1994）指出，EVA 是一种测量经济利润的方法。经济利润是指从税后经营净利润中减去公司的资本成本。一个正的 EVA 表示公司的投资获得了收益，即投资收入超过了为这些投资提供资金的资金成本，而一个负的 EVA 暗示着该公司浪费了投资资本。经理人员对 EVA 原则的应用程度可以由股票市场做出评价，这种评估方法称为市场价值增加法（market value added，MVA）。该方法通过总的市场价值与投资者所提供的资本之间的差额来计算。EVA 与 MVA 的前景看起来似乎很光明，因为这些技术提供了有效的分析工具，能够使经理人正确地制定重要的融资决策（投资决策）。此外，由 MVA 提供的排序结果与综合调查（及广泛的调查意见）的排序结果基本一致。[②]

§6.9　资本预算中的或有项目分析

在过度夸大风险的条件下，似乎很清楚的一件事是：在资本预算中加入或有项目分析肯定会改变公司组织及评估其投资项目的方式。当人们在寻找项目，并最终要在该项目中投入大量公司资本的时候，往往会不可避免地面临大量的选择，以前从没有任何一种技术可以提供如此大的弹性来进行选择。[③] 在最后这部分，我们将简要地阐

---

① Hall 不能得出最后的结论说明这种相对价值下降的原因——关于这一点，在 20 世纪 80 年代研发支出与广告支出以相同的常规方式进行衡量——但是收购压力不能完全被排除出去。当然在大量的经济文献中有很多是关于研发支出对宏观经济的重要性的研究，这与我们当前的讨论没有直接的关系（另见 Griliches，1986）。最后，《商业周刊》提供了一个非常有用的关于美国公司研发支出的年度调查（见 Mandel，1994）。

② Walbert 指出，沃尔玛超市、可口可乐公司、飞利浦公司、通用电气公司与默克公司，这 5 家公司在 1992 年的市场附加值最高，而数码设备、通用电机与 IBM 公司在 1 000 家公司的调查中占据最低的 3 个位置。

③ 我们附带提到如何用良好的推理对这些选择进行"最终评估"，目前关于这一课题的大多数文章，要么应用特定的数据举例，要么采用纯粹的理论方法来描述在资本预算中期权定价是如何应用的。事实上，对各种选择方法的评估需要将所有的支出与成本设定为参数，所有描述产出可能性的概率分布也要设定为参数。这些被要求获得完全解决办法的假设（范围差异、正态分布、持续的贸易壁垒）可能会妨碍大多数情况下对定量模型的正常应用。虽然如此，在纯粹的理论层面上，把期权定价理论加入到资本预算中去就是把前景预测加入到了分析中去，因为它使一个事实更加清楚：那就是可能存在其他的投资机会与相互作用关系。

述目前投资选择文献中出现的三个关键的问题。我们先从实物期权分析开始，然后是时间期权与弹性期权。在目前这个阶段，运用公式投资期权还不可行，但是过不了几年，这些将可能会在一些公司财务课本中予以介绍。

§6.9.1 实物期权

资本预算中对于或有项目分析的最经典的运用方法是由 Brennan 与 Schwartz（1985）提出的。[①] Marsh 与 Merton 概括性地提出其观点，而 Brennan 与 Schwarts 对此观点进行了具体分析，他们所分析的对象是以产出价格为基础的矿场的运营情况——考虑到变动运营成本，固定的开业、关闭、矿石储备成本，最后得出如何运用期权定价技术来制定最佳的开业、关闭与运营的规则。随后，Siegel 与 Smith（1987）以及 Hampson、Parson，还有 Blitzer（1991）进一步发展了 Brennan 与 Schwartz 的模型，将其用于石油的勘探与开发项目。该方法更为普遍的意义是，特别能够适用于与自然资源有关的投资项目，当然也有许多研究人员应用这些模型的变化方式去评估非资源性的制造、营销与产品开发项目，其中包括：Chung 与 Charoenwong（1991），Baldwin 与 Clark（1992），Kulatilaka 与 Marcus（1992），Kasanen（1993），Quigg（1993），Trigeorgis（1993），Kemma（1993），Lee、Martin 及 Senchak（1993）。

§6.9.2 时间期权

经典的 NPV 分析（暗含或明确的）认为，一个给定的投资机会必须马上做出被接受或永远放弃的选择。换句话说，NPV 分析忽略了这样一个事实，那就是有许多时候我们可以延迟一段时间或延迟更长时间来解决更多不确定性的问题，或者我们也可以观察利率是否会发生变化，然后才做出决策。同时 NPV 分析也忽略了经理人可以为了对新信息做出反应而加速或放慢某项目开发的能力。最后传统的分析还忽略了如果产出价格暂时地低于经济水平时，公司会选择暂时搁浅该项目；当价格上升时，临时性地最大化产出。但从近期来看，所有的这些选择都被模式化了。Majd 与 Pindyck（1987）考察了加速或延迟跨期项目的建设问题，而 Laughton 与 Jacoby（1993）考察了以平均回归基本变量为基础的时间选择。然而，迄今为止，这一领域最重要的论文是由 Ingersoll 与 Ross（1992）撰写的，他们指出了项目延迟选择的普遍重要性——换句话说将项目本身与其延迟后的结果进行了比较。

§6.9.3 弹性期权

资本预算分析的最后一个选择类型，是最近刚刚引起人们注意并被广泛提到的弹

① 记忆力好的读者会回忆起在投资的内容里，第一位对成长性选择的价值进行探讨的作者是 Myers（1977），但是这里我们并不再次讨论这个问题，因为 Myers 的目的为了表明成长性选择对最佳融资决策的影响——而不是考虑这一选择本身的特征。

性期权——或者说成将弹性原则运用到生产程序中的能力。弹性期权中的三种方法特别值得人们注意。第一，由 Kulatilaka（1993）提出了运用多种投入能力产生的价值，他特别考察了安装一台既能使用汽油又能使用天然气作燃料的工业锅炉的价值，而不是使用单一燃料的锅炉价值（投入弹性）。第二，Frigeorgis 与 Mason（1987）、Triantis 与 Hodder（1990）、Baldwin 与 Clark（1992）、Kulatilaka（1993）指出了弹性生产技术的价值，该技术应用同样基本的加工过程和不同构造的设备（操作或产出的弹性）生产出各种各样的产品。第三，McLaughlin 与 Taggart（1992）及 Kogut 与 Kulatilaka（1994）指出保持过度生产能力的价值，该能力能够迅速适用于满足生产的最高要求（容量弹性）。在资本扩张的行业中，其发展受制于两方面：一是产出需求的扩大，二是生产能力的增加需要从开始到完工的一个较长的导入期，那么通过巨额成本的购买与设备闲置所产生的过剩的生产能力就可以在扩张的过程中产生巨大的价值。Kogut 与 Kulatilaka 的文章特别重要，因为它研究了如果一个跨国公司拥有过剩的生产能力就可以把产品运往全世界，以适应汇率的变动，从而利用了多种获利机会。

上面我们所讨论的所有的选择方法在资本预算方面有一个共同的特点——这些方法的运用都增加了几乎所有投资机会的价值。这一点是非常重要的，是对静止的 NPV 技术的改进。通过结合——甚至仅仅是概念上的——将选择定价结合到资本预算中去，经理人能够考虑到所有这些产品与时间选择的价值，并且能够考察各种选择之间如何相互作用。这一扩大化分析的结果能够优化个别公司的资本预算，从而更加有效地将资本在宏观水平上进行分析。

§小　结

创立某种方法，提出可能投资项目，再选择确定最优项目，对全球公司的长远成功都至关重要。同样，对一个国家而言，要想建立一个合理的法律、政治和管制环境，从而促进企业家从事有风险的活动和商业投资，这一点也至关重要。仅仅通过孵化最富前景的新技术和扩充现有的生产能力，企业与国家就能分享经济繁荣发展所带来的好处。本章介绍了两个内容：一是考察了当前现代化公司所采用的资本预算技术；二是调查了以投资项目评估方法为基础的最新的期权定价理论。这些新技术准确地评估了生产弹性、剩余生产能力与时间选择（推迟投资的选择），在未来几年内，它们必将带来资本预算的革命——尽管现在才初现雏形。在不远的将来，全世界的经理人都会用净现值分析中的试错法与内含报酬率的评价标准来判断给哪个资本项目提供资金。尽管这些方法具有局限性，但是合理运用这些已被验证了的技术还是能提高资本投资决策的含金量。

§习　题

1. 什么是公司的“资本预算项目”? 项目的目标应该是什么?

2. 列示出公司资本预算程序的五个步骤。哪一步需要做出投资决策?

3. 给下面与资本预算有关的术语下定义: (a) 资金限额; (b) 互斥项目; (c) 非常规现金流量模式; (d) 混合现金流量。

4. 大多数的资本预算项目中现金流的三个主要组成因素是什么? 哪个因素可以被准确地估计?

5. (论述题) 比较在国际资本预算中的汇率风险与政治风险。对于每一类型的风险最适合的处理工具是什么?

6. (问题) 为了扩大生产, 某公司花 20 000 美元购买并安装了一台机器工具。这台机器将在随后的 5 年中每年新增 5 000 美元的利润, 最后公司预期这台使用过的机器工具将以 7 000 美元的价格出售。就这台机器进行下面的计算: (a) 回收期; (b) 净现值; (c) 假设该公司的资本成本为 10%, 计算内含报酬率。

7. 回收期法作为一项资本预算技术的优缺点是什么?

8. **各种必要收益率下的净现值**　Athenia 印刷公司正在评估一台平板印刷机。该设备需要的初始投资为 24 000 美元, 以后的 8 年中每年的税后净现金流量为 5 000 美元。每个必要收益率列示如下。要求: (1) 计算净现值 (NPV); (2) 判断是否拒绝或接受该项目。

a. 资本成本为 10%

b. 资本成本为 12%

c. 资本成本为 14%

9. 内含投资报酬率　计算下列项目的内含投资报酬率, 并且说明每个项目公司可以接受的最大资本成本, 找出可以接受的 IRR。

	项目 A	项目 B	项目 C	项目 D
初始投资 (II)	$ 90 000	$ 490 000	$ 20 000	$ 240 000
年 (t)	现金流量 (CFt)			
1	$ 20 000	$ 150 000	$ 7 500	$ 120 000
2	25 000	150 000	7 500	100 000
3	30 000	150 000	7 500	80 000
4	35 000	150 000	7 500	60 000
5	40 000	—	7 500	—

10. 比较作为资本预算技术的净现值法（NPV）与内含投资报酬率法（IRR）。哪种方法在理论上更优越（为什么）？哪种方法更经常被使用（为什么）？

11. **净现值、内含投资报酬率、净现值表**　Gamma 公司正在考虑两个互斥项目。该公司的资本成本率为 12%，估计其现金流量如下图所示：

	项目 A	项目 B
初始投资（II）	$ 130 000	$ 85 000
年（t）	现金流量（CFt）	
1	$ 25 000	$ 40 000
2	35 000	35 000
3	45 000	30 000
4	50 000	10 000
5	55 000	5 000

a. 计算每个项目的净现值，评估其是否可以被接受。

b. 计算每个项目的内含报酬率，评估其是否可以被接受。

c. 在同一坐标图上画出每个项目的净现值表。

d. 根据你在 a、b、c 中的发现评估并讨论两个项目的排序。

12. 引起资本预算项目具有多重内含报酬率的原因是什么？为什么这种现象会发生在净现值的分析过程中？

13. **确定等值**　Acme 制造厂正在考虑投资于互斥项目 C 与 D 中的哪一个。该公司拥有 14% 的资本成本率，当前的无风险报酬率为 9%。每个项目的初始投资、期望现金流入量及确定等值系数等因素如图所示：

	项目 C		项目 D	
初始投资（II）	$ 40 000		$ 56 000	
	期望现金流入量	确定等值系数	期望现金流入量	确定等值系数
年（t）	（CF_t）	（α_t）	（CF_t）	（α_t）
1	$ 20 000	0.90	$ 20 000	0.95
2	16 000	0.80	25 000	0.90
3	12 000	0.60	15 000	0.85
4	10 000	0.50	20 000	0.80
5	10 000	0.40	10 000	0.80

a. 计算每个项目的净现值（没有进行风险调整之前）。净现值法下哪个项目更好？

b. 计算每个项目的净现值。在这种风险调整技术下哪种方法更好？

c. 比较并讨论 a 与 b 的计算结果。你会推荐公司采纳哪个项目？

14. **风险调整折现率** Euphoric 工业公司正在考虑向 E、F 与 G 三个互斥项目中的哪个项目投资。公司的资本成本率为 15%，无风险报酬率 R_f为 10%。以下是该公司收集的每个项目的基本现金流量与风险系数。

	项目（j）		
	E	F	G
初始投资（II）	$15 000	$11 000	$19 000
年（t）		现金流量（CF_t）	
1	$6 000	$6 000	$4 000
2	6 000	4 000	6 000
3	6 000	5 000	8 000
4	6 000	2 000	12 000
风险系数（RI_j）	1.80	1.00	0.60

a. 用该公司的资本成本率计算每个项目的净现值。在这种状况下，哪个项目比较好。

b. 对于项目 j 该公司用下面的等式计算风险调整折现率 $RADR_j$：

$$RADR_j = R_f + [RI_j \times (k - R_f)]$$

公式中：R = 无风险报酬率

RI_j = 项目 j 的风险系数

k = 资本成本

将每个项目的风险系数带入等式计算 RADR。

c. 用每个项目的 RADR 计算风险调整后的净现值。在这种情况下，哪个项目更好？

d. 比较并讨论 a 与 c 的计算结果。你会推荐公司接受哪个项目？

15. 比较资本预算中的风险调整技术：确定等值与风险调整折现率。哪种方法在理论上更正确？哪种方法更容易应用？

16. **不同生命周期——年净现值法** Evans 公司希望在三台可能的设备中选择一台最好的，每台设备都能满足公司扩充其铝挤压的生产能力的需要。三台设备——A、B 与 C 风险相同。公司打算用 12% 的资本成本率对其进行评估。整个生命周期过程中的初始投资与每年的现金流入量如下表：

	项目 A	项目 B	项目 C
初始投资（II）	$ 92 000	$ 65 000	$ 100 500
年（t）		现金流量（CF_t）	
1	$ 12 000	$ 10 000	$ 30 000
2	12 000	20 000	30 000
3	12 000	30 000	30 000
4	12 000	40 000	30 000
5	12 000	——	30 000
6	12 000	——	——

a. 计算每台机器在整个生命周期中的 NPV。将这些机器以 NPV 为基础按照降序进行排序。

b. 运用年净现值法（ANPV）对这些机器进行评估，并以年净现值为基础对这些机器进行排序。

c. 对 a 与 b 的结果进行分析。你会推荐该公司使用哪台机器？为什么？

17. **资金限额——IRR 与 NPV 法**　Utopia 公司试图筛选出一组最好的独立项目来竞争该公司 450 万美元的资本预算。该公司认为没有被使用的预算资金所获得的收益将少于 15% 的资本成本，从而这部分资金所带来的现金流量的现值也少于其初始投资。筛选项目时所需要的关键数据如下表所示：

项目	初始投资	IRR	以 15% 计算的现金流入量的现值
A	$ 5 000 000	17%	$ 5 400 000
B	800 000	18	1 100 000
C	200 000	19	2 300 000
D	150 000	16	1 600 000
E	80 000	22	900 000
F	250 000	23	3 000 000
G	1 200 000	20	1 300 000

a. 运用内含报酬率法选择最好的一组项目。

b. 运用净现值法选择最好的一组项目。

c. 比较、对照、讨论 a 与 b 的结果。

d. 哪个项目应该被执行？为什么？

18. 投资决策与融资决策在理论上分离的理论根据是什么？实务中哪些因素可以导致这种分离的失败？

19. （论述题）论述公司的投资机会组合是如何影响公司的最佳投资、融资（资本结构）及股利支付政策的。

20. 简要地说明经理人与股东之间的代理问题是怎样影响公司的资本投资政策的？

21. 描述实证研究已经验证了的公司的流动性水平与资本投资支出之间的关系。从这些结果当中可以发现哪些暗含的经济政策。

22. （论述题）一篇报告要求你评论一下这个命题：在美国管理当局的控制下，政府对资本市场的影响主要表现为通过"短期政策倾斜"作用于美国公司的资本支出。你是怎样看的？

23. （论述题）描述一下弹性选择的三种类型，并讨论它们是怎样影响公司的最佳投资政策的。

参考文献

第 7 章 资本结构理论

§7.1 导 言

资本结构是指在公司长期财务结构中，负债与权益的相关混合比例。与负债比率、杠杆比率及其他更普遍的公司总体负债计量方法相比，资本结构通常严格地与公司经营所需的“永久性”或长期性资本相关。虽然资本结构衡量方法可以应用于任何一个拥有资产负债表的公司，但是相关的理论研究和财务实务分析都以一些大公司为核心，因为这些大公司拥有公开发行的债券与股票，主导着整个发达国家的经济生活。有两个基本的问题将贯穿于本章的始终：（1）资本结构是否重要？能否通过改变负债与权益结构的比率来增加或减少该公司有价证券的市场价值？（2）如果资本结构确实有这样的影响力，那么是什么因素决定了负债与权益的最佳比率，从而使得公司的市场价值最大化和资本成本最小化？

对这两个经济问题的清楚回答是极其重要的，如果资本结构的确起作用，而且如果我们能够准确地确定哪种因素是最重要的，那么我们将对社会做出巨大贡献。公司的管理者将能够永远确保公司以最低的成本进行融资，投资者能够确信他们的储蓄拿到金融市场上去能够以最小的风险得到最大的回报，公共政策制定者能够在国家经济稳定也就是风险最小化的条件下设计调节机制与税收机制从而得到最大的产出。金融政策决策者能够制定准确的决策，国家投资基金能够用到最有价值和最好的项目上。

遗憾的是，尽管财务理论学家已经投入大量的精力研究了 40 年，至今仍不能提供一个明确的答案来解决这两个关键的资本结构问题。当然这并不表示我们不能为管理人员或政策制定者提供任何实际的建议：从 Franco Modigliani 与 Merton Miller（1958）发表他们最初的资本结构理论文章到现在，人们已经知道了许多东西，每一年人们都会对影响美国公司财务行为的因素有更深一步的了解。更加重要的是，近几年，资本结构的研究日益国际化，它使研究人员可以在国家之间以及各个行业之间进行横向比较。① 虽然如此，我们也不大可能对资本结构进行科学的、确定性的描述。过去，正当所有的资本结构研究者似乎可以得出一个一致答案的时候，现实经济世界中发生的财务变化与革新使这种一致意见的达成又变得很渺茫了。尽管研究者心灰意冷，同时它也使资本结构的研究者着魔。本章研究用来解释资本结构形式的理论模型，同时考察与这些理论模型相关的实证证据。我们把注意力重点放在公司杠杆理论的"主流"模型上——代理理论/税收规避权衡模型（agency cost/tax shield trade-off model）。此外，我们还要介绍其他两个理论模型——资本结构的排序假说和信号模型。

§7.2 资本结构模型

在我们介绍资本结构理论之前，首先简要地评述一下全球现实存在的资本结构模式。这转而又可以弄清楚资本结构理论应该能够解释什么，同时还会给我们提供一个判断各种理论实用性的客观标准，这些理论都是这几年提出的，目的是解释公司的实际行为。一个充分的理论可以解释下面的经验性规律（empirical regularities）。

1）资本结构国际间的差异。在工业化国家中，美国、英国、德国、澳大利亚和加拿大的公司平均账面资产负债率要比日本、法国、意大利和欧洲其他的国家低，而英国和德国公司的市场价值杠杆比率是最低的。在发展中国家（或新兴工业化国家），新加坡、马来西亚、智利和墨西哥的负债比率明显地要比巴西、印度和巴基斯坦低。② 这些差异的确切原因还不清楚。但是一个国家依赖资本市场还是依赖银行进行融资，历史、制度甚至文化因素都可能起作用。③ 表 7-1 提供了西方七国（七个大的工业化国家）在 1991 年用各种方法进行衡量的负债比率。

2）资本结构具有显著的行业模式，这在全世界都是一样的。在所有发达国家，某些行业以高的债权比率为特征（公用事业、运输公司及成熟的资本密集型的制造型企业），而其他的一些公司却有很少甚至没有长期负债（服务行业、矿业公司和大

---

① 对于国际资本结构模型，一个杰出的实证分析是由 Rajan 与 Zingales（1994）提供的。国际资本结构均衡模型是由 Hodder 与 Senbet 提供的。

② 关于账面价值的数据参见 Rutterford（1988）、Sekely 与 Collins（1988）、Frankel（1991），以及 Rajan 与 Zingales（1994），这些数据是没有争议的。然而，是否国家间市场价值资本结构比率有明显的差异，特别是在美国与日本之间，存在着很大的争议。举例参见 Michel 与 Shaked（1985），Kester（1986），Kester 与 Luehrman（1992）。如 Frankel 指出的那样，一旦你调整了会计差异，并根据调整后的会计原则来调整杠杆比率，你会发现在 20 世纪 80 年代末，日本的负债比率事实上要比美国的一些公司低，相当于 90 年代初日经指数暴跌之后的比率。关于国际资本结构差异最好的实证研究应该是 Rajan 与 Zingales（1994），他们推测英国与德国的杠杆比率非常低，是因为有实力的银行与其他的贷款人在公司财务失败时过度借款的结果。

③ 参见 Roe（1990）、Prowse（1990）、Kester（1992），同时，Frankel（1991）也提供了美国与日本公司所有权结构的详细比较。对日本、德国、美国公司的控制系统更加详细的论述参见第 2 章。

表 7-1　　1991 年七国上市公司运用杠杆作用的情况

		非权益负债比总资产 中值(平均) 合计		负债比总资产 中值(平均) 合计		负债比净资产 中值(平均) 合计		负债比资本 中值(平均) 合计		利息担保率 中值(平均) 合计	
国家	公司数量	账面	市场	账面	市场	账面	市场	账面	市场	EBIT/利息	EBITDA/利息
美国	2 580	0.58(0.44)	0.44(0.44)	0.27(0.31)	0.20(0.24)	0.34(0.38)	0.24(0.27)	0.37(0.37)	0.28(0.32)	2.41	4.05
		0.69	0.49	0.37	0.26	0.44	0.29	0.53	0.34	2.19	3.66
日本	514	0.69(0.67)	0.45(0.45)	0.35(0.35)	0.22(0.24)	0.48(0.35)	0.27(0.29)	0.53(0.52)	0.29(0.31)	2.46	4.66
		0.75	0.55	0.42	0.31	0.58	0.39	0.63	0.41	2.20	3.71
德国	191	0.73(0.72)	0.60(0.56)	0.16(0.20)	0.12(0.16)	0.21(0.25)	0.15(0.19)	0.38(0.39)	0.23(0.28)	3.20	6.81
		0.76	0.65	0.16	0.13	0.19	0.16	0.39	0.28	3.29	6.74
法国	225	0.71(0.69)	0.64(0.61)	0.25(0.26)	0.21(0.23)	0.39(0.39)	0.32(0.33)	0.48(0.46)	0.41(0.41)	2.64	4.35
		0.78	0.68	0.29	0.25	0.43	0.34	0.57	0.45	2.15	3.47
意大利	118	0.70(0.67)	0.70(0.67)	0.27(0.28)	0.29(0.28)	0.38(0.38)	0.38(0.39)	0.47(0.46)	0.46(0.47)	1.81	3.24
		0.73	0.73	0.30	0.30	0.43	0.43	0.53	0.52	1.55	2.62
英国	608	0.54(0.57)	0.40(0.42)	0.18(0.21)	0.14(0.16)	0.26(0.31)	0.18(0.21)	0.28(0.29)	0.19(0.23)	4.79	6.44
		0.56	0.42	0.24	0.18	0.32	0.22	0.34	0.24	3.98	5.29
加拿大	318	0.56(0.61)	0.49(0.47)	0.32(0.36)	0.28(0.27)	0.37(0.39)	0.32(0.31)	0.39(0.39)	0.35(0.36)	1.55	3.05
		0.64	0.55	0.38	0.33	0.44	0.37	0.50	0.43	1.19	2.55

表 7-1 是根据 1991 年所有的公司(金融业除外)统一的资产负债表计算的杠杆率。“账面”表示的是股票按照账面价值计价。“市场”表示的是股票按照市场价值计价。举例来说,对于资产价值的选择如下:资产的市场价值(近似)等于账面资产加上普通股的市场价值减去普通股的账面价值。非股权负债比总资产等于总负债除以全部资产。负债比总资产等于短期负债加长期负债除以总资产。负债比净资产等于负债的账面价值除以净资产,净资产等于资产减去应付账款与其他流动负债。负债比资本等于负债的账面价值除以负债与股权的账面价值。**EBIT** 是息税前利润。**EBITDA** 是息前、税前、折旧前的利润。合计比率是该国所有有公开报表的公司作为分子求和,同样的公司作为分母求和,两项相比得出的数值。

资料来源:RAJAN and ZINGALES(1994,TABLE IIIc)。

多数的成长迅速或以技术为基础的制造型企业)。这些模式说明了行业的最佳资本组合特征以及运营环境的多样化,共同对世界各地该行业的公司实际选用的资本结构造成了显著的影响。①

3)行业内杠杆率与盈利水平负相关。不管什么样的行业,最赚钱的公司负债最少。② 然而这可能并不令人惊讶。财务理论指出,如果企业可利用功能健全的资本市场,应当能够(至少在一段时间内)把它们的财务比率定在任何一个期望水平上——或者该行业"最佳"的水平上。另外,以税收为基础的资本结构理论认为,盈利的公司应该借更多的钱,因为它们更有必要规避公司所得税。③ 但是盈利水平与杠杆率之间的经验关系表明,资本结构至少部分地是自然存在的——也就是说资本结构在公司历史上开始盈利(和股利政策)之前就已经确定了,它并不是在资本结构政策选择中深思熟虑的结果。这种区别很重要,关系到一个公司的资本结构是其他财务政策选择的原因还是结果这一核心问题。

4)税收明显地影响资本结构,但并不是决定性的。这一点可以通过直觉来判断,因为公司或个人所得税的变化(特别是极端的变化)能够戏剧性地改变公司的盈利能力及所发行债券与股票的相对吸引力。事实上,研究表明,公司所得税率的增加与公司利用负债经营的增加相关(至少在那些利息可以作为税收抵减项目的国家里)。比较对股票收入(股利或资本利得)征收的个人所得税与对利息收入征收的个人所得税,如果前者比后者少的话,那一定会导致公司负债经营的减少。④ 另外,很明显的,美国公司在1913年开始征收所得税之前应用的负债经营要比第二次世界大战时少得多,第二次世界大战期间公司及个人收入所得税达到顶峰(分别为60%和90%),所以很清楚,税收既不能引起也不能阻止资本结构杠杆作用的发生。事实上,除了在大萧条时期可以发现存在极端的(市场价值)杠杆率以外,图7-1A与图7-1B中的A组(账面价值)和B组(市场价值)揭示了美国公司的资本结构在1929—1980年间保持显著的稳定性,特别是与20世纪发生的急剧变化的税率相对比而言。⑤ 表7-2提供了美国公司在1969—1988年间以账面价值与市场价值计算的

---

① 对这些关系进行阐述的经典文章参见Bradley、Jarrell和Kim(1984)。近年来论述这些关系的作者包括:Smith与Watts(1992)、Gaver与Gaver(1993),以及Rajan与Zingales(1994)。关于美国资本结构的历史平均资料是由Bernanke与Campbell(1988)的文章中表14提供的。最后,关于非纳税条件下的资本结构的完整调查是由Harris与Raviv(1991)提供的。

② 参见Myers(1993),其书的第6页及注脚5,对杠杆作用率与盈利水平之间的关系做了总结。Myers特别强调了在日本与美国,杠杆率与盈利水平之间负相关。

③ 这是对所有以税收为基础的模型的直接推断,但是最近有几篇文章系统地分析了两者之间的相互作用关系:收入缩水和与负债相关的税收规避作用的价值。举例参见:Bradley、Jarrell与Kim(1984),同时还有Smith与Stulz(1985),MacKie-Mason(1990)及Kake、Noe,还有Ramirez(1991)。

④ 参见Feldstein、Green和Sheshinski(1979),Fung与Theobald(1984),Hamada和Scholes(1985),还有Ang与Megginson(1990)。

⑤ 关于美国资本结构类型的有关历史信息参见Taggart(1985)以及Bernanke与Campbell(1988)。

长期负债与资产的比率。

5）杠杆比率与财务失败的预期成本负相关。不管对一个行业还是对一个国家来说，破产与财务失败预期成本越大，就越少应用负债经营。在一些国家，如日本，银行在公司理财中担任了重要的角色，破产法对债权人的关注要胜过债务人，一家正常运营的公司对杠杆率的考虑要比美国公司多很多。① 另外，一些行业看起来可以比其他的一些行业能够容忍更高的杠杆作用率，因为这些行业可以以相对很小的经济价值损失渡过阶段性的财务紧张时期（这种时候甚至可能破产）。举例来说，一家公司的抵押品比较充足，如拥有可交易的不动产和交通运输工具等，这家公司对财务失败的敏感度就要比主要资产是人力资源、商标或其他无形资产的公司低。②

图 7-1A 图是美国公司 1925—1980 年间长期负债账面价值与总资本的比值及优先股与总资本的比值。

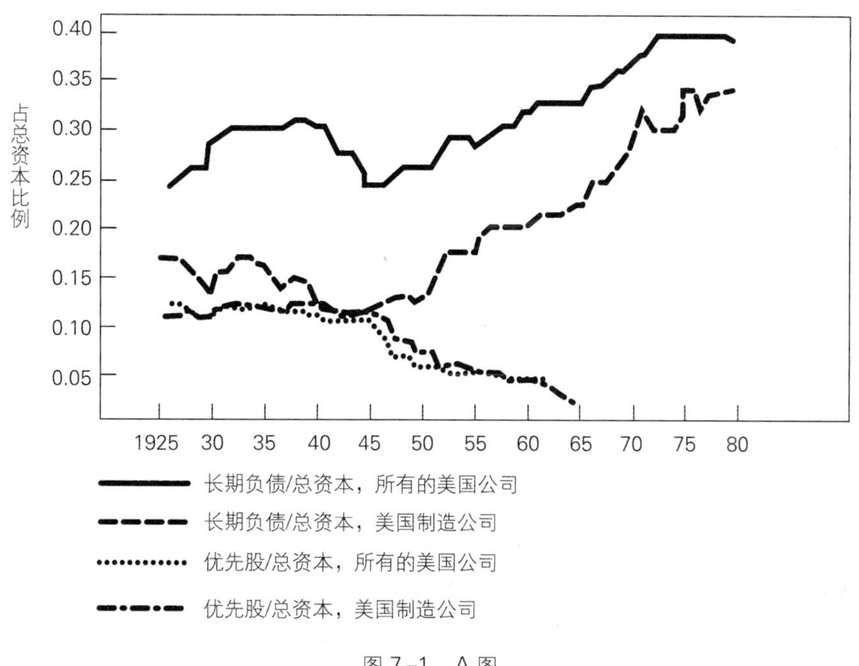

图 7-1　A 图

资料来源：TAGGART（1985，FIGURE 1. 1）。

图 7-1A 图描绘了美国公司 1925—1980 年间长期负债的账面价值和优先股与总

① 参见 Hoshi、Kashyap 和 Scharfstein(1990)，Prowse(1990，1992)，Frankel(1991)，Kester(1992)，以及 Berglof 和 Perotti(1994)。

② 参见 Titman(1984)，Bradley、Jarrel、Kim(1984)，Timan 与 Wessels(1988)，还有 Maksimovic 和 Titman(1991)。

资本的比值。该图所采用的数据包括整个制造行业的以及所有可以获得的美国公司的数据资料。

表 7-2　美国上市公司 1969—1988 年用账面价值与市场价值计算的资产负债率

年	账面价值	市场价值		公司样本数
		方法 A[1]	方法 B[2]	
1969	0. 300	0. 260	0. 254	643
1970	0. 290	0. 257	0. 247	695
1971	0. 281	0. 247	0. 234	747
1972	0. 268	0. 235	0. 219	800
1973	0. 257	0. 270	0. 267	859
1974	0. 283	0. 368	0. 388	902
1975	0. 287	0. 325	0. 334	932
1976	0. 272	0. 303	0. 308	966
1977	0. 273	0. 345	0. 354	1 013
1978	0. 266	0. 350	0. 365	1 051
1979	0. 264	0. 336	0. 351	1 085
1980	0. 251	0. 286	0. 308	1 122
1981	0. 263	0. 317	0. 344	1 169
1982	0. 257	0. 308	0. 330	1 197
1983	0. 241	0. 286	0. 303	1 259
1984	0. 248	0. 304	0. 309	1 321
1985	0. 256	0. 298	0. 288	1 386
1986	0. 273	0. 311	0. 298	1 386
1987	不详	0. 305	0. 276	1 179
1988	不详	0. 297	0. 271	1 179

[1] 长期负债的价值按照假设到期值为 20 年来计算，除非样本数据有例外。

[2] 负债市场价值按照报告支付利息的资本化来计算。

表 7-2 提供了用账面价值与市场价值计算的年平均资产负债率。根据 COMPUSTAT 列表上的公司平均数字计算。

资料来源：Bernanke 和 Campbell（1988，表 4）1969—1986 年的数字，Bernanke、Campbell 和 Whited（1988，表 3）1987—1988 年的数字。

6）现有的股东总是认为杠杆率的增加是“利好”的消息，杠杆率的减少是“利空”的消息。差不多公开发表的所有重要的实证研究都表明，当一家公司的杠杆率提高的时候，该公司的股价就会上涨，如股权换债券的协议，负债融资的股票回购项目，负债融资下用现金招标控制另外一家公司的机会。[1] 而杠杆率的减少，如债权换股权的协议、新股发行、用股票收购另一家公司股权的计划，这些都会导致股票价格下跌。[2] 这些行为让资本结构研究人员感到很困惑，因为很明显这与股东的最大利益背道而驰，但是尽管如此，这些行为还是持续下去了。股票价格下降的真实原因还不是很清楚。很明显，这与不利信息的散布有关，那么究竟是什么样的信息呢？

图 7-1B 图是美国公司 1926—1980 年间负债的市场价值与总资本的比率。

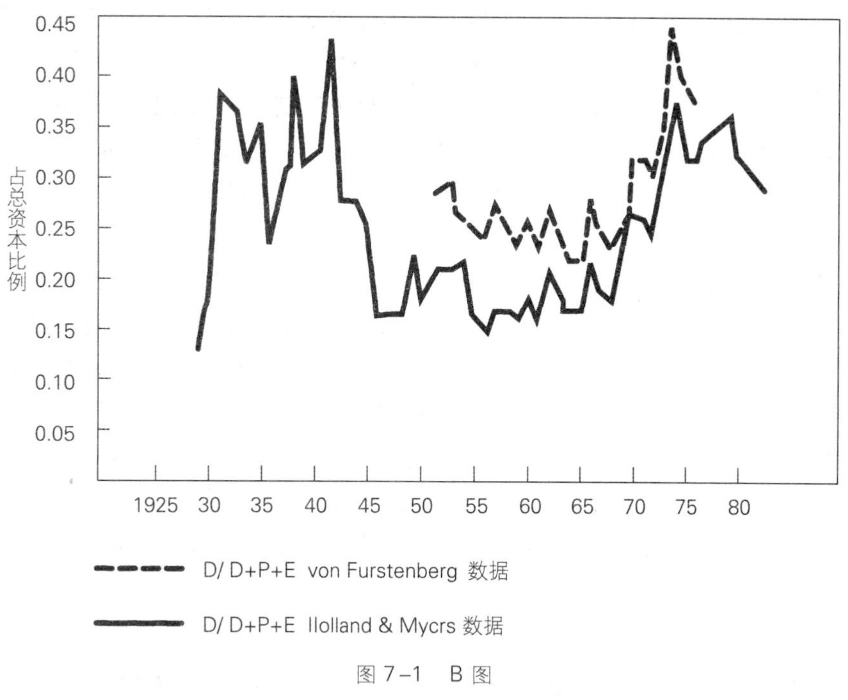

图 7-1　B 图

资料来源：TAGGART（1985，FIGURE 1. 1）。

图 7-1B 图描绘了美国公司 1926—1980 年间负债的市场价值与总资本的比率。总资本是指总负债（D）、优先股（P）、普通股（E）的总和。

7）股发行时交易成本的变化对资本结构没有明显的影响。从世界范围来看，几十年来发行股票及债券的交易成本发生了戏剧性的下降，特别是在美国，但是不管是

① 第一个阐述这一现象的是 Masulis(1980)。随后，包括 Dann(1981)、Mikkelson 与 Partch(1986)，还有 Travlos(1987)，都得出了类似的结论。而 Eckbo(1986)指出"plain vanilla"证券为股东提供的非正常收益是微乎其微的，Jame 指出对于借款公司来说，银行借款声明与正的非正常股东收益相联系。

② 参见 Dann 与 Mikkelson (1984)、Finnerty (1985)、Asquith 与 Mullins (1986)、Masulis 与 Korwar (1986)、Mikkelon 与 Partch(1986)、Barclay 与 Lizenberger(1988)、Linn 与 Pinegar(1988)、Lucas 和 McDonald (1990)，还有 Loughran 和 Ritter(1995)。有意思的是，Shah(1994)指出，公司内部杠杆率的增加和杠杆率的减少传递了基本上不同类型的信息。

对个别公司的杠杆率来说也好，还是对所发行的证券的种类来说也好，都没有太大的影响。[①] 交易成本可能会影响证券发行的多少和频率，但是不会影响资本结构的选择。

8）很明显，所有权结构影响资本结构，尽管两者之间真实的关系并不明确。一般来说，一家公司的所有权结构越集中（股份持有者之间的关系越紧密），越有可能更多地举债并有能力承担更多的债务。因此，家族企业要比股权分散的上市公司更多地使用财务杠杆；而且如果对个别经理来说在控制一家公司时会获得很高的个人利益，那么他们就更喜欢用新的负债来融资而不是吸纳新的股份，因为这样做可以使其股权被稀释的可能性最小。[②] 另外，一些国家允许银行或其他的金融机构拥有客户的股票或债券，那么这些国家的公司负债率就要比美国高——在美国，股票和债券投资人的界限分明。关于美国的混合投资结构的例子——杠杆收购（leveraged buyout, LBOs）——它们的负债比率非常高并且所有权结构非常紧密——是这一普遍性原则的例外。[③]

9）如果一家公司被迫偏离了最佳的资本结构水平，一段时间之后会逐渐回归到这个水平上。近几年这种被迫偏离最佳负债比率的情况经常发生，主要是因为美国公司举借大量的新债去收购（反收购）其他的公司或者从事主要的新的投机业务。这些公司收购之后的第一件事就是还债，从而使债务水平回到最佳状态。[④] 一般来说，有证据表明，公司在运作这些事情的时候会有一个目标杠杆作用区（target leverage zones），如果负债比率过高的话就会发行新的股票，如果过低的话会举借新债。然而对于发行新股最好的预测手段就是最近的股票价格趋势，如果股票价格已经下跌了的

---

① 尽管很少有直接的公开证据表明证券发行成本减少，却很少有人对证券发行的直接（从口袋里掏钱）或间接成本（低于定价，信息揭示）的减少表示怀疑，特别是对债券。我们所知道的唯一的一篇直接考察交易成本对资本结构的影响的文章，即由 Fischer、Heinkel 及 Zechner（1989）撰写的，其内容是：成本设置杠杆作用率的"范围"，在这个范围内公司可以允许其负债比率发生波动。另外，Amihud 与 Mendelsohn（1986）提供的经验证据表明，证券的价值直接与市场的变现性有关，这就暗示着公司只有按照一定比例发行变现性比较强的股票或债券，才会使其市场价值最大化。

② 关于所有权结构与融资结构之间的关系 Stulz（1988）从理论上进行了论证，而 Kim 与 Sorensen（1996）及 Friend 与 Lang（1988）从经验上进行了证明。Stulz 指出，对公司的控制权比较大的经理人会主要依靠负债进行融资，以使公司股权被稀释的可能性变得最小，从而防止公司被恶意收购。Kim 与 Sorensen 清楚地阐明了内部的所有权与公司负债比率之间有直接的关系。然而实证研究并没有对这一发现进行明确的支持。例如，Frind 与 Lang 指出，家族企业比其他的企业更加喜欢用全部股权融资，Smith 与 Watts（1992）及 Rajan 与 Zingales（1994）发现，在公司规模与杠杆作用率之间有直接的联系——他们对这种关系的解释依赖的是破产成本的减少而不是出于所有权的考虑。

③ 关于杠杆收购的原因及结果参见 Kaplan（1989），Baker 与 Wruck（1989），Lehn、Netter，还有 Poulsen（1990），以及 Opler 和 Titman（1993）。

④ 这一现象中最富戏剧性的例子是杠杆收购，因为私有公司在开始经营的初期负债比率非常高。参见 Muscarella 与 Vetsuyper（1990）。另外，Fischer、Heinkel 和 Zechner（1989）指出公司的证券发行模式可以表明公司想通过发行新的股票和债券在一段时间内回归到最佳的杠杆作用范围内。

话，就不会发行新股。[①]

对现实资本结构的理论解释

虽然想设计出一个唯一的理论来解决上面所提到的所有现象是极其困难的，但是人们已经研究出三个主要的资本结构理论模型可供选择，我们将在下面依次介绍每个模型，然后在以后的章节中对它们进行深入讨论。

代理成本/税收规避权衡模型　第一个模型我们称作代理成本/税收规避权衡模型（或简单地称作“权衡模型”），该模型假设现实的资本结构都是每个公司权衡的结果，公司一方面运用负债得到税收收益，另一方面由于负债比率达到了一个临界的水平从而产生了严重的代理成本问题，所谓公司权衡的结果就是用税收规避收益平衡代理成本的结果。该模型从M&M资本结构无关论假说的修正模型发展而来，并且是大多数理论学派和财务实践者的“主流”选择。同时该模型以资本市场均衡和价值最大化为坚实的基础，这也是它吸引人的地方。

排序假说　当简单的权衡模型的缺点日益显著的时候，另外一个非常具有挑战性的模型出现了。排序模型几乎是由Stewart Myers（1984）独自提出的，他第一次在美国财务联合会的主旨演说中提到这个术语。该假说依靠两个基本的假设：（1）对于公司所面临的投资机会，经理人要比外部的投资者更加知情；（2）经理人以现存股东的最大利益为行动的准则。在这些假设的基础上，Myers指出，如果公司接受正净现值的投资项目时需要在某个价格基础上发行新的股票，但是假如这一价格并不能反映该公司投资机会的真实价值，那么该公司有可能会放弃这一投资机会。这转而又给公司提供了合理的财务闲置资源（financial slack），如大量的现金和市场有价证券，甚至未使用的负债能力。这一模型赢得了很多的信徒，因为它能够解释：（1）为什么负债水平和盈利情况负相关；（2）为什么市场对新股发行产生了负反应，为什么经理人只有在没有选择的时候（紧跟着是预期收益的下降），或者他们感觉股票的价格被高估的时候才会发行股票。（3）为什么连信用等级很高的公司都会选择持有更多的现金——较少地发行债券——这既不是权衡模型所能解释的，也不是一般感觉所能理解的。尽管权衡模型很好地解释了当前公司的负债水平，但排序模型为当前的资本结构变化提供了一个更好的解释——特别是涉及发行证券的时候。

财务结构的信号理论　我们将要考察的第三个也是最后一个资本结构理论就是财务结构的信号模型。同时，这一假说也是以经理人与投资人之间的信息不对称（与排序模型相同）假设为基础。在这种情况下，经理人使用付费的信号来区别他们的公司与其他弱势竞争者。这样一种付费而又可信的模型将采取杠杆率比较高的资本结

① Marsh(1982)对英国公司，以及Asquith和Mullins(1986)，Korajczyk、Lucas，还有McDonald(1991)对美国公司都阐述过这一模型。根据预测，Hansen和Crutchley(1990)指出公司在盈利水平显著下降的条件下倾向于发行新股，这表明这些股票至少可以部分地弥补由预期收益减少带来的现金短缺。

构形式。只有最强的公司才有能力去承担这样一种结构下的财务失败的风险，因此，投资者也愿意给高杠杆率的公司较高的评价，从而将它与其他公司区别开来。尽管这一模型在直觉上具有吸引力，但是它并不能很好地解释现实的资本结构问题——至少用这种最简单的形式是无法解释的——所以我们会忠实但却很简洁地来叙述它。

某个理论团体曾用博弈理论来描述现实的资本结构模型。从本质上讲，这一理论团体将现实的行业模式看作寡头垄断者（不是完全竞争的行业，在这种行业里每个公司都有一定的市场力量），然后去考察公司怎样应用资本结构决策与其他的公司进行合作与交流，从而达到整个行业集团利益最大化的目标。在这种情况下，杠杆比率可以传达合作的意愿或者达成一定的协定。例如，协定中规定如果某公司采取了特殊的行动，就会受到惩罚。因为我们没有打算在本章对这一理论进行深入的探讨，所以有兴趣的读者可以参考以下文献：Brander 和 Lewis（1986），Maksimovic（1988），以及 Maksimovic 和 Zechner（1991）。

我们的首要任务就是，提出并且深入地解释 M&M 资本结构无关论的原始模型。我们这样做一方面是为了从直觉上明确这一假设的基础地位，另一方面是因为这一模型是解释资本结构理论的三个模型的起点。

§7.3 M&M 资本结构无关论的假设

在 1958 年的文章中，Modigliani 与 Miller（M&M）第一次提出了“关于资本成本可操作的定义及可以运作的投资理论”，这些理论明确地认识到了不确定性的存在，并且以市场价值最大化为坚实的基础。

§7.3.1 M&M（1958）资本结构模型的假设

M&M 以下面这些直接或间接的假设为前提：

1）所有的实物资产归公司所有。

2）资本市场无摩擦。没有公司及个人收入所得税，证券可以无成本地、直接地交易或买卖，没有破产成本。

3）公司只能发行两种类型的证券：一种是有风险的股票，一种是无风险的债券。

4）公司和个人都能按无风险的利率借入或借出款项。

5）投资者对于公司利润的未来现金流的预期都是相同的。

6）没有增长，所以现金流是不断增加的。

7）所有公司都可以归为几个“相等的利润等级”中的一类，在此等级上公司股票的收益与在该等级上的其他公司的股票收益完全成比例相关。[①]

像大多数的学生一样，你对这一系列的假设的第一个反应就是认为这些假设是可笑的、不现实的。我们将举一个例子来阐述现实情况与这些假设相比并没有想象中的那些差距，但是首先我们要考察一下 M&M 理论最初是怎样得出无关论的结果的。该模型中最关键的假设是假设 7，该假设指出相同风险等级公司的股票拥有相同的期望收益率与相同的预期收益分配率，因此股票相互间可以完全替代。公司之间只是在规模上不同——他们拥有相同的每美元投资资本的预期收益率。M&M 指出这些等级可以和行业分类相比较，这是一个有用而又直观的分类。

§7.3.2　M&M 定理 I

为了论证定理 I，让我们假设有一个 j 公司，属于级别 k，在可预测的未来，每期的平均经营利润都为 NOI_j（净经营收入）。我们将用 D_j 来表示这个企业负债的市场价值，S_j 表示股票的市场价值，所有的公开发行的证券价值为 V_j，则 $V_j=S_j+D_j$。V_j 也可以用来表示企业的市场价值，则 M&M 定理 I 可表示为：

$$V_j=(S_j+D_j)=\frac{NOI_j}{\rho_k}，对于等级 k 中的任一公司 j 而言 \tag{7.1}$$

这意味着："任何公司的市场价值与其资本结构无关，它由未来预期收入按所处等级折现率 ρ_k 折现得到。"

得出结论是一回事，证明它是另外一回事。M&M 用套利的方法证明了他们的定理。在经济学中，套利就是指在一个市场内（无风险的，即时的）以低价格购买一种货物，然后在另外一个市场上以较高的价格将其转卖出去的过程。套利可以带来巨大的收益，并且保证了在功能完善的市场内同一价格定律（相同货物在两个不同市场上出售的价格之差不能超过其交易费用）得以维持。M&M 证明了如果一家运用负债经营的企业，其负债和股东权益合计数的市场价值与另一家无负债企业的市场价值不同，则套利的可能性就存在。这可以很容易地用一个例子来说明。

计算杠杆公司和非杠杆公司的股东收益　假设两个企业，企业 U 和企业 L，它们属于同一个风险级别，并且预期营业利润也同为每年 10 万美元。而且，假设两家企业的必要收益率 ρ 的风险级别为 10%，即意味着两个企业的市场价值都为 1 000 000 美元（100 000/0.10）。U 公司没有公开发行的债券，然而它有 20 000 美元公开发行的股票，由于每股股票提供给投资者 10% 的预期收益，所以每股价值 50 美元（1 000 000/20 000）。运用财务杠杆的企业 L 既有发行在外的债券也有发行在外的股票。假设它最近发行了 500 000 美元的债券，年利率为 6%，并且利用发行所得以每股 50 美元回购发行

---

① 很容易会产生这样一个问题：为什么 M&M 理论不用资本资产定价模型或其他的一些模型来调节风险。回答当然是：1958 年资本资产定价模型还不存在，他们的文章早于套利定价模型 20 年。对于 M&M 资本结构无关论的假设的发展参见 Rubinstein（1973）。

在外的一半股票10 000股。① 则它还有10 000股发行在外的股份，同样也是每股50美元，总值为500 000美元。

但是L企业的股东期望从他们的杠杆股份中得到多少收益呢？正如我们将会看到的，M&M的定理II会给我们直接的答案，但是现在我们要先计算一下。为了计算预期收益，我们必须首先考虑到这样一个事实：在支付属于股东的任何报酬之前，企业需要从预期净营业收入100 000美元中扣除30 000美元（0.06×500 000）作为利息支出。剩下的70 000美元（100 000-30 000）净收入可以分配给股东或者进行再投资。L企业股东的预期收入便按照各自市场股份的多少进行分配，即70 000/500 000=0.14或者14%。我们用K_L表示在这个风险等级下杠杆公司的所有者的必要收益率。表7-3表示了在M&M假设条件下两个企业应有的财务价值。

表7-3　　公司U与公司L的预期价值均衡

	公司U	公司L
净经营收入（NOI）	$100 000	$100 000
应付利息（r×D）	0	30 000
净收入（NOI- rD）	$100 000	$70 000
风险等级为ρ时，		
公司资本的必要收益率	10%	10%
公司总价值（NOI/ρ）	$1 000 000	$1 000 000
股票的应得收益率（k）	10%	14%
股票的市场价值（S）	$1 000 000	$500 000
债券的利息率（r）	—	6%
债券的市场价值（D）	0	$500 000

既然我们已经知道了L公司和U公司有价证券的市场价值是多少，现在来看看一个“套利者”（从事套利业务的人）是如何从其他的评估中获利的。正如许多学者在1958年以前所做过的假设一样，此时我们也假设投资者都愿意付出额外的价钱购买杠杆企业的股票。这与我们所说投资者愿意接受“过低”的预期收益K_L相同，所以我们可以假设L公司的股票将会产生12.5%的预期收益。这暗含着L公司股票的市场评估值（利用公式NI/K_L进行计算，70 000/0.125=560 000（美元），或者56美元/股）与公司的负债市场价值（500 000美元）相加后，恰好等于L公司总的市场价值1 060 000美元（560 000+500 000），而U公司的市场价值仍然为1 000 000美元。表7-4总结了这些相关的“不均衡”价值。

① 为了保证我们的分析能够集中在纯资本结构变化的层面上，非常重要的一点就是假设任何由负债得到的资金都能严格地用于股票回购方面，反之亦然。这可以保证公司资产价值总值不变，从而可以单独考察财务变化。

表 7-4　　套利条件下公司 U 与公司 L 的不均衡价值

	公司 U	公司 L
净经营收入（NOI）	$100 000	$100 000
应付利息（r×D）	0	30 000
净收入（NOI- rD）	$100 000	$70 000
风险等级为 ρ 时,		
公司资本的必要收益率	10%	9.43%
公司总价值（NOI/ρ）	$100 000	$1 060 000
股票的应得收益率（k）	10%	12.5%
股票的市场价值（S）	$1 000 000	$560 000
债券的利息率（r）	—	6%
债券的市场价值（D）	0	$500 000

§7.3.3　利用“自制杠杆”证明定理 I

个人投资者是如何对这些价值进行套利的呢？为了理解这是怎么一回事，我们需要记住前面问题中的两个企业处于同一个行业，并且拥有相同的业务和经营风险。还要记住投资者能够以无风险利率借款。这就使它们可以在自己的资产组合中制定或不制定公司的杠杆率。因此，如果一个投资者目前拥有一些 L 公司的股票（为了简化，假设是公开发行的股票的 1%），预期通过投资得到 12.5% 的收益，或者说 700 美元（0.125×5 600）。他或她能够从下面的交易中得到套利利润：

1）将目前手中拥有的 L 公司的股票全部卖掉（10 000 股中的 1% 即 100 股），每股获利 56 美元，共计 5 600 美元。

2）举借与 L 公司负债 1%（500 000 的 1%，即 5 000）等值的款项，承诺付 6% 的利息即 300 美元（0.06×5 000）。

3）用第一步与第二步得到的 10 000 美元以每股 50 美元购买 1%，（200 股）的 U 公司的股票（0.01×20 000 股×50 美元/股 = 10 000 美元）。忽略第一步和第二步剩余的 600 美元（5 600+5 000-10 000）。

用财务术语来说的话，我们的投资者或套利者从这一系列的交易中获得了什么？她或他最初持有的是一家拥有 50% 权益、50% 负债的杠杆权益状态的公司 1% 的股票。通过 1～3 步将这部分股票转换成相同风险另一家无负债公司 U 的股票，但是此时投资者需要用个人账户来借款。应用“自制杠杆”（从个人账户上借钱），投资者获得价值 10 000 美元的公司 U 的股票——该股票将会获得 10% 的收益，或 1 000 美元——同时借债 5 000 美元，为负债支付 300 美元的利息。因此，这部分新的投资组合的净收益为 700 美元（1 000-300），与开始投资于 L 公司 1% 的股票的预期收益是相同的。

但是我们勇敢的投资者仍然没有退却。她或他在第一步与第二步投资了10 000美元之后还有600美元（10 600-10 000）的剩余。让我们假设一下如果投回L公司，由于股票获利率为12.5%，则可以获得75美元（0.125×600）。从套利交易中获得的总的收益为775美元（700+75），超过了最初投资于L公司的1%的股票的收益，并且没有增加风险。这样的一个套利机会如同一个货币机器，它迫使价格回归到均衡点。只有在公司股票的预期收益率上升到14%的时候，这种情况才能发生，此时总的股票价值为500 000美元，公司L的市场价值为1 000 000美元。

很明显，如果公司L的股票预期收益设置得太高——比如16%——套利者的行为肯定与前面恰恰相反。一个投资者或套利者会卖掉U公司的股票，购买1%的L公司的股票和债券，产生一个相同的低风险的投资组合，比单独购买U公司的股票获得更多的预期收益。换句话说，投资者不会从个人账户上借款来制定公司L的杠杆作用率。所有这些例子中最关键的一点，就是个人投资者或套利者利益最大化的行为使得只要存在无税的、完全的资本市场，M&M定理I就起作用，并且会得出资本结构无关论的结论。

§7.3.4 M&M定理II

迄今为止，我们已经详细地论述了M&M命题I的全部内容，但是还没有提到他的第二个著名的定理：为了保持市场均衡，杠杆公司所有者权益的预期收益所应达到的水平。这一点并非被疏忽。我们投入了较多的力量放在命题I上，是因为这个命题是基础。事实上，如果你接受了命题I也就接受了命题II，因为命题II是对命题I的重复（从定义上看）。我们将会证明这一点，但是首先我们要给命题II一个定义。它假定运用杠杆作用的公司其股票的预期收益k_j是该公司负债权益比率的线性函数：

$$k_j=\rho_c+\frac{(\rho_c-r)\ D_j}{S_j} \tag{7.2}$$

用Modigliani与Miller的话来说，即“每股预期收益等于同等级内的无负债公司资本比率ρ_c，加上一个风险溢酬，该风险溢酬为负债权益比乘以ρ_c和r之差”。

我们不应对这种必要收益率的定义感到惊讶，因为它的结果与我们上面举例中公司U与公司L的市场价格达到均衡时的回报是一样的。如果资本结构是无关的（如果命题I存在），命题II告诉我们如果整个公司的市场价值不发生变化——而且全部的资本成本保持不变——当公司的资本结构中负债代替权益资本的时候，杠杆公司的所有者权益的必要收益率是多少。

在描述资本结构无关的命题时，我们发现如图7-2这样的一张曲线图非常有帮助。这张图用平均价值和可能产生的分布概率来表示该公司一段时间内的预期净经营收入。既然我们描述的是未来的风险现金流，那么，钟形曲线图的下侧是投资人对其所投资的公司评估的财务价值。公司的资产会发生利润流，并且投资者会将这一收入折现，折现方法是选择一个与该公司经济风险程度相适应的折现率，将每期的现金流量折回到现在。

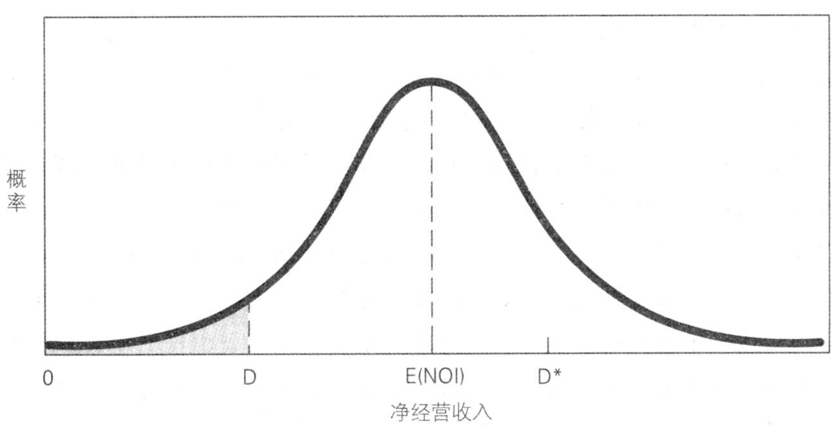

图 7-2　M&M（1958）模型的经营净现值的价值图

这个评估过程的重要意义在于，它认为一个公司的经济价值只来源于该公司资产产生的利润流。这一基本的评估值不会因为现金流的所有权是“负债”还是“权益”的形式而增减，公司的价值只和投资与经营相关，与资本结构没有关系。

在公司的风险等级为 k 的条件下自然生成的预期净经营现值钟形分布图清楚地揭示了以下预期收益的分布情况——平均净经营收入 E（NOI），标准方差 σ——投资者价值，该分布图并没有区分“权益”和“负债”现金流。举例来说，不管公司承诺给债券持有者 D 还是 D^* 的累计现金流，公司的价值都是一样的。在任何一种情况下，公司的价值都等于 E（NOI）/ρ，也就是无负债公司在这一风险水平上的资本化率。

§7. 3. 5　真实金融市场中的资本结构无关论

现在，你已经相信在“有效”资本市场中资本结构与企业价值是无关的，但是在真实的环境下——存在税收、金融交易存在噪声（充满不确定性）而又需要成本的环境下，情况又是怎样的呢？我们现在将要阐述这一点，对于一定类型的公司与一定的税收制度，Modigliani 与 Miller 的假设与宏观现实情况可能并无很大的区别。举例来说，假设在 2006 年你是一个美国的私人投资者，你打算把资金投向两个规模相同的经营旅馆的公司，其中一个没有负债，另一个有 90% 的负债，10% 的权益。两家公司的规模都很大，而且经营管理良好，有许多证券分析家对它们进行追踪分析报告，并且两家公司预期收入无增长。现在假设增加了三个在 21 世纪初颁布的法规：

1）2001 年议会颁布了《新千年税收改革法案》（The Third Millennium Tax Reform Act，TRA），替换了现行的税收制度，改变了原来拥有大量不同税种的税制，开始实行新税制，只从收入中征收两种税：一种（对所有商业收入征收的）是税率为20%的增值税（有效的收入税），一种是对所有个人收入征收的一定比例的收入税。为了使美国在激烈竞争的新世纪树立更加“资本友好”的形象，公司利润税取消，只征收个人所得税（股利、资本利得与利息）。[①]

2）2003年《破产改革法案》（Bankruptcy Reform Act，BRA）修正了美国破产法规，使之与其他发达国家更加接近。20世纪90年代实施的法规被广泛地指责为既浪费又太多偏向于对在职经理人的支持。新的法律提供了更加迅速的破产解决过程，并许诺减少这一过程中的费用，如律师与会计师等第三方的费用。

3）2005年《银行解除管制法案》（Banking Deregulation Act，BDA）允许全面投资银行业务，同时排除了其他的对金融服务行业的妨碍因素。不同货币市场之间的障碍或者被排除或者很快地被淘汰。这一法案的最后结果是支付给储蓄者的利率与对有信誉的借款者所要求的利率变得几乎一致。事实上，对于一些重要的客户，银行愿意仅对所借出的资金索取比无风险利率稍高的利率，同时支付给储蓄者的存款利率稍低于无风险利率。

在这些条件下，Modigliani 与 Miller 的资本结构命题将在现实世界行得通。为了避免你认为我们上面的这三个法规假设是不现实的，我们有必要指出这三个法规有的已十分严肃地在美国议会中提出过，有的干脆就是其他国家当前本土的法律。[②] 更为重要的是，我们上面所做的假设弄清楚了资本结构无关论的要求是什么。或者换个角度看，我们的假设恰好指出了使资本结构相关的有关因素。

§7.3.6 M&M 模型中导致资本结构相关的因素

为了判断M&M模型中与资本结构相关的因素，我们需要在例子中找到促使杠杆率无关的假设。特别是：（1）我们假设正在讨论的公司是增长率为零的旅馆，这就使我们可以认定该公司不需要大量的研发费用或其他的无形资产投资。旅馆往往都是标准化的容易评估的真实资产，在破产时相对的损失比较小，并且旅馆的管理部门对净现值为正的投资机会不感兴趣。因此，在我们的例子中投资策略的不同相对而言并不重要。（2）我们假设公司被大量而又广泛的证券分析师所追踪，因为这一点（加

---

① 虽然大多数的商人意识到美国公司与个人所得税率相对于国际标准来说非常低（参见 Rajan 与 Zingales，1994，表Ⅳ），但是很少有人意识到美国的税制对公司收入的处理征收惩罚性质的税。最具有代表性的例子是对股利支付征收的重税，一旦公司获得收入就要征税（公司水平上，国家、州政府、地方政府对公司征收的税合计起来达47%），而把收益分配给投资者时还要征税（按照个人所居住的州征税，对投资收入征收的个人所得税也达到50%）。另外，每个人对于已实现的资本利得还要征收36%的资本利得税——并且这些所得按照名义的而不是通货膨胀调整的基础来征税，最后，个人所得的利息要按照全部的边际税率征税，而个人借款（特别是抵押借款）所支付的一定利息免税。总的来看，没有哪个国家像美国这样鼓励借款和消费，不鼓励存款和投资，这使得美国公司和其他贸易伙伴国家的公司相比，在竞争中处于不利地位。

② 我们也应该说所有的三个建议都很有价值且应该被采纳。另外我们支持当前（1995年中期）大多数的“单一税制”和/或国家收入税议会通过的提案。

上旅馆的经济业务相对容易理解的事实）让我们认定可以排除经理与股东之间的信息不对称性。(3) 我们假设 2001 年颁布 TRA，因为这使得税收与公司的融资和个人的投资决策无关。税收是存在的，但它们对公司利润或投资收入的影响并无差别。(4) 我们假设 2003 年颁布 BRA，因为它使得公司破产的有形成本（支付现金）和无形成本（由于客户失去信心而损失销售收入，关键雇员的流失，管理注意力的分散，等等）的重要性相同。如果公司的价值由于破产过程而被减少——而不是首先由于价值下降而导致财务失败——那么破产成本的存在将减少大多数公司对财务杠杆的应用。(5) 我们假设 2005 年颁布 BDA 是为了排除公司借款利率低于个人借款利率而从中获得好处。差别借款利率（不同的借款贷款利率，对于公司和个人不同的借款利率）可能也会排除投资者用自制杠杆套利的可能性。

我们已经考察过了完美资本市场上的 M&M 资本结构假设，并说明了这些假设在一个不完美资本市场如何存在。现在我们将要考察三个主要的理论，它们被提出来是为了解释现实存在的资本结构。这是一个很好的起点，因为这三个模型都把 M&M 模型作为它们的基础——它们与 M&M 模型的区别只是在对于现实中哪个因素最重要的看法上有所不同。

§7.4　公司杠杆作用中的代理成本/税收规避平衡模型

如我们在本章导言中所提到的一样，财务研究人员对于资本结构已经困惑了 40 年。M&M 命题认为杠杆率应该与其他因素无关，但是现实经济世界却提供了可信的证据，指出公司的财务结构既不是无目的的也不能把它看作是不重要的、与公司营运无关的细节。在试图用一个内部的稳定的理论模型来解释现实杠杆率的过程中，理论家与实践人员在基本的 M&M 命题中加进了越来越多的现实因素。我们将检测以下各个论题的组合对原始的无关论模型的影响，然后简单介绍代理成本/税收规避模型的当前状况，借以总结这部分：

1）公司所得税；

2）投资收入的个人所得税（股利、资本利得以及利息）；

3）破产与财务失败的成本；

4）经理人、股东与债券持有者之间的代理问题；

5）与文本和财务协定有关的契约成本；

6）资产特征、收益的不稳定性与公司投资机会；

7）所有权结构与公司控制。

§7.4.1　与公司所得税相联系的资本结构

用来阐述公司所得税影响的最容易的一种方式就是，回到我们在研究完美市场资本结构无关论时提到的公司 U 与公司 L。我们将用到 Modigliani 与 Miller（1963）在其“修正”的资本结构模型中所用到的逻辑，该模型明确地将所得税与公司利润结合在一起。在无税的情况下，除了税以外，表 7-3 中的每个公司都拥有市场价值 1 000 000美元的资产。公司 U 的资产来源于所有者权益，而公司 L 拥有 50% 的权益与 50% 的负债，负债与全部资产（负债加权益）的比率为 50%。每个公司每年产生 100 000 美元的净经营收入，对于 U 公司，所有的收入归股东所有，然而公司 L 必须为其负债支付 30 000 美元，剩下 70 000 美元分给股东。进入这个理想化的世界，让我们把税率为 35% 的税收与公司利润结合起来，$\tau_c=0.35$。则公司 U 与公司 L 的收入报表如表 7-5 所示。

表 7-5　　包括公司所得税的公司 U 与公司 L 的收入表

	公司 U	公司 L
净经营收入（NOI）	\$ 100 000	\$ 100 000
应付利息（r×D）	0	30 000
净收入（NOI- rD）	\$ 100 000	\$ 70 000
税率 35%（$\tau_c=0.35$）	（\$ 35 000）	（\$ 24 500）
净收入（NI）	\$ 65 000	\$ 45 500
私人投资者的总收入		
（利息+净收入）	\$ 65 000	\$ 75 500
每期税收规避的价值		
（$\tau_c \times rD=0.35\times$利息）	0	\$ 10 500

我们能够计算出公司 U 的价值 V_U，应用我们以前曾经用过的 M&M 基本评估公式，但是不再使用净经营收入（NOI）折现，而是用净收入（NI）折现。我们也可以假定公司在某个风险等级下投资者需要预期报酬（税后）达到 10%，所以 $\rho=0.10$。这就得出：

$$V_U=\frac{[NOI(1-\tau_c)]}{\rho}=\frac{NI}{\rho}=\frac{65\ 000}{0.10}=650\ 000\text{（美元）} \tag{7.3}$$

因此，35% 的公司所得税的引入导致无负债公司 U 的市场价值减少 350 000 美元。这表明财富从公司 U 的股东手中转移到了政府那里。

那么公司 L 怎么样了呢？我们如何修正我们的评估公式，用该公式反映由利息扣减额引起的税收规避作用的价值？如果假定负债是永久的（到期时将续借），利息的扣减额也就是永久性的，每年税收规避的收益等于税率乘上支付的利息，即 $\tau_c \times rD=0.35\times 30\ 000=10\ 500$（美元）。为了得出这一永续年金的现值，我们需要以 r 为折现率对这一利润流进行资本化，r 表示该公司无风险负债所要求的利息率。如果负债是有风险的，我们可以用债券所要求的利率，因为税收收益并不比负债本身的风险高。利用这些假设，我们能计算出利息税收规避的现值：

$$利息税收规避的现值=\frac{(\tau_c \times rD)}{r}=\tau_c \times D=0.35\times 500\ 000=175\ 000\ (美元) \tag{7.4}$$

换句话说，（永久性）负债的利息税收规避的现值等于税率乘以对外发行债券的面值。因此，我们的杠杆公司 L 的价值 V_L 等于非杠杆公司的价值加上利息税收规避的现值：

$$V_L = V_U + 税收规避的现值 = V_U + \tau_{cD} = 650\ 000 + 175\ 000 = 825\ 000\ (美元) \tag{7.5}$$

事实上，就是政府给了公司 L 的股东一份 175 000 美元的补贴，以使之运用负债而不是权益融资，但这并不能达到均衡。如果 50% 的负债资产比率将会使整个公司的价值比另外一个非杠杆公司增加 175 000 美元，并且每增加 1 美元的负债价值上将增加 35 美分，那么对于任何一家公司而言最佳的杠杆率将是一个明白无误的令人烦恼的数字——100% 的负债！这就是 M&M 模型在 1963 年得出的结论，虽然他们没有对此结果解释过太多，但是就是这一结果使得人们对其命题的接受一开始就打了折扣。

§7.4.2　与公司资本结构相联系的公司及个人所得税

M&M 的第二篇论文发表的 14 年之后，作者及研究人员都处于一个两难的境地。他们最好的理论模型认为资本结构或是无关的或者应设置为 100% 的负债，但是客观世界清楚地表明哪一种选择都不对。① 然后，Miller（1977）对一个事实提出了一个解释，这一事实就是美国的杠杆率几十年来（除了大萧条时期）平均一直保持在 30% ~40% 之间，尽管在此期间公司的税率从 0（1913 年以前）到超过 50%（20 世纪 50 年代）。他指出在投资收入上的个人所得税总是与公司所得税率同时、同方向地变化。② Miller 提出一个更加复杂的包括个人收入所得税在内的模型，用此模型可以解释现实的资本结构，而不用假定巨额的财务失败成本的存在。实证研究已经指出公司的破产成本中的直接费用（将在以后的内容中详细讲到）占公司破产前价值的 1% ~5%，这笔费用不能抵消由公司运用负债融资而获得的巨额税收补贴。显然存在一些其他的相关因素，Miller 提供了下面的公式，用杠杆作用率 G_L 计算所得，这一公式既适用于个别公司，也适用于所有企业：

$$G_L = \left[1 - \frac{(1-\tau_c)\ (1-\tau_{ps})}{(1-\tau_{pd})}\right] D_L \tag{7.6}$$

公式中：τ_c = 公司税率（与前面相同）

---

① 对 M&M 理论进行理论扩展和修正的文章在这一期间发表。例如，Farrar 和 Selwyn(1967)、Hamada(1969)、Stiglitz(1969)、Kraus 和 Litzenberger(1973)以及 Stiglitz(1974)。这些论文使资本结构理论与新的资产定价和选择定价理论相联系。参见 Hamada(1972)，Rubinstein(1973)，以及 Galai 与 Masulis(1976)。

② 关于美国 20 世纪的公司与个人所得税列表参见 Taggart(1985)表 1-6，同时，Beatty(1995)提供了有关的经验证据：股票市场价值的财务政策(比如员工持股计划)，该政策使公司支付的所得税最少。

τ_{ps} = 个人股票收入所得税（资本利得与股利）

τ_{pd} = 个人利息收入所得税（利息收入）

D_L = 公司流通在外负债的市场价值

事实上，这是一个具有一般意义的公式。在无税的条件下（$\tau_c = \tau_{ps} = \tau_{pd} = 0$），最初的M&M无关论的命题就存在，而在仅有公司所得税的条件下（$\tau_c = 0.35$，$\tau_{ps} = \tau_{pd} = 0$），再一次得到最佳负债为100%的结果。然而如果利息收入的个人所得税率非常高，股票收入的个人所得税率非常低，那么公司杠杆作用率的收益就会被大大减少，或者甚至被全部抵消。为了弄清这一点，假设（如Miller所做的）$\tau_{ps} = 0$，这并不是不可能，因为投资者可以只对已实现的资本利得交税（通过精心的资产计划可以完全地避税），并且可以选择无股利支付的股票，以避免对股票收入征收个人所得税。根据这一假设，我们能把上面的公司于1993年《税制改革法案》所设置的个人所得税率带入杠杆率的公式中去，$\tau_c = 0.35$，$\tau_{pd} = 0.40$（事实上是39.6%，但是40%比较容易计算）：

$$G_L = \left[1 - \frac{(1-0.35)\ (1-0)}{1-0.4}\right] D_L = (-0.083)\ D_L \tag{7.6}$$

如我们所看到的那样，用这套税率来计算，由杠杆率获得“所得”却是负的！即使按照股票收入征收的个人所得税，由杠杆率得出的收益也为零，资本结构又变为无关了。

Miller（1977）模型中证券市场均衡 与Miller的杠杆收益模型同样重要，其论文最大的贡献就是搞清了在市场经济条件下，暗含着均衡利息率的公司与个人所得税之间的相互影响是什么。试想将公司所得税引入到以前假设的无税经济中，会马上发生怎样的变化。就从前而言，公司的负债与权益之间并没有区别，然而现在分给股东的收益仅仅有$(1-\tau_c)$(NOI)，作为利息支付给债券所有者的那部分全都逃了税。这就意味着公司有足够的动机去发行债券，并且会一直这样做下去，它们对债券供给的增加将引起利息率的提高，直到由利息带来的税收收益全部被高利率所抵消。这发生于税前，名义利息率返计还原（gross up）（增加了某个给定的税后产出）从r上升到$r/(1-\tau_c)$的时候。在这一点上，公司发行股票或债券又没有区别了，但是在经济中同杠杆公司杠杆率的平均水平一样，负债的均衡水平远高于无税条件下的负债。

愈加敏感的你可能已经注意到我们还没有讲到投资者利息收入的个人所得税。是不是应纳税的投资者同样要求支付给他们的利息率返计还原以作为到期纳税的补偿？答案是肯定的——但是，利息率没有马上炒高的原因在于米勒在其模型中给资本市场的参与者附加了两个假设。第一，它假定存在很大一批的投资者不需要对自己的利息收入纳税。现实世界中这样的投资者包括大学的捐赠基金、某些信托基金、公司与公共养老基金（美国现在养老基金超过40 000亿美元）。第二，它假定普通的投资者（需要交个人所得税）可以选择去投资无风险、免个人所得税的市政公债（由美国政府或地方政府发行的）。这些债券支付r_0的利息率，该利率等于无风险公司债券的个人所得税后收益率，或（$1-\tau_{pd}$）r。

给定这些假设，我们就能够用图来表示两者之间的关系，B 表示在一个经济组织中公司对外负债的总数（用图 7-3 横轴来表示），利息率水平用图 7-3 中的纵轴来表示。纵轴上标为 r_s（B）的水平线为公司负债的供应曲线。如我们上面所讨论的，只要均衡的利息率小于或等于这一利息率，公司就有动力去发行债券。向上倾斜的曲线 r_d（B）是负债的需求曲线，这还需要做一些解释。一旦开始对公司和个人征收所得税之后，经济状况将在 r_0，在这里公司有巨大的动力去发行债券，免税的投资者愿意以这个利率购买债券（贷款），但应纳税的投资者将避开应纳税的公司债券，偏好免税的市政公债。

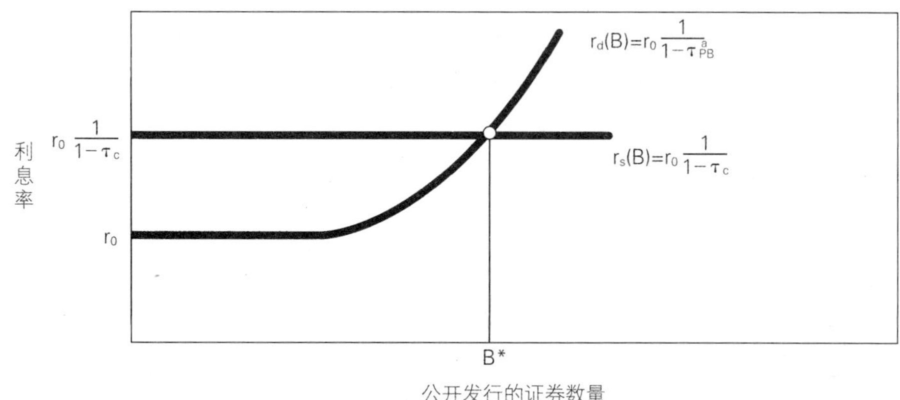

图 7-3　米勒（1977）模型中的证券市场均衡

资料来源："Debt and Taxes" by Merton H. Miller，The Journal of Finance，May 1977，Vol XXXII，NO. 2，Page. 269。

该图描绘了全额纳税公司有价证券的需求曲线，名义利率 r_d（B）作为免税利息率 r_0的函数，曲线 r_S（B）作为公司证券的供给曲线，公司税率 τ_c，利息收入的个人所得税率τ^a_{PB}。公司公开发行的债券数量为 B^*时达到均衡，这一点已经超过了免税投资者所要求的公司证券数额，公司必须诱使需交纳利息税的投资者购买其债券。当投资者的个人所得税τ^a_{PB}的边际税率等于公司所得税，也就是证券市场上的供给等于需求，对单个的公司而言，资本结构又变为无关的状态了。

然而这一点并没有达到均衡，因为公司仍有动力去发行更多的债券——或更聪明的做法，保持投资政策不变，用收益回购股票。当这种情况发生时，曲线 r_D（D）平直的那部分逐渐向外移动（向右），直到所有免税投资者对于债券的需求都得以满足。然后怎么办呢？公司将再也不能以 r_0发行债券了，但是此时发行债券仍然比发行股票便宜［r 仍低于 r_0/（$1-\tau_c$）］。因此，公司一定会诱使应税投资者去购买债券，从最低的税收等级的投资者开始，通过提供给他们足够高的利息率以弥补他们不得不交的税。一旦这种需求耗尽了，公司会提高利率诱使下一税收等级的投资者购买他们的债券，如此下去，直到边际利息支付率增长到 $r_0/(1-\tau_c)$。在这一点上，债券的数量为 B^*，公司又回到了发行股票与发行债券没有区别的状态。资本市场均衡又建立起来。事实上，在美国宪法1913年《所得税修改法案》之后，第一批发行债券的公司，能够以特别低的利率（在 r_0 至 $r_0/(1-\tau_c)$ 之间）发行债券。但是从那以后，均衡利息率完全反映了对投资者征税的税率，从税收的立场上看资本结构变得无关了。

Miller模型经验研究 虽然很少有人认为Miller模型是对客观现实完美的反映，但是该模型却很直观、形象，并赢得了一些（并不是全部）实证研究者的支持。例如，很长一段时间美国免税的市政公债普遍提供名义收益，该收益为具有相当风险与到期值的公司债券的65%～80%，这表示边际债券投资者个人所得税率在20%～35%之间波动。[①] 另外，有关数据也表明我们有必要考虑公司及个人收入所得税，该数据来源于一些国家，如英国，该国的税收系统通过在投资者收到股息时给予他们一定的税收抵免（对公司支付的所得税而言），以部分抵消公司负债，从而达到税收激励作用。[②] 这种对股票收入减少征税的做法导致了负债总数的下降，反过来对股票收入增加征税的做法可以导致负债总额的提高。然而，只有那些狂妄的人才会宣称完全了解了税收对公司决策制定的确切影响。在一个复杂的像美国那样国民收入高达70 000亿美元的经济社会，与公司所得税同样重要的其他影响因素日益增多，很难被准确地计量。

税收影响模型的发展 在Miller之后，几位作者发展了以税收为基础的资本结构模型。这些著作中最为重要的是DeAngelo与Masulis（1980）撰写的，他们指出在公司的财务结构中，可以用非负债的税收规避替换负债。在这个模型中最基本的假设就是如果一家公司拥有数额巨大的折旧，投资税收抵免应付投资所得税、研发支出及其他的非债务税收规避（NDTS），这样一家公司应该比其他的同样的却没有太多税收规避的公司更少地运用负债。这一假设似乎合理。然而，Bradley、Jarrell、Kim（1984）、Titman、Wessels（1988）早期的研究却发现事实与这一结论正好相反。杠杆率似乎是直接的，而不是其他的与非债务税收规避的有效性相关。这种现象被解释为：能带来税收规避的资产也可以作为增加负债的担保，所以有形资产多的公司能够运用较高水平的负债（有担保债务）。这种有担保债务假说（secured debt hypothesis）首先是由Scott（1977）提出的，后来Stulz与Johnson（1985）在理论上给予支持，Rajan与Zingales（1994）进行了实证检验。最近的研究是由Mackie-Mason（1990）提出的，该研究分别衡量了非债务税收规避与可担保资产的影响，从而为有担保负债

---

① 参见Trzcinka(1982)，Ang、Peterson和Peterson(1985)，以及Buser和Hess(1986)。

② 参见Peles和Sarnat(1978)、Poter和Summers(1985)，以及Ang和Megginson(1990)。

和非债务税收规避假设提供了依据。

§7.4.3　破产与财务失败的成本

财务理论家很久以前就意识到这样一个现象，由于公司发生破产或财务失败时需要付出巨大的成本，这就使得公司运用负债融资的动力少了很多，甚至在完美资本市场上这种现象也会发生。[①] 此外，在现实的财务环境下，有这样一个非常残酷的事实，过度负债的公司一旦停止对其负债承担责任将受到非常严厉的惩罚，公司失败的经理人通常面临着暗淡的职业前景。[②] 实践经验证明，破产公司的债券持有者，即使是保险级数较高的债券持有者，经常都会失去其在该公司的全部投资。这一问题在美国似乎特别严重。在美国，破产法院的保护措施常常让该公司继续经营（亏损经营）一段时间，直到经济推理表明该公司应当破产清算。那么，可以肯定的是，由于破产的财务失败成本的存在使得某种类型行业的公司要比其他行业相同规模的公司更少地运用负债。

在我们深入讨论破产成本如何对公司的资本结构造成影响这个问题之前，需要弄清两件事的区别：首先是公司价值的下降导致财务失败，其次是成本与破产这件事本身的联系。为了弄清这两点，我们必须简要地解释一下破产的法律程序。在美国，当一家公司要破产时，必须在联邦政府破产法院的监督下停止作为一个单独的独立承担责任的合法实体的经营活动。经营失败的企业可以要求破产保护（自愿要求），也可以在一定的条件下，由债权人将其告上破产法庭（非自愿要求）。在任何一种情况下，如果法庭接受其要求，法庭就会对该公司采取最终监督权。法庭或者对该公司采取清算处理，将财产分给该公司的债权人以满足他们的要求，或者重组该公司的经营或财务结构，从而使其由破产企业重整为一个新公司。从理论上讲，不管哪一种情况，该公司的原始所有人都会消失，该公司的所有权会转移到债券持有者手中——他们将成为新的股东。

什么使得破产成本重要？　也许读者会问，你的观点是什么？我的观点就是破产是一个包括财务重组与公司所有权转移的过程。公司并没有从这个世界上消失。即使该公司已经被清偿完毕，仍可能保留一些可以对其他人有利用价值的资产。破产是经济失败的结果，并不是原因，公司价值的下跌与员工失去工作一般是与破产事件相联系的，实际上也是将公司推向破产法庭的力量。事实上，考虑一下破产对一家公司的股东意味着什么。这意味着，对于所拖欠的负债，股东将有选择地进行清偿，这也是以有限责任为特征的公司组织形式的最大优势。如果不是有限清偿的话，股东将不得

---

① 第一篇证明这一观点的论文是 Stiglitz(1969)。他指出，即使所有 M&M 的假设都不考虑，无关论的结果还是存在的，但是破产成本非常重要。

② 关于破产成本的证据参见 Altman(1984)，Gilson、John 和 Lang(1990)，Opler 和 Titman(1994)，还有 Hotchkiss(1995)。Gilson(1989)以及 Gilson 和 Vetsuypens(1993)指出破产对于经理人来讲同样痛苦。

不掏空自己的口袋来清偿公司债权人的全部负债，而不是仅仅在破产法庭上将其公司的资产交给债权人，而且差不多大多数的股东都有分散化的投资组合。所以如果杠杆作用与风险承担的潜在收益有足够吸引力的话，单项投资损失当然可以承受。

因此，除了破产的过程本身需要公司负担一部分经营失败（没有破产的公司不必负担）的费用以外，微小的破产可能性并不能对资产结构的决策机制造成显著的影响。[①] 同样，财务杠杆本身并不能认为是危险的——因此，只有负债融资是以某种方式使得运用负债的公司面对财务失败要比全权益资本的公司更加痛苦，才需要避免使用财务杠杆。既然不管对哪种公司来说，每季损失 1 000 000 美元都是很痛苦的，负债融资就没什么特别的优势了。

希望上面的讨论已经把事实弄得很清楚了，与破产和财务失败相联系的成本只有在以下条件下才会影响公司对财务杠杆的运用：（1）财务失败会减少市场对该公司产品的需求或增加产品成本；（2）财务失败会使公司的经理人，也就是公司股东的经营代理人恶意经营或由于财务上的动机采取减少公司总价值的行为；（3）进入破产的企业将负担同类没有破产的公司不用负担的巨额成本。这些可以给我们提供一种有用的方式去讨论：现实中，财务失败是怎样影响资本结构的，并且如你所想象的那样，实证研究表明这些成本确实对杠杆率有着显著的影响。[②]

从直觉上看，似乎很明显的一个事实就是：一定类型的公司应该比其他公司对财务失败的抵抗能力强一些。举例来说，如果你希望购买一些商品（如未经处理的稻谷、纸浆木材、基本机械）或需要提供一次性的服务（印刷一套商务名片，运输一批货物到某个目的地），你将很少注意到你所购货的公司在交易完成后，是否还存在。但是另一方面，如果你正打算购买一套大型的新型计算机系统，或者正选择购买哪个飞机制造商的飞机，供应商的长期存在就很重要。因为这里有一个一般原则：需要对客户做出保证的生产商会比那些生产非耐用商品或劳务的公司较少地运用负债，因为对于生产耐用品的生产商来说向客户确保他们公司有能力提供连续的服务，如保证质量和产品维修，以及产品改善等服务项目更为重要。

资产特征与破产成本 公司的资产特征也影响着它是否愿意面对使用相对较多负债而产生的财务危机。一家公司如果其拥有的资产本质上大多数是有形资产，并且可以在良好的二级市场变现，这样的公司就比所拥有的资产本质上大多数是无形资产的公司对财务失败的恐惧要小。因此，运输公司、航空公司、建筑公司、输油管道公司、铁路部门都能比一些拥有少量有形资产的公司运用较多的负债，如制药企业、食品配送（存放了一周没有卖出去的番茄有多少担保价值），或者单纯提供劳务的公

---

① 关于这一点的经典论述参见 Haugen 和 Senbet(1978)。

② 关于公司有动机去避免正式破产导致的巨额成本的证据参见 Gilson、John 和 Lang(1990)，以及 Netter(1992)。公司在破产或接近破产时所面临的财务合同问题参见 Gilson、John，Lang(1990)，Brown、James 和 Mooradian(1993)，Franks 和 Torous(1994)，Mooradian(1994)，Denis 和 Denis(1995)，以及 Hotchkiss(1995)。

司。财务失败对生产研究开发型的、密集型的产品生产或劳务公司的损害很大，这里有两个原因。第一，生产产品或劳务所发生的大部分费用都是沉没成本（已经花出去了，不会影响未来的决策），只能通过长期的销售盈利才能抵补。第二，“边际递减”的商品或劳务通常需要持续地投入研究开发费用才能确保市场接受它，但是一个破产的公司（或资金短缺的企业）不能支付这笔费用。还应该记住的一件事就是一些无形资产——如专利权、商标、名誉都是非常有价值的，但却不可能在财务失败或破产后继续存在。

财务失败也能明显地增加许多公司的生产成本。供应商不会愿意给一家看起来风险太高的公司提供信用，或者即使这样做了，也会附加许多严格的条件；高风险的企业不可能吸引商业伙伴合资或参加风险分担的发展性项目；还有一点最重要的是，高负债的公司不可能吸引有才能的新雇员，甚至可能看到它最好的雇员（原则上，是最容易流动的）离开公司寻找更有前途的职业。任何一家公司，如果非常依赖于创造力、忠诚、人员稳定这些因素，它就特别容易受到由杠杆作用引起的失败，该公司就应当比其他公司运用更少的负债。

资产替代问题　由于财务失败的存在，即使是其他方面都值得信赖的经理也有动机拿债权人的钱去“赌博”，虽然这可能是不当的，但却是理性的行为，这是与财务失败相联系的隐藏最深的问题之一。两类这样的赌博非常具有代表性和潜在的危险性。这两个赌博一般都是从公司面临财务困难时开始，此时经理意识到公司很可能在债券到期时无力偿债。假设公司还有一些现金在手里，这笔钱既可以简单地保存起来，也可以投资于两个项目之一。项目 Boring 是低风险、正净现值的投资机会，该项目会增加公司的价值，但并不能提供足够高的回报以偿付到期债务。另一方面，项目 Vegas 基本上就是一个赌博项目。这个项目风险很高，是负的净现值投资机会，但是一旦赌博成功的话，该项目的回报将足够偿还公司的到期债务。

考虑一下在这个案例中经理人的动机。很显然，债券持有人希望经理人或者选择项目 Boring 或者公司将资金留在手中。但是这样做很明显与股东利益不符。因为他们需要的是有效地运用债券持有者的“钱”，股东希望经理们能接受项目 Vegas。如果成功的话，该项目将产生足够多的现金流，让股东们偿付借款并且将保留住所有权。另外，如果项目 Vegas 不成功的话，股东仅仅需要在无力偿还到期债务时把（无价值）公司交给债券持有者。在这个策略中股东可以获得一切，却并不损失什么，并且可以通过代理人（经理）控制公司的投资政策直到拖欠情况确实发生，所以债券持有者没有办法阻止股东采取以债权人的代价获取利益的策略。①

① 在债券条约中经常要加入一些精确的细节术语，以防止债券持有者从股东（经理人，他们的代理人）的策略行为中受害，参见 Smith 和 Warner（1979）、Asquith 和 Wizman（1990）、Crabbe（1991），以及 Bae、Klein 和 Padmaraj（1994）。在相关的领域里，Leland（1994）应用债券条款得出一个关于长期债券价值与公司最佳资本结构的相似分析模型。

投资不足问题 在类似环境下的财务失败产生了第二个赌博——当公司的经理人意识到拖欠可能会发生，但是直到拖欠实际发生之前仍然控制着公司的投资策略。假设公司获得了一个有非常多盈利的投资机会，该项目肯定会获得足够多的回报以支付到期的公司债务，但是该项目所需的资金只能由股东来支付。尽管该项目会最大化公司的价值，也会使债券持有者受益，但是理性的股东会选择不去接受该项目，因为他们将不得不对该项目融资，而项目大多数的收益将归债券持有者所有。[①] 一个无负债公司不会选择以上所讨论的与财务失败相联系的两个赌博项目中的任何一个。在第一个例子中，经理人总会选择公司价值最大化的项目，在第二个例子中总会把现金提供给净现值为正的项目。因为财务失败的成本总会在两种证券持有者之间产生利益冲突，它们总会涉及债券持有者与股东之间代理成本的问题。

破产的直接与间接成本 最后，如果破产过程本身需要巨额的费用，为了使公司被诉于法庭的可能性最小化，公司有理由限制对财务杠杆的使用。为了更清楚地解释这一点，我们首先需要区分破产的直接成本与间接成本。直接成本是直接与破产的归档和管理有关的现金支出。如文件的印刷与归档费用，还有付给律师、会计师、投资银行与法庭人员的费用都是直接破产费用。尽管在复杂的条件下这些费用能达到每个月几亿美元，实证研究表明这笔费用相对于大公司破产前的市场价值来说很小——因而不能作为运用负债进行融资的事实障碍。[②] 间接的破产成本，如其名称所暗示的那样，是指由于破产所产生的费用或经济损失，但并不是花在破产过程本身的资金消耗。这笔钱包括破产过程中经理人时间的消耗，破产过程中及破产之后销售收入的损失，受到牵制的资本投资和研究与开发的花费，公司成为破产企业之后关键雇员的流失。

对破产成本的实证研究 虽然间接的破产成本从本质上讲很难衡量，但是实证研究清楚地表明这部分费用很大。[③] 最近的研究指出：(1) 公司进入破产程序以后当年的销售收入要比破产前按销售增长率推算出来的预期销售收入少。(2) 破产公司经理的失业率要比非破产公司高，而能保留其工作的那些经理人与其他公司的经理相比工资也将大幅度地减少，他们被其他大公司雇用的机会几乎为零。(3) 美国法庭经常背离绝对优先权的原则，按照该原则法庭应当控制财富在证券持有人之间的分配。这就给破产的预计结果增加了不确定性，增加了全部索赔人的风险，并且增加了某些集团特别是股东与雇员热衷于“战略行为”的动机。(4) 破产成本在美国要比在其他的发达国家高，关于法庭的决策，一般地来说，在决定何时一家公司应该进行清偿

---

① 与杠杆作用相联系的激励问题首先由 Myers(1977)提出。

② 参见 Warner(1977)提供的证据:破产的直接成本对于一些大公司而言是微不足道的。

③ Altman 提供了目前最好的经验证据:财务失败的间接成本足以抵消财务杠杆的额外作用。关于“较高的杠杆率削弱了公司的行业竞争力”的间接证据由 Lang 和 Stulz(1992)、Opler 和 Titman(1994),以及 Phillips(1995)提供。

时往往倾向于经理人而不是债权人。（5）破产所减少的公司的负债水平远远小于其所预期的，使得许多公司愿意进行再次破产甚至于第三次破产。① 其他研究提供的间接证据表明，破产所增加的风险与较低的杠杆率有关。研究人员特别指出：（6）公司收益变动较大的公司要比那些利润稳定的公司更少地运用负债。（7）各行业的杠杆率同该行业的投资机会相联系。正如我们所预料的，资本密集型的行业，拥有较少的成长机会，倾向于较高的杠杆率，然而技术依赖型的行业拥有许多成长的机会，应用相对较少的负债。（8）杠杆作用呈现出与某种难易程度的直接相关性，这种难易程度指的是公司的某项资产能够通过破产而没有价值损失的难易程度。十分明显的是，破产成本以复杂的但是可以预测的方式显著地影响公司的资本结构决策。这就允许我们用一个基本的评估公式来表达某个杠杆公司的价值 V_L，用非杠杆公司的价值 V_u，负债与非负债的税收规避中获得的收益的现值，还有预期破产成本的现值来表示 V_L：

$$V_L = V_u + \text{税收规避现值} - \text{破产成本现值} \tag{7.7}$$

现在你可以清楚地理解为什么我们所研究的这一理论被称为公司资本结构的“权衡”模型，因为它假设公司的经理人要在两个因素之间进行权衡，一方面是由杠杆作用的加大带来的税收上的收益，另一方面是随着杠杆作用率的提高破产的代理成本进一步恶化。

§7.4.4　代理成本与资本结构

财务结构的代理成本理论是由 Jensen 与 Meckling（1976）提出的。在财务史上（甚至于经济史上）很少有著作对我们如何看待以下问题产生过重大的影响：公司的控制问题、资本结构和财务合同问题。Jensen 与 Meckling 观察到，当一个企业家拥有 100% 某公司的股份时，公司的所有权与控制权并没有分离。简单地说，这就意味着企业家将为其行为承担所有的成本，从而获得全部的收益。一旦公司股票的一部分 α 出售给外部的投资者，那么该企业家将为其行为承担（1-α）的结果。这就给企业家一种激励，用 Jensen 与 Meckling 的话来说，就是激励企业家“消耗掉额外所得（consume perquisites）”（不负责任地行事，以公司名义购买直升飞机，经常去夏威夷的工厂旅游，成为电视上长期的“经济评论家”）。通过卖掉公司的一部分股票，企业家在从事某项活动时降低了 α 美元成本，所以他仅承担（1-α）美元的成本。对于企业家来说这是一个很好的交易，不是吗？

但是，这种事情不会在一个有效率的市场发生！信息畅通的投资者希望在他们购买了 α 股票之后，企业家的行为有所改变，因而如果企业家对“额外”部分进行了消费，则他们所支付的股价将完全能够反映公司价值的预期下降。换句话说，如果企

---

① 美国破产法院喜欢对绝对优先权法则进行干涉，关于这一内容参见 Eberhart、Moore、Roenfeldt(1990)，Franks 与 Torous(1989)，Weiss(1990)，Hotchkiss(1995)和 Batker(1995)。

业家在股票出售之后，还要索取他所期望的那部分额外的收益，那么股价下跌，他就需要再一次为其行为负担全部的成本。另外，社会将会有损失，因为这些（外部）股权的代理成本导致公司资产的市场价值的减少，减少的数量是企业家额外消费预期价值的（1-α）倍。此时，我们走入了困境。出售股票给外部投资者将产生出售股票的代理成本，虽然是由企业家自己的额外消费所导致，但是却能通过减少公司资产价值和使其他的企业家团体失去信心来使整个社会受到损害。向外出售股票对于企业家来说是至关重要的，一方面是由于个别投资组合分散化的要求，另一方面是由于公司的成长超过个人财富的限制时融资的需要。

运用负债弥补外部股权的代理成本 Jensen 与 Meckling 指出，运用负债融资可以通过两种方式来弥补外部产权的代理成本。第一，负债从理论上讲意味着向外出售少量的股票就能达到从外部融资的目的。如果外部股权代理成本的增长速度大于 α 倍，那么向外出售股权数量的节约额将会减少经理与股东之间高额的代理成本。第二，更加重要的是，对外发行债券而不是股票融资可以减少额外消费的范围。企业家有责任制定常规的、强制性的债务服务契约条款，这是对企业家进行自律的有效工具。由于存在发行在外的债券，额外消费的成本可能导致企业家随着欠款及债券所有者对公司资产的没收而失去对公司的控制权。按照 Jensen 与 Meckling 的表述，对外负债可以起到经理人向外部股东传达其良好意图的担保作用（bonding mechanism）。因为负债意味着经理人一旦经营不当的话，就可能失去该公司的控制权，这样股东们情愿为该公司的股票付出较高的价格。

为了让你理解这些理论并不是神话，试考虑一下股权代理理论对于美国一般的大型上市公司的重要性。《财富》500 强企业的内部人员（经理和董事）拥有不到 5% 本公司的股份（大多数条件下不到 2%），然而他们获得了控制一家大型的有威望的组织所有财务与非财务的收益。[①] 这样一家公司的 CEO 每年有超过 2 000 000 美元的工资收入、奖金、认股权，一些董事每年将因参加少于一打的会议而获得价值 100 000 美元的报酬与服务。[②]

公司经理的资本市场监控 现在让我们来考虑一下，如果你对自己所投资的某家公司不满意的话，作为股东的你将做些什么来控制公司的管理呢。事实上什么都不能做！即使你代表一个在某个大公司里拥有 10 000 000 美元股份的机构投资者，你的股份只占公开发行的股份中很小的一部分，管理部门可以不受任何损失地忽略你。你可以在年度股东大会上投票反对管理部门，但是——假设公司的治理规则是以管理部门的偏好进行安排的——这个问题又出现了，你该如何做呢？你可以在公开市场上出售

① 这一领域的有关文章非常多。关于内部股东对公司财务政策影响最好的论文参见 Demsetz 和 Lehn (1985)、Jensen (1986)，Mikkelson 和 Partch (1989)，以及 Barclay 与 Holderness (1989)。最后，Maloney、McCormick(1993) 指出，杠杆作用率在关键情况下改善了管理层的决策制定(比如收购)。

② 举例参见 Jensen 和 Murphy(1990) 以及 Kaplan。

你的股票，但是如果经理人的行为使得股票的市场价格下跌，在此情况下出售，谁会遭受损失？你可以起诉管理部门渎职，但是这一点极难被证实，并且经济判断惯例（该条例赋予董事会合法的自由选择权来进行它们的经济判断）保护董事会不受股东在极度恶劣的滥用职权以外的决策判断性控诉。除此之外，谁能雇用最好的律师团——你还是《财富》500 强的公司？另外，即使你在法庭或庭外直接向经理人质疑时取得了成功，你个人要承担所有为提高公司的经营情况的财务成本（在此过程中你相当于被经理人"拉下泥塘"），但是你的行为所产生的大量收益都跑到消极的股东那里，这些股东没有像你那样做出积极的努力，却可以享受你争取来的利益。

你也许会想到市场收购行为可能会帮助你惩罚那些地位牢固、为自身谋利的经理队伍。但是再仔细想想，20 世纪 80 年代收购战已经结束了，结果却是管理部门最终获胜。法庭的判决、州反收购法、毒丸政策的发展和其他防御措施的革新、联邦政府的规定、90 年代的信用紧缩，所有的这一切加起来使成功变得非常困难，对被经理人控制的公司进行恶意收购的目的没有达到，这些公司还保持原来的状态。[①] 另外，20 世纪 80 年代投标公司能够支付给目标公司的股东如此巨额的奖金正说明经理人与股东之间的代理问题已经变得非常重要。今天，没有恶意收购的威胁，这些代理问题已经变得多严重！

以上长篇激烈的讨论的目的并不是想指责无能的经理人团队（如何对他们进行治疗），而是为了说明经理人与股东之间代理成本的真实性、广泛性、难以克服性。控制这些成本的一种方法，对公司来说就是发行债券。这实际上达到了两个目的。第一，迫使经理人直接去面对公开资本市场（见 Eastnerbook，1984）并被其监督（如此治疗可能会有效）。如果投资者对经理人的能力持否定意见，他们可以在一个较高的利率水平上向公司贷款，或者他们会坚持用限制性的债务条款来约束经理人行为的自由，或者两者并用。第二，公开发行债券能有效地限制经理人通过无能行为或超额消费行为减少公司的价值。如果经理人不能很好地运营公司，至少满足对负债的偿付（支付利息与本金），公司将被迫破产，债券持有人会对公司进行控制，经理们只有另谋其位了。通过选择发行债券，经理人主动地承担了被替换的风险，这就减少了经理与股东之间的代理成本（见 Jensen，1986）。

对外负债的代理成本　那么为什么公司不用"最大负债"进行融资呢？问得好！原因在于负债也有代理成本的问题。代理成本的一些问题在我们早期破产成本的讨论中提到过。负债作为公司资本结构的一部分不断增加，债券持有人所承担的公司的经营风险的份额日益增加，但是股东与经理人依然控制着公司的投资及运营决策。这样经理人就有动力利用债权人的财富为自己及所代表的股东谋利。这样做最容易的一种方法就是发行债券，然后作为股利分发给股东。欠款之后，留给债权持有者的可能是

---

① 关于美国公司的市场控制的回顾与描述参见第 2 章。

一个空壳公司，有限责任将使债权人不能直接向股东要钱。[①]

另外一种方式是：股东从易受骗的债权人手中骗钱的时候向债权人承诺该笔钱将用在一个“安全”的投资项目上（如项目 Boring），然后实际上将钱投到一个危险的项目（如项目 Vegas）。如果贷方相信了他们的钱将被谨慎地运用，他们会接受较低的利率。因此，如果经理人与股东能找到足够单纯的债权人，他们就能得到比较“安全”的利息率，然后进行高风险/高回报的投资项目。如果这些投资成功的话，股东能够全部偿还借款并且把项目的剩余收益揣进自己的兜里。如果该项目不成功，股东仅仅是拖欠的问题，债权人将接管一个空壳公司。这种承诺投资安全性的项目，然后在低成本融资之后从事高成本项目的游戏被称为诱售法（bait-and-switch），这对债权人来说是惨烈的损失。

正如你所想象的，现在已经极少有这样天真的债权人（吃一堑长一智），债权人已经开始采取有效的措施来阻止经理人用他们的钱赌博。最有效的约束措施就是在借款合同中加入详细的条款，这些条款能够限制经理们从事不利于债权人行为的能力。[②] 遗憾的是，这些条款使得债务协定的磋商与执行的成本极大，并且这些约定在约束经理人做出价值减少的决策权力的同时，也阻止了经理人进行增加公司价值的决策（参见 Smith 与 Warner，1979）。例如，某债券条款限制该公司发行另外的具有同样优先权的债券（一种常见的债券合同），经理人可能被迫放弃一些可以得到价值增值的投资机会，如具有协同效应的合并或者新工厂与设备的主要资本支出，因为这些投资项目不得不用发行新债来完成部分融资。其他的一些条款也有各种对股利支付的限制（但并不能阻止），甚至于非常盈利的公司（参见 Kalay，1982）也有限制。这就意味着一家公司在当前利润很高并且所有正的净现值的投资机会都没有了的情况下可能会被迫进行过度的投资（净现值为负的项目）。可见，负债的代理成本确实存在，并且随着公司杠杆率的提高而日益重要。

外部股权与负债的代理成本均衡 你可能会猜到我们下一步将论述什么。Jensen 与 Meckling 的模型预示着某一家最开始没有负债的公司，为了减少股权代理成本，将在公司的资本结构中用债券代替股票。然而随着这个过程的继续，负债的代理成本将随着利率提高开始不断攀升。公司最佳的（价值最大化）负债权益比率将达到一个点，在这一点上，每增加一美元的负债，其代理成本正好等于所减少的相同美元的股权的代理成本。

我们现在要把公司资本结构的现代代理成本/税收规避权衡模型的所有线索穿起来。这一模型表示一家杠杆公司的价值等于将一家非杠杆公司的价值进行调整之后的

---

① 参见 Kalay 关于证券持有者如何避免掠夺式的股利政策。Bathala、Moon 和 Rao(1994)讨论了在代理成本框架内的内部股权、机构股份持有者与负债政策之间的关系。

② 这可以分为积极的和消极的条款，依赖于他们是否要求借款人必须做什么（提供财务报表的审计，保持公司的资产，购买业务和保险）和禁止做什么（合并或出售资产，发行新的较高级的新债券，让关键的财务比率达到危险的水平）。这些将在第 9 章深入地探讨。

价值，调整的内容包括税收规避的现值、破产成本、负债与权益的代理成本：

$$V_L = V_u + \text{税收规避现值} - \text{破产成本现值} + \text{外部股权代理成本现值} - \text{外部债权代理成本现值} \quad (7.8)$$

这个模型为现实的公司资本结构如何设置提供了一个容易理解并且具有吸引力的解释。但是所有人都认为这个模型中的个别因素很难进行实证估计，大多数对资本结构进行可行性研究的人（包括美国与国际上一些国家的学者）都得出了与该模型的预测相一致的结论（特别参见 Rajan 与 Zingales，1994）。

§7.5　公司资本结构的排序假说

尽管现在公司杠杆权衡模型已经被认为是资本结构理论的“主流”选择，但是仍然有一些令人十分困惑的公司行为规则，它还不能对之做出很好的解释。以下三个真实条件下的关系即使用最精致的权衡模型也很难调和：（1）在实际的每一个行业中，最盈利的公司有最低的负债率——这与税收影响权衡模型的预测正好相反。（2）提高财务杠杆的一些事件，如股票回购、债权与股权的置换，这些差不多总是会提高股价从而增加该公司股东的收益，然而杠杆作用率的下降却会导致股票价格下跌。对于权衡模型而言，这两种情况都不应该有非正常收益，因为当公司增加杠杆率时，会低于“最佳”的负债水平，相反的举动将高于其“最佳”的负债水平。（3）公司发行债券是经常性的，但是，经常性的股票发行却很少见。① 事实上美国公司极少有每十年发行一次新股的频率，非美国公司甚至羞于发行新股。另外，经常性新股发行的公布总是伴随着该公司股票价格下跌——有时股票下跌的幅度几乎等于发行新股所筹集资金的 1/3 甚至更多。②

§7.5.1　排序假说的前提假设

作为财务经济学家的我们应该怎样去理解现实资本结构中令人迷惑的问题？Stewart Myers（1984）提出公司杠杆作用的排序假说时对该问题做出了回答。这个模型以四个观察结果/或关于公司财务行为的假设为基础：（1）股利政策是“黏性的”。经理人不惜一切代价去保持持久的每股股利支付，并且不会根据其当前的利益的暂时波动来调增或调减股利；③（2）相对于外部融资而言，无论是股票还是债券，公司更喜欢从内部融资（留存收益或折旧）；（3）如果某家公司必须进行外部融资，它会对

---

① 举例来说，Pratt（1995）的报告指出，1994 年美国资本市场上的发行商出售了价值 7 086 亿美元（1993 年为 10 560 亿美元）的有价证券，其中只有 275 亿美元（44.6 亿美元）是上市公司发行的季节性的普通股。

② 特别参见 Asquith 和 Mullins（1986）。

③ 在财务学中这是最持久的现象之一。事实上，今天的公司经理人意图保持稳定的名义股利支付率的行为和 Lintner（1956）第一次阐述这种行为时的做法是一样的。

其能发行的证券进行排序，首先是最安全的债券，然后是有些风险的债券、可转换债券、优先股，普通股作为最后的手段。这一模型的重点放在公司经理人的动机上，而非资本市场评估的原则。

排序理论的雏形在Myers提出以前，已经流传了好多年，但是却被现代经济学家所忽略，因为该理论似乎建立在一个非理性的、降低自身价值的公司行为基础之上，而融资的自然选择应该已经存在了很长时间。并且，事实上简单的排序模型假设市场不完全，而且很糟糕（非常高的交易成本，没有信息的投资者与对公司股票价格非常敏感的经理人），这个市场很难被承认是对现代资本市场精确的描述。在Myers与Majluf（1984）的著作中，Myers根据信息不对称理论提出了理论上可行的调整方案。关于公司经理人，Myers与Majluf做了两个最关键的（并且似乎合理的）假设。第一，公司经理人对公司的盈利及投资情况知道的要比外部投资者多；第二，他们假设经理代表现有股东的利益。

为什么这两个假设具有关键性？信息不对称理论的假设中暗含着如果公司的经理人发现了一个非常好的正净现值的投资机会的话，他无法把这一信息传递给外部的股东，因为经理人的言论并不会被相信。毕竟，每个经理团队都会致力于向外界宣布找到了令人惊讶的新项目以提升该公司的股价，然后他们就能在一个不正常的股价上卖出自己的股票。并且因为投资者只能在很长时间之后才能证实这些言论，他们会赋予所有公司的股票一个平均值，并且只有在没有信息不对称的条件下，当新发行的股票价格与其均衡价格折扣很大时才会购买。公司经理人明白这个道理，并且在某些特定的条件下，如果这一投资会使他们不得不发行新股的话，他们宁愿拒绝接受正净现值的投资机会，因为这样做就会以旧股东为代价，把该项目大部分的价值转让给新股东。

似乎非常混乱，投资者不能信任经理人，所以他们给普通股一个很低的价值，经理人被迫放弃有价值的投资，因为他们无法把他们的私有信息传达给股东并令其相信。另外，金融市场的信息问题是由人的本性所引起的，因此不可能通过交易成本的减少或其他资本市场的改革来解决。那对于这个现代公司理财中普遍存在的问题究竟怎么解决呢？对于Myers与Majluf而言，公司的解决办法就是保留充分的财务松弛，以在遇到正净现值投资项目时可以由内部提供资金。

财务松弛包括公司所持有的现金与市场有价证券，同时还有可利用的（无风险的）举债能力。财务足够松弛的公司将不会发行有风险的债券或股票为其投资提供资金，因此它们有能力解决经理人与投资者之间信息不对称的问题。另外Fisherian最佳投资规则再一次起了作用，因为经理人能接受所有正净现值的投资项目而不用损害现有股东的利益。可能最重要的是，这个模型为这样一个现象提供了解释，这个现象就是为什么盈利的公司把它们的利润留存作为留存收益并且建立现金储备——它们建立了一个既宽松又灵活的财务环境。[①]

---

① Bruner(1988),Lang、Stulz与Waikling(1981),以及Smith与Kim(1994)等人阐述了财务闲置资源对收购决策的影响。

Myers 与 Majluf 的模型同样解释了股票市场对于杠杆作用增加与杠杆作用减少的反应。公司为有价值的投资寻找资金时首先会在内部融资，或者如果它们不得不在外部融资的话，它们会发行风险最小的有价证券，只有在股票价格被高估的情况下公司才会发行股票来融资。投资者明白这些动机，并且意识到经理人要比他们自己对公司的前景更加了解，因此投资者总是认为新股发行是“利空”的消息（公司经理人认为其公司的股价被高估了的信号）。

§7.5.2　排序假说的内涵

采用排序模型可以进一步解释其他几个行为模式。既然我们都知道新股发行会导致股价下跌，那么之所以要采取发行新股以及其他的减少负债比率的行为，要么是因为经理人员在利润下降的时候被迫发行，要么就是为增加自己的财富而违背了现有股东的利益。每种情况都能解释为什么杠杆率下降总与股价下降相联系。相反，杠杆率上升情况的宣告暗示着公司经理人对其未来的收益能力非常自信，就是说他们可以不损害公司的内部融资能力而增加公司的负债水平。因此杠杆率提高总会使股票市场的交易者做出强烈的反应。

公司经理人与股东之间广泛存在的信息不对称理论也为金融中介机构的发展提供了合理的解释。并不是所有的公司都能那么幸运，在遇到正净现值的投资机会时手里会有足够的闲散资金为这些项目提供资金。年轻的、成长型的企业尤其可能拥有更多的有价值的投资项目，而这些投资项目所需资金超过企业的留存收益，并且这些企业更容易碰到信息不对称问题。银行和其他的一些金融中介机构能够有效地克服这些信息问题，它们可以通过频繁地与公司经理进行联系，或者通过拥有所有权来接触公司的财务报告与经营计划，从而成为“内部人”。随着管理部门与中介机构之间互相信任的加深，中介机构能够运用一种或更多的信用工具（或甚至通过直接的股权投资，在某些国家这是被允许的）来评估并且满足公司的财务需要。中介机构同时也从其角色出发监督管理行为，并且一旦有严重事件发生能够直接插手公司的经营。因此金融中介机构能够直接融资和对借款公司的行为进行监管，而不用考虑去克服资本市场不对称的问题。这就有助于解释为什么包括美国在内的发达国家存在与银行相关联的企业融资形式，同时解释了为什么企业与银行及其他金融机构保持密切的关系。而这些美国公司似乎比其他一些仅能通过资本市场进行外部融资的公司享受更高的市场价值。

§7.5.3　排序理论的局限性

遗憾的是，排序理论并不能解释现实生活中所有的资本结构规律。例如，与权衡理论相比，它不能解释税收、破产成本、证券发行成本及单个公司投资机会如何影响公司实际负债率的问题。[①] 另外，该理论也忽视了典型的代理问题，而这一问题很容

① 另外，Shyam-Sunder 和 Myers（1993）从实践经验上比较了公司杠杆作用的排序模型与平衡模型。事实上，他们的测试表明平衡模型的一般测试能力为零。

易在公司经理人积聚到了非常多的闲置资源以致不受资本市场的约束时发生。同时，如果某家公司没有必要筹集新的外部资金，并且不会因为较低的证券价格受到直接的惩罚，同时拥有足够多的闲置资源（非财务收购的防御增强），那么该公司的经理人在遭受恶意收购之后也不会被辞退。① 虽然如此，资本结构的排序理论似乎对公司某些方面的解释要比其他的一些模型做得好，特别是在公司进行融资决策（选择那家证券公司发行股票）和市场对证券发行的反应上。

§7.6 公司杠杆作用的信号理论及其他信息不对称理论

20 世纪 70 年代晚期，Ross（1979）与其他的几个学者提出了公司资本结构的信号理论，该理论建立在信息灵通的经理人与信息不灵通的外部股东之间存在信息不对称的基础上。② 这些模型以这样一个理论为基础，那就是当有好的内部消息时，公司的执行者会有很强烈的愿望把这一正面消息传递给外部的投资人，从而提升该公司股价。然而假设存在信息不对称的问题，那么经理人就不能简单地声称他们有了好消息，因为其余的经理人都有这样的动机，并且都会向股东适当地描述自己的好处，而这些陈述仅能随着时间的流逝被证实（说说总是容易的）。

§7.6.1 资本市场的信号理论如何传递信息

这个问题的一个解决办法就是高价值公司的经理可以采取一些行动——或一些财务政策来把信息传递给投资人——而这些对于价值比较低的公司来说，由于成本高而难以模仿，从而被阻止进入同样的市场，就像财务学文献中提到的那样，信号就是一种行为，高成本地将有价值的信息传递给相关的信息匮乏的外部人员（通常是投资者）。如果这一成本对一个弱公司而言是不能模仿的禁止进入性质的成本，那么信号是可信的。Ross（1977）指出，在一个价值比较高的公司里，设计一套以激励为基础的给经理人的报酬合约，以此引导经理人为其公司采取较高杠杆率的资本结构是可行的。价值低的公司不愿承担如此多的负债，因为它们更愿意带着自己全部的成本去破产。给定这些假设，那么分离均衡就产生了，高价值的公司运用较多的负债进行融资，低价值的公司依赖更多的股票进行融资。③ 投资者通过对资本结构的观察来区分高价值的公司与低价值的公司，他们愿意给高杠杆率的公司赋予较高的价值。最后，既然弱小的公司不愿意去模仿较强的公司（通过承担额外的负债），均

---

① 关于这一点的几个例子参见 Jensen(1989,1993)。

② 除了 Ross,还有 John(1987)、Blazenko(1987)、Noe(1988)及 Narayanan(1988)等人的论文。

③ 与分离均衡相对应的就是混合均衡,发生于信号不能分辨公司好坏的时候。此时,所有公司都混合在一起,作为单独的团体对待。

衡就是稳定的。

§7.6.2　资本结构信号模型的实证研究

这一模型及其后的一些信号模型，在直觉上具有吸引力，然而对资本结构的实证研究却表明这一模型对实际行为的预测能力很差。如我们所看到的那样，杠杆率在差不多每个行业中都与其盈利负相关——并不是与信号模型的预测直接相关。另外，信号模型预测，成长机会比较多和无形资产比较多的行业比那些成熟的、固定资产比较多的行业更多地运用负债，因为在成长型的公司里信息不对称的问题更严重，因此更加需要信号模型。正如我们所知，我们所观察到的事情正与此相反——资产比较多的公司比成长型的公司运用更多的负债。

同时，信号模型确实解释了不同类型证券发行时市场的不同反应。债券发行时表示利好（经理人对其未来十分自信），从股价上扬可以看出；股票发行表示利空（预期利润下降），以股票价格下降为特征。信号模型在将来肯定会进一步发展，它将从刚刚开始的研究中获益，目前的这些研究文献将资本结构与所给定的企业产品及生产要素市场的特殊差异联系起来。① 然而眼下我们必须侧重于代理成本/税收规避平衡模型与排序理论，从中找到现代公司财务理论对真实环境下的资本结构设置的一致解释。理论上，我们希望最好的模型在金融市场上能够取得胜利。

§小　结

现代公司财务理论开始于 1958 年 Modiglrani 和 Miller 的资本结构理论模型。他们认为，在没有税收、交易成本和其他摩擦的资本市场里，公司资本结构的选择并不会影响它们的市场价值——因为投资者通过个人账户上的借贷既可以制定也可以不制定他们所期望的任何水平的杠杆率。在过去的 40 年里，资本结构发展史的大部分内容是在模型中加入了关于市场摩擦等更加现实的因素及经理与股东之间的信息设置情况。20 世纪 80 年代代理理论发展起来，随之而来的是对破产成本的范围及影响的研究，引起了对基本 M&M 资本结构理论更加具体的应用。最后对非美国的资本结构模式进行了多角度的考察。工业化国家引导了我们当前的主流观点：如果单个公司拥有唯一的、最佳的资本结构，这个资本结构是从均衡开始的，这种均衡是以下两个因素之间的均衡，即由于杠杆作用的增加获得的税收收益，由高税收带来的代理成本和破产成本。如果这种均衡存在的话，公司就可以达到这样一个均衡的资本结构。

这并不表示主流的均衡模型没有受到任何挑战。大量的研究人员——特别是

---

① 举例参见 Wedig、Sloan、Hassan 和 Morrisey (1988), Kim 和 Maksimovic (1990), 还有 Maksimovic 与 Titman (1991)。Harris 与 Raviv (1991) 对以上这些及其他的以信息为基础的杠杆模型进行了全面的回顾。

Stewart Myers——已经指出平衡模型存在着“盲点”。这一点特别表现在股票市场对杠杆率增加与杠杆率减少的反应上，这种反应就是杠杆率的增加或减少引起股票价格相应的上升或下降。作为与平衡模型相抗衡的模型，Myers 提出了公司杠杆作用的排序假说。排序假说是指公司比较喜欢内部融资方式而不是发行证券，如果被迫选择向外融资，它们首先会使用债券，然后才发行股票。这个模型可以解决公司财务的许多问题，包括公司为什么不愿意发行股票而选择持有大量的现金储备和其他形式的“财务闲置资源”。同时可以确信排序模型有其自身的缺点，至今还不能构成对平衡模型的挑战。

最后，人们提出了有关资本结构的各种各样的信号模型，这些信号可以让经理人运用杠杆作用率将公司的前景传递给信息匮乏的外部投资者——这些投资者相信这些信号，因为对于弱小的公司而言，这是禁止进入的成本。遗憾的是，这些信号（至少最早的版本）预示着拥有最好收益与成长前景的公司将运用最多的负债——而这与现实中的情况正好相反。到目前为止，资本结构的平衡理论还是占统治地位，但是我们应该不断地进取。

§习　题

1. 资本结构理论全面、精确的发展对全球的政策决策者与公司执行者有怎样的帮助?

2. 列示并描述至少五种关于国际资本结构的“固定模式”。

3. 如果说资本结构是“剩余”，这意味着什么？如果这是真的，对现实的资本结构意味着什么?

4. 讨论一下杠杆作用率发生变化时（有价证券的发行，金融收购的方法）股票市场会做出反应的证据。这一证据证明了资本结构理论的什么内容?

5. 简要地论述一下所有权结构与资本结构之间的经验关系。

6. （论述题）列示并简单地阐述 Modigliani 与 Miller（1958）的资本结构模型的假设。你们的讨论应该描述每个假设设置的原因。

7. 一个对财务理论的了解比较少的朋友让你描述一下 Modigliani 和 Miller 定理 I 真正的含义，以及对于一个公司而言存在一个正确的“最佳”的资本结构的含义是什么。

8. 研究一个“自制杠杆”的例子：(1) 初始的资本结构分离均衡；(2) 在对这一分离均衡进行修正的过程中特别的套利程序；(3) 由这一程序产生的新的资本结构均衡。

9. （计算题）假设你要用以下的数字来评估一家公司：NOI = 500 000 美元，k_1 = 0.15，r = 0.08，D = 2 000 000 美元。计算杠杆公司的 Vu，S_1，V_1，ρ。然后描述确切

的套利过程，该过程将本公司的价值传递给另外一个等值的非杠杆公司。

10. 简单地描述一下“自制杠杆”的程序是怎样运作的？

11. 为什么说 M&M 定理 II 从逻辑上讲是 M&M 的发展，并且“接受”了定理 I 就是自动地接受了定理 II？

12. 讨论一下公司破产的直接成本与间接成本。然后讨论一下涉及公司财务失败的两种成本相关重要性的实证经验。

13. （计算题）用以下数字计算一下由公司借款导致的税收规避的价值：NOI = 500 000 美元，D = 1 000 000 美元，r = 0.08，$\tau = 0.03$。计算该公司的 V_L。如果 $\rho = 0.10$，计算另外一个等价的非杠杆公司的 V_U。

14. 应用文字及等式计算 Miller（1977）的债券市场均衡模型。然后讨论一下，该模型所暗示的每个公司最佳的资本结构是什么。

15. （计算题）计算杠杆作用的收益 G_L，当 $\tau_c = 0.35$，$\tau_{ps} = 0.05$，$\tau_{pd} = 0.30$，$D_L = 1\,000\,000$ 美元时。假设其他的条件不变，τ_{pd} 等于多少时 G_L 才能为零？

16. 我们说利息率水平必须“返计还原”才能影响个人收入所得税，这句话意味着什么（如果必要，举例来说明）？

17. 什么是“担保债务假说”？这一假说可以解释什么样的经验规则？

18. 对下面这段话做出解释：除非破产过程需要巨额的成本（掏空口袋），否则进入破产威胁本身并不能影响资本结构的决策。

19. 在什么样的条件下才能出现以下的状况：破产与/或财务失败的成本足够高以致公司不能提高它们的杠杆作用率使之超过“安全”水平？

20. 在公司的负债政策中什么是“资产替代问题”，它如何影响债券持有者的行为？

21. 资产特征如何影响公司的资本结构？

22. （论述题）我们曾经讲到美国公司及经理人的破产和财务失败的成本问题，请列示出至少五个有关的经验规则并进行简要的论述。

23. 由于将股权出售给外部的投资者导致了所有权与控制权的分离，从而产生了代理成本，为什么 Jensen 和 Meckling（1976）认为这部分代理成本应该由经理来承担。

24. 在 Jensen 和 Meckling 的模型里，怎样运用负债来克服外部股权的代理成本？

25. 描述一下由 Jensen 和 Meckling（1976）证明的对外负债的代理成本。这些成本怎样才能最小化？

26. （论述题）用语言和数字描述一下资本结构理论的代理成本/税收规避权衡模型。

27. 公司杠杆作用的“权衡理论”不能回答哪些资本结构的实际问题？排序假说是如何解释这些规则的？

28. 资本结构排序假说的四个假设是什么？

29. 什么是“财务闲置资源”，在公司杠杆作用的排序假说中它起到了什么作用？

30. 排序假说经验预测的基本原则是什么？

31. 从财务理论上讲，什么是“信号”，在资本结构决策的制定中信号拥有什么样的特征才有用？

32. 讨论一下关于公司杠杆作用信号模型的经验证据。

参考文献

第 8 章　股利政策

§8.1 导　言

“股利政策”这个术语曾经指一个公司选择是否支付给它的股东现金股利的策略，如果支付现金股利，那么支付多少以及以什么样的频率（按年、半年、季）进行支付。近年来，股利政策又包含了很多其他内容。例如，是否通过股份回购或者以特定的形式来发放股利而不是按常规形式向投资者分配现金；是否支付股票股利而不是现金股利；由于对个人征收高税负，而对有些机构投资者却是免税的，这些机构投资者正日益成为世界资本市场的支配者，如何平衡这两种投资群体对股利政策的不同选择。尽管目前存在的现象很复杂，然而大部分公司仍然把关注的焦点放在一个问题上，John Lintner（1956）在 20 世纪 50 年代就已经发现了这个对公司管理来说至关重要的问题：公司支付的股利应该保持在现有的水平上还是应该改变？如果支付的股利被提高了，公司的利润能否保持足够高的水平来维持它？股票市场将怎样看待公司股利的变化？投资者是愿意接受稳定的正常的股利，还是愿意让股利随着公司利润的增减而浮动？最后一点，公司的股利政策是应该有利于年老的投资者还是年轻的投资者？年老的投资者通常已经退休了，他们更希望实施高股利政策，而年轻的投资者面对更高的税率，他们的投资眼光要长远一些，因此更希望将公司利润进行再投资而不愿意作为股利来支付。正如您所想象的，对于这些现实而又紧迫的问题，很难有一个完整的答案。

和资本结构的研究一样，股利政策也是公司财务领域中一个需要用精确理论模型来分析的课题，而且它已经成为现代财务研究中被透彻研究的课题之一。尽管这样，目前仍然有一些问题不能解释。例如，现金股利在向投资者传递有关公司前景信息时起什么样的作用；市场如何对高股利和低股利的股票定价；公司所得税与个人所得税怎样影响现金股利的供给与需求；股利政策和公司的其他财务政策（如杠杆作用情况和投资水平）是怎样通过现金流量互相联系的；以及为什么股利支付率对于不同的行业和不同的国家有如此大的差异。在这一章中，我们的目的是探讨两个相对立的现代股利政策理论，讨论每个理论在多大程度上可以被实证结论所证明，然后就上面所提到的问题进行阐述：在真实的环境下股利政策对决策制定与财务定价所起的作用。我们还将对两个基本问题进行回答，这两个基本问题是：（1）股利政策是否有影响力——公司证券的市场价值总额是否会随股利支付政策的变化而提高或降低；（2）如果股利政策确实有影响力，那么是什么因素决定了最佳的股利支付水平，从而使公司价值最大化且资本成本最小？下面开始我们的分析。我们首先从考察股利政策的模式开始，这个模式在全世界的范围内被广泛应用。

§8.2 现行的股利政策模式

对现行的股利政策模式进行总结，能够帮助我们清楚地了解到一个可行的股利政策理论必须能够解释的内容是什么，同时也为相关的经验研究提供一个框架。通过下面的内容可以很清楚地知道，股利政策在整个资本主义社会有着惊人的相似性，但是同样也存在着非常明显的区别。细心的学生将会发现这些现行的股利政策模式与第7章提到的资本结构有着普遍意义上的相似性。

现行的股利政策在国家间的区别 图8-1很清楚地表明：在工业化的国家中，英国公司支付的股利是最高的，北美的公司支付的股利一般高于西欧或日本的公司。[①] 公司总部在发展中国家的公司，即便它们支付股利，通常也是非常低的。[②] 很多因素影响这些模式，一个最有力的因素可能就是融资方式的不同。例如，英国、加拿大和美国，因为它们大多依赖资本市场筹集资金，所以通常支付高股利，而像德国、日本、韩国这些国家，因为它们更多地依靠中介机构筹集资金，所以支付的股利相对较低。

并不会让人感到惊讶的是，法国和意大利通常不鼓励公司对私人投资者支付股利。[③]

股利政策有明显的行业特征，这些特征在全球都存在 一般来说，在成熟的行业中，盈利公司趋向于将它们利润中的大部分作为股利来支付。而一些年轻的、成长很快的行业中的公司则相反。公用事业公司几乎在每个国家都支付高股利。对股利支付

---

① 北美与其他发达国家在财务管理方面的区别在 Berglof 与 Perotti(1991)、Kaplan 与 Minton(1994)、Kester(1992),Petersen 和 Rajan(1994),以及 Prowse(1992)等人的书中都有论述。

② Frankel(1991)深入地阐述了美国与日本在股利支付方面的差异,而 Koretz 提供了总结性的比较。

③ 最近的调查表明,拥有特权的国有企业摆脱国家的控制之后开始增加股利的支付,有许多国有企业是第一次支付股利。详见 Megginson、Nash 及 Randenborgh(1994)。

图 8-1 描述了 1975—1994 年间以英国、美国、日本、德国[①]为代表的平均股利支付水平，即股利支付占公司税后利润的百分比。

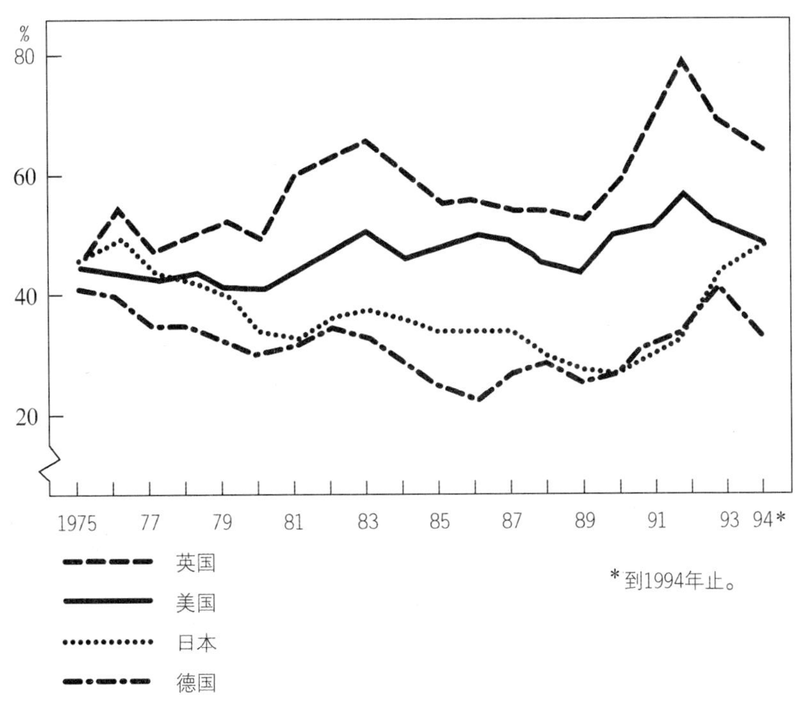

图 8-1　各国股利支付情况的比较

资料来源："Compary Dirvidends"，The Economist（June 4，1994），pg. 109。

最重要的影响表现为工业增长率、资本投资需求、盈利性、收益稳定性以及资产特征（指有形资产和无形资产的相对比重）。[②] 在美国，一个行业的平均股利支付率与它的投资机会多少（是否这个行业有很多有价值的投资机会）及这一行业的管制程度正相关。[③] 表 8-1 列示了 20 世纪 90 年代中期美国的几个行业的平均股利支付率。

在行业中，股利支付通常与行业规模及资产密度正相关，但是与增长率负相关

和小公司相比，通常大公司将利润的更大部分作为股利支付。资产密集型的公司（有形资产占公司资产总额比例比较大）支付的股利要高，而无形资产比例大的公司，如公司资产中有看涨期权，它代表很大一部分公司的市场价值，在这种情况下，

---

① 1990 年 10 月，民主德国和联邦德国统一。

② 两份最新的实证调查报告阐明了这些关系。Smith 与 Watts（1992）及 Gaver 与 Gaver（1993），Baker、Farrelly 及 Edelman（1985）经过了详细的调查，进一步解释了不同行业之间的股利支付政策。Fama（1974）及 Peterson 和 Benesh（1983）考察了股利支付政策与资本投资支出之间的关系。Fama 认为股利支付与投资支出之间是独立的，但是 Peterson 与 Benesh 认为可能存在某种联系。

③ 来自关于公司的研究结果可以推断出这些关系，这些研究结果见 Barclay、Smith 及 Watts 等人的最新著作。

表 8-1　1994—1995 年美国几个行业的平均股利支付比率、收益、市盈率

行业	股利支付比率	股息率	市盈率
发电	86%	6.7%	12.9
基础化工	83	4.0	23.5
石油	80	4.0	20.7
炼油	71	5.0	14.3
天然气	61	4.9	13.7
电信	57	3.9	22.3
制药	47	2.9	19.0
电力设备	44	2.6	17.0
食品加工	42	2.2	24.3
银行	38	3.6	10.6
造纸与木材生产	37	2.6	17.0
居家用品生产	37	2.2	18.1
零售店	32	2.0	17.1
汽车与卡车生产	16	3.1	5.9
软件及服务行业	8	0.3	30.4
半导体	7	0.4	17.9
广播	7	0.3	24.7
计算机软件	7	0.3	32.5
医疗服务	6	0.3	28.0
健康保健	5	0.3	23.5
航空	4	0.3	24.2

资料来源：Boone，Ronald，jr.，"Money& Investments：The Dividend Review，" Forbes (June 5，1995)，p. 174。Kiein，Michael E.，"Dividend Review" Forbes (November 21，1994)，p. 228。Steedley，Gilbert，"Dividend Review" Forbes (JUNE 20，1994)，p. 258。

往往支付较低的股利。此外，受管制的公司（特别是公用事业）比不受管制的公司支付的股利要高。① 股利支付和增长率两者的关系是非常明显的——成长快的公司需要现金，因而选择零股利或者低股利。随着这些公司的成熟，股利支付率也将提高。

几乎所有的公司都会在很长一段时间内保持持续的正常的每股股利　换一种方式来说，任何一家公司都倾向于"平滑"的股利支付政策，所支付的股利同股利的最

① 在 Smith 和 Watts(1992)，Gaver 和 Gaver(1993)，Barclay、Smith、Watts 等人的著作中阐述了这些关系。

终决定因素——公司利润相比，变化要小得多。[①] 只有当公司认为未来盈余将会持续地增长，并且足以维持一个更高的股利支付水平时，它们才会逐渐地提高每股股利，直到达到一个新的均衡的每股股利水平。同样，即使公司面临暂时的净亏损，公司的经理人也会试图保持一个正常的每股股利，只有当很明显公司无法恢复到原来的盈利水平时，经理人才会降低（但是几乎从不会消除）支付的股利，并且大刀阔斧地进行全面调整。[②]

股票市场对于初始股利支付和股利提高有积极的反应，对股利的降低和消除有很强的消极反应 当一个公司首次宣布发放现金股利（初始股利支付）或者提高现在的每股股利时，这个公司的股票价格会提高 1% ~3%。[③] 然而，当公司削减或降低股利支付时，会受到股票市场严厉的惩罚，有时，股票价格下跌幅度会达到 50%。

股利变化可以明显起到信息传递的作用，反映了经理人对公司现在和未来收入情况的预期 投资者了解经理人平滑的股利政策，他们对股利政策变化的反应体现了他们对管理信号的理性估计。换句话说，股利变化传递给投资者信息，投资者与公司经理人相比，对公司情况知道的要少，因此，股利在现代资本市场中可以帮助投资者克服信息的不对称性。[④] 股利提高表明管理层预期未来的收入高，而股利降低表明公司收入前景下滑。所有现代股利理论都是针对股利变化来揭露信息的，只是各种理论在信息传递技巧上不同，对公司其他公告（例如收入和股利政策公告）的补充或附和的信息传递作用的理解不同。[⑤]

---

① 这是在有关股利研究的文章中所阐述的最重要的经验规律，由 Lintner(1956)提出，Fama 和 Babiak(1968)撰文论述。后来 Aharony 和 Swary(1980)对这一可预见性的结果做了进一步的研究，将不可预测的股利变化简化为每股名义股利的任何变化——从而使样本结构更加简洁。Fudenberg 与 Tirole(1995)从理论合理性的角度解释了为什么经理人要选择平滑的(不仅仅是波动的)报告期利润与股利支付，而关于采取平滑的股利支付政策在实际工作中的重要性是由 Kao 与 Wu(1994)提出的。

② 经理人不得已减少或取消股利支付的情况在 DeAngelo 和 DeAngelo(1990,1415 ~1431 页)的书中有所论述，同时 DeAngelo、DeAngelo 及 Skinner(1992)等人也对此进行了论述。Michaely、Thaler 和 Womack(1995)指出，股价对于股利削减所做出的负反应要比它对股利增加和初始支付所做出的正反应大得多，但是 Christie 提出了一个非常有趣的现象，那就是股票市场对于取消股利的反应并没有股利削减的反应大。

③ Asquith 与 Mullins(1983)，Richardson、Sefcik、Thompson(1986)，Healy 和 Palepu(1988)，Venkatesh(1989)，Michaely、Thaler，以及 Womack(1985)，还有 Lipson、Maquieira 和 Megginson(1995)考察了股利初始发放的现象，而 Ghosh 和 Woolridge(1988)，Healy 和 Palepu(1988)，Christie(1994)和 Michaely、Thaler、Womack(1995)考察了取消股利的情况。关于市场对股利变化的经典实证研究是由 Aharony 与 Swary(1980)提供的，后来还有 Handjinicolaou 与 Kalay(1984)，以及 Ofer 与 Siegel(1987)也进行了这样的研究。

④ 对于与信息相关的股利支付政策，许多人对此做出了理论及实证研究，包括 Watts(1973)、Brickley(1983)、Kalay 与 Loewenstein(1985,1986)、Asquith 和 Mullins(1986)、Healy 和 Palepu(1988)、Lang 和 Litzenberger(1989)、Bajaj 与 Vijh(1990,1995)、Kao 与 Wu，还有 Lee(1995)。

⑤ 关于股利支付(及暗含的信息功能)的两个最主要的理论模型将在本章的后面详细讲到。准确地讲，股利支付的变化所能解释的信息并不是很明确。但是，Handjinicolaou 与 Kalay(1984)指出，股利能够引起股票与债券价格的上扬，这一点表明经理人运用股利支付政策并不是为了减少债券持有者的价值，而是为了使公司价值最大化。这一结果受到了 Dhillon 与 Johnson(1994)的猛烈抨击。他们指出，股利支付的大量增加导致债券持有者与股东之间财富的转移。

税收明显地影响股利支付，但是这种影响的结果是模糊的，税收既不会导致也不会阻碍股利的支付 如果收到股利的投资者需要交税，那么这些投资者会降低对支付股利的要求，显然这将导致公司保留其大部分利润。极端一点的情况下，很高的税率会导致公司完全停止支付股利。[①] 尽管这些论证似乎是正确的，但是它们并没有被经验证据所证明，事实上一些研究表明股利会随着税收的提高而提高。另外，在1936年美国开始征收个人所得税之前，美国公司就开始支付股利了，尽管边际税率向上浮动超过了90%，它们仍然一直在支付股利。[②] 表8-2表明美国公司在1929—1986这10年中平均的股利支付率，而表8-3表明了美国公司从1983年以来全部的利润和股利支付水平。

尽管进行了深入细致的研究，我们还不是很清楚股利支付是如何影响公司普通股的必要报酬率的 常识和各种税后资产定价模型都表明，高股息率的股票与低股息率的股票相比，要求的名义（个人所得税之前）收益率要高，因为投资者在接受股利时必须支付个人所得税，而以资本利得的方式却能有效地推迟交税。一些实证研究已经证实了这种推测，但是也有一些研究否认了这种观点，由此可以看出，对股利征收所得税将会对公司的股票价值造成影响，这种影响所表现出来的复杂性远远超过了曾经的设想。[③]

---

① 对与税收相联系的股利支付政策的研究，事实上要努力回答两个既相互区别又相互联系的经济问题。第一，对股利支付征收的个人所得税如何影响高股利支付的股票的市场价值与低股利支付（或无股利支付）的股票的市场价值？这些研究通常用来考察在资本资产定价模型中，高股利支付的股票是否比低股利支付的股票获得了较高的税前风险调整收益，如果对股利收入要比对资本利得征收较高的税，是否股票价格的下降幅度小于除息日支付的股利？与税收研究相关的第二个问题是为了给一个更基本的问题寻求答案——是否对股利收入征收重税减少了公司股权的市场价值，从而减少了公司本来可以获得的资本投资的均衡水平？除息日的研究及资本资产定价模型的研究将会在以后的章节中涉及。对于股利征税在价值评估及投资减少等方面的影响许多学者都做过研究，包括Feldstein、Feldstein与Fane（1973），Auerbach（1983），Poterba与Summers（1983，1985），Poterba（1987），Ang、Blackwell、Megginson（1991），还有Christie和Nanda（1994）。

② Poterba（1987）提供了1929—1986年美国对股利征税的税率清单（见表4）。这些数字最显著的一个方面就是：尽管十几年来边际税率、投资动机、经济增长率发生了如此大的变化，股利支付却一直保持稳定。Eades，Hess及Kim（1994）也指出尽管在1977—1987年间美国的税法进行了四次大的变动，而股利价值却保持不变，股利价值是通过除息日的收益计算的。最后，Barclay（1987）指出，在20世纪初股利被支付、被计量的方法与今天就十分相似。

③ 关于这一领域的研究非常多。首先由Brennan（1970）发明了税后资本资产定价模型。Litzenberger与Ramaswamy（1979）在这个模型中加入了股利的因素并进行了深入的研究，他们从经验的角度出发指出：高股利支付的股票比低股利支付的股票拥有较高的必要收益率，而这与税后资本资产定价模型的预测是一样的。这一结果得到了Blume（1980）及Ang和Peterson（1985）等人的进一步印证。然而，其他的几位学者对税后资本资产定价的经验有效性提出了质疑，这些研究人员提出了一个简单而又难以回答的问题：如果经理人可以通过减少股利支付来降低其股权资本的必要收益率，那么这些经理人为什么不这么做？见Black与Scholes（1974）及Miller与Scholes（1982）。

表 8-2　　美国公司在 1929—1986 年间的平均股利支付率

年份	股利支付率[a]		公司	股利与留存收益
	会计利润	调整利润	所有权结构中个人持股比例	两种做法下的税后收益之比
1929	0.67	0.70	0.915	0.901[b]
1930—1939	0.70	1.49	0.909	0.842
1940—1949	0.39	0.52	0.902	0.643
1950—1959	0.39	0.46	0.885	0.633
1960—1969	0.42	0.40	0.853	0.677
1970—1979	0.34	0.45	0.753	0.711
1980—1986	0.59	0.61	0.647	0.752
1986	0.77	0.50	0.634	0.783

[a]会计利润中所支付出去的份额被定义为股利支付，它通过国内经济除税后利润与名义利息支出之和得到。调整利润中所支付出去的份额：调整利润是指将分母中的税后利润与名义利息之和进行调整，主要是调整国民收入中的存货价值与资本消费。

[b]这个比率的意思是一个处在最高的个人收入所得税等级的个体投资者将会收到 90.1 美分的股利，这是公司净利润中可以自由（个人收入所得税之后）作为股利分配的部分，用 90.1 美分除以 1.00 美元，1.00 美元是这部分利润作为公司的留存收益或被公司用于再投资的条件下个人收入所得税后的收益。

表 8-2 列示了美国公司在 1929—1986 年的平均股利支付率；从 1930—1939 年的平均股利支付率及 1970—1979 年的平均股利支付率；1980—1986 年间的平均股利支付率。这张表格也列示了每个期间公司所有者权益中个人投资者（不是机构投资者）所占的比重，公司在支付股利与留存收益两种做法下税后收入之比，每期按照最大的边际税率计算。

资料来源：Table 4 in Poterba，James M.，"Tax Policyand Corporate Savings"，Brookings Papers on Economic Activity（December，1987），PP. 455-515。

表 8-3　　美国公司 1983—1993 年间的利润、税收、股利、股利支付率

项目	1983	1984	1985	1986	1987	1988	1989	1990	1991	1992	1993
税前利润	210.7	240.5	225.0	217.8	287.9	347.5	342.9	365.7	362.3	395.4	449.4
减：应付收入所得税	77.2	94.0	96.5	106.5	127.1	137.0	141.3	138.7	129.8	146.3	174.0
等于：税后利润	133.5	146.4	128.5	111.3	160.8	210.5	201.6	227.1	232.5	249.1	275.4
减：净股利支付[a]	81.2	82.7	92.4	109.8	106.2	115.3	134.6	153.5	137.4	150.5	169.0
等于：未分配利润	52.3	63.8	36.1	1.6	54.6	95.2	67.1	73.6	95.2	98.6	106.4
股利支付率	60.8%	56.5%	83.0%	98.7%	66.0%	54.8%	66.8%	67.6%	59.1%	60.4%	61.4%

[a]支付给美国的居民，扣除公司内部股利支付情况之后计算的。

表 8-3 详细地记录了美国公司 1983—1993 年间的利润、税收、支付的股利总数。根据这些数据可以计算年平均股利支付率。所有的数值，除了支付率以外都以 10 亿美元为单位。

资料来源：节选自美国 1994 年统计数字（美国商务部，华盛顿特区），560 页。

交易成本的变化或者资本市场上技术效率的变化似乎对股利支付的影响很小 总的来说，今天的美国公司将它们总收入的一部分（近似一半）作为股利支付给投资者，这一比例与它们在20世纪20年代或20世纪50年代差不多是一样的，尽管美国现在的金融体系比以前更有效率，能够提供更好的投资机会和更灵活的支付方式（见表8-3）。对于流通性较差的股票投资，如果股利支付从一开始就被设定为给予投资者常规的现金回报，那么，一段时间之后，随着股票交易成本的降低和股票市场对高收益股票的竞争性投资（如货币市场的共同基金），支付的股利应该下降。很明显，技术市场的不完善不会引起股利发放，甚至不会对它们有明显的影响。①

所有权结构问题 不管是在美国国内还是在全世界，采用时间最长的一个股利支付政策就是：私人企业或者非上市公司基本上不支付股利，而任何一家公开上市公司都将它们每年收入的大部分用于支付股利。② 即便不考虑其他的一些因素（增长率、资产特征、公司规模），所有权结构仍然对现行股利政策有很强的影响。③ 几乎在每一个国家，每一个行业，股权结合紧密的公司通常都支付很低的股利，而所有权分散的公司通常需要支付高股利。

现行模式的理论解释

很难想象一个单一的理论模型能够解释上面提到的所有的经验规律。然而，人们已经研究出了两个本质一致的理论模型，下面我们依次对两个模型进行介绍。我们将会更多地关注第一个模型，即股利支付的代理成本/契约模型（或简称为代理成本模型），因为它代表现行经济思潮的主流。这种模型是假设当公司所有权和公司控制权分离时，支付的股利会随着试图克服产生的代理问题而提高。在所有权关系紧密的非上市公司里，这些代理成本并不重要，所以也不需要支付股利。而当所有权变得更加分散时，没有几个投资者有这种动力或能力去管理和控制公司的经理人，因此代理问题就变得很重要。这些问题在一些大型的、成长缓慢的、能够产生大量自由现金流的公司显得尤为重要。公司经理人的一般倾向是花掉这部分现金流（当然要称它们为“投资”），而不是支付给股东。④ 然而，投资者懂得经理人的这些动机。对于由经理

---

① Eades、Hess与Kim(1984,1994)指出，在1975年5月纽约股票交易所的固定佣金削减的时候大多数投资者的股票交易成本也急速下降，但是在美国公司的股利支付率与股利支付价值上都没有显著的变化。

② 这一关系由Walker与Petty(1978)及Dwyer与Lynn(1989)阐述过，而Lipson、Maquieira和Megginson(1995)考察了为什么新上市公司的经理人决定采取实际上不可变更的初始股利政策。

③ 关于美国公司股利支付与所有权结构之间的关系的最清晰的讨论见Rozeff(1982)，而Megginson、Nash及VanRandenborgh(1994)也论述了在新的非美国(大多数是欧洲公司)的私人企业里，一旦企业从国有转为私人拥有之后，支付的股利显著增长。

④ 经理人将这部分资金用于边缘项目的过度投资而不是把它们作为股利发放出去，这种行为动机的重要性难以估计。Christie与Nanda(1994)提到一个非常令人吃惊的事实：联邦政府在1936年出人意料地对公司的留存收益征税引起了股票价格的显著上扬——特别对低股利支付的公司。尽管这是一笔直接成本，投资者还是非常喜欢征税，因为这能强迫经理人支付现金，这部分现金曾被他们作为留存收益储存起来。被认为具有最高代理成本的公司比那些管理良好的公司较少地增加股利支付，这一事实也说明了弱势公司的管理者保留过多自由现金流的欲望之强烈。

人控制而持有大量现金的公司，他们将会付很低的价格，但是对于反应敏锐的经理人，投资者愿意对其公司的股票支付更高的价格。因此，初始股利支付或者提高股利的公告都会导致股票价格的提高，支付现金股利而不是囤积现金的经理人通过股票期权或者其他与股票相关的奖赏政策来获得奖励。这种模型的其他方面以行业增长和资产特征为基础，有助于解释股利支付在不同类别企业之间的差异。

与上面的模型相对的另外一个模型是股利支付的信号模型。信号模型假设在以信息不对称为特征的资本市场中，股利支付能够起到信息传递作用，准确地将信息从信息灵通的经理人那里传递给信息不灵通的股东。支付现金股利对于公司和接受股利的投资者来说代价都很大（公司用于投资的资金将会减少），而接受现金股利的股东会因此而支付个人所得税。这意味着只有最“富有”（最盈利）的公司才能承受支付现金股利的损失，从某种意义上讲，它们能够承受因减少投资而负担的成本。由于弱小的公司没有能力去模仿富有公司的股利支付政策，这种分离均衡的结果就是富有公司（这些公司有着最有价值的投资机会）支付最高的股利。

在解释任何一种现代理论之前，我们必须首先解释完全资本市场中股利政策的作用。你可能已经猜测到，这一模型首先是由 Merton Mill 与 Franco Modigliani（1961）提出的，与资本结构无关论相同，他们提出了股利无关论的结论。在信息对称、无摩擦的完美资本市场里，股利政策不能影响公司的市场价值，公司的市场价值仅仅是由公司资产的盈利能力和公司管理队伍的能力决定的。即使市场有一些摩擦，考察该模型也是很有用的。因为这样做将会使我们能够推断出在什么样的条件下，股利政策起作用，起怎样的作用，至少也可以向经理人暗示他应该设置一个怎样的股利政策，使公司市场价值最大化。

§8.3　无摩擦资本市场的股利政策

Miller 与 Modigliani（M&M 理论）开始股利政策分析时，是假设这个世界有完美的市场、理性的行为和完全的确定性。为了更清楚地说明他们的假设，他们对“完美市场”（假设 1 ~ 4）、“理性行为”（假设 5 ~ 6）、“完全的确定性”（假设 7 ~ 8）进行了定义。他们的模型假设世界是这样的：

1）没有足以影响市场价格的证券买者和卖者；

2）所有的交易者都平等且无任何成本地获得相同的信息；

3）没有交易成本，如佣金、证券交易和转让费用；

4）在支付股利和资本利得之间以及在利润分配与不分配之间没有税赋差别；

5）投资者更喜欢盈利而不是亏损；

6）对于投资者而言，财富的增加是通过股利还是通过资本利得没有什么差别；

7）每个投资者对未来的投资计划和未来每个公司的利润都有完全的把握；

8）由于这种确定性，所有的公司都发行相同的有价证券，称为普通股。

如果你对这些假设表示怀疑，那么请记住这个模型的意图是首先在一个理想化世界里考虑股利政策的影响，然后来考察当现实因素介入时，股利政策的影响结果将会发生怎样的变化。基于他们的假设，M&M 理论阐明了价格评估的基本原理，即“在整个资本市场里，给出的任何一段时间间隔内，所有股票的价格和每股收益率（股利加上一美元投资的资本利得）必须是一样的”。正如假设 7 所表明的那样，假设投资者对公司未来的利润具有完全的把握，以此来消除不同股票之间的风险差异，但是，如果运用风险调整收益率 ρ（t）（它可以使所有股票的风险都相等）的话，可以很简单地对这一原理进行修改。不管运用哪种方法，必要收益率都可以通过下面的方法来计算：

$$\rho(t)=\frac{d_j(t)+P_j(t+1)-P_j(t)}{P_j(t)} \tag{8.1}$$

公式中，$d_j(t)$ = j 公司在 t 期间支付的每股股利

$p_j(t)$ = j 公司在 t 期间的每股股价

等式 8.1 变换一下就能得出股票价格评估的基本模型：公司 j 的股票价格可以表示为：当期股利支付 $D_j(t)$ 加上下期期初的股票价格 $P_j(t+1)$，用 1 加必要收益率 ρ（t）作为折现率对二者之和进行折现：

$$P_j(t)=\frac{d_j(t)+P_j(t+1)}{1+\rho(t)} \tag{8.2}$$

公司股票价格的这种表述方式不管是作为当前股利支付的决策公式，还是作为期末股票价格的判断公式，都非常简单与直观，但是，或许你们当中的某些人已经发现它其实是一个循环的评估公式，为什么呢？为了回答这个问题，你首先要问问自己决定（t+1）期期初公司股票价格的因素是什么。再想，价格评估的基本原理是：某段时期内的股票价格由（t+1）期股利加上（t+2）期期初的预期股票价格之和来决定，而（t+1）期的股票价格将是（t+2）期的股利与再下一期的预期股票价格的函数。这个公式可以被用到任何一期，结果都是一样的。最后，一个公司的股票价值将等于公司未来支付的每股股利的现值合计。这对于一个根本不支付股利但是用它的利润进行再投资的公司也同样适用。这些股利仍旧是股票市场参与者的唯一价值源泉，也只有在这种情况下，这些股利直到很远的将来才发放，而且其价值会非常大。

但是，如果现金股利是市场投资者的唯一价值来源，那么 M&M 理论怎么会得出一个股利无关论的结论呢？和资本结构无关论的情况一样，这个问题的答案是：一个公司的经济价值仅仅取决于该公司当期获得的，并且随着公司投资政策的实施会继续获得的营业利润。只要这个公司接受了所有正净现值的投资项目，并且可以无成本取得资本市场的支持，那么它就可以支付它愿意支付的任何一期任何水平的股利——但是如果股利被支付，这个公司就必须发行新股来筹集资金，以满足继续进行的投资项目所需要的资金。在 M&M 理论中，一个公司能够选择保留它的利润，用它内部产生的现金来满足投资项目所需要的资金，或者它也可以选择把全部利润作为股利支付出

去，然后通过发行新股来筹集投资项目所需要的资金。尽管采取留存收益的政策，外部流通的股份会更少，而且每股价值将更大，但由于没有税收和交易成本，任何一种举措所产生的公司股票总体市场价值是一样大的。

§8.3.1　股利与公司的总体价值

在我们进行举例说明之前，必须对等式 8.1 和等式 8.2 进行进一步的修改，以便将第 t 期期初公司的总价值 V（t）表示为期初发行在外的股票数量 n（t）、期末（我们也叫作（t+1）期的期初）每股公司股票的价格 p（t+1），以及第 t 期支付的股利总额 D（t）的函数。最后一个变量也等于每股股利乘以发行在外的股份数，即 D（t）= n（t）×d（t）。用公式来表示，一个公司的价值计算如下：

$$V(t)=\frac{D(t)+n(t)\ p(t+1)}{1+\rho(t)} \tag{8.3}$$

用这个公式我们可以推算出一家公司在其投资政策保持不变的情况下，怎样选择它的股利支付水平并且不影响公司的价值。

§8.3.2　M&M 理论模型中关于股利无关论的例子

为了清楚地说明股利无关论这个关键的问题，我们举一个例子。假设两家公司具有相同的规模，从事相同的行业，具有相同的投资机会。两家公司目前都拥有 2 000 万美元的资产，这些资产每一期产生的经营现金流量是 20 万美元（假设投资收益率是 10%，并保持不变）。此外，假设投资者对两个公司要求的必要收益率 ρ（t）都是 10%，每家公司在期间 t 内都面临一个净现值为 200 万美元的投资机会。同时假设在第 t 期期初每个公司发行在外的股份为 100 万股，两家公司的发行价都是每股 20 美元。P 公司的经理人打算将公司的收入都作为股利支付，然后通过发行股票来筹集公司 200 万美元投资项目所需要的资金。R 公司的经理人更愿意保留公司的利润作为公司 200 万美元投资项目的资金，而不愿将它作为股利支付。这两个公司的管理层采用各自的决策，仍旧能够使得两个公司的市场价值在期末一样吗？

要想知道结论如何，首先我们将考察 R 公司的决策，然后是 P 公司的，之后，我们会做一个总结性的表格来具体描述每一策略所包含的内容。由于 R 公司的经理决定保留公司在 t 期间挣得的 200 万美元（每股 2 美元）的利润，用公司的留存收益来满足这个期间 200 万美元投资项目所需资金，股利支付总额（每股股利）为零，这个公司在 t 期期末（（t+1）期期初）的市场价值等于 2 000 万美元股本加上 200 万美元的投资再加上投资获得的净现值。为了简化，我们假设投资项目的净现值是正的，但是很少以至于可以忽略，那么 R 公司的市场价值就等于 2 200 万美元（200 万+2 000 万），由于公司在 t 期间不必发行任何新股，所以股票价格也就是每股 22 美元。把这些价值指标带入等式 8.1，结果 R 公司股东在 t 期间内确实得到 10% 的投资收益率：

$$\rho(t)=\frac{d_R(t)+p_R(t+1)-p_R(t)}{p_R(t)}=\frac{0+22-20}{20}=10\%$$

此外，我们能够用计算得出的数字反过来验证 t 期公司的期初价值，确实是 2 000万美元（M&M），同我们在例子中假设的一样：

$$Vr(t)=\frac{D_R(t)+n_R(t)\ p_R(t+1)}{1+\rho(t)}=\frac{0+100\times22}{1.10}=2\ 000\text{（万美元）}$$

到目前为止，R 公司的计算结果是令人满意的，那么 P 公司呢？这个公司的经理决定将公司在第 t 期的 200 万美元利润作为股利，以每股股利 2 美元支付给股东，那么他们必须通过发行新股来筹集 200 万美元来满足投资项目对资金的要求。但是他们要发行多少新股呢？为了回答这个问题，我们必须推断出 P 公司的股票在第（t+1）期期初的价格。我们知道 P 公司在第 t 期期末现存资产价值是 2 000 万美元，所以 P 公司每股股票的价值是 20 美元，因此，这个公司可以通过以每股 20 美元的价格发行 100 000 股来筹集 200 万美元，这样在第（t+1）期期初发行在外的股份数量就达到 110 万股。这时公司的市场价值等于每股 20 美元乘以 110 万股等于 2 200 万美元。又一次，我们能够证实 P 公司的股东在 t 期间也获得了 10% 的收益率。

$$\rho(t)=\frac{d_P(t)+p_P(t+1)-p_P(t)}{p_P(t)}=\frac{2+20-20}{20}=10\%$$

而且，

$$V_P(t)=\frac{D_P(t)+n_P(t)\ p_P(t+1)}{1+\rho(t)}=\frac{200+100\times20}{1.10}=2\ 000\text{ 万（美元）}$$

现在你可能会觉得这很奇特，实际上在这个相互比较的例子里最本质的内容却非常简单。下面两种做法对投资而言没有区别：（1）允许公司保留公司利润作为正净现值投资项目的专款资金；（2）接受现金股利然后允许公司通过发行新股来筹集资金。在第一种情况下，原始投资者仅仅获得 10% 的收益率，作为他们持有股票的资本利得，他们在公司的投资比例将不会发生变化。例如，某个人拥有 10 000 股股票，或者 1%，他自始至终都拥有 1%。在第二种情况下，原始股东在第 t 期获得 10% 的股利，原始的 10 000 股股票或者 1% 的投资比例将被稀释，10 000/1 100 000 = 0.91，在公司发行新股后，被稀释为 0.91 的投资比例。在无摩擦市场或者完全确定的市场，没有必要期望投资者更倾向于哪一种决策，是支付股利还是全额保留，或者是其他情况，即部分支付股利部分保留的组合。只要投资政策是固定的，股利政策就是无关的，因为它不能影响公司价值。

§8.3.3 固定投资政策的重要性

大部分人在理解股利政策无关论时总会忘记投资政策必须是固定的这个前提。在我们举的这个例子中，通常犯的一个错误就是对 R 公司和 P 公司进行比较时，没有要求 P 公司通过发行新股筹集的资金永远等于 R 公司的投资资金。如果 P 公司不需要额外的投资，那么以 10% 的收益率计算，2 000 万美元的资产会产生 200 万美元的固定收益。这和我们所举的例子中 R 公司的收益是一样的。但是 R 公司实际上是以每期 10% 的比例进行扩张，在未来的某一个期间 R 公司与 P 公司会不可比。另一个普遍会犯的错误是假设了公司保留盈余进行投资与它们用盈余支付股利相比能够获得更高的收益。并不奇怪，这个错误的前提又得出了另外一个错误的结论，那就是高留存收益公司比高股利公司更有价值，但是公司保留盈余进行投资是否能够获得较高的收益是由投资决策不同造成的，与股利政策无关。在 M&M 理论中，我们总是得出相同的基本结论——价值是由有效资产投资带来的，而不是通过财务手段操纵所创造的，其中所谓的财务手段是指改变资本结构或者改变股利政策等行为。

§8.4　不完美市场的影响

没有人在无摩擦的资本市场中交易过，所以我们接下去的任务是考察股利无关论在更加现实的市场中是怎样发挥作用的。我们将考虑怎样弱化一开始设定的完美市场假设中的每一个因素，这些因素影响公司的最佳股利政策。我们最终的目标是判断公司是否有一个最佳（使市场价值最大化）的股利政策，如果有，应该怎样制定这个政策。在我们叙述过程中，大部分人会注意到一个令人迷惑不解的问题：我们所考察的所有“现实世界”因素，诸如税收、新股发行的交易成本以及投资机会的不确定性等，都意味着不应当支付现金股利，然而美国公司几十年来一直将它们收入的一大半作为股利支付。我们将会展示代理成本、信息不对称理论及所有权结构可以更好地解释现行的股利政策。

§8.4.1　个人所得税

在 M&M 理论模型中，如果对于股利收入征收个人所得税则会得出一个毫无疑问的结论：公司应该保留所有收入，股东应该从股票升值产生的资本利得中获得投资收益。假设我们上面曾经列举的公司每期会产生 200 万美元的营业利润，这 200 万美元可以进行再投资，也可作为股利支付（然后通过新股发行来筹资）。在没有税收的情况下，投资者对收益全部作为企业留存还是全部作为股利支付并不关心，因为在第一种情况下 200 万美元可以以 10% 的收益率进行再投资，并且每股股票价值增加 2 美元。而在第二种情况下，股东收到 200 万美元的现金股利，他们占公司所有者权益的比例会降低。如果对股利收入征收个人所得税，假设现在的税率是 40%，那么留存和支付股利的无关性就消失了。留存政策取得的成功是不会变的。但是支付股利的股东仅仅得到 120 万美元而不是 200 万美元，即 2 000 000×（1-40%）= 1 200 000。此外，除非 P 公司（支付股利的那家公司）承诺改变政策，即全部采用留存收益的政策，否则的话就会出现以下的情况：为了给投资项目进行融资，公司会发行新的股票，并且新的投资者会对公司为之融资的投资项目公司新发行的股票进行评估，他们把这些股票看作是必须为其收益付税的证券，因此这些新的投资者仅愿意出价每股12美元（20×0.6），而不是用20美元购买新股。支付股利成为主要的现金流出项目，而所有应纳税的投资者宁愿取得资本利得收入而不愿取得股利收入。①

但是如果对资本利得也大量征税呢？那么还会再产生股利无关论吗？从表面上看，征收40%的资本利得税又会使投资者在应纳税股利和应纳税资本利得上毫无差别。但是，这种情况只有在下面的情形下才会产生，即在每一个阶段都对股票升值征税，而不管股票是否卖出。实际上，资本利得税只有在资本利得实现时才会征收(当股票被卖出时)，延期交税事实上降低了这些税赋的价值。此外，在美国，如果股票投资者在他或她死后将股票传给其继承人的话，与股票相关的资本利得税通常能够被完全避免。因此，即使对两类收入征收的税率是一样的，资本利得也要比现金股利获得更多的优惠。

股票回购 为什么股利会成为主要的征税对象？关于这一问题，美国资本市场还存在另外一个奇怪的现象。美国税法将收到的现金股利作为正常的收入处理（完全按照边际个人所得税率进行征税），但是法律将通过股票回购得到的现金看作资本利得收入（历史上对资本利得收入征收优惠税率）。② 在股票回购过程中，公司本身通常会在公开市场上以高于市场的价格要求从投资者那里回购股票。卖掉他们股票的投资者得到一个升水价格，支付资本利得税而不是正常的所得税。不参与回购的投资者获得了一大笔未实现的资本利得，因为在回购以后发行在外的股票很少，不参与回购的投资者在公司所有者权益中所占的份额已经增加了。换句话说，股票回购计划似乎给那些需要获得流动收益的投资者提供了另一种分配现金的方法，而同时也降低了不参与回购的投资者的税收负担。③

那么，为什么没有更多的美国公司用股票回购来代替发放现金股利？对于这个问题有三个回答：第一，许多公司确实有大量的、持续的股票回购计划，并且每年的股票回购总额超过100亿美元。第二，国内税收署有权对公司的仅仅为了避税而进行的股票回购计划进行规管，该委员会可以对所有在此项目下获利的投资者征收较高的个人所得税。换句话说，如果公司用常规的股票回购项目代替股利支付，从理论上讲，会给股东带来大量额外的税收负担。这条法规在阻止股票回购上的重要性还值得怀疑，因为国内税收署几乎从来没有实际用到过这一法规。第三，股票回购使得一些股

---

① 即使我们假设投资者喜欢在其投资组合中收到现金收益，这也不能把股利支付从不合理的状态中解救出来，因为投资者也可以从公司的股票回购计划中收到现金。在美国，如果投资者出售已经持有至少一年的股票仅仅是因为对交易中实现的收益征收所得税的影响，并且仅仅是因为长期资本利得的所得税税率——它的税率要低于对股利收入的个人所得税征收的税率。

② 在欧洲和亚洲的一些国家里，公司发起人进行股票回购是违法的。

③ 大量的研究证明，在宣布进行股票回购的时候，股东往往会获得大量非正常的收益。举例说明见：Dann(1981)、Vermaelen(1981)，Lakonishok 与 Vermaelen(1990)、Bagwell(1992)，以及 Denis(1990)。对于股票回购在理论上的说明是由 Ofer 与 Thakor(1987)及 Brennan 和 Thakor 提出的。

票专家不再去购买该公司的股票，因为他们经常被迫与卖方（公司内部人或经理）进行交易，而卖方对关于公司的前景有更多的信息。为了减少损失，股票专家往往以较高的价格出售这些公司的股票，而这又损害了一部分私人投资者，他们希望在较低的价格水平上进行交易。[①] 尽管有以上三种解释，还是难以理解在股票回购可以给公司带来更多的税收利益的条件下，为什么没有更多的公司取消股利支付，采取股票回购的方式。[②]

§8.4.2　对税收影响的考察

已经介绍过个人所得税与股利支付的问题，许多人一定会问：在股利评价的研究中，实证研究是否已经系统地证明了税收对股利支付的影响？这个问题的答案就是——有可能。研究人员用两种基本的方法去研究税收的影响。第一种方法是应用资本资产定价模型的变形公式进行判断：如果投资者必须为现金股利支付比资本利得更多的税金的话，投资者是否会对较少股利支付的股票要求较高的税前利润。大量的研究已经准确地证明了这一点，并且许多研究表明，股利与股票收益之间存在正比例的关系，至于这种关系是税收的影响还是其他别的因素，研究人员并没有达成共识。另外，税收影响模型的支持者们也很难解释为什么理性的公司经理们会支付现金股利，而这样做需要较高的税前必要收益率。似乎这些经理们应该削减股利支付，这样做既可以提高股价又可以降低公司的资金成本。现代经济中所存在的股利支付现象表明，股利评估中的税收影响模型一定有重大的缺陷。

除息日研究　普通股评价过程中，用来比较所得税对资本利得与股利收入影响差异的第二种方法是股票价格的除息日研究，也就是研究股票价格在除息日的平均变化情况。在除息日之前购买该公司股票的投资者有权收到下期的股利，除息日之后的股利只支付给以前的股票持有者。拥有某只股票的应纳税投资者在除息日将面临一种选择：在除息日以较高的带息价格（指股票包含已公告股息在内的标示价格）卖出股票，从而以资本利得的方式收回收益，或者等到除息日之后，以较低的价格出售股票，以现金股利的方式收到收益。如果通过全额支付股利而导致股票价格下跌，大多数投资者愿意在除息日之前出售股票，从而以资本利得而不是以现金股利的方式获得较高的税后净利。实证研究表明，除息日股票价格下降的幅度明显比股利支付的总额

① 这个观点是由 Barclay 与 Smith(1988)提出的。

② 另外一个让研究人员困惑的是，为什么公司要支付股票股利（将额外的股票分给现在的股东），为什么股票市场对这些股票股利的反应是积极的——而他们没有融到任何资金。同样，公司为什么要把股票进行分割，这样做仅仅使发行在外的股票在数量上增加了一倍，每股价值减少一半。股票价格的下降少于股票数量的成比例下跌。Grinblatt、Masulis 和 Titman(1984)，Lakonishok 与 Lev(1987)，Brennan 与 Copeland(1988)，以及 McNichols 与 Dravid(1990)都阐述了股票股利与股票分割的问题。

少（平均少 60% ~70%），这一研究结果常被解释为股利价值评估中纳税影响的证明。①

虽然除息日的研究得出了似乎正常的结果，但是作为不同税收影响的证据，我们还是有理由对这些研究结果提出质疑，最有力的理由是：目前除了单纯的税收影响以外，交易者还需要付出很高的交易成本。之所以会这样，是因为在预期的股票价格下降幅度小于股利支付额的情况下，那些享受免税待遇的交易者（或者股利收入的纳税额小于资本利得收入纳税额的投资者）会在除息日前购买股票。举例来说，除息日前，投资者购买一只每股股利为 1 美元的股票，收到股利，然后在除息日以每股 0. 65 美元的价格出售，这样这位投资者可能会获得巨额的实际上无风险的利润。只要这位投资者的交易成本少于 0. 35 美元，这种“股息套利”是非常有利可图的，而且股利支付率越高越有利可图。例如，一只每股 50 美元的股票，每季支付每股 0. 25 美元的股利（年股利率 2%），这样一只股票可能不会吸引套利商人，然而同样面值 50 美元的股票，每股支付 1 美元股利（年股利率 8%）可能会吸引许多购买商——特别是在两只股票的交易成本相同的情况下。②

除息日研究的另外一个概念上的错误就是这些研究无法解释：在现代股票市场上免税投资者占据显著位置的今天，为什么相关的除息日价格下降不能在一段时间内得以回升（与名义股利支付水平相称）。当前机构投资者的交易行为构成了纽约股票市场上 90% 的交易量，这些投资者得面对着非常低的交易成本。如果说税收差异仅对私人投资者有影响，那么我们就没有继续研究下去的必要。

对这部分进行一下总结，尽管税收影响的现象已经被某些但不是全部股利评估的实证研究所注意，但是人们对于这些研究结果的解释仍然有争议。另外，即使这些现象都与纳税相关，这些现象也肯定是交易成本及各种其他因素综合作用的结果，不能直接把边际税率套在每个股东身上。

§8. 4. 3　交易成本

我们已经看到个人所得税不能解释股利支付现象，那么交易成本怎么样？大于零的交易成本以两种相互抵消的方式影响预期的股利支付。第一，如果常规的小额股份出售的代价较高——就较高的经纪人手续费而言——那么一个希望在其投资上获得现

---

① 现代除息日的研究可以追溯到 Elton 与 Gruber(1970)。随后许多学者对 Elton 与 Gruber 模型进行了研究——考察股票价格在除息日下降是相关的个人所得税在股利支付与资本利得上的反映。这些人包括：Hess (1982), Kalay (1982), Eades、Hess 和 Kim (1984, 1994), Booth 与 Johnston (1984), Poterba 和 Summer (1984), Lakonishok 与 Vermaelen(1983, 1986), Poterba (1986), Barclay (1987), Karpoff 和 Walkling (1988, 1990), Michaely(1991), Robin(1991) 及 Stickel(1991)。

② “交易成本可以解释为什么除息日股票价格下跌并没有直接反映税收差异。”支持这种观点的文章包括：Lakonishok 与 Vermaelen(1983,1986), Poterba 与 Summer(1984), Eades、Hess 及 Kim(1984,1994), Karpoff 与 Walkling(1988,1990)。对除息日的价格选择行为的考察是 Kalay 与 Subrahmanyan(1984) 在一篇以此为题目的文章中写到的，而 Heath 与 Jarrow(1988) 用选择定价来解释除息日普通股价格下降的原因。

金收入的投资者会发现，股利支付是获得现金收入的一种具有吸引力的方式。常规的支付给投资者的现金股利提供了无成本的现金收益方式，这部分现金既可以用来消费，也可以用来平衡投资者的投资组合。然而，在这个讨论中我们还是犯了一个严重的错误，那就是按照我们的假设，在以高交易成本为特征的相对不成熟的市场上，股利支付应该是最多的。但是现实中，美国、英国和加拿大三个高变现性、低成本的股票市场中股利支付却是最多的。另外，交易成本也不能清楚地解释为什么美国扩张性的股利支付政策保持了相当长的一段时间，而这段时间内美国股票市场效率越来越高，成本却越来越低。

交易成本对股利支付的第二个影响毫无疑问是消极的。这与公司需要增发新股来弥补由于股利支付而减少的现金有关。回忆一下在 M&M 模型中，股利支付无关论指出：公司可以完全依靠留存收益给投资项目提供资金，也可以把这部分利润支付给股东而代之以发行新股筹集资金。只要股票发行是零成本的，投资者以资本利得（非支付股利）方式或以支付股利方式最终的盈利结果是一样的。如果发行证券需要支付高额的成本费用，所有各方都会倾向于保守的战略，没有公司会一边支付股利一边发行证券（特别是股票，发行成本很高）来增加投资基金。① 但是大多数的美国公司的确是一边支付股利一边发行证券，很明显交易成本不能单独解释股利支付政策。

§8.4.4　股利支付的剩余理论

上面的讨论暗示了有另外一个对股利支付政策可能的解释。是否可能这就是一个简单的资金剩余问题——公司为它所有的正净现值的投资项目提供资金之后的剩余。这是一个理性的价值最大化的策略，会有助于解释为什么在成长速度比较快的行业里，企业差不多把所有的利润都作为留存收益，而在慢速成长的成熟型行业里，企业趋向较高的股利支付政策。这也能解释每个公司股利支付的“生命周期”模型。年轻的公司，成长比较快，极少支付股利，但是同样是这些公司一旦成熟起来，成长速度就会放缓，转向较高的股利支付政策。

另外一个解释将股利政策看作是更基础、更重要的资本结构政策的剩余结果。举例来说，假如公司决定在一段时间内保持 50% 的资产负债率，那么该公司用借款来满足其一半的新投资的需要，另外一半由留存收益（如果利润太低的话可以发行新的股票）来提供。公司利润的剩余部分作为股利支付给股东。为了将其概念化，一定要记住公司财务政策的某些方面一定是一个“剩余”。因为每期的利润都是波动的，而要使公司价值最大化的话，必须给所有正净现值的项目提供资金，所以公司的经理人必须有意识地以某种方式制定公司每期的资本结构、股利政策及证券发行政

---

①　有意思的是，一篇重要的股利理论论文提出：公司支付股利的原因是股利支付可以迫使公司进入资本市场进行融资（而不仅仅是依靠内部融资），在资本市场上投资者有动力并有能力监督公司进行规范管理。见 Easterbrook（1984）。

策，从而保证该公司的现金流入量等于其现金流出量（满足现金流量相等的要求）。[1]在给定的利润及投资水平下，经理人必须在任一期望水平下从三个变量中选择两个，那么第三个就成为剩余。

就公司每期必须制定的决策举一个例子。假设某公司年利润为 4 000 000 美元，某投资项目的净现值为 5 000 000 美元。该公司可以在任一期望水平下选择上面讨论过的三个变量中的两个，也就是说如果公司期望保持 50% 的资产负债率并且以公司利润的一半（50%）支付股利（或者每年等额持续地支付 2 000 000 美元的股利），那么它将支付给股东 2 000 000 美元，保留 2 000 000 美元进行投资，该公司将发行 2 500 000美元的债券和 500 000 美元的股票。在这个例子中，证券发行政策是剩余策略。另一方面，假设公司需要同样的资本结构（50% 负债，50% 权益），同时也需要从新股中筹集资金，可以让股利政策成为剩余，从而达到目的。在这个例子中，公司将发行 2 500 000 美元的新债，与此相配合保留 2 500 000 美元的留存收益，从而在期望的资产负债率下为其投资提供资金。很明显，剩余的 1 500 000 美元的利润将作为现金股利支付给股东。如果不发行新股并支付 50% 的股利的话，按照上面的逻辑你也可以推断出公司的策略（此时公司的资本结构为剩余）。

股利的剩余理论可能有一定的价值，但是它却不能解释一个重要的实际问题。如果把股利支付政策看作现金流量等式的剩余策略，股利支付政策并不能像所决策的那样随意地变动。事实上，股利支付是公司现金流入与流出中最稳定的政策，所有可能获得的证据都表明经理人不仅都在采用“平滑”的股利政策（持续、有计划的每股股利支付），而且非常谨慎地变更已经建立起来的股利支付水平。另外，即使公司采用平滑的股利支付政策，它们也会发行新股——在交易成本大于零的现实市场中，这种行为应当是非理性的。从以上可以清楚地知道，剩余理论并不是解释股利政策的唯一理论，甚至可能都不是一个重要的解释。另外一方面，剩余理论的现代“亲戚”——由 Michael Jensen 和其他人提出的“股利支付的自由现金理论”已经为之提供了更多的解释。这一理论将在本章的后面讲到。

§8.4.5 股利支付是信息传递的工具

聪明细心的人在研究股利支付的问题时，迟早会得出这样一个结论：公司经理人比股东更了解公司的财务状况，而股利支付可以以某种方式将这种信息传递给股东，这种方式非常可信，并且弱小的公司很难效仿。用经济术语来表述这个内容就是：经理人与投资者处在以信息不对称为特征的环境下，现金股利的支付起到了把信息从公

① Kalay 为了研究债券协议与股利支付之间的关系，他随机抽取了大量的公司样本。在他的研究中，关于股利支付政策加入现金流等式中的约束条件占据了大量的篇幅。Kalay 指出，债券的契约条款建立了一个基金“蓄水池”——大部分是留存收益，但是也包括一些权益资本的融资——可以作为现金股利分发给股东，并且他认为这些条款可以使债权人与股东之间的利益冲突最小化。

司内部（职员与主管）可靠地传递给股东的作用。从这个角度来看，公司股利政策的每一方面都传达了具有重要意义的新信息。当某公司开始支付股利的时候（初始股利），这种行为表明经理人自信其公司的利润足够为其投资项目提供资金和支付股利。另外，投资者与经理人都明白，一旦某个特定的股利支付政策开始执行，就极少有被终止的情况，所以一项股利支付政策的开始实施也暗含着经理人有信心使未来的盈余足够支付所采取的新的股利支付标准。

同样的逻辑也适用于股利增长策略。因为每个人都明白公司将不惜一切代价避免削减股利这种现象发生，经理人愿意增加股利支付的事实清楚地暗示了该公司能够获得足够多的利润以满足其新的股利支付标准。因此股利增长策略表明了该公司正常利润水平的增长。不幸的是在股利减少的情况下这个逻辑也适用。因为所有各方关系人都明白股利减少是非常糟糕的消息，经理人只有在没有选择的条件下——公司财富减少，并且没有扭转的希望——股票市场对于股利削减的反应是理性的——才会削减股利。

有许多实证研究证明了股利支付的信息传递作用，而最开始是由 John Lintner（1956）在一篇十分经典的文章中论述的，他指出公司经理人对股利政策的运用要谨慎，并且要牢牢记住：你所选择的股利支付政策将成为公司未来的一项固定费用。Lintner 表明，公司经理人对每股股利变化的关注远高于对理论上“正确的”股利支付水平（每期利润中必须被支付出去的部分）的关注。后来 Fama 与 Babiak（1968）的研究指出，事实上经理人头脑里一定有股利支付率的目标，每股股利的支付应该与公司的利润情况相应地一致。然而，Fama 与 Babiak 也指出，经理人在调整股利支付水平使之适应公司利润变化的同时要运用偏差调整策略，就是说利润的增长需要经过一段时间之后才能完全影响到每股股利。这一策略对经理人非常有利，因为在执行高股利支付之前，公司利润已经增长了很长一段时间。自然地，与公司有关的行为信息只有经过很长一段时间之后才会通过股利政策的变化传到投资者那里。

股利政策的第三个突破性的实证研究成果是由 Aharony 与 Swary（1980）得出的。他们的文章论述了股票市场的投资者们是怎样对股利的增加、减少与持续不变做出反应的。他们指出，从统计结果来看，股利增长的结果使得平均股票价格上扬 35%，而股利的平稳（每股股利不发生变化）不会导致股票价格的变化。另一方面，削减股利（或取消股利）将被认为是真正的灾难——宣布日平均股票价格下降了 1.13 至 1.46 个百分点，在宣布股票价格被削减的那天及前两周股票价格累计下降 4.62 至 5.39 个百分点。这些基本的数据被以后的研究所证明，这些研究还证明了股利的初始支付（本质上也指股利开始增长）使得股票上扬了 1.5 至 3.5 个百分点。由此我们可以得出结论：对于有规律并可预见的股利的变化，股票市场会做出相应的反应，这与我们的假设是一致的：在以信息不对称为特征的市场中，股利可以传达相关的信息。

§8.4.6 所有权结构与股利政策

尽管股利起到了信息传递作用，但这一点并不是股利存在或股利支付多样性的唯一解释，因为有几个实际存在的现象并不与这一理论相一致。第一，这一理论并不能解释为什么在美国、加拿大、英国等国家股利支付水平要比其他一些发达国家高，而且英、美国家的公司并不见得比其他国家更盈利。虽然在亚洲经济中存在更多的投资机会，为了给这些投资项目提供资金，一些公司的股利支付水平比较低，这一点可以解释一部分的原因，但是投资支出不同肯定不能解释为什么欧洲大陆和日本公司从其利润中所支付的股利要比北美和英国的公司少。一个对批驳信息相关论非常有力的事实是：在美国，一个私人公司或者一个新上市的公司很少支付股利，而大型的、已成型的公司却把其利润中的很大一部分作为现金股利支付。投资机会差异可以部分解释为何二者做法不同，但是大小公司之间、私人公司与上市公司之间的巨大差异，暗示着公司所有权结构对常规的现金股利支付施加了影响。

同盟型联合控制 实际上，用所有权结构来解释股利政策是十分具有吸引力的，特别在其他因素——尤其是信息揭示因素确定了之后。这是因为所有权结构能以两种方式对公司的股利支付施加影响。第一，在所有权联系比较紧密的条件下，公司内部与外部的信息不对称性比较小，所以很少运用股利政策来传递信息，这种现象出现在家族式的企业中，在这种企业里股东与经理是同一个人，这种现象也存在于由银行和行业团体控制的大型国有企业中。在这两种情况下，只有相关的几个人做出决策，他们之间的信息交流非常迅速可靠。在此逻辑基础上，可以用所有权分散来解释美、英和加拿大的公司与欧洲大陆及日本、韩国公司之间股利支付上的差异，前者对资本市场融资有较强的依赖性，具有松散型的所有权结构，而后者更多的是依靠银行进行融资，具有紧密的所有权结构。这一逻辑也可以用来解释美国的上市公司与私人企业。如果公司的所有权结构是由少数主要的股东构成的，他们彼此之间相互了解，可以进行私下的交流，那么股东与经理人之间的信息不对称现象就不大可能发生，经理人也没有必要运用股利支付来传递信息。

第二，可能是更基本的原因，在所有权比较紧密的公司里，公司的所有权与控制权之间的分离程度比较小，所有权结构可能对股利支付施加影响，然而，在一些大的所有权结构松散的上市公司里，所有权与经营权差不多完全分离。就像我们在这本书中多次提到的那样，无论什么时候，只要所有权与控制权发生了分离，潜在的、重要的代理问题就浮出水面，因为经理人在经营情况比较差的时候承担比较少的责任，在经营情况比较好的时候也得不到太多的收益。这种代理问题在所有权结构越分散的公司就越显得严重，一方面是因为经理人拥有该公司的股票份额越来越少，另一方面也是因为在股东所持的股本份额下降的条件下，极少有股东有动力去监督经理人。因此，高额的代理成本是公司所有权分散化的结果，这一问题在一些能够产生多余现金流量（现金流量在满足所有正净现值的投资机会之后还有剩余）的公司更加严重。

股利政策的捆绑机制　高额的代理成本使得经理人有动力去寻找一种方法（令人信服的行为）将自己与价值最大化的策略捆绑在一起。一个非常有效的捆绑方法就是每期支付固定的股利，因为这比经理人做的任何报告都更加可信。[①] 这种股利支付的承诺也有自我施压的作用，因为任何企图通过削减股利支付进行“欺骗”的行为都有可能导致股票价格的迅速下跌，随之而来的就是不满意的股东们召开的令人不舒服的会议。这个逻辑可以再一次解释股利支付过程中的横向差异问题，特别是上市公司与私人公司之间的差异。因为在私人公司里，所有权与控制权很少分离，很少有必须用股利支付来克服的代理成本问题，然而在大型的上市公司代理问题非常严重，以至于需要大量的股利支付来克服。

即使代理成本在公司的财务管理中不是一个问题，现代资本市场还是能提出另外一个理由来解释为什么公司所有权结构会影响其股利政策。这个理由是：对于大型的美国公司来说，公司公开发行的股票差不多有一半被机构投资者拥有——这些机构投资者主要是养老基金、保险公司、信托基金等，这些机构投资者与普通的个人投资者有着不同的投资现金流量的偏好。[②] 但是，对于信托基金来说这一点并不是很重要，因为它从本质上看就扮演着个人基金管理者的角色，这种区别对其他机构投资者非常重要，有四点原因：第一，他们的投资收益可以免税，因此没有理由喜欢资本利得而不是股利收入，反过来也是一样。第二，他们的投资范围往往是确定的长线投资，这就意味着他们将对有机会获得再投资收益的公司感兴趣，而不是支付大量股利的公司。第三，对于大多数的投资者来说最困难的不是资金的变现问题，而是如何给大量涌入的额外收益或养老金提存的现金找到一个盈利所在。因此既然高股利支付让他们的情况更糟，很难想象这些投资者会喜欢高股利支付而不是低股利支付。第四，机构投资者经常在交易 10 000 股股票时面对的交易成本却几乎为零，因此他们很少把注意力放在如何最小化交易成本上，而这一点正是其他投资者必须注意的。

上面提到的问题的实际重要性还有一些值得质疑，一方面是因为各理论之间的部分影响相互抵消，另一方面是因为我们面临着现代财务管理无法解决的两大问题：一是机构投资者投资模式的决定因素；二是这些决定因素对公司所采取的财务政策的影响。毫无疑问，机构投资者的规模及影响力在全球都是不同的，所以关于机构投资者一旦在全世界占据主要地位之后就会影响股利支付的言论必须小心回避。虽然如此，有一点还是非常令人吃惊，那就是即使在投资已经日益机构化的情况下，股利支付对于这些机构投资者来说并不像私人投资者那样重要，但是大多数国家的股利支付政策在一段时间内还是保持相对的稳定。随着机构投资者的地位越来越突出，他们对低股

① 股利支付政策可以使代理成本最小化的基本逻辑在 Jensen(1986)的资本结构的文章中有所论述。

② Black(1992)所提供的证据表明，机构股权作为美国市场资本总额的比例从 1981 年的 38.0%上升到 1990 年的 53.3%，在 1990 年最大的 1 000 家公司当中有 1/3 的公司拥有超过 69%的机构股权。另外，他还指出德国、日本及英国的机构股权(和权利)的比例更高。

利支付的需求应该使这些低股利支付的公司相对于高股利支付的公司而言增加了价值，这应该使所有的公司在一段时间之后平均股利减少。这种现象目前还没有发生。可能就像 Miller 和 Modigliani 在他们最初的股利支付政策的文章中指出的那样，投资者多元化的投资组合会防止股利支付“常客（clientele）”的形成，至少防止某种类型的股利支付政策占统治地位。①

§8.5 代理成本/契约模型

代理成本/契约模型（或代理成本模型）是当前用以解释股利支付的主流模型。在许多方面，该模型只是对前面所讲过的影响结果进行再一次阐述，即对基本的 M&M 股利无关论模型进行修正用以解释真实的不完全市场。因此它缺乏信号模型及其他经济模型的精致、简洁及内在的稳定性，但是它提供了一个强有力的解释：一是股利存在的原因，二是为什么股利政策具有多样性。

简而言之，在所有权与控制权相分离的大型股份公司里，代理成本模型可以用来解释经理人为什么要用现金股利支付的方式作为公司价值最大化的策略，答案是这样做可以减少由经理人与股东之间的矛盾引起的高额代理成本。代理成本问题的重要性——它主要揭示了不对现金流量为零或小于零的投资项目投资将会产生留存现金流量的趋势——代理成本依次是下面这些因素的函数：（1）企业经营所处的行业、公司规模、公司生产过程中资本密集程度、闲置现金流量的产生、公司可以利用净现值为正的投资机会。（2）股东数量，股东之间“紧密”及“松散”的程度，股东在公司活动中出席及缺席的情况，大股东的意愿及可能控制公司经理人的能力。②

影响股利支付的其他因素包括高额的交易费用，包括股票的买卖及发行；资本利得与股利收入的税收情况；所有权结构中比较重要的机构投资者的相对重要性，以及国家法律与传统允许这些机构投资者在公司治理中所扮演的角色；公司信息允许被披露的范围；资本市场与金融中介机构在公司融资行为当中的相对重要性。经理人如果采取以股东利益最大化为目标的股利支付政策，公司的股价将会得到增长，经理人将会有一个很好的职业生涯。然而，忽略投资者偏好的股利支付政策将会导致股价下跌，并且经理人很快也就失业了。股利支付政策很明显对公司的继续生存有巨大的价

① 还有几个股利之“谜”没有解决。尽管从 Fischer Black(1976) 的那篇著名的论文“股利之谜”发表之后我们一直在对不能理解的问题进行探讨，目前文章中所提到的头两个问题我们还是不能回答：为什么公司要支付股利？为什么投资者要关注股利？对头一个问题进行直接回答的唯一一篇已经发表的文章出自 Feldstein 与 Green(1983)——他们的观点是股利的存在主要是为了给投资者提供一个在别处不能获得的多样化的投资机会，后来的研究者对这一观点进行了全面的批驳。第二个问题被 Shefrin 与 Statman(1984) 及 Long(1978) 间接地阐述过。Long 发现人们比较偏好现金股利，但是 Ang、Blackwell 和 Megginson(1991) 提出了相反的看法。

② 关于这个模型最好的论述及实证研究是由 Barclay、Smith 和 Watts(1995) 提供的。

值，但是每家公司股利支付的最佳水平只有通过市场试错法来验证。根据代理成本模型的预测，公司水平上各种变量的变化与股利支付之间的关系如下表所示：

公司水平上各种变量的增加	对股利支付的影响
资产增长率	减少
净现值为正的投资机会	减少
生产过程中资本的密集度	增加
闲置现金流量的产生	增加
个体股东的数量	增加
所有权联合的紧密程度	减少
大股东的规模	减少

除了公司水平上的变化，宏观及国家金融政策的变化也影响股利政策的均衡。与代理成本/契约模型相关联的各种变量如下所示：

宏观变量的增加	对股利支付的影响
证券交易成本	增加
对股利收入征收的个人所得税	减少
对资本利得收入征收的个人所得税	增加
机构投资者的重要性	减少
在公司治理方面机构投资者的作用	减少
资本市场与金融中介机构融资的相对重要性	增加
公司信息揭示的数量	减少

通过课文及前面的脚注，我们已经用大量、有效的经验证据解释了代理模型。下面我们将要转向对信号模型的研究，该模型在过去的 20 年里已经成为代理成本模型的一个重要竞争对手。

§8.6　信号模型

与资本结构理论领域类似，财务学的理论家们就公司经理人与股东之间的信息不对称现象，研究出了股利支付政策的全面的经济学模型，以此作为对信息不对称的价值最大化的反映。[1] 这一理论所依据的思想是：即使经理人预期公司的财务状况非常好，他也不能无代价地、可信地将该信息传递给不了解该信息的股东，因为任何无成本的行为——例如向公众公布该公司的前景——这些行为都可以被经营情况不好的公司无成本地模仿。既然投资者们知道这些弱势公司模仿强势公司的动机（如果投资者相信的话，就是一个利好的消息，从而从股价上扬中获利），他们就不会相信任何公开的通告，并且所有的公司在投资者眼中都被“倒入”同一个质量等级的水池里去。

为了克服市场的这个缺陷，强势公司有动力去选择一个付费的信号机制，该机制对于强势公司而言是可以负担得起的，而对一个弱势公司而言可能会因为无力支付而放弃。股利政策非常吻合信号理论的概念，几个财务理论专家在 Akerlof、Spence 和 Riley 的经典著作的基础上修订了股利支付的信号模型。[2] 对于支付股利的公司而言，采用现金分配的成本很高，一方面是公司必须筹集足够多的现金来满足永久性的高额股利支付，另一方面现金的支付使公司丧失了许多净现值大于零的投资机会。利润比较少的公司要么筹集不到足够多的现金来模仿这种股利支付，要么就是认为放弃这些投资机会代价太高，或者两者都有。最后的结果就是造成分离均衡，在这种条件下，强势公司运用信号获得高股价回报，弱势公司不能应用信号模型，而获得其相应的价值。[3] 这种均衡是稳定的——没有哪方从不适宜的信号模型中获利——这种均衡也是有效的，在这种条件下，公司的价值能正确地反映它真实的预期，并且投资者能把强弱公司区分开来。

就像你已经推测出来的那样，信号模型似同烧钱——对每个人来说都是浪费，但是拥有良好财务预期的公司可以在未来收回这部分成本（在新的、较高的股价基础上发放股票），弱势公司显然做不到。Bhattacharya（1979）强调把经营中所得的现金流量作为信号的重要意义，Miller 与 Rock（1985）强调指出在他们的模型中，以前的投资支出更重要。其他的一些学者，特别是 John 与 Williams（1985）及 Ambarish、John 和 Williams（1987）强调了对股利收入收取的个人所得税成本作为股利支付一个明确的信号模型的重要性。尽管由于以上这些使各模型在细节方面有所不同，但是每种模型的基本思路是一样的。在以经理人与股东之间信息不对称为特征的市场中，尽管股利支付作为公司价值的信号是需要付费（实际上是浪费）的，但是由于股利支付是相对最便宜的一种方式，它可以可靠地把公司之间的质量差异传递给股东，所以

---

① 第一篇股利信号模型的文章是由 Bhattacharya(1979)撰写的。后来 Miller 与 Rock(1985),John 与 Williams(1985),Ambarish、John 及 Williams(1987)还有 John 与 Long(1991)对此进行了研究。

② 在经济学中所有信号模型的真正“前辈”是 Akelof(1970)。随后,经济学中比较关键的信号模型包括 Spence(1973)与 Riley(1979)。在有关财务的文章(在一篇资本结构设置的文章中)中第一次将信号理论运用到实际中的是 Leland 和 Pyle(1977)。

③ 如果信号起不到分离均衡的作用,所有公司都将会被认为是唯一的、同质的公司群体中的一部分。这一结果叫作混合均衡。

股利支付这种传递信号的方式一直存在。

经验评估

那么这些信号模型对股利支付行为的解释效果如何呢？有一些成功的例子。比如说，现金流量的信号模型与这样一个事实相关：股利支付直接与公司盈利能力有关，产生高额剩余现金流量的公司从高股利支付中的获利也很多。另外，信号模型与一个最核心的事实完全一致，那就是市场对最初的股利支付和股利增长的反应是显著为正的，而削减股利往往导致股价的大幅度下跌。

另外一方面，信号模型在实际操作中也有几个缺点。首先，信号模型并不是唯一对股利变化做出反应的模型——对股利增长做出积极反应，对股价下跌做出消极反应——这些也是代理成本/契约模型所反映的内容。另外，信号模型极少能反映跨行业、跨国家及不同所有者权益结构下公司的股利支付政策。它还没有解释为什么没有采用其他更便宜（但同样有效）的方法向股东传递信息；同时信号模型也没有回答这样一个问题，在信息技术飞速发展的今天，资本市场的信息有效性得到极大提高，为什么股利政策仍然保持不变。最后，甚至连一些非官方的调查也表明：在某些行业中的公司有着很好的增长前景，有数量巨大的正的净现值的投资机会（计算机、制药、娱乐业、电信等），这些公司把它们收入中很小的一部分作为股利支付出去——然而信号模型的预测却与此相反。相比之下，实证研究对当前的各种因素权衡之后，认为代理成本/契约模型要比各种信号模型更重要，在本书中，我们把前者作为财务的“标准”。

§小　结

尽管对于公司的股利政策我们经过了三十多年认真的理论研究与实证调查，一些基础性的问题还是解释不了。在全球的市场经济中，股份公司一边需要勤勉地为其投资项目从外部融通资金，一边还要给股东发放股利。另外，尽管全球平均的股利支付水平各不一样，但世界各地的股利支付政策的基本模式却是相同的——大型的、成长缓慢的、拥有剩余现金流量的受管制的公司及股权结构比较分散的公司把它们利润中的很大一部分作为股利发放，而小型的、快速成长的、不受管制的私人或股权紧密的公司，它们往往有很多投资机会，并且现金流量很少有剩余，这样的公司往往支付较低的股利。股利政策的变更也把经理人对企业当期和未来的盈利情况的估计传递给股东，所以它有着重要的信息传递功能。同时，股利政策在解决公司股东（资本方）与经理人（代理方）之间代理成本问题时也起到了重要的作用，即使代理问题的严重性在世界各国表现得各不相同。显然，股利政策与公司的规模、所有权结构、公司投资机会的多寡、股东与经理人之间的信息不对称程度、行业规则的要求相关，但是研究人员并没有阐明这些变量与股利政策之间的确切关系。

另外，为了考察股利政策的决定因素，现代研究已经探索过资本市场如何对股利政策进行估值。大部分的研究都集中在公司与个人水平上的所得税对股利价值的估值方面。研究人员所使用的基础工具包括：（1）除息日研究，该研究试图去解释在不同的税收条件下，除息日每股股票价格的下降。（2）税后资本资产定价模型，用以考察是否高股利支付的股票比低股利支付的股票拥有更高的税前收益，以此来补偿投资者为股利收入交纳的比资本利得更多的税。尽管有大量的研究，税收对股利收入的影响及股利价值的估值同股利政策的其他方面一样仍然是不明确的。显然，这一重要的有趣的公司财务理论将会在未来的几十年吸引更多的理论研究者。

§习 题

1. 股利政策的研究者们试图回答哪两个基本的问题？

2. 股利支付率的模式是否合理？如果合理，对这些模式进行讨论并且对观察到的模式进行解释。

3. （论述题）描述并且讨论全球范围内的各种行业的股利支付形式。从行业和公司水平的角度来说明影响股利支付最重要的因素是什么？

4. 描述股利平滑的含义，并讨论对这一现象进行实证研究的重要性。

5. 股票市场如何对股利变化做出反应？股利初始发放和取消股利的反应是否不同，与此相对照，股利增加与减少的反应是否不同？

6. （论述题）一个记者问你：股利支付是否能够传递信息？如果是，传递什么信息？你怎样回答？

7. 我们用什么证据来证明股利支付并不是克服交易成本的主要办法，这些交易成本包括出售股份为当前的消费融资？

8. 公司的所有者结构是怎样影响其股利支付的动机的？

9. 在 Miller 与 Modigliani 的股利无关论的命题中主要的假设是什么？你认为每个假设的目的是什么（为什么要包括这个假设）？

10. （论述题）运用文字或公式描述 M&M 理论中价值评估的基本原则。

11. （计算题）假设有两家公司 A 与 B，两家公司在各方面都是相同的，除了它们采取不同的股利支付政策。两家公司的应得收益率为 12.5%（ρ）；都有稳定的税后利润 5 000 000 美元；在外发行的股票都是 2 000 000 股；都有净现值为正的投资机会，该投资机会需要 5 000 000 美元的资金。公司 A 希望用内部资金为所有的投资项目提供资金，而公司 B 希望把所有的利润作为股利发放出去，用外部的资金为投资项目融资。（1）列出每家公司将会怎么做，确定每家公司的价值——包括为投资项目提供资金的前后（假设投资项目的净现值 = 0）。那么，（2）运用这些价值阐述

M&M 股利政策无关论是怎样“起作用”的。(附加练习：重复这个练习的第一部分，假设两家公司所需要的成本分别为 3 000 000 美元和 8 000 000 美元。)

12. (论述题) 个人所得税是怎样对高股利支付的股票及低股利支付的股票产生影响的？你怎样解释这种反应？

13. 什么是股票回购？股票市场如何对这一方案做出反应？你怎样解释这种反应？

14. 什么是除息日研究，这些研究将要考察的经济现象是什么？这些研究阐述了什么？

15. 什么是股利支付的剩余理论？这一理论存在的主要实证问题是什么？

16. 什么是股利支付政策的偏差调整？实证研究是否证实了经理人在实际工作中采取这种策略？

17. (论述题) 股利支付政策怎样帮助克服经理与股东之间的代理问题？我们有哪些证据可以证明股利支付确实达到了这个目的？

18. 其他因素都相同，什么类型 (高或者低) 的股利支付政策会得到养老基金经理人的偏爱？为什么？

19. (论述题) 你的一个朋友——很聪明，但是并不是很精通经济理论，让你描述一下 (用清晰的语言) 代理成本/契约模型的要点。你怎样回答？

20. 什么是分离均衡？在股利支付信号模型中，股利支付政策怎样才能达到这种均衡？

参考文献

第 9 章　认识与运用金融市场

§9.1 导　言

金融市场在发达国家和发展中国家的经济生活中都起着非常重要的作用。从最基本的层次上看，金融市场能引导个人和企业将剩余资金投资于那些寻找资金的企业、政府和个人借款者，为其超出内部现金流量的投资机会提供资金。金融市场提供这种服务的效率越高，经济发展的成果将越显著，给贷款人和储蓄人的净回报也越高。金融市场的存在使得个人能够进行跨时期的消费。实际上，这意味着人们可以在年轻时借钱上大学、买房子，以及建立家庭；在事业最成功的中年时把收入的大部分储蓄起来；然后在退休时依靠储蓄收益享受舒适的生活。那些拥有竞争性、高效率的消费者金融市场的国家，能比缺乏此类市场的国家为其居民提供更高的平均生活水平。

虽然消费者导向的金融市场十分重要，在本章中，我们侧重于讲述那些服务于公司借款人和储蓄人的金融市场。这些市场自从在中世纪出现后，其数量、种类和规模一直在稳定扩大，但在过去的 25 年里，无论在美国还是在国际市场，金融市场的创新和规模都取得了令人难以置信的发展。公司财务主管们从未有过如此众多的融资选择，像你们这样年轻的财务专业学生们（或实务工作者）也从未面临过如此大的挑战和机遇。

在介绍本章目标之前，我们应首先明确这里并不是想介绍全方位的“金融市场理论”，或者是全面地描述金融市场工具和实务，因为这其中的任何一个目标都将远远超出一章的范围。因而，本章试图达到以下四个目标：

第一，大致描述现代金融市场的规模和范围，以及在世界金融市场约定俗成的规则。

第二，为分类介绍每个市场所提供和运用的金融工具，本章将现代金融市场做了归类，也对金融市场上常用的关键术语给出了定义。

第三，我们将讨论金融中介在美国、其他发达国家以及亚洲、拉美许多经济高速发展国家的公司财务体制中的作用。金融中介（financial intermediaries），是指通过向外出售债权获取资金，再将此资金贷给政府、企业和个人借款者的机构。我们先简要地讨论现有的主要理论模型，这些模型在解释金融中介（特别是商业银行）存在的原因方面已取得重要进展。然后，讨论管制、历史和新金融产品的开发如何影响了金融中介在美国与其他国家公司财务体制中的相对重要性。有关金融中介的讨论包括这些机构所提供的各种风险管理和套期保值产品的分析，还包括风险管理的四大“基本要素”（远期、期货、期权和掉期）的运用。特别地，在本章末尾，我们将分析商业银行在国际公司财务中的作用是否在减弱；或者是否具有持久的竞争力，从而确保它们在世界贸易融资中的持续优势地位。

第四，我们将分析证券市场在全球日益广泛的作用，并讨论为什么这些市场在过去 20 年里的发展会如此迅速。我们提供了美国和国际证券市场的现有规模和增长率的总结资料，并探讨为什么某些投资银行业务在全球体现了其存在价值。本部分还将探讨学术方面的主要研究，包括：股票价格对不同类型证券发行的反应；信息披露对证券价格的影响；为解决（或利用）源于公司经理与投资者之间的信息不对称而产生的代理问题，经理人员如何选择拟发行或回购的证券类型等。读完本章后，看看你是否能解释：对某些特定的融资业务，为什么证券市场融资可能会优于中介市场融资；为什么中介融资优于其他融资方式。

§9.2　金融市场的基本特征

在深入阐述金融市场的理论和术语之前，我们有必要回顾一下这些市场的几大特征。这样做不仅有助于我们理解现代金融市场的规模和多样性，也能为我们提供一套验证事实的标准，即理论必须能够解释事实才能被人们真正接受。

1）**金融市场不仅规模巨大而且范围很广**。在过去的 20 年里，金融服务在世界经济中的重要性显著增强。1993 年，世界最大的 100 家银行拥有资产 150 000 亿美元，世界股票和公司债券市场总价值分别达到 95 000 亿美元和 60 000 亿美元。[①] 此外，1994 年底，金融机构为公司客户专门开发的发行在外衍生金融产品的名义总价值超过 230 000 亿美元——场内交易工具和场外交易工具约各占一半。[②] 1991 年底，

---

① 银行总资产数据来源于 1994 年 *Euromoney* 500 家银行调查（Piggott，1994），股票市场总价值数据来源于高盛公司月度投资报告（Zurack、Foote，1994），世界债券市场价值来源于 Douglas 1993 年汇编的固定收入年鉴中的 1991 年年末数据。麦肯锡公司也提出类似的结论（引自《经济学人》（*Economist*）1994 年 12 月 5 号）。他们估计 1992 年世界金融资产总价值为 350 000 亿美元，并预测到 2000 年将增至 830 000 亿美元（1992 年为 530 000 亿美元）。

② 衍生产品总价值来源于国际清算银行统计数据（《经济学人》，1995 年 3 月 4 日）。会计总署 1994 年 5 月向美国国会提交的一份报告（Shirreff，1994）提供了更详细的数据。

欧洲辛迪加贷款工具（Euro-syndicated credit facilities）的总价值约为36 000亿美元。依据这些数据，1994年全球生产总值（GDP）可能达到250 000亿~300 000亿美元。作为世界和各国GDP的一部分，金融服务的总价值在过去几十年内一直稳步上升——1973年以来其发展更加迅速。[①]

2）**债券和商业票据已成为美国公司最主要的外部筹资来源**。在其他国家，商业银行是公司外部筹资的最主要来源，当然其主导程度存在显著的差异。在1960年，美国公司全部债务中债券和银行贷款约各占一半。到20世纪90年代初，银行贷款在美国公司全部债务中占不到30%，债券比例基本保持不变，非银行公司贷款和商业票据已分别占市场份额的15%和5%。[②] 其他国家都没有可比得上美国的全国性债券市场，因而它们的公司比美国公司更多地依靠银行来获得外部融资。

3）**在许多发达国家（特别是美国），商业银行直接融资的作用正在削弱，但作为公司风险管理和其他复杂金融产品提供者的作用正在加强**。尽管没有其他国家会像美国这样削弱中介融资，在全球范围内，已呈现出证券市场作为公司直接融资渠道的趋势。然而，商业银行已体现出作为金融产品提供者的竞争优势，以解决全球现代公司所面临的原材料价格、外汇交易和利率风险等问题。[③]

4）**与美国银行相比，其他发达国家银行的规模通常要大得多，而且在本国公司财务体制中发挥更重要的作用**。出于诸多历史和政治上的原因，与其他发达国家根本不同的是，美国从来不允许建立真正的全国性银行。因此，美国最大银行的规模也要远小于欧洲和日本的最大银行，只有一家美国银行（花旗银行）在1994年位居世界25家最大银行之列（以资产规模来衡量）。[④] 此外，由于美国银行被禁止拥有公司普通股股份，加上从银行短期融资的成本要高于商业票据融资成本，因此美国银行在大型公司融资中的作用比其他国家的同行要小得多。然而，美国银行对美国经济中的中小企业仍具有十分重要的作用，在提供多种非信用金融服务方面更具有全球竞争力。

---

① 银团贷款总值摘自1993年新版《现代金融手册》（*Handbook of Modern Finance*, Sundaram, 1993）。1994年世界GDP数据依据1993年《胡弗世界经济手册》（*Hoover's Handbook of World Business*）报道的1991年200 000亿美元数据，并根据《经济学人》各期公布的近年国别增长率推算。最后，作为美国GDP一部分的金融中介业的快速增长请参见Boyd和Gertler（1994）。

② 参见《经济学人》（1994年4月30日）国际银行概览专栏，11页。类似的美国非金融公司的融资特点可参见Boyd和Gertler（1994，表6）。《经济学人》发表的文章还阐述了其他发达国家和地区（特别是西欧）的融资特点。

③ 银行在国内和国际财务中不断变化的作用在上面提到的文章中都已讲述，*Euromoney* 25周年刊（1994年6月）的几篇文章也有论述。Wheelock（1993）论述了银行在美国经济中的相对重要性。他认为，1992年末，美国商业银行拥有金融资产27 750亿美元，非银行机构拥有金融资产总值100 120亿美元——包括私人和公共养老基金持有的33 220亿美元。近来，联邦存款保险公司（FDIC）报告认为1994年9月美国银行资产总值39 000亿美元，Tier-1资本（主要是普通股）3 000亿美元，分别比1990年增长43%和16%（参见《经济学人》1995年2月25号）。

④ 世界25家最大银行中日本银行占据了11家之多，包括其中的最大7家。用股本的账面价值来衡量结论类似（参见Piggott，1994）。1995年3月宣布的东京银行与三菱银行的合并，将使这一差异更加明显。这一合并将产生世界规模最大的银行，资产总值将达7 013亿美元，相当于花旗银行的3倍多（参见Baker，1995）。

5）**1988—1993 年间，全球公司证券发行量增长了 3 倍多（达到 15 020 亿美元），其中美国公司发行量占 1993 年全球总量的 2/3 以上（达到 10 480 亿美元）**。① 由于全部证券发行量增长了近 80%，这一很少被人注意的现象变得更加明显——这意味着新证券的平均发行规模已显著增加。② 1993 年，美国市政债券和抵押证券总额相当于 7 070 亿美元，也就是说美国公司在 1993 年共发行了价值 3 410 亿美元的新股和债券，而其他国家合计只发行了另外的 4 540 亿美元。此外，1993 年美国公司共发行了价值 5 000 亿美元的商业票据（短期货币市场金融工具），而这已经远远超出其他国家的发行总量。③

6）**在过去 10 年里，美国公司各类证券的发行量不断创造着新纪录，并将降低负债比率（leverage reductions）和债务再融资（debt refinancings）作为主要目标**。美国公司在 1993 年发行了创纪录的 857 亿美元新普通股，其中约超过一半（415 亿美元）是首次公开发行，同样创下纪录。此外，美国公司还发行了 543 亿美元的“垃圾债券”（投机级债券），224 亿美元的不可转换优先股，以及 152 亿美元的可转换债券和优先股。用其他年份数据作参照，美国工业和公用事业公司发行了更大规模的投资级债券——分别达到 1 758 亿美元和 752 亿美元。④ 自从 20 世纪 90 年代初至 1994 年 2 月，由于美国利率持续显著地下跌，加上美国公司在进入这 10 年时负债比率异常高，大多数此类证券的发行可能说明，再融资是为了降低偿债支付款或改变公司的资本结构，而不纯粹是新的筹资。

7）**尽管其他国家的公司证券发行量仍远逊于美国，20 世纪 90 年代它们的发行量也创下了历史纪录——主要是向国际资本市场发行**。1993 年，其他国家共发行了 3 562 亿美元的欧洲债券、338 亿美元的外国债券（在美国以外发行）、179 亿美元的欧洲普通股。⑤ 此外，1993 年外国公司还成功地进军美国资本市场，分别发行了 606

---

① 1988 年，全球公司共发行 5 551 次证券，筹资 4 831 亿美元；1993 年的筹资共发行证券 9 969 次。每年 1 月，《投资券商文摘》都公布前一年美国和国际资本市场发行证券的总次数和总价值。该公告也是随后脚注中引用的大部分数据来源。

② 在非常困难的 1994 年，虽然发行总量缩小了 1/3（国际和美国国内发行分别为 10 900 亿美元和 7 086 亿美元），证券发行规模越来越大的总体趋势仍未受影响（参见 Pratt，1995a）。此外，由于利率下跌和全球多数地区经济的持续强劲增长，1995 年间部分市场的发行规模再次上升。

③ Sharpe（1994）认为，1994 年 3 月末发行在外的欧洲商业票据总值为 810 亿美元，而美国商业票据则为 5 700亿美元。参见《国际资本市场概览》（1994 年 5 月 26 日），4 页。此外，1994 年美国公司发行的商业票据再次上升，年末发行在外总值达到 6 058 亿美元（参见 Pratt，1995b）。这一数字包括美国家用产品公司在 2 小时内牵头筹集的创纪录的 80 亿美元。

④ 这里的所有数字引自 1994 年 1 月 10 日的《投资券商文摘》证券发行概览版（参见 Pratt，1994）。与总体发行规模一样，1994 年各类证券发行量都大幅下跌（参见 Pratt，1995a）。表 9-3 提供了 1990—1994 年各类证券发行的统计数据。

⑤ 和美国一样，其他国家的证券发行总量 1994 年也出现下跌（从 4 814 亿美元跌至 4 044 亿美元）。但后者下跌的百分比要小得多，部分种类证券发行量还有所上升——包括外国债券、扬基普通股和欧洲普通股，以及欧洲资产抵押证券（参见 Pratt，1995a）。

亿美元的扬基债券（“Yankee” bonds）和98亿美元的普通股。[①] 共有约1 400家其他国家公司的普通股以美国存托凭证（American depository receipts，ADRs）的形式在美国市场上市交易。[②]

8）**除了发行证券，1993年公司和政府借款人借入创纪录的6 048亿美元辛迪加银行贷款**。这些贷款与传统单个银行贷款的区别在于：（1）规模不同，辛迪加银行贷款额一般至少为1亿美元，经常会超过10亿美元；（2）通常存在大型的国际银团（辛迪加）以提供一系列贷款，能够满足借款人多年的需要。1993年，虽然美国银行牵头组织（或安排）其中的2/3以上，但实际上它们提供很少的资金。1993年还诞生了历史上单笔最大额的辛迪加银行贷款——由化学银行（Chemical Bank）牵头向通用汽车公司提供206亿美元贷款。[③]

9）**公司股票价格对新证券发行和银行贷款宣告的反应呈现出明显的、系统性特征**。新普通股和可转换债券的发行肯定会带来股票额外损失，优先股发行公告通常会带来损失，而债券发行对股票通常带来轻微的损失。完全相反的是，银行筹资协议（特别是现有协议的变更）公告将带来显著的股票额外收益。[④]

10）**自1977年以来，为实施国企私有化共发行了总价值超过4 000亿美元的股票，这些股票的发行极大地促进了全球股票市场的发展**。所谓私有化发行，是指政府以公开募集方式，向私人投资者出售所持有的部分或全部国企股份。大多数发售纯属于二次发行，即政府出售现有股份，因此没有现金流入公司。在约200多次此类发行中，大部分都极大地增加了当地市场的规模和重要性——事实上，1987年9月日本电报电话公司价值400亿美元的发行是历史上最大规模的公司证券发行。[⑤] 主要是在这些私有化计划的带动下，自1970年来，其他国家的股票交易总量和市场资本总额都增加了10倍多。[⑥]

11）**在全球有组织的金融市场中，其交易的一半以上涉及1973年以前根本不存在的金融工具**。虽然看上去令人惊异，但是场内交易的期权和金融期货合约的诞生还不到25年，大多数在美国和国际市场交易的浮动利率、高收益率的中期债券出现于过去的20年内。此外，在由金融中介为单个顾客特别设计的所有复杂金融产品（如

---

① 参见Pratt(1994,39~42页)。

② 据*Euromoney*报道,1993年末共有1 162只ADR上市交易,1994预计有200只新ADR上市(参见Marray,1994)。此外,1993年ADR占纽约股票交易所2.25亿美元普通股的7.5%,Telefonos de Mexico是1994年纳斯达克市场交易最活跃的证券。《金融时代》(1995年1月9日)报道,1994年来自43个国家的285个公司共发行了价值200亿美元的ADR。Harverson(1994)指出,纽约银行作为来自44个国家800项ADR的银行,增强了其作为ADR银行的地位。

③ 在上述列示证券总值的《投资券商文摘》中,也提供了有关这些贷款牵头银行的明细情况。

④ 有关这些结果的学术文章请参见本章9.5节中的列表。

⑤ 有关这些问题的深入论述请参阅Jones、Megginson、Nash和Netter(1995)。

⑥ 依据摩根·士丹利资本国际指数(1994年第1季度),美国和加拿大以外国家的股市市值从1970年的100标准指数,上升到1994年3月末的约1 010。而美国股市的同期市值从100上升至400。

利率掉期、长期期权合约等）中，几乎也都出现于 20 世纪 70 年代后期。在世界历史上，没有哪个时期出现过如此众多的金融创新。[①]

综上所述，金融市场对现代经济具有巨大而重要的作用，但其作用和重要性在不同国家存在着很大的差别。下面我们将试图按其功能、所涉及金融工具的类型、金融工具的原始期限以及市场是否涉及新证券或者现有证券出售等情况，对金融市场进行分类。我们还将对全球金融市场常用的关键术语进行定义。

§9.3　金融市场的分类与术语

你肯定已注意到，金融市场不仅规模各异，而且各具特色，远远超出我们在此对其进行全面分类或讲述的能力。因此，我们将只侧重于不同市场的主要区别，并从公司财务的角度来阐述。换句话说，我们将提出这样的问题：全球的公司如何获得外部融资？公司在具体选择何种市场时会考虑哪些因素？

§9.3.1　中介金融市场与证券市场

对金融市场最基本、最重要的分类是区分中介金融市场（intermediated financial market）和证券市场（security market）。在中介金融市场中，金融中介（通常是商业银行）通常以活期或储蓄存款方式向外发行债务以筹集资金。然后，将所筹资金汇集起来贷给公司借款人。而借款人归还中介的贷款，无须与实际提供贷款的储蓄人直接接触。这样，借款人和储蓄人都与金融中介直接发生交易，因此，即使为借款人和储蓄人各自提供特定的金融工具，金融中介也能够进行专门的信用分析和贷款催收。

在许多常规的金融业务方面，中介金融市场比证券市场具有自然的竞争优势，而且在除美国以外所有国家的公司融资中具有显著的地位。正如我们将看到的一样，出于政治考虑，美国所实施的（其他国家已经放弃的）金融管制严重制约了银行业的发展。中介金融市场的一个重要特征是交易和信息处理的效率。个别投资者投资时无须获取无数的潜在借款人的信用信息，借款人也无须承担为识别和再确认众多个别投资者的搜寻成本。双方都能将这些功能委托给金融中介，而这些中介能够以极低的成本提供此类和其他的服务。此外，如果存在足够数量的中介进行竞争，投资者的储蓄能够获得更高的收益，借款人也能够获得成本最低的贷款。

同样，金融中介发现，值得对人力和技术方面的能力进行投资，以提供除基本的商业和消费者贷款外更具有高附加值的金融服务，如风险管理、外汇交易、信托和保管服务、现金管理及数据处理。拥有能够进行金融创新的专业人员和组织机构的商业

---

① 从 1973 年布雷顿森林固定汇率体系崩溃后，除了第 1 条讨论的衍生工具市场和上述新产品市场外，实际上抵押资产市场（包括抵押证券）整体上都得到了发展。有关改变美国公司融资模式的阐述请参阅 Liebowitz（1992b）。

银行更应进行这种投资。在信息的获取和利用上，金融中介比证券市场自然更具竞争优势。如果获取有关潜在借款人信息的成本较高（或者是因为借款人保护机密信息以防泄露给竞争者，或者是因为如果不进行直接、深入的观察，要证实借款人的诚实性存在固有的困难），金融中介能够通过成为借款人经营的内幕人而有效地解决这个问题。这样，金融中介就能够在掌握更多的信息（因而长期获利将更丰厚）的基础上做出投资决策。表 9-1 列示了 1994 年世界最大的 25 家银行。

在其他国家的金融市场中，商业银行在公司财务中通常发挥更大的作用。它们既作为贷款人，又作为积极参与经营的股东和公司管理的监督人。在多数国家，相对少数的特大型银行为全国所有公司提供服务。由于这些机构的规模巨大、竞争力强，加上银行监管较松，使其对公司的融资甚至经营政策产生巨大的影响。① 大多数的其他国家的银行有资格承销公司证券发行，向商业公司直接进行股权投资，加上发放常规商业贷款，这些能力进一步增强了它们的影响力。那些提供上述所有服务的银行被称为商业银行（merchant bank）（或者，在几个欧洲国家称为全能银行，universal bank）。

表 9-1　　国际银行（以资产和资本规模衡量，1994 年）

规模排名	银行	国家和地区	资产规模	一级资本规模	资产收益率	BIS 资本（%）
1	东京银行/三菱银行[2]	日本	$701.3	$28.2	0.25%	9.91
2	富士银行	日本	507.2	19.4	0.12	9.66
3	第一劝业银行	日本	506.6	19.4	0.13	9.40
4	住友银行	日本	497.8	22.1	0.18	9.89
5	樱花银行	日本	496.0	18.5	0.12	9.50
6	三和银行	日本	493.6	19.6	0.19	9.94
7	农林中央金库银行	日本	429.3	3.4	0.14	不详
8	日本工业银行	日本	386.9	13.6	0.11	9.10
9	里昂信贷银行	法国	338.8	10.4	-0.26	8.30
10	中国工商银行	中国	337.8	16.8	0.42	10.38
11	德意志银行	德国	322.4	11.7	0.83	11.30
12	东海银行	日本	311.5	10.9	0.15	9.49
13	香港上海汇丰银行	中国香港	305.2	14.6	1.25	13.20
14	日本长期信用银行	日本	302.2	10.9	0.20	9.46
15	里昂农业银行	法国	282.9	14.7	0.54	9.80
16	朝日银行	日本	262.2	10.3	0.17	9.60
17	法国兴业银行	法国	260.2	7.9	0.38	不详
18	ABN-AMRO 银行	荷兰	253.0	10.2	0.64	11.20

① 有关银行管制如何影响国际性金融机构的竞争力请参阅 Hirtle(1991)。有关全球银行业的演进可参阅 Pavel 和 McElravey(1990)。本书第 3 章(Fabozzi、Modigliani、Ferri，1994)概述了英国、日本、德国和美国的银行业管制情况。

续表

规模排名	银行	国家和地区	资产规模	一级资本规模	资产收益率	BIS 资本（%）
19	巴黎国民银行	法国	250.4	9.7	0.11	9.50
20	巴克莱银行	英国	245.9	9.1	0.40	9.80
21	瑞士信贷银行	瑞士	234.2	9.3	0.84	不详
22	中国银行	中国	234.0	10.3	0.72	不详
23	巴黎荷兰金融公司	法国	229.9	9.3	0.32	9.00
24	国民西敏士银行	英国	226.4	8.7	0.65	10.80
25	德累斯顿银行	德国	220.6	7.1	0.48	11.20

表 9-1 列示了全球最大的（以资产规模排名[1]）25 家银行的资产规模、一级资本规模、资产收益率、国际清算银行（Bank for International Settlements，BIS）资本比率。资产规模和资本数量的计价单位是 10 亿美元，采用 1994 年 7 月间的汇率。

[1] 如果按资本而不是资产排名，将有 4 家美国银行位居 25 家最大银行之列，但情况也将类似。有趣的是，4 家美国银行——花旗银行、美洲公司、化学银行公司和 J. P. 摩根公司，其资产收益率至少为 1.33%，而资本比率至少为 11.45%。

[2] 这家银行因 1995 年兼并而组成。资产和资本数量是两家银行的合计数，而资产收益率和资本比率是合并后公司的加权平均数。

资料来源：《银行家》，1994（7）。

随后，在下一节中，当讨论美国及其他国家的金融管制和融资模式时，我们将再回到中介金融市场融资。然后，分析金融中介所提供的各类贷款和其他金融服务，并讨论其与证券市场相比的相对优势。但目前我们想阐明的概念是，通过中介融资，最终储蓄人（个人投资者）和最终借款人（商业公司）之间并没有直接的联系。相反，每笔交易都是由中介向储蓄人发行债务，然后直接贷款或投资于公司借款人。

下面回到证券市场融资。在证券市场，公司筹资时只需直接向投资者出售证券。证券市场融资与通过中介市场融资的主要区别是，后者存在最终借款人（发行公司）与最终储蓄人（个人投资者）间直接的金融联系。在证券初次出售时，资金直接从投资者流向发行公司，投资收益由公司直接支付给投资者。甚至当投资银行（investment bank）通过承销（underwriting）（担保将能筹集到资金）并出售证券时，投资银行基本上也只是被动的经纪人，将证券的买卖双方集中到一起。一旦证券出售结束，投资银行不再直接涉及投资关系中，当然许多投资银行继续对其所承销的证券做市（make a market），而且在特定的承销结束后为发行公司提供持续的金融服务。下面，我们将话题转至货币市场与资本市场的区分，而不是将主题偏离到证券市场的详细分类上，以继续完成金融市场的分类这一任务。

§9.3.2　货币市场与资本市场

假定某公司决定向外部融资，它必须决定是需要短期资金还是长期资金。如果需要资金以增加存货或者满足其他营运资本的需要，该公司可能向货币市场（money markets）融资。从专业角度看，货币市场是指原始期限为一年或一年以内的证券市场；从定义上说，只包括债权证券（因为权益证券没有到期日）。通常，中小型公司短期债务筹资的主要来源是向商业银行或非银行金融机构借款。这些贷款中，要么是担保贷款，即公司以应收账款或存货作为债务的抵押担保；要么是非担保的信用贷款，即根据其资金需求的变化情况而借入或归还贷款。

然而，大型公司则能够直接利用货币市场，主要是发行商业票据（commercial paper）。这是一种由公司直接向个人或公司投资者出售的短期融资工具，通常不涉及商业银行的服务。美国公司每年发行超过 5 000 亿美元的商业票据，其他国家的欧洲商业票据（Euro commercial paper）市场每年有 1 000 亿美元左右。[①] 除了银行贷款和商业票据外，公司借款者还能够在货币市场利用诸多种类的其他金融工具，如回购协议（repurchase agreement），即出售并同时同意在日后以更高的价格回购可流通证券：保理（factoring）（向金融中介出售）应收账款。表 9-2 列示了 1950 年以来若干年度美国公司短期信贷市场融资的构成情况。

表 9-2　　美国公司从短期信贷市场融资的构成情况（1950—1992 年）

	1950	1960	1970	1980	1990	1992
	百分比					
银行贷款	91	87	83	71	59	59
非银行机构贷款	6	9	9	14	17	18
商业票据	1	2	6	9	12	12
外国贷款	-	-	-	1	9	9
银行承兑汇票	2	2	2	5	3	2
合计	100	100	100	100	100	100
价值总额	20	43	125	324	951	882
（单位：10 亿美元）						

资料来源：美联储理事会（Board of Governors of the Federal Reserve System），《美国经济资产负债表》，1945—1992，（1993 年 3 月 10 日），源自 Kaufman 和 Mote（1994）。

资本市场（capital market），是指涉及原始发行期超过一年的权益证券出售和交易的金融市场。由于权益证券从通常意义上讲不存在到期问题，所以只能在资本市场上交易。对债权证券而言，资本市场与货币市场金融工具的区分有时并不很明确。那些原始发行期在 1～7 年的中期债权证券通常称为票据（notes），而更长期的证券一般称为债券（bond）。此外，还可按多种标准对债券种类做进一步区分，如证券的优

① 有关美国和欧洲商业票据筹资的历史演变请参阅 Heller（1988）。1994 年，Crabbe 和 Post 通过抽样发现，如果信用等级下降，银行控股公司发行的新票据规模将显著下降，因此，美国公司处于配置效率较高的商业票据市场环境中。

先地位；所发行的证券是否有特定的担保或者仅仅由公司承诺偿还；投资者是否可以再出售或者必须持有至到期日；发行者是否能够并以何价格提前赎回；是否能按投资者或发行者意愿将债券或票据转换为普通股。在下面分析借贷市场与产权市场时，我们将简要讨论这些术语。

§9.3.3　借贷市场与权益市场

权益资本的经济功能是承担公司的大部分财务风险，进而为公司的贷款人提供偿债保证。[①] 存在两类权益资本，即普通股和优先股。其中只有普通股股东是实际的剩余求偿者（residual claimant），承担公司的全部经营风险和财务风险，在偿清所有优先权益后有权享有公司的全部剩余收益。尽管优先股通常被允诺按期获得固定的现金支付，在公司清算时可按固定价值得到补偿，它们的要求权仍被看作是权益证券，其主要原因有二。首先，与债券息票不同，优先股的优先股利支付权并不是由法律规定，因此需要公司董事会逐期批准。通常，优先股股东的唯一权利是在普通股股东前分配现金股利，公司清算时在向普通股股东支付前按优先股面值得到清偿。其次，优先股也是永久证券（perpetual security），即没有固定的到期日。但是，优先股常常可根据股东或发行者的意愿转换为普通股。[②]

任何公司都拥有权益资本，当然其名称可能有所不同。例如，在 20 世纪 80 年代进行杠杆收购（leveraged buyout，LBO）的美国公司债务权益比率非常高，但在这种资本结构中的非优先债券（junior debt）（被杠杆收购的批评者戏称为垃圾债券，junk bond）实际上发挥了权益资本的风险承担和缓冲的作用。[③] 许多其他国家的公司同样也是高负债资本结构，但这种情况通常是由于存在其他因素，如被保护的产品市场地位、政府担保或强有力的银行监督者时，大大降低了公司的经营风险，使权益资本不再具有重要的财务作用。[④] 更一般地，几乎所有公司都拥有一定规模的普通股作为财务基础，以支持公司借款和承担大部分经营波动的风险。

这种普通股通常来自于三种主要来源中的一种或多种。其一，在公司初创时，创办者向公司投入现金或其他有价资产（包括劳动力，或称劳动力资本），相应地在公司普通股中占据主要地位。随后的私下股份出售也能增加公司的权益基础。其二，通常也是最重要的权益资本来源于留存收益。这种资本源于经营净利润，公司所有者故意选择将其再投资于公司，而不是作为现金股利发放。许多财务学者将留存收益比作

---

① 许多作者得出类似的结论。特别是参见 Jensen 和 Meckling(1976)，Fama 与 Jensen(1983)，以及 Fama(1990)。

② Linn 和 Pinegar1988 年指出，通常工业企业发行可转换优先股，公用事业公司发行不可转换优先股，而金融公司通常发行可调收益率的优先股。

③ 诸多文章分析了高收益债券，包括 Altman(1987、1992)，Asquith、Mullins 和 Wolff(1989)，Blume、Keim 和 Patel(1991)，Cornell 和 Green(1991)，以及 Fridson(1994)。

④ 有关这种运用更高最优负债比率重要性的深入讨论请参见 Lessard(1991)。

是普通股的全额认购发行（fully-subscribed issue），即相当于所有者以留存方式用所放弃的现金股利来购买股份。

权益资本的最后一种来源是向独立投资者公开出售权益资本。这种出售的第一类被称为首次公开发行（initial public offering 或 IPO），这对任何经历过此类发行的公司都是一次变革性事件。虽然不同国家有不同的财务披露和交易登记要求，首次公开发行的结果基本都一样。

第一，通常公司能筹集到巨额资金以偿还现有债务，购置固定资产和扩张营运资本，或为未来借款提供基础。例如，对年销售额和资产规模不到 5 000 万美元的美国公司，其首次公开发行通常能筹集到 1 000 万至 3 000 万美元的权益资本。①

第二，公司成为上市公司，即在公开的股票市场挂牌交易，因而可在需要时直接向投资者出售新的普通股股份。当然，这种发行通常须向证券管理机构登记，在有些国家（包括日本），计划发行股票的公司必须获得出售股份的特别批准以防扰乱资本市场。公开上市的一个重要附带作用是，公司所有者有机会将其自身所持股票变现。

第三，也是首次公开发行的影响中最不好的一面，即新近上市的公司发现需要向众多的新股东负责，而且必须公开披露迄今仍属于高度机密的财务信息。这种披露要求在美国最为严格，证券交易委员会规定，任何计划在美国资本市场发行证券的公司（包括非美国的公司），不仅需要披露诸如利润、筹资方式、税收等相关财务信息，还必须详细披露其所有者结构（高级职员和董事的持股情况、主要的外部持股、所有董事的简历等）、报酬计划（高级职员的工资奖金支付、经理股票期权计划、雇员的购股和年金计划）以及在关联公司中的权益。② 除了存在上述披露要求，近年来越来越多的外国公司开始涉足美国股票和债券市场，当然大多数的公司对信息披露上的严格要求存有疑虑。③

如上所述，成为上市公司的一项主要优势在于，该公司通常有权发行新股，即针对现有股东配售新股（rights issue）或向任何愿意购买新股的投资者出售。④ 这些股票出售称为适时发行（seasoned issue），这是重要的权益资本来源，特别是对快速成长型公司更是如此。然而，美国及其他国家公司的适时股票发行都极为罕见。美国公

---

① 虽然小规模的首次公开发行更为常见，如果包括几次特大型发行，平均发行规模就将大得多。然而，看来首次公开发行的规模越来越大。例如，1993 年，707 家营业性公司筹资 415 亿美元，平均每次发行筹资 5 870 万美元。

② 有关两类主要的上市证券登记表的信息请参见毕马威公司(1987)。

③ 历经长时间的争论后，1993 年 10 月证券交易委员会取得了重要的胜利——为能获准在纽约股票交易所上市，梅赛德斯-奔驰公司最终同意遵守证券交易委员会的信息披露和会计要求（参见 Raghavan 和 Sesit，1993）。随后，其他几家德国公司也表现出兴趣，但都没有立即付诸行动。此外，比其他国家更加严格的披露要求的规定，在理论和实务上也遭到了批评，可参见 Baumol 和 Malkiel(1993) 及 Edwards(1993)。

④ 虽然配售新股的发行成本要远低于承销发行，但过去几十年里的配售新股量却持续减少。Smith (1977)、Hansen 和 Pinkerton(1982) 以及 Hansen(1989) 研究了这一现象，得出最可能的解释是，宣布配售新股公司的股价跌幅大于宣布承销发行的公司——因此抵消了承销费用低的优势（参见 Hansen，1989）。

司甚至在 10 年内也不会发行一次新股。[①] 事实上，美国公司全部适时发行新股的总额每年很少会超过 300 亿美元（而近年公司债券的年发行量常超过 2 500 亿美元）。到最近十年为止，适时发行总规模实际上很少大于首次公开发行（通常也被称为非适时发行，unseasoned equity issue）。经理们不愿适时发行，其中部分原因是这种发行公告通常会导致股价的大幅下跌。在美国，这种下跌幅度通常相当于股票自身价值的 1/3。显然股份适时发行宣告会向投资者传递出负面信息，当然到底传递什么信息并不总是很明朗。最可能传递的信息是，管理当局（被认为比外部投资者对公司实际前景掌握更多信息）认为公司现有股价过高，因此使管理当局有机会出售被高估的股份；或者公司的未来收益将低于预期收益，管理当局通过发行新股以补偿低于预期的内部现金流量；或者两者兼有。在 9.5 节中，我们将深入讨论股价对债权证券和权益证券发行的反应情况。

借贷市场　借贷市场通常可根据发行者类型、贷款期限、贷款目的、担保情况（collateral backing）及其他特征进行分类。我们将简要介绍每一类，首先是发行者类型。建立专门的借贷市场是为了迎合公司、政府和个人（消费者）借款人的需要。在美国，这些市场间几乎完全相互独立，甚至即使在每一大类中还包括众多的派生形式。例如，联邦政府及其机构所涉足的金融市场与州政府、地方政府涉足的市场不同。在其他国家，通常公司和政府借贷市场的区分不很明确——在中央政府借款时（通常被称为政府借款，sovereign borrowing）更是如此。[②] 例如，许多国家的政府向欧洲债券和欧洲辛迪加贷款市场借款（下面将讨论），而这种市场实际上主要服务于公司借款者。[③] 同样，美国消费者一般比其他国家的居民更有机会利用专为其设计的借贷市场，当然许多负债沉重的美国家庭也发现这种机会是一把双刃剑。

尽管消费者和政府借贷市场对一国经济很重要，但迄今更为重要的是服务于公司借款者的借贷市场，原因是有限责任公司是用来生产产品、提供服务以满足世界各地社会需要的主要企业组织形式。在大多数国家，商业银行仍提供大量（即使是大型公司也需要）的贷款资金。在美国以及在服务于跨国公司的国际金融市场，专门的

---

① 例如，Mikkelson 和 Partch(1986)指出，根据对 360 家公司 1972—1982 年 11 年间的抽样发现，只有 80 家发行普通股。然而，在这 10 年中，这些公司共有 205 家公募发行债券（其中可转换债券 33 家、不可转换债券 172 家），私募发行债券的有 296 家。

② 当然，谈到主权借款，最著名（或者说声名最差的?）的例子要数在 20 世纪 70 年代和 80 年代早期发展中国家在欧洲辛迪加贷款市场向西方商业银行的借款。Lessard 和 Williamson(1985)、Sachs(1986)、Sachs 和 Huizinga(1987)以及 Dillon 和 Oliveros(1987)论述了这些贷款的形成过程和随后引发的灾难。Eaton、Gersovitz 和 Stiglitz(1986)对主权借款做了极好的理论分析，Bulow 和 Rogoff(1989)、Chowdhry(1991)、Grossman 和 Van Huyck(1988)以及 Shapiro(1985)也对主权借款进行了理论探讨。最后，Edwards(1984，1986)以及 Boehmer 和 Megginson(1990)对主权借款的定价模型进行了实证检验。

③ 那些信用等级高但金融市场小的西欧国家，如德国和瑞士，主要依靠欧洲债券融资。许多其他国家将涉足该市场看作赤字财政计划的一部分。信用较好的主权借款人宁愿选择发行欧洲债券而不是欧洲货币贷款。由于后者更能在短期内筹集巨额现金，1991 年海湾战争一结束，沙特阿拉伯和科威特政府都借入巨额（以 10 亿美元计）贷款以满足其重建和日常开支的紧急需要。

借贷市场在公司财务中发挥更为巨大的作用。如前所述，美国公司可在商业票据市场发行短期债权证券，也可选择在几大公司债券市场的任意一个发行长期债权证券。那些业务遍及多个不同国家的大型公司通常被称为跨国公司，它们有机会选择各种各样的借贷市场和金融工具。最重要的包括：欧洲债券、外国债券和欧洲辛迪加贷款市场。欧洲债券（Eurobond），是同时在多个国家（通常不包括发债公司或政府所在的国家）发行的、以单一外汇标价的长期债权证券。[①] 欧洲债券发行的典型例子，是由美国公司向多个西欧国家投资者所发行的美元面值债券。

外国债券（foreign bond），是由外国公司在他国市场发行的，以该国货币为面值的债权证券。例如，由某德国公司在美国发行的、以美元为面值的债券可称为外国债券，由美国公司在日本发行的、以日元为面值的债券也是外国债券。这些债券大多具有别具特色的名称。例如，上述两种债券可分别被称为扬基债券（Yankee bond）和武士债券（Samurai bond）。同样的证券在英国可能被称为猛犬债券（Bulldog bond），而在新西兰和荷兰可能被称为海蒂债券（Heidibond）和伦勃朗债券（Rembrandt bond）。

欧洲辛迪加贷款市场是唯一最大的、最重要的国际借贷市场。欧洲货币市场（Eurocurrency market）是国际银行用本国以外的货币吸收存款和发放贷款的银行存贷市场。[②] 例如，某英国银行在伦敦吸收美元面值的存款就是创立欧洲美元存款（Eurodollar deposit），如果它将该存款再贷给其他银行或公司借款者，可称为欧洲美元贷款（Eurodollar loan）。这一市场所使用的主要信用工具是辛迪加，实际上是由国际银团向某个国家或公司借款者提供的大额（通常贷款额在 10 亿美元或更多，贷款额在 50 亿美元或以上也曾有过）、中期系列贷款。[③] 这些贷款由于其成本低、灵活性强而备受借款人的欢迎。

期限　债务票据（debt instrument），通常可根据原始发行期限分为短期证券、中期证券和长期证券。[④] 如上所述，公司短期借贷的市场主要是商业银行提供商业票据和营运资本的市场。中期借贷市场可分为证券市场和银行贷款市场，其中定期贷款（term loan）是最重要的一类中期银行贷款——借款与特定资产的购买相联系，期限

---

① 有关欧洲债券定价和发行模式的研究请参见 Finnerty、Schneeweis 和 Hedge（1980），Kidwell、Marr 和 Thompson（1985）以及 Kim 和 Stulz（1988）。

② 依据摩根·士丹利的估计，1991 年末欧洲货币存款总额为 61 000 亿美元，净额（扣除银行间贷款）14 080亿美元。相反，欧洲货币市场的总值和净值分别为 1 100 亿美元和 350 亿美元，两者在 1970—1991 年的 22 年间年增长率为 20.0%和 18.3%。

③ 有关辛迪加贷款市场的历史演变请参见 Mendelson（1980）、Sarver（1988）和 Winkler（1991），有关辛迪加贷款的机制可参见 Pavey 和 Humphreys（1988）以及 Grabbe（1991）。最后，Megginson、Poulsen 和 Sinkey（1995）研究了股市对银行宣布向主权借款人或公司借款人发放辛迪加贷款的反应。

④ Myers（1977）是最早对债券期限结构进行理论分析的学者之一。此后，无数研究人员进行了有关期限结构的理论或实证分析。三个最近的例子要数 Brick 和 Ravid（1991）、Diamond（1993）以及 Houston 和 Venkataram（1994）。

固定、本金和利息到期一次支付。[①] 短期证券市场所提供的利率较低，而长期债券投资存在固有的高得多的价格波动和通货膨胀风险，投资者因此将中期证券看作是最具吸引力的折中投资方式。正因如此，近几十年来，中期票据和债券市场同样日益成为最受公司欢迎的筹资渠道。尤其是，随着中期票据（medium-term note）市场的发展，公司能够直接向投资者发行证券，而无须通过投资银行承销，极大地拓宽了计划筹集中期资本的公司的筹资机会。[②]

所有这些，并不是说传统的长期公司债券正变得过时——远不是这样。事实上，20 世纪在 80 年代末至 90 年代初，由于美国通货膨胀预期的下降，包括华纳·迪士尼公司在内的几家大型公司开始尝试发行超长期（100 年）债券。鉴于这些债券受到了投资者的热烈欢迎，可能即将出现更多的这种接近永久性的债券。[③] 但是，更为常见的是期限为 10 ~ 30 年的公司债券。美国公司发行的此类证券中，大多数利率固定（每半年支付），本金在到期时偿还。然而，80 年代初期出现的无息证券（zero-coupon）却颇受欢迎，这种债券并不明确地支付利息，而是以折价方式购买，到期时按票面价值偿还。[④] 在其他国家，投资者似乎更青睐于浮动利率而不是固定利率的短期债券。[⑤] 在那些通货膨胀率高且变化无常的国家更是如此。

美国公司债券通常可赎回（callable），即在首次发行后某个固定时期内，公司有权（依据债券发行合同的有关条款）从投资者手中按固定价格回购债券。[⑥] 在市场利率大幅下跌时，公司可以无成本地赎回高利率债券并代之以低利率债券，因此这种权利对公司非常重要，对投资者却极为不利。如果债券不可赎回，投资者就不会损失由于利率下降而带来的资本增值。因此，与不可赎回债券相比，公司要行使这种权利（一种有效的买入期权），在发行时就必须向债券购买人提供更高的利率。

虽然美国公司（以及能在美国市场发行债券的其他国家公司）比其国际竞争者更有机会发行长期债券，典型的美国债券发行的实际平均期限远低于所宣告的期限，原因是美国长期债券的发行必须按规定设立偿债基金（sinking fund）。[⑦] 这些规定要求发债公司必须每年回购一定比例的各种发行在外的债券，可在公开市场回

---

① 有关银行贷款定价的理论研究请参见 Smith（1980），实证研究请参见 Scott 和 Smith（1986）、Booth（1992）以及 Petersen 和 Rajan（1994）。有关美国商业银行提供的商业贷款类型可参见（Sinkey，18 章，1992）。

② 有关中期贷款市场的历史发展和现状可参见 Crabbe（1992）。

③ 1993 年 6 月 20 日，迪士尼公司以高于 30 年期国库券（Vogel，1993）0.95 个百分点的利率顺利发行了总额为 1.5 亿美元债券。两天后，可口可乐公司也紧接着发行了 1.5 亿美元的 100 年期债券。

④ 有关无息证券的产生和消失的研究参见 Finnerty（1992）和 Sundaram（1993）。

⑤ Ramaswamy 和 Sundaresan（1986）以及 Kaufold 和 Smirlock（1991）对浮动利率债券定价进行了分析。

⑥ 有关公司债券赎回的近期研究文献可参见 Mitchell（1991）、Kish 和 Livingston（1993）以及 Mauer（1993）。Mitchell 和 Mauer 的文章还提供了有关债券契约中加入赎回条款的原因分析的文献资料。有关债券赎回的最著名的实证研究要数 Vu（1986）。

⑦ Dunn 和 Spatt（1984）对偿债基金进行了理论分析，有关偿债基金的实证分析可参见 Dyl 和 Joehnk（1079）、Smith（1979）、Ho 和 Singer（1984）、Ogden（1987）以及 Mitchell（1991）。

购或有选择地向部分单个投资者购买。因此，对于典型的债券发行（如本金 1 亿美元、期限 15 年），当最后一部分债券在发行后第 15 年被赎回时，发行在外债券的价值可能只剩下几百万美元而已。由于存在偿债基金条款，这类债券实际平均期限（发行在外加权平均期限）可能不到 10 年，而不是所宣告的 15 年。通过迫使公司按年赎回部分债券，偿债基金降低了单个发行的违约风险，其原因有二。其一，设立偿债基金。当公司不能支付偿债基金时，可以尽早向投资者披露发行公司所遇到的任何财务困难，因此有助于采取有效的改善措施，甚至撤换发行公司的现有管理当局。其二，由于到期时发行在外债券只剩下一小部分，将减少发行公司经理们的违约风险，并降低企图通过申请破产保护以剥夺债券持有人财富的动机。

公司证券的担保品、优先权和信用等级 大多数对公司发放的银行贷款，无论其期限长短都由特定的抵押资产作担保。① 抵押资产可能是单项资产（如机械工具），也可能是诸如公司存货或应收账款之类的资产组合。这虽然通常被称为资产抵押贷款（asset-backed lending），但银行实际上主要是现金贷款者。它们希望并期待着得到现金偿还，但要求资产抵押作为还款的替代来源，并作为借款公司违约的代价（因为违约的借款人将丧失重要资产的使用权）。多数抵押资产都由留置权（lien）作担保。这是一个法律合约，具体规定了如果贷款不能偿还，贷款人在什么条件下可行使权利；同时，未经贷款人同意禁止借款公司出售或处理资产。当然，并不是所有的资产都可作为抵押品。在满足下列条件时，某项资产才能作为抵押品：（1）不易损坏；（2）质量相对均同；（3）单位价值较高；（4）存在活跃的二级市场，以便抵押资产能够变现而不至于损失惨重。

与常规银行贷款相比，公司债券发行和辛迪加银行贷款通常并没有明确的担保，但由发行公司的全部信誉和信用做保证，即只由发行公司的资产和盈利能力做保证。② 非担保公司债券通常被称为信用债券（debenture），以区别于由实物资产（土地及其附属建筑物）担保的抵押债券（mortgage bond），以及由诸如飞机、驳船、铁路机车及其他交通设备等特定资产作抵押的担保信托债券（collateral trust bond）。同样与银行贷款相比，公司债券通常明确规定了相对于优先债权证券（senior debt security）的次要或次等的身份。也就是说，在所有优先证券的要求得到清偿前，后偿信用债券（subordinated debenture）不可能收到任何定期的利息或本金偿还。显然，这种证券必须附加利率以补偿其购买者预期所承担的风险。

---

① 有关用担保品作为贷款保证的理论分析请参见 Scott(1977)、Stulz 和 Johnson(1985)以及 Igawa 和 Kanatas(1990)；有关实证分析可参见 Berger 和 Udell(1990)以及 Booth(1992)。这些实证分析进一步证明了早期研究成果的正确性，即担保贷款的利率更高而不是更低(价差与基础资产的比率)。

② 有关欧洲债券发行人与欧洲辛迪加市场借款人的相对谈判能力，以及这种能力对负债限制和担保要求的严重影响可参见 Lee(1994)。

多数大型的美国公司债券发行须进行信用评级（rated）——由诸如穆迪、标准普尔及惠誉投资者等信用分析与评级机构评定其相对违约风险水平。[①] 最高级（风险最低）的债券设定级别为 Aaa（穆迪公司）或 AAA（标准普尔公司）。穆迪公司将级别 Aa、A、Baa、Ba、Caa、Ca、C 界定为风险递增，其中 Aaa 至 Baa 级债券被称为投资级（investment grade）。标准普尔公司的分级类似，区别在于全部用大写字母表示（AA、A、BBB、B、CCC、CC、C），另外还有 D 级（说明该债券已违约）。由于其他国家很少存在大型的、交易活跃的公司债券市场，其信用评级并不重要。然而，随着其他国家债券市场的发展和交易量的增长，可以肯定的是，像美国投资者一样，其他国家的投资者也将发现信用评级不仅有效而且必不可少。

保证条款、转换选择权及其他特别条款　为吸引特定投资者（或强调对其风险的关注），债券发行公司常常在债券契约中加入保证条款、转换选择权及其他特别条款，这也是债权证券的最后一种分类标志。实际上，近年来出现的这些特别条款种类繁多，但这里只分析几个关键问题。第一，几乎所有银行贷款和债券契约通常都包含详细的保证条款，如果存在流通在外的负债，将按照债务契约的规定限制公司借款人的经营和财务决策。[②] 积极保证条款（positive covenant）规定借款人必须做什么，而消极保证条款（negative covenant）规定借款人不能做什么。例如，规定借款公司必须向贷款人提供经审计的财务报表，购买保险以防止公司财产遭受火灾损失，保持最低营运资本比率等，都属于积极保证条款。而规定借款公司的管理当局未经允许不得处理公司资产，未经事先允许不得并购其他公司，举借同等或更优先债务等，都属于常用的消极保证条款。

更一般地，积极和消极保证条款都可被归入以下四类之一：（1）发生违约（default trigger），即具体规定什么情况构成贷款违约，并界定贷款人可以采取的补救措施；（2）现金流量控制，限制借款人再投资或（作为股利或股份回购）分配其经营现金流量；（3）经营控制，规定管理当局有责任保护公司的有形或无形资产；（4）战略控制，限制公司进行可能显著改变公司经营性质的兼并、收购、剥离或其他战略行动。在所有情况下，保证条款的目的是通过限制借款人剥夺贷款人财富以保护贷款人利益，而借款人愿意接受这些条款的原因是，如果没有这些条款，其筹资要么成本更高，要么根本不可能。

债务保证条款的一种特殊形式是转换选择权（conversion option）。这种选择

---

① 众多学术文章论述了债券评级问题，如 Pinches 和 Mingo（1973），Weinstein（1977），Kaplan 和 Urwitz（1979），Wakeman（1981），Ogden（1987）以及 Gentry、Whitford 和 Newbold（1988）。

② 许多财务文献对债券保证条款进行了深入研究。首先是 Smith 和 Warner（1979），他们的研究已成为本领域的经典分析。随后的研究包括 Kalay（1982）、Malitz（1986）、Berlin 和 Loeys（1988），Press 和 Weintrop（1990）以及 El-Gazzar 和 Pastena（1990）。

权使得投资者有权将所持有的每张债券转换为固定数量的发行公司普通股。[①] 将债券的票面价值除以转换时所能取得的股份数量，就能得到转换选择权默认的认购价格。转换权价值本身取决于公司股价的波动程度、债券到期年限以及股票现价低于默认价格的程度。现有研究表明，可转换债券（convertible bond）通常大多是由经营面临重大的不确定性、成长相对快速的公司所发行。[②] 正如我们所知，这种经营环境自然会产生经理与投资者间的代理问题。在这种信息不对称的情况下，投资者很难监督经理行为。通过赋予投资者对公司潜在成长的要求权，可转换证券有助于控制这种代理问题。发行带有认股权证（warrant）的债券也能实现类似目标，即赋予投资者在某个固定期间、按某固定价格购买股份的权利。这些认股权证通常可独立于债券(detachable)，即可以独立于所代表的债券本身而出售。认股权证和转换选择权对投资者都很有价值，通过在所发行的债券中加入这些条款，公司通常能够降低它们借债所必须支付的利息率。当然，如果债券被转换为普通股或认股权被行权，其代价是可能会稀释现有股东的权利。

近年来，还出现了多种新的债权证券，专门用来吸引特殊的债券投资者，这些投资者对附有特定条款的债券宁愿支付较高的价格。常用的例子包括：浮动利率债券(floating rate bond)（或票据），以保护投资者免受利率风险损失；多货币债券（multi-currency bond)，即用一种货币支付利息而用另一种货币偿还本金，或者多种不同的货币组合偿还债务本息；可回售债券（puttable bond)，即在债券发行后，如果发行公司的信用等级下降，投资者可迫使公司按票面价格回购债券。推动债权证券创新的另一个因素是公司希望发行债券以改变其经营风险形象。典型的例子是商品联系债券(commodity-linked bond)，即债券的到期偿还与所涉及商品的同期市场价值相联系。例如，依据这种条款，一家石油公司对所发行的债券，在到期日可按面值偿还，也可按50桶石油的市场价值来偿还。至少有部分投资者认为，购买这样的债券将有机会对石油未来价值进行投机获利。如果商品价格大幅度上升，只按既定桶数的石油来偿还债务将有利可图，因此石油公司也可能认为这种条款颇具吸引力。许多其他债券的偿还与利率、汇率、商品价格相联系，近来还出现了其他的风险联系因素。[③]

---

① 有关可转换证券的定价模型可参见 Brennan 和 Schwartz(1990)以及 Ingersoll(1977)；Stein(1992)对该模型在公司财务中的运用进行了理论分析。根据这些理论模型，包括 Ingersoll(1977)、Brennan 和 Schwartz(1977)以及 Dunn 和 Eades(1984)在内的作者指出，公司一般都延期赎回可转换债券。但 Asquith 和 Mullins 认为，适于赎回时发行在外的债券数量很小才是延期的真正原因。还有些作者针对股价对可转换证券发行的反应进行了实证分析，包括 Mikkelson(1981)以及 Dann 和 Mikkelson(1984)。针对股价对赎回的反应进行分析的有 Ofer 和 Natarajan(1987)，Mais、Moore 和 Rogers(1989)以及 Cowan、Nayar 和 Singh(1990)。

② 例如，Brennan 和 Schwartz(1988)对公司如何恰当地运用可转换证券进行了非常直观的论述。

③ 1992 年冬季《金融创新专刊》——*Journal of Applied Corporate Finance* 叙述和分析了上述诸多最新的金融产品。特别地，Finnerty 概述了已发行的证券种类，Miller 和 Merton 分别分析了金融创新的经济价值。此外，Sundaram(1993)论述了国际资本市场的最新证券，Tufano(1989)从开发新产品的投资银行的角度论述了金融创新，而 Shirreff(1994)则讨论了金融产品在未来几十年的可能发展。

§9.3.4 一级市场与二级市场

对金融市场的另一种分类是区别一级市场与二级市场、证券初次出售与证券二次出售。一级市场（primary market），是指新发行的证券向其初始投资者出售的市场，而现有证券在投资者间进行交易的市场称为二级市场（secondary market）。同样，证券初次发行（primary security issue）（或称为初次出售）是发行人的筹资活动，即发行公司向某原始投资者出售证券以换取现金。如果该投资者随后决定向其他的投资者出售证券，这一交易则是证券二次出售（secondary security sale）（以后所有的交易都属二次出售）。无论如何，二次出售对发行公司的现金流量都不产生直接影响。[①] 大多数常规的证券二次出售（如当某个投资者决定出售 100 股普通股份时）涉及经纪人，以集合买卖的双方，但有些大规模的二次出售被设计成二次发行（secondary issue），即实际上由投资银行承销。近年来，最为重要的证券二次发行要数世界各国政府所采取的股份私有化发行。其中的大多数涉及政府出售现有股份，而不是为新近私有化的公司本身筹措资金。

虽然一级市场与二级市场间的差别可能比你所想象的要大，但很少有证券市场绝对地属于一级市场或二级市场。普通股和优先股都属于永久性证券，而且任何单个公司都很少适时发行股票，因此，世界股票市场上的绝大多数交易都涉及现有股票的二次交易。另一方面，全部发行在外的债权证券中，只有极小部分在二级市场中时刻都交投活跃，多数人购买短期债权证券（包括商业票据）的目的是持有至到期日。虽然流动性通常是投资者非常看重的指标，在选择是发行数量有限的高流动性的证券，还是发行多种类型有特定条款的（相对不易变现）证券以吸引不同的投资者时，财务主管们都在竭力为公司制定出最优的筹资策略。[②]

§9.3.5 套期保值市场与风险管理工具

在过去 20 年里，虽然各类金融工具的交易实际上都有所上升，但没有哪个市场会像用来进行套期保值和风险管理的金融工具市场那样急剧增长。自从 1973 年布雷顿森林固定汇率体系崩溃后，公司都面临着利率、汇率及所有重要原材料价格的剧烈波动。[③] 随着风险的增加，对金融工具和融资策略的需求也迅速增加，公司用其来进

---

① 虽然二次出售对公司现金流量没有直接影响，但如果出售决定是由掌握充分信息的“内幕人”（如经理、董事或大股东）做出，或者股票需求弹性低于完全弹性，那么宣布出售将导致股价下跌。对二次出售进行研究的有 Scholes（1972），Dann、Mayers 和 Raab（1977），Holthausen、Liftwich 和 Mayers（1987），Easley 和 O’Hara（1987），Kumar、Sarin 和 Shastri（1992），以及 Hudson、Jensen 和 Pugh（1993）。

② Amihud 和 Mendelson（1986）发表了有关为什么流动性对投资者很重要，并对其相关性进行了经验研究的首篇文献。Sanger 和 McConnell（1986）对流动性增加股票价值进行了进一步间接证明，而 Grossman 和 Miller（1988）则提出了有关变现力的理论模型。

③ Smithson 和 Chew（1992）形象地描述了金融资产（包括外汇）价值的急剧波动。

行套期保值或补偿经营和财务风险。[①] 风险管理的四种基本工具包括：远期、期货、期权和掉期。[②] 下面我们将分别讨论各种金融工具。但在此之前有必要说明，在 1973 年以前，还不存在能提供上述任何一种金融产品（除外汇远期合约外）的成型市场。

远期合约（forward contract），是指双方协议在未来某个固定日期，买方按一定价格向卖方购入一定数量的货物或金融工具。例如，一家跨国公司的财务主管预计在 60 天后将收到 1 000 万瑞士法郎，他可能会选择按每瑞士法郎 0.70 美元出售该远期债权。这样，通过锁定公司将收到的外汇现金的美元价值，对该项收款的外汇风险进行套期保值。在第 60 天，无论到时美元与瑞士法郎的即期汇率如何，公司都能交付 1 000 万瑞士法郎并换回 700 万美元（$0.70/SF×SF1 000 万）。多数远期合约是由公司和金融中介单独约定的，但也存在包括几种外汇和原材料的远期合约市场，这些合约具有标准的面值和期限，有关机构（包括券商自身）可以利用该市场对其风险进行套期保值。

与远期合约相比，期货合约（futures contract）是一种场内交易合约，即约定在合约到期月份的标准日（也就是该月的第三个星期三）交割标准量的货物或金融工具。这样设计期货合约，能够提供标准的、大量交易（因而能降低成本）的金融工具，以便个人和企业用来对商业风险进行套期保值，投机者们也可针对商品价格的涨跌进行高风险投机。虽然远期合约与期货合约的持有人都负有交割义务，期货合约的违约风险要低得多，原因有两方面。[③] 第一，任何主要的期货交易都是在交易所进行的，交易所作为所有买卖各方的共同对方。虽然单个交易者在期货专柜（交易的场所）进行面对面交流，合约的实际订立却打破了买卖双方的直接联系，而将交易所作为合约对方。这样，交易者无须担心交易对方的信誉问题（远期市场的参与人必须考虑此问题），而只需关注交易所本身的信誉问题。按日结清所有合约，称为按市价计价（marking-to-market），是降低期货交易违约风险的第二项因素。从本质上讲，期货合约是一种零和博弈，即无论商品的市场价格如何变化，长期（买入）和短期（卖出）合约的蕴含价值同样改变，一方的获利也就是另一方的损失。通过按日要求合约的败方向胜方支付交易的净额，期货交易消除了大量未实现损失被逐渐累加的可能性。

除上述区别外，期货合约还在两个重要方面区别于远期合约。第一，期货合约被设计成小面额（通常在 10 万美元左右），以吸引个人和小公司等散户市场的需要，

---

① 许多文章都讨论了公司可能如何评估并运用金融合约来最大可能地降低风险，包括 Kaufold 和 Smirlock (1986)、Rawls 和 Smithson (1990)、Pringle (1991)、Smithson 和 Chew (1992)、Dolde (1993)、Pringle 和 Connolly(1993) 以及 Acheson(1994)。《商业周刊》(1994 年 10 月 31 日) 一篇风险控制的专门报道从实务出发，讨论了用衍生工具进行套期保值所面临的越来越大的风险。

② 有关四大基本工具可参见 Smith、Smithson 和 Wilford(1989)。这些作者还论述了经理们如何将基本工具进行"混合和搭配"以达到特殊的风险管理目标。

③ French(1989) 对金融期货定价进行了直观论述，Cox、Ingersoll 和 Ross(1981) 及 Meulbroek(1992) 对远期合约和期货合约定价进行了比较。

而多数交易活跃的远期合约最低面值为 100 万美元或更多。当然，那些计划对大量风险进行套期保值者，也只需购买多笔合约，因此小面额合约对期货交易者很少会构成问题。第二，多数远期合约清算时需实际交割，而期货合约很少会这样。相反，只要能通过正常经营过程的交割来结清所代表的商业风险，期货市场的套期保值者可通过对冲交易来结清期货合约。

例如，上述有 1 000 万瑞士法郎应收款的跨国公司，可能选择期货市场而不是远期合约进行套期保值。通过购买 8 手在它收到瑞士法郎的那一天到期（由于期货合约的交割日期固定，交割日期必须恰好与交易者的预计收款日期相同）的瑞士法郎期货合约，每笔规定交割额为 12. 5 万瑞士法郎。当收到瑞士法郎后，无论到时美元对瑞士法郎的即期汇率是多少，公司都可按合约汇率兑换为美元，并同时卖出 8 手以前买入的在同日到期的瑞士法郎期货合约，来对冲或抵偿所订立的期货合约。如果在合约到期的第 60 日，瑞士法郎对美元的汇率从 $0. 70/SF 下跌至 $0. 50/SF，在现货市场出售瑞士法郎时，公司将损失 $0. 20/SF，合计达 200 万美元。但是，这一损失恰好将由公司从期货市场获利的 200 万美元所抵消。如果瑞士法郎对美元升值而不是贬值，公司将在现货市场交易中获利，而在期货合约中受到损失。在任一种情况下，套期保值者可以运用金融合约对所蕴含的商业风险进行套期保值，而无须按期货合约进行实物交割。

在掉期合约（swap contract）中，双方约定交换合约所代表的金融债务的偿付义务，双方的债务本金相同但支付方式不同。最常见的这种交易是利率掉期，负有浮动利率外债的一方与负有固定利率的另一方交换偿付义务。[①] 一方可能计划发行固定利率的债务，但选择发行了浮动利率的债务，可能是因为自己更接近于固定利率的市场，或者发行浮动利率债务的成本过高。通过签订掉期合约，浮动利率债务的发行者能有效地换回固定利率的偿债义务，而对方（更有机会接近固定利率市场的一方）将换回想要的浮动利率的偿付方式。双方只须支付双方偿债义务的差额部分，而不是全部标的。如果市场利率上升，用固定利率履行偿债义务，掉期为浮动利率债务的一方将受损；如果市场利率下跌则将获利。第二类最常见的掉期合约是外汇掉期，即双方交换以不同外汇为面值的偿债义务。例如，一家计划在瑞士投资的美国公司，可能宁愿借入瑞士法郎而不是美元。但是，如果公司借入美元的条款更优于借入瑞士法郎（通常是这样），这家公司合理的策略可能是借入美元以满足投资需要，然后将偿债义务与一家计划在美国投资而需要美元的瑞士公司进行掉期。

期权合约（option contract），是最后一种基本的风险管理工具，实际上在现代金融体系中非常普遍。场内交易的期权合约涉及个别股票、股票指数、多种外汇和利率，以及种类繁多的工农业产品，甚至包括期货合约。更多的期权是由金融机构专为

---

① 许多学术文章对掉期进行了探讨，包括 Bicksler 和 Chen（1986）、Litzenberger（1992）、McNulty（1990）以及 Titman（1992）。

其顾客而设计，以适应其顾客的需要（通常这些被称为场外交易期权或柜台交易期权）。买入期权（call option），赋予持有人权利在未来某一日期（欧洲式期权）或某一期间内（美国式期权）按一定价格买入一定数量的商品。卖出期权（put option），赋予持有人类似的卖出商品的权利。① 期权估价和清算方式已在第 5 章做了深入讨论。这里，目的是讲述期权作为套期保值工具的关键特点，即提供一种工具以防范价格发生相反变动的风险（因为如果价格变化对已有利，持有人有权行使权利），而如果合约所代表商品的价格变化对已有利时又不会失去获利的权利。当然，在任何情况下，你都可在期权到期时放弃行权。

现代公司以及迎合它们需要的金融机构，已能娴熟地将风险管理的基本工具进行复杂组合，以便获得有利于公司发行者的特定风险组合；或者向投资者提供独特的偿付方式，从而丰富资本市场；或者两者兼而有之。由于成功的金融创新将带来丰厚回报，每年都有众多新的金融产品被开发出来。多数以失败而告终，或者至少没有达到预期的目标，但成功者也为数不少，因此我们将看到在可预见的未来可能还会有继续的趋势。第一，更长期限的风险管理产品会继续出现。虽然标准的期货、远期和期权都是短期合约，近年来已开始出现更长期限的合约，以及能有效发挥套期保值作用的中长期证券。第二，将会开发出更复杂的证券以对多重利率、外汇、投入与产出定价的风险进行套期保值——特别是在国际领域。第三，由于全球证券化趋势的加速，对新证券发行的定价和承销风险进行套期保值的新方式将继续出现。

为什么上市公司会进行套期保值？近年来，公司对套期保值和风险管理工具的需求增长迅速，但对于为什么上市公司会选择套期保值，我们还不太清楚。风险规避原理能解释为什么个人和私人公司进行套期保值，但这并不能解释为什么（为了众多风险分散的股东利益而运作的）公司可能花费资金对非系统风险进行套期保值。Clifford Smith 和 Rene Stulz 阐述了上市公司可从套期保值中获益的三个原因。② 第一，如果某公司的有效税率是税前利润的凸函数（当收益增长时，有效边际税率上升），进行套期保值能均匀利润流量，进而减少预期税收负债的现值。同时，还能减少公司在某期支付高额税收而在另一期间放弃或延期抵税利益的可能性。第二，套期保值能够降低公司面临破产或财务困境的可能性，进而能增加公司价值。例如，对公司经营和财务风险套期保值的可靠承诺，有时会促使贷款人向公司提供比不存在套期保值时

---

① 前面所举例子中的公司财务主管，如果计划对瑞士法郎收款的美元价值进行套期保值也可这样做：购入瑞士法郎的卖出期权，使公司有权按固定价格（比如每瑞士法郎 0.70 美元）出售法郎。在合约到期日，如果瑞士法郎即期汇率低于 0.70，公司可以行权按每瑞士法郎 0.70 美元卖出。当然，如果即期汇率高于 0.70（比如说 0.80），公司可以放弃行权，并在公开市场出售瑞士法郎。通过该交易可获毛利 100 万美元（$0.10/SF × SF10 000 000 = $1 000 000），每瑞士法郎 0.10 美元减去每瑞士法郎的期权权利金即为净利。

② 该理论由 Smith 和 Stulz（1985）提出，并由 Nance、Smith 和 Smithson（1993）进行了实证检验。有关分析公司进行高成本风险管理活动的原因的理论文章还来自于 Campbell 和 Kracaw（1990），Froot、Scharfstein 和 Stein（1993）。同样，Mayers 和 Smith（1982，1990）还分析了公司购买保险的原因。

更优惠的贷款条件。最后，套期保值有助于减轻管理当局的风险规避动机及所带来的监督问题。由于经理人员的人力资本与公司密切相关，破产将削弱或破坏这一资本的作用。套期保值能减少这种风险，与不存在套期保值相比，公司可以因此而吸引更优秀的经理，支付更低的工资，并且（或）促使他们做更多的投资以吸引适合于公司的专门人才（如果不进行套期保值，不这样做可能更符合个人理性）。

§9.4　金融中介在现代经济中的作用

金融中介，一般是指商业银行和其他金融机构，它们打破储蓄人和借款人之间的直接筹资联系，将借款人所发行的债权转换给储蓄人持有。这一过程被称为定性资产置换（qualitative asset transformation），它区别于金融经纪人（broker）的中介，后者仅仅将买卖双方集合到一起，并不改变所交易债权的实质。[①] 虽然金融中介有时也提供经纪及资产置换服务，作为公司财务理论学者，我们更关注后者。从经济上看，金融中介通过向外出售债权筹资，再将所筹资金投资于个人、政府和非金融公司发行的债权证券和权益证券。金融中介在现代经济中的作用重大，但在不同国家的相对重要性和市场力量方面存在着巨大差异。在本节中，我们的主要目的是：（1）阐述金融中介向公司所提供的金融服务；（2）比较金融中介在美国、其他发达和发展中国家公司财务体制中的作用，并解释为什么两者间存在如此众多的差异；（3）评价为具有全球竞争力的公司提供日益需要的产品和服务方面，金融中介与证券市场的相对优势。

现代金融中介提供五类主要的定性资产置换服务。[②] 第一，提供对个人和公司都很重要的结算和支付中介（liquidity and payment intermediation）。例如，存款机构向外发行高流动性、接近无风险的债权，使债权人能用来（代替现金）支付商品和服务的价款。这些机构再购买公司或其他借款人发行的流动性相对较差的债权。第二，金融中介可提供期限中介（maturity intermediation），即发行相对短期的债务（存款单、货币市场共同基金股份、交易存款），购入更长期限的金融资产或房地产。特别是商业银行，大致可被看作是靠运用收益曲线而生存，即以低利率借入短期资金，再进行长期放贷，因而能获得较高的风险调整后收益。第三，金融中介提供面额中介（denomination intermediation），即向投资者提供小面额的储蓄工具（你的存款账户曾经达到的最低正余额是多少?），但同样也能够满足特大型公司的营运资本和投资的需要。每当公司需要为一项资本支出项目融资时，这样做显然能够消除组织一大批小型投资者的成本和风险。第四，金融中介能为个人储户提供低成本的多样化中介

① 有关定量资产置换的探讨和金融中介理论的阐述，请参见 Bhattacharya 和 Thakor(1993)。

② Fabozzi、Modigliani 和 Ferri(1994)概述了金融机构所提供的中介服务。Shirreff(1994)则对美国金融中介 1990 年与 1950 年的各种产品和服务进行了比较。

(diversification intermediation)，否则在任何时刻，个人储户都无法用小笔资金购买充分多样化的投资组合。投资者只须向金融中介（其本身能进行充分多样化的组合投资）购入债权，而无须承担投资于多样资产的搜寻和交易成本。①

金融中介所提供的第五类也是最后一类服务同样很重要。这就是信息中介(information intermediation)，多数现代金融中介理论都将其看作是金融中介产生和繁荣的主要原因。② 在金融市场中，由于公司经理和个人投资者间的信息不对称，使投资者很难在贷款前（或做出股权投资前）评估借款人的真实信用情况，或者就公司对所筹资金的随后使用情况进行监督。鉴于无力区分借款人的风险高低，投资者要么选择根本不贷款（或不投资），要么只有在有高回报率承诺时才这样做。金融中介能够招募到训练有素的专家和专业人员，来解决信息不对称问题，即分析哪些借款人有最好的投资机会，直接为这些投资机会提供资金，并按照投资或贷款协议来监督公司经理是否按规定使用资金。

经济学家们很久以前就认识到，在信息未被披露、价值未得到展示前，潜在的买者不愿购买信息，因此很难在公开市场出售信息。但是，如果通过普遍披露来展示信息价值，信息就成了公共产品，从而任何人无须付款就能利用。使信息成为公共产品的一个办法是，将信息与金融中介的下列经济功能集合到一起：(1) 信用信息的获取和分析；(2) 直接的资金提供；(3) 监督借款人的经营。经过一段时间后，借款公司通过及时偿还贷款，采用谨慎的营运资本管理政策，或者能明智地使用复杂的金融产品，进而向金融中介证明其良好的声誉；反过来，这将增强金融中介的信心，向公司增加贷款，并投入时间和资源来发展持续的业务关系。商业银行或其他金融机构也因此成为公司内幕人（corporate insider)，能洞悉有关借款公司经营和投资机会的机密信息，有机会率先评估并满足公司不断变化的融资需要。Petersen 和 Rajan 在 1994 年清楚地说明了金融关系（特别是对小公司而言）的价值。

在许多国家（美国除外），金融中介同样发挥重要的公司治理的作用，这与它们在批准贷款和监督贷款偿还上的作用不同。③ 特别是商业银行，经常通过参与公司董事会和监督单个经理的业绩情况，帮助所投资的公司建立经营及财务政策。在德国这样的国家，银行既能直接拥有大量的普通股，又能根据个人顾客的委托就其所持股份

---

① 不少文献对上述 4 种中介进行了深入探讨。Benston 和 Smith(1976)最先运用交易成本理论解释金融中介问题。随后的文章参见 Morgan 和 Smith(1987)以及 Gorton 和 Pennacchi(1990)。

② 有关探讨信息作为金融中介存在的基础的文章为数众多，但最经典的文章莫过于 Leland 和 Pyle(1977)。此后，一些研究信息不对称如何影响对金融中介的需求的文章也纷纷发表，这些文章的作者包括 Diamond(1984, 1989)、Fama(1980)、Campbell 和 Kracaw(1980)以及 Allen(1990)。

③ 有关日本的公司管理(控制)体制，请参见 Hodder 和 Tschoegl(1985)或 Frankel(1991)。有关德国和日本公司管理的比较分析以及美英两国公司股权特征的阐述可参见 Kester(1992)。文章认为，美国银行拥有(多数是持有其顾客信托股份)所有上市交易普通股的 0.3%，而德国和日本银行所持股份分别为 8.9%和 25.2%。本书第 2 章对所有权结构的重要性进行了全面的讨论。

行使表决权，因而金融机构掌握着强大的经济控制力。在那些长期以来公司资产归国有的国家，国有银行通常被用来作为进行金融控制的工具。但是，出于政治和历史原因，美国禁止商业银行承担公司控制职能，甚至阻碍其他中介机构（如保险公司、养老基金、共同基金）发挥积极的约束和监督公司经理的职能。[①] 下面，我们将简要分析一下美国金融中介经营中所涉及的监管环境，作为背景材料以进一步分析金融中介在美国公司财务体制中的作用。

§9.4.1　监管、金融中介在美国公司财务中的作用

很久以来，美国人一直对集中的经济权力心存疑虑，这极大地影响了美国对金融机构的监管。为迎合民意，决策者一直阻碍大型金融中介（特别是商业银行）的成长，其中部分办法是施加严格的地域限制。[②] 例如，在采取单一银行制的州（unit-banking states），只允许商业银行设立一间营业机构（禁止设立分支机构）。甚至直到今天，只有相对很少的州准许银行在州内不受限制地开展业务。1927 年，国会通过了《麦克菲登法案》（McFadden Act），将地域限制写入联邦法律，禁止银行跨州经营。这项立法的通过，使得只要该法律有效，就不可能出现一家真正的全国性银行（横跨全部或大部分州进行一体化经营的银行）。多年来，几家大银行试图利用监管上的漏洞，或通过几项地区“协定”来扩展邻近州的业务，进而拼凑成跨州金融体系。但是，就是这些体系也必须被设计成控股公司下属的独立公司，其中任一个公司的业务都不能遍及全国。多年来，经历无数次废除《麦克菲登法案》的失败后，国会最终在 1994 年通过法案，准许银行跨州开展分支业务。[③]

第二部影响美国金融中介的重要法律是 1933 年通过的《格拉斯-斯蒂格尔法案》（Glass-Steagall Act），以规范大萧条时期混乱的银行业。该项立法规定将投资银行与商业银行分离，并禁止商业银行承销公司债券的发行，禁止为其客户提供证券经纪服务，甚至禁止持有普通股表决权。因此，银行对公司的融资作用被严格限定在发放商业贷款，以及提供诸如租赁等十分相关的服务方面。正如针对《麦克菲登法案》一样，人们一直试图去废除《格拉斯 - 斯蒂格尔法案》，在 1995 年投资银行与商业银行双双向国会提交议案，建议废除该法案的全部或部分条款。然而，直到本书创作时，虽然有几家银行已经能避开严格的管制，该法律仍然是有效的。

---

① 有关这些法规及其影响的阐述请参见 Grundfest(1990)、Roe(1990)、Black(1990,1992)、Jensen(1993)和 Bhide(1993)。

② Wheelock(1993)归纳了金融管制的历史演变。此外，还对美国金融业的现状进行了调查。还有许多类似的调查试图回答“金融业正成为夕阳产业吗”这一问题，做这些调查的人包括 Kaufman 和 Mote(1994)以及 Boyd 和 Gertler(1994)。

③ 一股银行兼并的浪潮将可能是该法案的最首要的影响，因为金融机构都正竭力快速创建全国性分支网络（参见 Knecht,1994）。一些评论人士甚至认为，未来 3 ~5 年内，少数(8 ~10 家)大型银行将控制全国金融市场的 50% ~80%。

这两部法律对美国现代金融体系发展的影响是难以估计的。其中有些影响是积极的。例如，如果《格拉斯－斯蒂格尔法案》没有限制投资银行与既有商业银行的金融竞争，我们无法肯定美国证券市场是否会同现在一样有效，或者美国投资银行是否会发展成现在的规模并具有全球竞争力。[①] 同时，正是源于《麦克菲登法案》的地域限制，更多的地方银行（被认为比大银行更愿为小企业提供融资服务）比没有该法案时更能独立生存下来。然而，多数客观的观察家们可能会认为，这两部法律对美国银行施加的管制使本国非银行公司的金融需要没能得到很好的满足。

《麦克菲登法案》的地域限制，《格拉斯－斯蒂格尔法案》的业务限制，加上对非银行金融中介在公司治理方面的限制，这些限制对美国公司财务的负面影响表现为三个主要方面。第一，通过禁止银行发展到足够大的规模，以有效地为第二次世界大战后出现的美国特大型公司服务，这些法律的存在促使美国公司更多地依赖于证券市场筹资。虽然证券市场显然在现代金融体制中拥有一席之地，但常识和其他发达国家的经验都说明，在多数常规性业务领域，中介筹资实际上更具有竞争优势。[②] 没有其他哪个国家拥有像美国一样的大型证券市场和相对较小的商业银行，这说明美国金融机构政治中立实际上使本国企业增加了效率成本。虽然商业银行仍然对中小企业（下面将讨论）和全国清算系统很重要，但它们对美国大型公司的直接融资作用基本局限于安排辛迪加贷款，提供风险套期保值，提供高级的现金管理服务。

第二，商业银行与投资银行的业务分离，以及对跨州银行业务的禁止，使商业银行的规模相对弱小，这无疑增加了美国金融体制的脆弱性。[③] 由于不能在不同地区分散经营或者进入新的业务领域，美国大型银行（通常被称为货币业务为主的银行，money-center banks）在20世纪70年代后期日益依靠大面额的“外购”资金（可转让存单、欧洲美元存款）来融资，同时将更多地依靠国际贷款作为其发展策略。20

---

① 1993年10月一项对公司财务经理的*Euromoney*调查（发表于1994年4月30日《经济学人》国际银行概览专栏）清楚地揭示了美国投资银行在全球金融业中的主导地位。该调查按承销、交易和咨询能力对投资银行进行了排名。调查中排名前5位中的4家，排名前20位中的10家投资银行都是美国银行（高盛、美林以及摩根银行名列前3位）。《投资券商文摘》所提供的市场份额资料（T. Kershaw，1994）更加说明了美国投资银行的主导地位，因为美国公司占据了前3位（美国公司部分持股的CS First Boston/Credit Suisse名列第4位）以及前13位中的11家。在1993年全球9969次证券发行中有5 351次是这几家投资银行（占53. 7%），这些发行的筹资额占当年15 000亿美元筹资总额的64. 1%。可能最有说服力的是，Economist（1995年4月15日）的一项对华尔街的特别调查认为，美国投资银行是世界上最具竞争力的金融机构，而且看上去垄断了国际国内的公司财务新领域。

② Seward（1990）和Diamond（1994）对证券融资和银行融资在监督和控制公司经理人员中的相对优势进行了探讨。

③ 与多数发达国家不同的是，20世纪美国经历了一系列银行破产事件。20年代，由于银行破产（主要是在农村地区）使商业银行的数量从1921年的30 456家的最高点下降到1929年12月的24 970家（参见Wheelock，1993）。1933年底，大萧条使这些银行中另外43%的银行被迫破产，结果使美国银行的数量在1921—1933年间下降了50%以上（达到14 207家）。相反，虽经历了类似的经济困难但拥有全国性分支银行体系的加拿大在大萧条期间只有1家银行破产。从20世纪30年代中期至80年代初，美国的银行破产较为罕见，但过去10年银行破产数量却再次急剧上升。与以前一样，银行破产集中于少数州，这些州要么过度依靠农业，要么对银行设立分支机构严格限制（仅得克萨斯州就占80年代全国银行破产数量的1/3以上）。至1992年底，美国银行的数量下降到11 461家。

世纪 80 年代初，发展中国家爆发了债务危机，给美国货币业务为主的银行带来了灾难性后果。[①] 当无数存款大户撤回其资金或者要求更高的风险补偿时，不仅几个最大借款人出现违约或要求延期偿还债务，这些银行筹资基础的薄弱也明显地表现出来。即使在 80 年代中期，银行业有所恢复，有限的投资机会促使它们再次过多地依赖于两大高风险行业——对资金需求永无止境的房地产业、石油和天然气业——两者在 80 年代末都遭受了财务重创。很少有其他行业像银行业那样受制于诸多管制，因而如今美国许多大型非银行公司的信用等级更高也就不足为怪了。在理论上，大型商业银行服务于大型非银行公司，事实上后者信用等级更高，因此更能以优惠的条款借入资金。20 世纪 90 年代早期，由于利率不断降低，银行业利润不断增长，从某种程度上改善了这一状况，但许多美国大型银行的长期前景仍较暗淡。表 9-3 提供了不同的美国金融机构自 1860 年以来若干年的资产份额，形象地描述了商业银行在美国金融领域不断下降的市场份额。

第三，也是到目前为止由美国 60 年金融管制所带来的最严重问题，即导致极弱的公司治理结构。[②] 由于银行被禁止持有普通股，加上管制阻碍了保险公司和其他非银行金融中介在公司监督方面发挥积极作用，美国大型非金融公司的经理们无须像其他国家的同行那样对金融中介负责。相反，美国经理们只须向公司股东负责。如果某股东监督和约束管理当局，他或她将承担全部监督成本，但只能分享公司实施更有效管理所带来收益的一小部分，因此没有人愿意发挥这种监督和约束作用。由于缺乏股东或金融机构的有效监督，美国的公司财务只能依靠恶意并购和代理权争夺来约束或罢免效率低下的管理团队。这是一种原始的、代价昂贵的公司控制方式。20 世纪 80 年代末，恶意并购还形成了严重的政治敌视，几个主要州通过了反并购法律，加上其他的管制条款，使恶意并购的实施变得极其困难。[③] 在 90 年代，一批大的机构投资者（特别是养老基金）的参与不断上升，给加强对公司的监督带来了一些希望，但缺乏对现有管理当局的有力制约仍是美国公司财务的重要问题。[④]

---

① 有关大额存单对美国货币业务为主的银行的影响分析，可参见 Sachs 和 Huizinga（1987）。

② 除了前面所引用的文章外，有关弱化的公司治理体制所带来的财务和经营问题的分析还可参见 Jensen（1986，1989）。当然，即使银行及其他贷款人不能像股东那样对公司实施有效的控制，他们也能通过在贷款合同中加入保证条款并通过条款的有力实施间接地影响公司政策。前面的脚注中曾就债务保证条款标明了引用文献，而 Diamond（1994）则分析了税收和破产成本如何影响银行与公债的控制作用。

③ 谈到这个问题，学术界都将其与资本市场监督不足的假设联系在一起，然而同样是这些赞成对控制权市场不加限制的文章也证实美国公司财务中存在着严重的激励和监督问题。（如果这些问题不突出，为什么并购者在现金并购中不断地支付 30% ~50% 并购溢价呢？）显然，恶意并购和代理权争夺不是一种理想的控制方式，只能将其作为最后的选择。

④ 虽然我们并不是同意 Porter（1992）的所有结论和建议，其文章也的确清晰地分析了美国资本投资支出的弱点，他的关于强化机构在公司管理中作用的建议也颇具合理性（Black 在 1992 年也得出类似的观点）。其他几位作者也与 Porter 观点一致（或者至少与“财务正扼杀美国企业”学派一致），包括 Woolridge（1988）、Miller（1994）和 Bernstein（1992）。

表 9-3　　　　美国金融机构的资产份额（1860—1993 年）

年份	1860	1880	1900	1912	1929	1939	1948	1960	1970	1980	1993
商业银行	71.4	60.6	62.9	64.5	53.7	51.2	55.9	38.2	37.9	34.8	25.4
美国特许银行和银行持股公司	71.4	60.6	62.9	64.5	53.7	51.2	55.3	37.6	37.2	32.4	21.7
外国银行在美机构	–	–	–	–	0.0	0.0	0.6	0.6	0.7	2.4	3.7
储蓄机构	17.8	22.8	18.2	14.8	14.0	13.6	12.3	19.7	20.4	21.4	9.4
储蓄与贷款协会	0.0	2.2	3.1	3.0	6.0	4.2	4.7	11.8	13.0	15.5	7.4[a]
储蓄银行	17.8	20.6	15.1	11.8	8.0	9.2	7.4	6.9	6.0	4.2	
信用协会	–	–	–	–	0.0	0.2	0.2	1.1	1.4	1.7	2.0
保险公司	10.7	13.9	13.8	16.6	18.6	27.2	24.3	23.8	18.6	16.1	17.4
人寿保险	1.8	9.4	10.7	13.6	14.8	23.5	20.6	19.4	15.1	11.5	12.8
财产/意外保险	8.9	4.5	3.1	3.0	3.8	3.7	3.7	4.4	3.8	4.5	4.6
投资银行	–	–	–	–	2.4[c]	1.9[c]	1.3[c]	2.9	3.5	3.6	14.9
共同基金	–	–	–	–	–	–	–	2.9	3.5	3.4	14.2
股票和债券	–	–	–	–	–	–	–	2.9	3.5	1.5	10.2
货币市场	–	–	–	–	–	–	–	–	–	1.9	4.0
限额基金	–	–	–	–	–	–	–	b	b	0.2	0.7
养老基金	–	–	0.0	0.0	0.7	2.1	3.1	9.7	13.0	17.4	24.4
私人	–	–	–	–	0.4	0.8	1.6	6.4	8.4	12.5	16.7
州政府和地方政府	–	–	0.0	0.0	0.3	1.3	1.5	3.3	4.5	4.9	7.6
金融公司	–	0.0	0.0	0.0	2.0	2.2	2.0	4.6	4.8	5.1	4.7
证券经纪和交易商	0.0	0.0	3.8	3.0	8.1	1.5	1.0	1.1	1.2	1.1	3.3
抵押公司	0.0	2.7	1.3	1.2	0.6	0.3	0.1	b	b	0.4	0.2
不动产投资信托公司	–	–	–	–	–	–	–	0.0	0.3	0.1	0.1
合计(百分比)	100.0	100.0	100.0	100.0	100.0	100.0	100.0	100.0	100.0	100.0	100.0
合计(万亿美元)	0.001	0.005	0.016	0.034	0.123	0.129	0.281	0.596	1.328	4.025	13.952

[a] 在 1993 年的季初和季末，分别是储蓄与贷款协会、储蓄银行公布资料的最后日期。该日的数据是：储蓄与贷款协会占 6.0%，储蓄银行占 1.9%。

[b] 资料缺乏。

[c] 无限额和限额基金的分类数据缺乏。

资料来源：1860—1948 年资料来源于 Raymond W. Goldsmity，Financial Structureand Development，Comparative Economic Studies，New Haven，Yale University Press，1969，表 D-33，548 ~549 页。1960—1993 年资料来源于美联储理事会，“Flow of Funds Accounts”，不同年份。表中资料来源于 Kaufman 和 Mote，1994。

美国金融中介的竞争优势 上面讨论了金融中介的诸多缺陷，但不能由此得出结论：美国金融中介在它们既不具竞争力也不擅长的金融领域里一无是处。事实上，美国银行和非银行金融机构不仅成功地服务于大部分美国企业，在向国际企业客户们开发和提供高增值的金融产品方面，实践证明它们也居于世界领先地位。例如，商业银行仍然是美国经济中非法人企业和小型企业外部筹资的最重要来源。这些企业代表了美国国内生产总值的一半以上，雇用了全国劳动力的 60% 之多，其在金融方面需求的满足对美国经济来说是非常重要的。[①]

同样，银行可通过筹集资金，再向外出售债权（诸如汽车贷款、应收账款贷款和其他传统的银行信用工具），将费用证券化。[②] 这些产品不仅被证明深受投资者的青睐，同时也使得银行能够继续组织、服务并获利于商业和消费者贷款，而不会被迫将这些资产闲置不用。尽管规模庞大的美国商业票据市场的存在，似乎象征着银行的过时，然而实际上它是银行的主要获利领域——因为事实上所有商业票据都是由银行信贷限额做担保的。事实上，几项研究发现，美国银行业不仅远没有成为夕阳产业，用其产出占 GDP 的百分比或用雇用人数占美国全部劳动力的百分比来衡量，实际上在美国经济中的作用正日益重要。[③] 在过去几十年里，虽然银行在金融机构总资产中所占份额的确在持续下降，但在整个战后时期，金融中介在美国经济中的相对重要性急剧上升（如今甚至可能正在进一步加速），已抵消了资产份额下降的影响。

美国商业银行在国际金融领域同样取得了成功。尽管单从规模上看，它们远不是前几名，但它们在外汇交易、为公司和政府借款人组织（而不是融资）辛迪加贷款，以及国际现金管理方面仍在发挥重要的作用。[④] 此外，六家美国大银行垄断了全球外汇和利率掉期市场。同样是这些机构，还在近年来所出现的诸多高技术、高利润的证

---

① Elliehausen 和 Wolken（1990）、Petersen 和 Rajan（1994）探讨了银行对中小企业的重要性，Whited（1992）则探讨了公司清算对最优公司投资政策的重要性。其他就企业融资所遭遇的特殊困难进行极其深刻阐述的文章还包括 Pettit 和 Singer（1985），Timmons 和 Sander（1989），Posner（1992），Bhide（1999），Petty、Bygrave 和 Shulman（1994）以及 Cornell 和 Shapiro（1988）。

② Pennachi（1988）对银行为什么会选择向外出售贷款（以及对其出售能力的限制）进行了理论分析，而 Douglas（1993）按贷款类别（信用卡、住宅股份内部权益以及其他贷款）提供了 1992 年资产抵押证券发行量的分类信息。

③ 可参见 Wheelock（1993）、Kaufman 和 Mote（1994）以及 Boyd 和 Gertler（1994）。此外，Hunter 和 Timme（1991）指出，美国大型银行的经营效率正不断提高，而 Berger、Hunter 和 Timme（1993）则对有关金融机构效率的众多文章进行了更一般性的概括。

④ 依据 *Euromoney*（1994 年 5 月号）对外汇交易银行的排名，世界排名前 6 位中美国金融机构占 5 家（包括排名前 2 位的银行），在最受顾客欢迎的前 20 家银行中美国占 8 家（参见 Van Duyn，1994）。用外汇交易量或市场份额为标准的排名结果类似。此外，在《投资券商文摘》（1994 年 1 月 17 日）对全球贷款辛迪加的排名中，排名前 6 位的银行都是美国银行，排名前 25 位的银行中美国银行有 10 家。Plender（1994）在 Financial Time 的一篇文章中断言“在华尔街或伦敦，很少有人会怀疑美国银行已经勾画出大宗借款的未来”，而一位《华尔街杂志》（*Wall Street Journal*）专职记者则试图选出 12 家银行以组成 2000 年“全球精英”，并将花旗银行、J. P. 摩根和银行家信托公司列为其中的美国成员。

券和金融衍生工具的开发方面居领先地位。[①] 别具讽刺意味的是，在欧洲债券市场的证券承销业务上，美国商业银行获得了极大的成功（但不是居于垄断地位）——而这恰是它们在国内市场的弱势所在。

非银行金融机构同样在美国公司财务中发挥着重要作用——既作为贷款人，也作为股权投资者。[②] 保险公司不仅为大型房地产开发和工厂建设提供大量的长期融资，而且直接持有全部公开上市公司大约5%的股份。专业金融公司，如通用电气贷款公司（General Electric Credit Corporation）和通用汽车承兑汇票公司（General Motors Acceptance Corporation），成功地开拓了大规模设备购置的担保贷款业务。通过购买商业银行所发行的大部分可转让存单，货币市场共同基金也可间接地为企业融资。如今，纽约股票交易所上市的权益共同基金（equity mutual fund）数是股票数的两倍，这些基金还另外持有全部上市交易股票的10%。然而，近年所出现的公共和私人养老基金是迄今为止美国最重要的股票投资者（持有全部上市交易普通股股份的1/4，控制的资产价值达43 000亿美元），也正是这些机构承担了监督公司经理的积极角色。

风险投资家 在美国的非银行金融中介中，最受关注的可能要数机构型风险资本基金。[③] 由于多年来在甄别、融资和孵化许多最著名的高技术起步的公司方面的出色表现，这些基金被广泛认可为国民的财富。受支持的公司包括数字设备、英特尔、联邦快运、苹果电脑、微软、康柏电脑、基因泰克、安进和太阳微系统公司。迅速成长中的私人公司普遍受到激励和信息不对称问题的困扰，而这些基金由于善于使用专门的订约技术和可转换优先股，从而有助于解决这一难题。这一切吸引了学术界、政界及实务界的广泛注意，令人意外的是，风险资本每年融资额从不会超过40亿美元（仅在1987年超过一次），而且通常每年大约只筹集并投资20亿美元。[④] 相对于总额70 000亿美元的美国经济来说，这一数目小得几乎可以忽略不计。[⑤]

---

① Sinkey和Carter(1994)分析了影响商业银行运用衍生工具的因素，并论述了美国6大银行的市场垄断地位。这种垄断地位如今遇到了挑战，不是来自于银行业竞争者，而是来自于美国和欧洲的管理者——源于1994年初几家大型金融公司遭受的一系列与衍生工具有关的金融失败。

② Wheelock(1993)指出，1992年底，美国金融机构共持有金融资产总值120 890亿美元，分布如下：商业银行27 750亿美元，储蓄机构13 450亿美元，人寿保险公司16 230亿美元，其他保险公司6 240亿美元，私人养老基金23 490亿美元，公共养老基金9 720亿美元，金融公司8 070亿美元，共同基金10 500亿美元，货币市场共同基金5 440亿美元。

③ 近来出现了几篇有关风险资本的学术性文章，例如Chan(1983)，Sahlman(1988，1990)，Barry、Muscarella、Peavy和Vetsuypens(1990)，Megginson和Weiss(1991)以及Lerner(1994)。

④ Sahlman(1988，1990)、Gompers和Lerner(1994)对风险资本家所运用的专门的金融订约技术进行了深入探讨，Mull(1990)则为风险资本家运用可转换优先股的频率提供了佐证资料。本书第2章也对风险资本进行了深入探讨。

⑤ 虽然风险资本家备受学术界和新闻媒体的关注，"天使资本家(angel capitalists)"(非机构型的私人投资者，通常是成功的地方企业家)实际上为私人公司提供了大量的直接股权投资。例如，Freear和Wetzel(1991)曾指出，个人投资者每年为10万个项目投入资金300亿美元。

§9.4.2　其他国家金融中介的作用

虽然不同国家间的金融实务相差甚远，其他国家的金融中介在公司财务体制中比在美国通常发挥着更大的作用。特别是，没有哪个其他主要发达国家对商业银行建立全国分支机构施加了严格的地域限制，除日本外的所有国家都允许商业银行承销非金融公司的证券发行，或者直接进行公司股票投资，或二者兼有。[①] 即使是日本，也允许银行直接持有少量股票（目前不超过 5%），考虑到对经济发展的作用，禁止银行承销证券的法律（第 65 号条款）也没有付诸实施。第二次世界大战后，美军占领日本，美管理当局将其加入到日本战后宪法中。换言之，多数其他发达国家允许商业银行作为真正的商业银行（merchant bank），即能够提供全面的金融服务，包括：（1）结算和现金管理服务；（2）短期、中期和长期商业贷款；（3）贸易融资和项目融资；（4）证券承销；（5）直接私募股本。虽然美国促进了以证券市场为基础的公司财务体制的发展，但多数其他发达国家则强调发展以金融中介为基础的体制。

有几项因素影响了美国和其他发达资本主义国家金融中介的不同发展历程。文化、历史和地理因素都有其影响。[②] 从文化上看，加拿大、欧洲和日本公民将私人财富的集中看作是一种威胁的程度要低于美国人，可能是由于同美国相比，这些国家历来允许政府作为平衡因素对私营经济发挥更大的作用。对现代欧洲和日本的金融发展来说，可能最重要的历史影响是第二次世界大战所带来的。美国在第二次世界大战中取得成功并富强起来，欧洲和亚洲却受到了实质上的破坏，金融上陷入破产的境地（即使是其他“胜利者”也是如此）。为快速重建，所有这些国家的政府都认识到，必须依靠少数实力强大的私人或国有金融机构，以直接将国内和国外储蓄（包括马歇尔计划的资金）运用到最重要的战略部门。这种强制性的紧急措施，加上战争毁坏了多数私人持有的金融资产，使证券市场在日本和欧洲战后融资上只能发挥很小的作用（参见 Hentzler，1992）。最后，由于美国对金融机构严格的地域限制，加上在 19 世纪和 20 世纪初工农业发展的巨额资本需求，即使不存在歧视性的银行业管制，也促使其更多地依赖于证券市场而不是金融中介融资，因为资本市场是筹集巨额高风险资本的相对较好的工具。

其他国家历来偏重于以中介为基础的公司财务体制，以及更宽松的银行监管制度，带来了如下影响。第一，平均来说，加拿大、欧洲和日本的商业银行的规模远

---

① 本书第 3 章结束时对英国、日本及德国的银行管制进行了简要阐述（见 Fabozzi、Modigliani 和 Ferri，1994）。

② 当然，这里并不是说现实中的任何国家金融中介的发展可以不受其政府管理者的政治干预。政府可以通过规范银行业的贷款政策以向与政府利益相关的集团提供低成本的资金，没有哪个发达国家的政府可以抵制这种诱惑，但是在某些国家（如法国、意大利、美国）的政府中情况显然更为严重。

大于美国，而且数量要少得多。由于这些国家很少存在地域或业务限制，只有规模最大、效率最高的银行才能经久不衰。因此，多数国家的银行体系由相对较少的大型全能银行所组成，其中多数建有遍及全国的分支机构。第二，与美国公司不同，其他国家的非金融公司历来更加依赖于商业银行进行短期和长期筹资。当然，也不应夸大这种差异。因为在过去20年里，银行的直接筹资作用在所有国家都持续下降，其他国家的一流公司很久以来就能直接涉足国际证券市场（如发行欧洲债券）。第三，其他发达国家的银行比美国银行发挥大得多的公司管理作用。特别是在德国，这一作用很重要，银行代表常是顾客公司的监事会成员。在日本，金融机构的公司管理作用也很重要，虽然银行在任何一个集团公司的持股比例不超过5%，银行常能有效地控制着大型企业集团（株式会社）。

第四，其他国家银行通常比美国银行对公司借款人有更大的影响力，并在客户公司的破产或财务危机处理时能发挥更重要的作用。① 尽管看上去这对借款人似乎是不好的信息，对日本银行关系的研究结果却正好与此相反。鉴于其作为重要的投资者和贷款人，日本银行比美国同行更愿意继续贷款给陷入财务困境的借款人。日本银行能够直接干预陷入困境公司的经营，因为干预及时，它们通常能够避免更大的损失，或者至少能最大限度地减少财务损失。②

上述以中介为基础的公司财务体制具有许多重要优势（尤其是在公司管理和财务危机处理方面）。在整个战后时期，这一优势在加拿大、日本和西欧发挥了重要作用，但纯粹以中介为基础的公司财务体制对发达国家来说可能正成为时代的错误。近年来，随着电信和信息处理技术的巨大进步，欧洲公司财务看上去明显将趋向于美国以证券市场为基础的模式。③ 正如下面我们将在9.5节中深入讨论的那样，只要能有效建立起个人产权制度，潜在借款人的财务信息能够可靠地、低成本地传播，证券化看上去自然会发生。此外，发生在德国的一系列丑闻（Metallgeschaft 和 Schneider）、里昂信贷银行和其他欧洲国有银行的巨额损失，以及几乎所有日本银行在房地产贷款

---

① Røsseler(1993)对德国和美国破产法及破产程序进行了比较，而 Rajan 和 Zingales(1994)则分析了在不同资本结构下不同破产程序的影响。

② Frankel(1991)以及 Berglof 和 Perotti(1994)对日本金融体制中银行的作用进行了探讨，Hoshi、Kashyap 和 Scharfstein(1990)则详细阐述了银行在处理财务危机中的特殊作用。有趣的是，同样是这些作者，其观念后来(1993)发生了根本性转变，从倾向于银行转为倾向于80年代日本公司所采用的公开债务筹资，他们发现这种向公开市场的转变主要源于大型的、成功的株式会社成员企业。大型企业不再依附于银行融资，相应地银行客户的总体信誉也呈现下降趋势，这一现象实际上存在于所有主要的发达国家——当然它最先出现在美国随后又发展于美国。

③ Szopo(1994)阐述了有关银行和资本市场筹资选择的策略原则，他认为中东欧国家的决策者在建立其公司财务体制时必须决定是采用“盎格鲁-撒克逊”(资本市场)模式还是“欧洲大陆”(商业银行)模式。他预计，这些国家将倾向于资本市场模式，因为未来10年里将出现巨额的融资需求，而且波兰、匈牙利和捷克的大规模私有化计划已经使建立公司股票交易的活跃市场成为可能和必要。

上的巨额亏损，使曾经沾沾自喜的欧洲和日本银行已光辉不再。[①]

§9.4.3 国际银行业务

到目前为止，我们的讨论侧重于不同国家的国内金融市场。下面将分析北美、欧洲和亚洲的几百个（全部或部分地从事国际金融业务的）最大银行所提供的金融产品和服务。[②] 在第二次世界大战结束到 1973 年布雷顿森林体系崩溃的这段时间中，这些国际银行的规模和实力稳步增长，在 1973 年后，它们的增长速度大大加快。虽然多数银行至少在其国内市场也很重要，许多银行的主要收入来源于国际业务，如：(1) 外汇交易；(2) 接受欧洲货币存款，发放欧洲货币辛迪加贷款；(3) 为政府和公司借款人安排项目融资；(4) 提供全球现金管理和贸易融资服务；(5) 新证券发行的承销及做市；(6) 提供专门的风险管理工具——特别是外汇掉期。前面已讨论了欧洲货币交易掉期和外汇掉期，下面介绍其他金融产品。

外汇市场（foreign exchange market）是迄今为止全球所见到的最大金融市场，估计其日交易额约为 10 000 亿美元。[③] 虽然交易集中于伦敦、纽约和东京三大主要金融中心，这实际上是涉及不同地区交易者的全球电信市场。从历史上看，几乎所有交易都涉及以美元作为基准外汇（numeraire currency）。例如，一家公司准备将瑞士法郎换为德国马克，可能先将法郎换为美元，再将美元换为马克。这种交易方式具有固有的效率（由于对所有外汇只需一个市场，市场将会更有深度），因此对非经常交易的外汇目前仍完全采用这种方式。当然，近年来外汇交易中，涉及主要外汇相互间的直接交易额不断上升。可能源于过去美元的重要地位，长期以来，美国银行垄断了外汇交易，而且一直被公司财务主管们看成是最具能力的外汇交易商。

项目融资（project finance），是在全球涉及风险大、资本密集型基础设施和资源型项目的贷款人、借款人、投资者和经营公司间分散金融风险的专门方法。[④] 项目融资的显著特征是，创立从法律上独立于项目发起人的项目公司，以负责有限的或无追索权的建设融资，在项目完成后负责经营并偿还债务。[⑤] 这一方式最初的大规模国际应用是 20 世纪 70 年代北美油田开发项目的融资——其中涉及巨大风险和巨额资

---

① Barnathan(1994)和 Tanzer(1994)探讨了中国经济的快速发展势头以及海外华人在促进经济转型及其融资方面的作用。Rountree(1994)则总结了 10 个主要的东亚国家经济方面的优势、劣势及发展计划。

② Aliber(1984)对国际金融方面的学术文章进行了归纳，Pavel 和 McElravey(1990)以及 Lessard(1991)则阐述了金融产品和金融国际化进程，Hirtle(1991)则分析了影响金融机构国际竞争力的因素。

③ 虽然日交易数字看上去不可思议，Economist(1992)(援引国际清算银行的数据)和 Euromoney(Fallon，1994)都这样分别报道过。为比较起见，应当注意 1969 年外汇日交易额不过 200 亿美元，也就是说这一数字在 25 年间增加了 50 倍。

④ Smith 和 Walter(1990)对项目融资做了极好的概述，而 Chemmanur 和 John(1993)对其进行了更理论化的分析。其他有关项目融资的理论和实务性文章还包括 Kensinger 和 Martin(1988)、Bennett(1993)、Peagam(1994)、Edwards(1995)、Kleimeier 和 Megginson(1995)、Marray(1995)、Røel(1995)以及 van Duyn(1995)。

⑤ Kleimeier(1993)探讨了各种不同的项目公司形式的优缺点。

本——如今被广泛运用于主要的公路、桥梁、隧道和其他基础设施项目，以及具有发达的世界市场的矿物（包括石油）处理设备的建造等。项目融资的一种专门形式是BOT方式，即建造、经营和转移（build，operate，transfer），通过组建项目公司，为项目融资并负责建造工作（比如一条主要收费公路），然后负责经营该公路，征收通行费并用所收的通行费来偿还初始融资。BOT取得了广泛成功，特别是在亚洲用来建设马来西亚的南北公路，以及连接中国香港和内地的主要公路。另一方面，已经出现几项惊人的与项目融资有关的金融灾难（如欧洲迪士尼），特别是BOT方式（如海峡隧道）。无论成败与否，国际银行都担当着重要的角色，其中欧洲和日本银行拥有迄今为止最大的市场份额。

如你可能预料的那样，国际现金管理和贸易融资根源于国内银行业务，区别在于每笔交易中都涉及多种外汇和法律体系。在国际现金管理方面，银行的主要竞争手段是强大的信息处理能力和大型的跨国（更重要的是跨大陆）分支金融网络。毫不奇怪的是，美国银行在这一市场做得相当不错。贸易融资的成功更多地依赖于银行对不同国家法律、金融甚至社会习俗的了解，而不是依赖于高技术融资能力。有几种专门的金融工具和金融单证（信用证、提单、银行承兑汇票）常用于贸易融资中，从事该领域的专业人员则需要多年的训练。可能是由于国际贸易历来对欧洲公司比对日本和美国公司重要得多，欧洲银行更易于垄断全球范围的贸易融资。

在过去15年里，银行在国际证券的承销和交易方面日益发挥重要的作用。如前所述，美国银行经常参与欧洲债券的辛迪加承销（正如欧洲、日本和加拿大的商业银行那样），银行还是几类中短期债权证券的主要发行者或承销商（或两者都是）。商业银行同样促进了许多传统上属于贷款融资交易的证券化。[①] 银团贷款已经（部分地）转化为证券化借款，就是这样一个很好的例子。以前，银行可能购买大型组合贷款的一部分，如今，许多大型辛迪加贷款被勾划为通货发行工具（note issuance facility），发行公司向承销辛迪加的成员银行出售证券（票据）以筹集资金。[②] 然后，成员银行可将票据向客户再出售或作为资产自行持有。银行同样还是各种金融工具（包括它们自身的部分失误，即不成功的金融工具——译者注）的做市者（经纪人或交易商）。发展中国家辛迪加贷款的二次交易市场也是当今发展最迅速的市场之一——这些贷款是在20世纪70年代由国际银行所开发，且在80年代无法偿还。如今，投资者对这些贷款面值的一部分进行交易，而银行既作为经纪人或交易商，又作为对

---

① 1988年7月Basle金融管理与监督实务委员会推荐采用风险基础的银行资本标准，这也是促使银行业远离传统银行贷款（将贷款列为资产负债表资产项目）的因素之一。Sinkey（1992，第21、22章）阐述了这些标准，Cooper、Kolari和Wagster（1991）则评价了股票价格对运用这些标准的影响。同样，几个西欧国家正逐步要求证券公司运用资本标准，Dimson和Marsh（1993）针对其不同的管制方式做了出色的评论。他们都明确指出，证券交易委员会的“综合”模式的效果远不如巴塞尔委员会的“基本框架”模式，而后者本身也不如英格兰银行“投资组合”方式有效。

② 前面脚注中所引用的一些文章以及第13章（Grabbe，1991）都对通货发行工具进行了探讨。

所持有的无法收回的辛迪加贷款的出售方参与该市场。[1]

在 20 世纪末，国际金融不仅是增长最快的行业之一，而且看上去更具有光辉的前景。10 年前，开放的世界经济涉及了西欧、北美、日本和南亚、中东、拉美部分国家的大约 10 亿人口。如今，这一开放的世界经济包括了亚洲、拉美、东欧多数国家以及部分非洲国家在内的大约 50 亿人口。最后，中国、印度和俄罗斯（及许多其他国家）的经济转型实际上给金融中介带来了巨大的商机。但是，为了避免你错误地认为在接受职业教育过程中只需学习银行业务，现在我们开始分析证券市场筹资——它将至少像银行一样为充满动力、智慧、约束力和正直的人士提供挑战和机会。

§9.5　证券市场在全球经济中作用的增强

现代财务中，全球公司转向依靠证券市场进行外部筹资是最明显和最具革命意义的一个发展趋势。我们先引用文献资料，再分析促进全球证券化的因素，然后特别分析一下美国资本市场的证券发行方式。接着，我们将阐述其他发达国家以及发展中国家的证券发行模式。然后，我们将阐述学者们研究得出的股票市场对不同证券发行的反应。在本章结尾，针对研究人员所总结的股票市场对证券发行的系统反应，我们将做进一步的理论探讨。

§9.5.1　全球证券发行的回顾

表 9-4A 及表 9-4B 列示了摘自《投资券商文摘》所归纳的 1990—1994 年全球及美国有关证券发行的信息。1993 年，全球证券发行总额从 1992 年的 11 615 亿美元（当时这也创下了纪录）达到 15 025 亿美元的纪录，而 1988 年还不到 5 000 亿美元。[2] 1994 年，由于利率的急剧上升，证券发行总额下跌至 10 923 亿美元，但即使这一数量仍然是第三个历史高点。在 1988—1993 年间，证券市场融资得到了近乎不可思议的增长，虽然这还远远比不上国际贸易、投资或经济活动的增长，但已形象地说明了公司财务证券化趋势的力量。除了近来的快速增长，从这些资料中可看出另一重要趋势，即证券发行迄今主要集中于美国资本市场：美国发行者占据了 1993 年全球发行总额中的 10 556 亿美元（占 69.8%）和 1994 年发行总额中的 7 086 亿美元（占 64.9%）。

---

① Boehmer 和 Megginson(1990)分析了这一市场的发展以及交易价格情况。

② 如果加上美国和国际借款人所筹集的 6 048 亿美元辛迪加贷款，1993 年非政府借款人经承销的外部筹资总额则超过 21 000 亿美元(Pratt 及 Hintze，1994)。

表 9–4A　　　美国资本市场的证券发行情况（1990—1994 年）

证券种类	1994	1993	1992	1991	1990
国内发行	$708.6 (6 221)	$1055.6 (7 220)	$856.1 (5 235)	$586.0 (11 968)	$312.1 (6 064)
国内资本筹资	440.9 (5 058)	542.1 (5 562)	396.9 (3 846)	327.4 (3 101)	171.0 (1 586)
投资级债券	342.5 (3 786)	386.2 (3 637)	281.1 (2 444)	200.8 (1 939)	109.1 (1 016)
高收益债券	31.8 (195)	54.5 (345)	38.2 (236)	9.9 (44)	0.5 (7)
不可转换优先股	9.6 (75)	22.5 (301)	20.9 (231)	10.7 (109)	4.2 (73)
担保证券	252.5 (1 040)	474.5 (1 285)	427.7 (1 123)	294.1 (8 958)	174.5 (4 542)
抵押证券	177.4 (732)	415.2 (1 087)	376.7 (983)	246.2 (8 779)	133.9 (4 406)
资产担保证券	75.2 (308)	59.4 (198)	50.9 (140)	46.6 (155)	40.1 (114)
普通股[1]	56.0 (1 009)	85.6 (1 374)	56.6 (996)	45.6 (812)	13.6 (362)
首次公开发行	28.5 (608)	41.4 (707)	24.1 (517)	16.4 (360)	4.6 (174)
可转换债券和优先股	10.6 (74)	15.2 (162)	15.5 (113)	16.8 (90)	5.0 (43)
收益债券发行	103.6 (5 242)	198.0 (6 795)	151.5 (6 286)	107.2 (4 191)	84.8 (4 127)
普通责任债券	57.8 (5 233)	91.4 (7 204)	80.6 (6 306)	57.2 (4 597)	40.2 (4 212)

[1] 包括封闭式基金。

表 9–4A 详细列示了 1990—1994 年间美国资本市场证券发行的总值（以 10 亿美元为单位）及发行次数（括号中）。资料来源于《投资券商文摘》(1 月初)——特别是 Liebowitz（1992a）以及 Pratt（1994、1995a）的文章。

浏览一下美国自身证券发行的统计数字，我们不难发现正改变美国金融的几个其他趋势。第一，1993 年，公司筹资的实际发行额占发行总额略高于一半（5 450 亿美元），担保证券（主要是抵押证券）的发行占据余下发行额中的大部分（4 789 亿美元）。过去 20 年里，担保证券的发行得到了快速增长，虽然这与公司筹资并不直接相关，但对前述有关证券化对美国金融中介的影响提供了更进一步的证据。如今，银行和储蓄机构先发放这种贷款，然后进行重组并向证券市场投资者出售这些贷款和抵押证券，而不是自行持有这些汽车贷款和住宅抵押贷款。

表 9-4B 全球资本市场的证券发行情况（1990—1994 年）

证券种类	1994	1993	1992	1991	1990
全球发行（证券和普通股）	$1 092. 3 (8 972)	$1 502. 5 (9 969)	$1 161. 5 (7 158)	$857. 8 (13 716)	$503. 7 (7 574)
美国发行者全球发行	687. 9 (6 204)	1 048. 6 (7 378)	853. 5 (5 403)	588. 7 (12 076)	313. 2 (6 141)
国际债券	405. 6 (2 689)	479. 1 (2 701)	335. 9 (1 861)	261. 0 (1 549)	184. 3 (1 376)
欧洲债券	324. 1 (2 035)	388. 3 (2 162)	268. 7 (1 421)	250. 7 (1 391)	172. 0 (1 213)
固定利率、美元面值欧洲债券	64. 9 (337)	77. 6 (403)	57. 1 (253)	68. 8 (344)	48. 1 (253)
外国债券	36. 6 (415)	34. 7 (302)	23. 0 (234)	10. 3 (158)	12. 2 (163)
扬基债券	46. 4 (268)	58. 9 (270)	44. 3 (206)	2. 1 (174)	13. 4 (81)
扬基普通股	10. 2 (97)	9. 7 (91)	5. 5 (50)	22. 1 (174)	13. 4 (81)
欧洲普通股	22. 1 (292)	18. 8 (309)	12. 3 (261)	10. 6 (197)	7. 2 (132)
欧洲抵押证券	4. 5 (31)	3. 9 (41)	1. 8 (15)	5. 2 (29)	4. 4 (13)
欧洲资产担保证券	5. 7 (46)	4. 3 (25)	2. 0 (16)	2. 6 (9)	5. 8 (18)

表 9-4B 详细列示了 1990—1994 年间全球（包括美国）资本市场证券发行的总值（以 10 亿美元为单位）及发行次数（括号中）。资料来源于《投资券商文摘》(1 月初）——特别是 Liebowitz（1992a）以及 Pratt（1994、1995a）的文章。

第二，在筹资类证券发行中，近年的增长主要集中于各种形式的债券，而不是股票。1993 年，美国公司发行了 3 862 亿美元的投资级债券、543 亿美元的垃圾债券、152 亿美元的可转换证券（包括优先股），分别占筹资总额的 74. 1%、10. 0% 和 2. 8%。此外，1993 年，美国公司只发行了 857 亿美元的新股和 225 亿美元的不可转换优先股，分别占筹资总额的 15. 7% 和 4. 1%。由于银行贷款和留存收益合计约占美国公司每年投资所需资本的 2/3，公开股票发行对企业经营筹资的净贡献将更低于上述数字所揭示的——可能每年不到 7%。显然，必须到证券市场筹资的公司十分倾向于发行债券而不是普通股或优先股。[①]

第三，1993年，首次公开发行额（定额投资基金除外）约占股票发行总额（857亿美元）的一半（415亿美元），更说明新股发行作为美国公司筹资来源的相对意义很小。虽然各年首次公开发行额存在很大差异（1993年显然创下历史纪录），这里主要是说明，普通股的适时发行通常只占美国公司年全部（内外部）筹资额的2%～4%，而优先股发行只占更小且更日益萎缩的份额。[②] 债券发行是到目前为止美国公司最主要的外部融资来源，银行贷款和商业票据则位居其后。

首次公开发行 在介绍国际证券发行之前，我们先简要分析一下近年来美国IPO市场的基本特征。第一，非适时股份发行的数量和金额在各年间存在显著的差异。在发行高峰期（1983年、1986—1987年、1991—1993年），每年IPO总额超过200亿美元，而在市场不景气时（1981—1982年、1984—1985年、1988—1990年及20世纪70年代的多数年份），发行量则非常低。[③] 虽然存在着这种周期性特征，自从20世纪80年代初，证券发行总量和IPO平均规模呈现长期增长的趋势，而且没有出现下滑的迹象。第二，许多学术文章都论证了令人费解的被称为从低定价(underpricing)的现象。平均来说，IPO股份向投资者的出售价格大约低于股票上市当天收盘价的15%。[④] 也就是说，承销商故意（不断地）按股票价值的6/7向投资者出售。最近的研究减少了这种现象令人费解的程度，即多数从低定价是因为承销商想稳定在随后市场交易中的股票价格。[⑤] 总之，全部IPO中只有大约60%的定价偏低，

---

① Myers(1984)也同样证实了发行债券先于普通股的趋势，但将其称为外部筹资的“排序”模型。Myers和Majluf(1984)则从理论上解释了公司不愿发行普通股的原因，而Marsh(1982)及其他人则证实经理们在其公司股价上升时会选择发行股票——意味着经理们认为股票价值被高估。出于上述及其他信息披露方面的原因，新股发行的宣布总会给股票价格带来重大的负面影响，下面将讨论这一点。

② 实际上，80年代的最后5年里美国公司的新股净发行数为负值，原因是公司通过现金收购或股票回购大量购买个人持有的股份。

③ Ibbotson、Sindelar和Ritter(1994)对此处所讨论的实证问题做了极好的概述——对以前的总结进行了更新。他们指出，在1960—1992年间美国共有10 626家公司上市，33年间共筹集了1 400亿美元以上的资金（未按通货膨胀率调整）。Ritter(1987)认为上市是代价极高的业务活动，而Ibbotson和Jaffe(1975)以及Ritter(1984)则为发行高峰期的股票市场提供了初步证据。

④ Ibbotson(1975)最先论证了这一现象，随后无数的实证和理论性文章都涉及该现象。Ibbotson、Sindelar和Ritter(1988、1994)总结了这些实证研究，而Baron(1992)、Rock(1986)以及Beatty和Ritter(1986)则最先提出了理论模型。有趣的是，信号理论在筹资领域中为数不多的运用之一却正是试图解释首次公开募股的从低定价现象。这些模型通常都认为，发行公司故意从低定价以向投资者传递其真实价值的信号。一旦其真实价值表现出来后，这些公司就可以通过随后的、从高定价的普通股发行来补偿其以前的从低定价损失。信号理论最初由Downes和Heinkel(1982)提出，随后还有Allen和Faulhaber(1989)、Grinblatt和Hwang(1989)以及Welch(1989)，但从低定价信号模型的理论可行性遭到了来自Gale和Stiglitz(1989)的挑战。这些模型同样也都没能经受住经验检验——Ritter(1984)以及Garfinkel(1993)甚至信号理论研究者之一的Jegadeesh、Weinstein和Welch(1993)——都发现信号模型的预测与实际情况相矛盾。

⑤ Ruud(1993)，Hanley、Kumar和Seguin(1993)以及Schultz和Zaman(1994)阐述了承销商在发行后的市场支持，并对其经验相关性做了结论性的证明。

而且投资者初始回报的中间值远低于平均值，说明对定价严重偏低的股票（以及随后的股票发行限额）存在着大量的超额需求，因此投资者能够购买到所想购买的全部定价偏低的股票。这被称为胜者遭殃现象（winner's curse），也就是说，如果你买到了想购买的全部股票，是因为掌握更多信息的投资者没有购买。

在 IPO 市场，第三个还未被很好地解释的复杂现象是新股发行对股票长期走势所产生的重大的负面影响。与其他小股相比（甚至与纳斯达克上市公司相比），在首次募股后，IPO 会带来 3 年多的股票额外损失。① 这一结果说明，投资者整体上对 IPO 支付过多，而且从不知道日后将遭受投资损失。由于在过去的 15 年里，其他国家市场中的 IPO 的价值和数量剧增，因此对美国市场做出结论的确十分困难。② 其中多数是股份发行私有化，但更多的则属于独资公司（entrepreneurial companies）的传统型新股发行。显然，为论证和解释新股发行对投资的长期影响，我们还需做进一步研究。

其他国家的证券发行　回到表 9-4，我们将看到国际证券市场的若干特征。第一，欧洲债券市场显然是美国以外最大的证券市场，外国债券市场则位居其二。公司（及部分国家的政府）发行欧洲债券总额从 1992 年的 2 687 亿美元上升到 1993 年的 3 883亿美元。此外，美国发行额只占 1993 年总额中的 321 亿美元（占 8.3%）——这与 80 年代早期和中期相比，存在着根本性改变，当时美国公司发行额约占欧洲债券总额的一半，而且国际与国内发行量相当。这近于肯定地印证了，上架登记（shelf registration）（本章后面将讨论）降低了美国借款人在国内市场的债券发行成本。1994 年的情况类似，但其发行量低一些。虽然表 9-4 没有分国别介绍其他国家的欧洲债券发行者，其他渠道也至少能说明下列现象：日本公司不再像在 20 世纪 80 年代后期那样是欧洲债券的主要发行者，当时它们能够向计划直接进军飞速发展的日本股市的投资者，发行成本极低的可转换债券。现在，许多日本公司都面临着严峻的挑战，它们必须以非常高的利率对已到期的欧洲债券再融资。③

第二，欧洲普通股（Euro common stock）发行的筹资额从 1992 年的 123 亿美元上升到 1993 年的 188 亿美元。这是一种由其他国家公司在多个国家（包括美国）发行的股票。尽管发行总量一直在稳步上升，但用美国标准来衡量，其规模较小，而且不到 1993 年外国公司在美国市场发行的扬基普通股（Yankee common stock）（97 亿美元）的两倍。扬基债券（外国公司公开向美国投资者出售的债券）的发行额几乎相当于所有其他外国债券总额的两倍（606 亿美元比 338 亿美元），这更进一步说明

---

① Ritter(1991)最先提出了该结论，而 Loughran 和 Ritter(1995)则重申了首次公开发行和适时发行。但 Brav 和 Gompers(1995)则对是否能反映市场真实情况持怀疑态度。

② 对国际首次公开发行进行研究的有 Koh 和 Walter(1989)，Saunders 和 Lim(1990)，McGuinness(1992)，Aggarwal、Leal 和 Hernandez(1993)，Levis(1993)，Keloharju(1993)以及 Kim、Krinsky 和 Lee(1993)。Loughran、Ritter 和 Rydqvist(1994)则对有关的国际研究进行了综述。

③ Sundaram(1993)详细阐述了日本公司的欧洲债券发行和赎回的特点(参见图 F3.3 及图 F3.4)。

了美国资本市场对其他国家发行者的极端重要性。最后，欧洲抵押证券（39 亿美元）和其他资产抵押证券（44 亿美元）的更少的发行量，进一步说明了其他国家的证券化程度远没有美国市场那样发达。

上述讨论引出两个明显的问题：（1）为什么证券化过程在美国能发展到今天的程度；（2）为什么在其他国家的发展要慢得多？虽然我们没能发现直接分析其中任一问题的学术研究，市场评论人士认为，20 世纪 80 年代初期的信息处理技术的快速推广和美国金融市场的部分放松管制，是推动美国市场证券化发展的主要因素。如今，只要拥有一台计算机，任何人都能获得众多公司的详细财务信息。同样，由几大网上信息服务商连在一起的潜在贷款人和投资者能够获得成千上万的私人公司的财务信息。由于投资者能够获得公司借款人的可靠财务信息，他们就能较少地依靠银行和其他中介的信用分析和投资建议。在 80 年代初期，美国放松金融管制，允许证券公司开发全新的金融产品，并促进各类金融公司为了投资者利益而开展降低成本的竞争，两者都促进了证券化的发展。虽然其他发达国家拥有熟悉计算机的人才，其中几个也部分地放松了金融管制，上述趋势中，美国远远比其他发达国家和发展中国家超前得多—— 尽管可能不会持续太久。

美国的证券发行 公司发行证券的方式不仅对其自身权利十分重要，而且从理论上看，那些（对现代公司财务而言）看上去高成本的契约形式也有其重要的存在价值。可按多种方式对证券发行方式进行分类，但最基本的分类标准是：按照发行公司是在投资银行的帮助下向投资者出售证券，还是无须帮助而自行出售。在美国，多数商业票据由发行公司直接出售，而中期票据的发行可能是直接出售，也可能是雇用代理人而不是投资银行出售。① 在几乎所有其他类的证券发行方面，发行公司都需要投资银行提供服务，以帮助其计划和执行证券的出售工作。投资银行家帮助公司决定发行何种类型的证券，银行家对市场状况的了解使其具有独一无二的能力，向客户建议可能的最佳发行规模和定价，以及实际上帮助客户向最终投资者出售证券。②

在决定发行一定种类和数量的证券后，发行公司必须选择是登记（register）证券（获得证券交易委员会的批准）以便在全国公开证券市场出售，还是试图通过私下方式出售证券。③ 公募发行（public offering）总需花费很高的成本，因为需按证券交易委员会的规定在特定法律文件中披露大量的信息，以获得继续募集的明确

---

① Crabbe(1992)阐述了中期票据的通常发行程序，而 Schwimmer(1995)论证了全球中期票据量的急剧增长——从 1985 年的不到 200 亿美元上升到 1994 年的 540 亿美元。

② 有关对投资银行服务需求的理论模型请参见 Mandelker 和 Raviv(1977)、Baron 和 Holmstrom(1980)、Baron(1982)以及 Benveniste 和 Spindt(1989)。

③ 有关分析公募和私募方式选择的学术研究包括 Blackwell 和 Kidwell(1988)、Giammarino 和 Lewis(1989)、Easterwood 和 Kadapakkam(1991)、Hertzel 和 Smith(1993)以及 Chemmanur 和 Fulghieri(1994)。Dyer(1994)、T. Kershaw(1994)以及 Keegan(1995)则从实务角度探讨了私募发行。

准许。[1] 证券登记还涉及许多法律、印刷及其他方面的付现成本，更不用说由于完全披露经营和财务信息可能带来的对竞争力的损害。多数公司选择公募发行而不是私募发行，其原因是通过公募发行通常能够募集更多的资金，而且所需要的回报率更低。

然而，公开出售证券的成本劣势将会日益萎缩，主要原因是新的发行方式不断出现，投资者（特别是机构投资者）对未登记证券的需求也日益高涨。例如，1993 年美国私募发行的证券总额为 1 733 亿美元，比 1992 年的 1 095 亿美元增长了 58.3%。正如在其他情况下一样，1994 年的 1 339 亿美元的发行总额相对于 1993 年大为减少——当然这也是历史上的第二高点。表 9-5 提供了 1990—1994 年间的分类数据，其中，中期票据 347 亿美元、传统（plain vanilla）债券 495 亿美元、传统股票 193 亿美元、抵押证券 372 亿美元，分别占 1993 年私募发行总额的 20.2%、28.3% 和 21.4%。扬基私募发行（Yankee private placement）（外国公司发行）额 509 亿美元，占 1993 年总额的 29.3%。私募发行市场近来最重要的发展是 144A 规则（Rule 144A）发行的流行，1993 年发行 906 亿美元，占总发行额的 52.5%。[2] 这些未登记证券只需披露有限的信息，而且其交易严格限定在经验丰富的机构投资者范围内。最初是由证券交易委员会于 1990 年 4 月批准，实践证明它深受外国和美国发行者的欢迎——1993 年分别发行了 245 亿美元和 669 亿美元。1994 年也出现了类似上述的特点。

如果某公司决定公募发行而不是私募发行，它必须决定是由承销机构承销，还是竭力推销。从字面上理解，承销发行（underwritten issue）是指由主投资银行保证发行人收到固定数额的资金，而不论证券是否能销售出去。竭力推销（best-efforts issue），是指投资银行不保证而只答应尽力去推销。[3] 显而易见，多数发行公司宁愿选择承销而不是竭力推销合约，因此实际上是由投资银行决定拟发行证券的类型——投资银行通常只拒绝承销规模很小而风险极高证券的发行，这种发行就只能采用竭力推销的方式，在达成承销协议后，主投资银行通常会联合多个其他银行组成承销团，承销团在公募发行前购入客户公司的全部证券。然后，承销团各成员按其份额向个人和机构投资者出售证券，在证券出售后几天里还须维持报价。

---

① Simon(1989)阐述了证券交易委员会披露和登记要求的历史影响，Zeune(1992)则阐述了可采用的私募类型以及不同类型的公开证券发行的信息披露要求。

② T. Kershaw(1994)提供了 1992—1993 年私募发行量的明细情况，包括 144A 规则对美国和国际发行者运用的分析。

③ 公开的竭力推销发行通常只适用于首次公开发行以及非承销权利股发行。Bower(1989)对首次公开发行进行了理论分析，Chalk 和 Peavy(1987)则对其进行了经验分析，而 Smith(1977)、Hansen 和 Pinkerton(1982)以及 Hansen(1988)则研究了权利股发行情况。上市公司的私募普通股通常也以非承销方式募集(参见 Wruck，1989)。

表 9-5　　美国的证券私募发行（1990—1994 年）

证券种类	1994	1993	1992	1991	1990
全部私募发行	$133.9 (2 730)	$173.3 (3 402)	$109.5 (2 414)	$110.4 (2 315)	$128.6 (2 253)
传统债券	37.0 (709)	49.5 (951)	37.1 (728)	38.6 (673)	50.9 (809)
传统股票	20.1 (384)	19.3 (347)	13.8 (283)	12.0 (257)	15.7 (217)
私募发行证券	24.9 (664)	37.5 (866)	22.2 (444)	29.4 (525)	21.6 (338)
扬基私募	44.4 (901)	50.9 (955)	30.9 (719)	21.8 (447)	21.3 (322)
并购相关的私募	11.8 (117)	6.4 (88)	5.3 (91)	6.2 (112)	13.1 (276)
144A 规则发行	65.5 (1 046)	90.6 (1 434)	41.7 (727)	20.9 (364)	3.7 (38)
144A 规则（美国公司发行）	44.7 (692)	66.9 (1 038)	30.3 (508)	不详	不详

表 9-5 详细列示了 1990—1994 年间全球（包括美国）资本市场私募证券的总值（以 10 亿美元为单位）及发行次数（括号中）。资料来源于《投资券商文摘》（2 月末或 3 月初）——特别是 Bavaria（1992）、T. Kershaw（1994）以及 Keegan（1995）的文章。

承销团成员有两种补偿方式。其一，由发行公司补偿在准备阶段或出售过程中所发生的付现支出。第二，承销团利润来源于承销价差（underwriter spread），即承诺支付给发行公司的证券价格与向公众出售证券的报价（offer price）间的差额。[①]用占报价的百分比来衡量，价差与报盘量呈负相关，而且股票价差要远高于债券价差。

计划以承销方式发行证券的公司还须做出另一项决策：是以公开招标（competitive bidding）方式获取投资银行的服务，即发行人公开宣布计划出售证券并向若干个投资银行公司招标，还是直接与某个投资银行家协商。虽然学术研究表明，公开招标至少能稍微降低发行成本，但实际上所有有选择权（公用事业通常法定须采取公开招标方式）的公司都是选择了协商招标（negotiated bidding）方式。[②] 这种

① Smith(1986)对有关筹资程序(包括承销技术方式和成本)以及股价对证券发行公告的反应的学术文章进行了概述。

② 有关公开出售证券与承销出售证券的选择问题请参见 Bhagat(1986)、Bhagat 和 Frost(1986)、Hansen 和 Khanna(1994)。

看上去非理性的选择可以这样来解释。投资银行必须以应有的谨慎（due diligence）来审核潜在的发行人，也就是说，法律要求它们在公开出售证券之前，必须审慎搜寻并披露发行人的所有相关信息，否则就要在证券出售后对投资者的损失负法律责任。投资者知道，如果没能投入应有的谨慎，最负盛名的投资银行家将遭受最多的损失。因此，如果这些投资银行愿意承销证券，实际上也就为发行公司正在披露的所有重要信息提供了颇具价值的证明（certification）。与协商招标相比，公开招标带来同样的风险但收益少得多，由于可能产生过多的损失，一流的投资银行家不可能接受公开招标，因此发行公司有意通过协商招标，支付更高的发行成本以获得一流承销商的服务。①

多数计划发行证券的美国大型公司还须做出最后一项决策，即是否采取“上架登记（shelf registration）”（证券交易委员会第 415 号规则）方式发行。上架登记允许符合条件的公司登记一大批证券，以供未来两年内销售。一旦证券交易委员会批准发行，该发行就属于“上架发行（on the shelf）”，公司就能在未来两年内根据需要向投资者出售“库存证券（off the shelf）”。② 实践证明，这种方式深受发行公司的欢迎，而以前每次证券发行时向证券交易委员会登记都需花费成本（包括延期成本）。有趣的是，学术研究表明，传统证券发行的承销支出要低于上架登记承销支出，而且股票发行很少采取上架登记，但多数符合条件的债券发行的确采取上架登记方式。这一最后结果可这样来解释，即由于计划发行普通股公司的财务状况和前景存在更大的不确定性，个别股票的发行比债券发行更需要承销商的证明。③

国际证券市场　从整体上看，国际证券发行与美国市场上的类似证券发行差别不大——许多国际证券的发行程序都来源于美国实务，因此两者间当然类似，但也存在一些重要差别。第一，欧洲债券和其他国家发行的外国债券都属于无记名证券，而所有在美国市场出售的债券都是记名证券。此外，由于多数欧洲债券的投资者是个人（而不是机构），加上证券是在多个不同国家出售，因此，承销团通常都异常庞大，在选择承销团成员时主要依据其在国内市场的销售能力。第二，由于伦敦是欧洲债券和欧洲股票发行的中心，因此国际证券发行通常受英国法律而不是美国法律所管辖。第三，外国公司在美国市场的股票发行通常被设计为美国存托凭证，这是由外国公司发行的、以美元为面值、由发行公司国内一家银行以信托方式

---

① 学术界就在信息不对称市场中，投资银行家以及诸如审计师与贷款人等第三方在传递所发行证券实际价值方面的证明作用进行了诸多研究，包括：Booth 和 Smith（1986），Titman 和 Trueman（1986），Hughes（1986），Blackwell、Marr 和 Spivey（1990），Slovin 和 Young（1990）以及 Megginson 和 Weiss（1991）。

② 几项学术研究对上架登记进行了分析——通常是探讨该方式是否提高或降低了承销成本。Kidwell、Marr 和 Thompson（1984），Bhagat、Marr 和 Thompson（1985），Moore、Peterson（1986）以及 Foster（1989）发现上架登记降低了承销成本，而 Allen、Lamy 和 Thompson（1990）以及 Blackwell、Marr 和 Spivey（1990）则证实上架登记将产生完全不同的、更高的承销成本。

③ Dennis（1991）对普通股和债券发行人对运用上架登记方式做了相当精辟的区分。

持有的凭证。①

实践证明，存托凭证深受美国投资者的欢迎，至少部分原因是：由于允许投资者在国际范围内进行多角化投资，同时求偿权仍受到美国证券法的保护，并获得美元股利支付（它所代表股票的股利由外国货币转换为美元，再支付给美国投资者）。存托凭证总能被转换为所代表股份的所有权，因此，通过套利交易能确保（对以外国货币为面值股票的）该求偿权保持合理的美元价值。鉴于美国存托凭证的成功，许多大型的国际股份发行纷纷采用这种方式，甚至指定在其他国家出售的股票份额（share tranches，即发行比例）也采用该方式。采用这种方式的特大型国际发行被称为全球存托凭证（global depository receipts，GDRs），以强调其跨国特征。

最后，在过去 15 年里，国际金融中最为重要的证券发行现象是特大型的私有化股票发行，其中的许多发行由国际投资者占据主要份额。② 自 1979 年起，共有 45 个国家进行了超过 200 次的此类发行，为出售股份的各国政府筹集资金超过 2 500 亿美元（其中的多数完全是二次发行）。几乎在所有 45 个此类国家，私有化是历史上最大规模的股份发行，其中许多发行的规模的确庞大。例如，日本电报电话公司于 1987 年 9 月和 1988 年 10 月的两次发行分别筹集了 403 亿美元和 224 亿美元，两者是所有资本市场中历来最大规模的股票发行。至少 30 次的其他私有化股票发行已筹资 10 000 亿美元或更多（以本国货币或美元发行），而且近年来，这些发行中的国际份额平均起来都有所增长。这种全球的国企私有化趋势毫无减慢的迹象，未来可能还会进一步加速。

§9.5.2 证券发行公告对股票价格的影响

在结束本章前，我们分析一下投资者对新证券发行是如何反应的，然后再看实际情况是如何符合现有理论模型的。事件研究方法是财务学者们的常用工具，目的是分析通常当公司经理们采取一定行动或宣布改变政策时是否维护了股东们的最大利益。大量运用美国资料的事件研究，分析了股票价格对不同种类的证券发行、交易及回购的反应。在有关不同资本市场交易中管理层动机和资本市场评价方面，研究结果使得财务理论研究者间的认识取得了惊人的一致。

1）**新股发行和其他降低杠杆作用的事件的公告与股票额外损失有关**。平均来看，普通股的适时发行常导致股价的大幅下跌（许多研究表明大约下跌 3%），新股

① Marray(1994)对美国存托凭证从实务角度做了颇具启迪性的阐述，而 Jayaraman、Shastri 和 Tandon (1993)则论证了美国存托凭证的上市会对其所代表股份带来国内市场的额外收益。Hargis(1994)和 Parisi (1995)同样对美国存托凭证进行了学术探讨。

② 有关私有化的经济作用的论述较多，而且通常认为私有化非常重要。可参见 Yarrow(1986)，Kikeri、Nellis 和 Shirley(1992)以及 Megginson、Nash 和 van Randenborgh(1994)。Boycko、Shleifer 和 Vishny(1993)阐述了凭单私有化计划，而 Perotti 和 Guney(1993)以及 Jones、Megginson、Nash 和 Netter(1995)则对股票私有化计划进行了论述。

发行使现有股东损失大约 1/3。[①] 工业企业（而不是公用事业或金融机构）的优先股发行公告同样给股票收益带来负面影响，可转换债券的发行公告和股转债（equity-for-debt exchange）的要约公告也是如此。[②]

2）**新债券发行公告会带来微小的额外收益，但其他增加杠杆作用的事件通常与股东的额外收益相关**。直接的债券发行公告基本上与财务无关，不影响发行公司的股票价格。[③] 公用事业公司发行不可转换优先股的公告也是如此。[④] 几乎所有其他增加杠杆作用的事件都会被股东所看好——当公司（非目标公司）宣布股份回购计划、银行融资协议续订以及债转股要约时，股价通常会上涨。[⑤]

3）**所有证券发行公告都向市场参与者传递了新信息，所传递信息通常会产生负面影响**。正如 Myers 和 Majluf（1984）及 Miller 和 Rock（1985）所预测的那样，证券发行公告被解释为管理当局传递了这样的信息——公司的未来收益将低于预期数，公司需要发行新证券以保持现金流量平衡。[⑥] 股票发行公告所传递的信息更糟，但预料之外的债券发行同样也传递出负面信息。[⑦]

4）**有关公司所有权集中或提高股东监督公司经理的能力的公告常与股票额外收**

---

① 许多学术文章都研究了股票价格对普通股发行的反应，而且也对众多因素（如发行规模的影响、公用事业与工业公司、发行步骤、银行贷款人或其他监督者的介入）进行了探讨。无论何种情况都会给股票价格带来持续重大的影响，而发行类型（就债券与普通股而言）是唯一重要的因素。有关这方面的例子可参见 Mikkelson 和 Partch（1986），Asquith 和 Mullins（986a，b），Hess 和 Bhagat（1986），Slovin、Sushka 和 Hudson（1990），Mann 和 Sicherman（1991），Cooney 和 Kalay（1993）以及 Denis（1994）。

② Linn 和 Pinegar（1988）以及 Dann 和 Mikkelson（1984）分别就股票价格对优先股和可转换债券发行公告的反应进行了研究，Masulis（1980）以及 Cornett 和 Travlos（1989）则对降低杠杆作用的证券交易要约所带来的额外损失进行了论证。

③ Eckbo（1986）和 Shyam-Sunder（1991）证实，直接的债券发行公告对股票价格常产生重大的负面影响。两者都认为债券发行风险与宣告期股票额外收益间没有相关性。

④ 参见 Linn 和 Pinegar（1988）。

⑤ Dann（1981）、Vermaelen（1981）以及 Lakonishok 和 Vermaelen（1990）证实，公司宣布非歧视的股票回购计划会给股东带来额外收益，而 Asquith 和 Mullins（1986b）则就出于增加股利考虑的回购以及适时股份发行对股价的影响进行了比较。Mikkelson 和 Partch（1986）以及 James（1987）发现，正的名义收益明显与银行宣布同意贷款相关联。Lummer 和 McConnell 则证实正收益特别应归功于贷款协议更新的公告。Masulis（1980）以及 Cornett 和 Travlos（1989）研究了债转股交易要约，并证实这种要约会带来额外收益。

⑥ 学术研究表明，证券发行公告会向市场参与者传递信息，而经理与股东间的信息不对称程度反过来会影响管理当局做出到底是否发行证券的决策。Jain（1992）发现，当公司宣布发行普通股时，分析师们会下调其收益预测数；Hansen 和 Crutchley（1990）则认为，任何类型的证券发行都会导致收益低于预期数字——这暗示公司从外部筹资是因为收益下降。Korajczyk、Lucas 和 McDonald（1991）发现，只有当市场对公司前景非常了解时才会发行股票；Dierkens（1991）则证实，对那些股东与经理间信息不对称程度最高的公司而言，适时股票发行公告所带来的股价下跌幅度更大。此外，Cornett 和 Tehranian（1994）发现，商业银行宣布自愿发行普通股比非自愿发行普通股时股价下跌幅度更大。最后，Kalay 和 Shimrat 则证实，虽然增加股本会降低债券持有人求偿权的风险，普通股发行的宣布对债券持有人会带来重大的额外损失。

⑦ Chaplinsky 和 Hansen（1993）认为完全预料之外的债券发行公告将给股东带来重大的额外损失，原因是这些发行揭示出公司的现金流量需要。许多其他的债券发行只受部分投资者关注，原因是这些公告与其他信息的披露一致，这也是为什么其他的研究发现债券发行公告不值得一提的原因。

益有关。只有两类股份发行公告，包括私募发行和母公司部分出售子公司股份（称为股票分割，equity carve-outs），通常会导致股价上升。[①] 此外，集中所有权的交易，如大股东或公司投资者对控制权股份的协商出售或公开市场购买，带来平均的额外收益；为减少小股东数目的股份回购也是如此。另一方面，减少股份集中程度的交易，如在二级市场大股东的股份出售，常导致股价下跌。为降低公司被恶意并购可能性的目标公司的股份回购（如绿色邮件，greenmail）也会产生相同的作用。[②]

5）**非公开筹资交易的宣布通常与股票的额外收益相关**。债券和股票的私募发行和银行贷款协议续订的公告常产生正的收益，原因可能是[③]投资者认为这些贷款人或投资者获得了有关筹资公司实际前景的更多内部信息。这些人（或机构）愿意为公司提供财务支持，因此为公司价值提供了可靠的证明。

所有这些结论，都非常符合公司财务的代理成本与契约模型。[④] 在存在公司经理与外部投资者间信息不对称的金融市场中，当公司宣布证券发行和回购交易时，投资者将其看作是管理当局对公司现状与前景的目标和信心的有力证明。作为公司股东代理人的经理们，有责任按股东的最大利益经营管理公司，证券交易的总体特征也说明多数经理竭力去完成这一目标。最能降低公司价值的证券发行（普通股新股发行）同样很罕见，而那些增加杠杆作用的交易，如直接的债券发行和银行贷款续借等对股东有利，也是最为常见的。我们还发现，经理们经常宣布回购公司普通股的计划，以暗示他们认为本公司的股价被低估，这种行动常带来很高的股票正收益。此外，当出现非预期的经营问题迫使公司向外部筹资时，经理们发行证券时遵循明显的优先次序，即先发行优先证券，而只将发行股票作为最后的选择。

另外，经理们存在诸多追求个人利益而不是公司股东利益的动机，而证券市场交易为其提供了许多这样做的机会。通过策划新股发行及其他降低杠杆作用的交易，经理们能够降低由于破产或财务困境而影响自身专属于公司的人力资本的风险。通过降低所有权的集中程度或股东监督经理的能力，同样也能减少对经理们任期的威胁。股东们懂得这些动机，并以降低公司股价来合理地回应管理层行为。证券市场交易的第三方，如主要的投资银行家和私募股份的购买者，也能有助于解决经理和投资者间的

---

① Wruck(1989)、Hertzel 和 Smith(1993)证实，虽然新股的私募发行通常按折价出售，但也会产生重大的正收益；Schipper 和 Smith(1986)发现股份分割通常也产生类似的效果。这类结果最可能的解释是，他们增加了私募股份购买者(通常是其他公司或大型机构投资者)以及股票分割的购买者监督和约束公司经理的能力。

② 有关目标股份回购(绿色邮件)会带来额外损失的论述可参见 Bradley 和 Wakeman(1983)、Dann 和 DeAngelo(1983)、Klein 和 Rosenfeld(1988)以及 Denis(1990)。Dann 和 DeAngelo(1988)发现，被看作是并购防御措施的所有权变更会给股东带来额外损失，Holthausen、Leftwich 和 Mayers(1987)则认为大批股份交易各方的身份会系统地影响市场如何做出相应的反应。

③ 可参见 Wruck(1989)、Hertzel 和 Smith(1993)、Mikkelson 和 Partch(1986)、James(1987)的文章以及前面所引用的 Lummer 和 McConnell(1989)的文章。

④ Smith 和 Watts(1992)以及本书第 2 章对代理成本与契约模型做了深入阐述。

代理问题。由于证券市场的规模和效率的与日俱增，解决这些信息不对称问题的新方法可能还将会继续出现。

§小　结

如今，规模庞大、有效而复杂的金融市场是所有发达经济的主要特征，同时也日益出现于发展中国家。在世界各地，当一国采取民主的资本主义形式，当经济发展促进了将储蓄转换为生产性投资有效方法的发展时，金融中介和证券市场的交易已稳占国民产出的更大部分。金融市场走向更大规模、更加复杂的趋势毫无放慢的迹象——事实上，随着高级套期保值和风险管理工具经验的推广，以及新证券的出现并适应特定的经济需要时，这种迹象可能会进一步明显。没有哪个时期像过去 25 年那样经历了如此众多的金融创新，在未来几十年里，这种变化趋势看来可能还将加速，并在文化上更趋于多元化。

本章采用几种方式对金融市场进行了分析和分类。可能最重要的要数以中介与以证券市场为基础的公司融资体制的优点评价，以及曾经截然分开的两种财务模式是如何渐趋模糊的。本章中还讨论了股票市场对不同筹资活动（安排银行贷款与新的债券或股票发行）宣告的反应，并分析了为什么股票市场对新股发行比对所有其他筹资活动更会产生负面影响。希望本章向您展示了现代金融市场的多样性、影响力及其效率的神奇之处。想成为一名财务专业人员，现在的确是最好不过的时机。

§习　题

1. 假如你被要求简要地描述金融市场在现代经济中的重要性，并讨论其最近的增长率。你将怎样描述？

2. 简要讨论近年来商业银行在发达经济中（特别是在美国）的作用是如何发生变化的。

3. 简要讨论从 20 世纪 80 年代末期美国证券发行的最主要特点（所发行证券的类型和规模）。

4.（论述题）描述中介金融市场与证券市场的最重要的异同之处。作为公司筹资来源，各种金融模式（以中介为基础与以资本市场为基础的融资体制）都存在哪些优缺点？

5. 列出并简要描述现代金融市场中所运用的最主要的货币市场工具。

6. 定义下列术语：（1）剩余求偿权；（2）永久证券；（3）垃圾债券；（4）承销商；（5）投资银行；（6）全能银行；（7）劳动力资本（sweat equity）。

7. 对多数公司而言，首次公开发行通常被认为是一次根本转变的事件。你怎样看待这一观点？首次公开发行最主要的成本和优势是什么？

8. 定义下列术语：（1）主权借款；（2）欧洲债券；（3）外国债券；（4）扬基债券；（5）欧洲货币市场；（6）辛迪加贷款。

9. 什么是可赎回债券？为什么多数美国公司发行可赎回债券？对发行公司而言，此类债券的主要成本是什么？

10. 债券评级机构的经济作用是什么？你认为为什么公司愿意付费进行债券评级？

11. 讨论债务契约中积极条款与限制条款的区别。为什么要在契约中加入这些条款？最后，为各类保证条款举出两例加以说明。

12. 定义下列术语：（1）一级市场；（2）二级市场；（3）首次发行；（4）二次发行；（5）二级市场出售。

13. 描述最主要的风险管理工具。各种工具最适合什么条件？

14. 为什么上市公司要进行套期保值？

15. 列示并简要描述金融中介提供的5类主要的定量资产置换服务。

16. 简要讨论在其他国家，金融中介（特别是商业银行）在公司管理中的作用。为什么美国金融中介没有发挥类似作用？

17. 《麦克菲登法案》和《格拉斯－斯蒂格尔法案》条款是如何影响了美国金融体系的发展？整体来看，你是如何看待这些法律削弱或增强了美国的金融业？为什么？

18. 列示并简要讨论美国投资银行、商业银行以及其他金融中介的相对优势。

19. 其他西方七国金融中介所被赋予的权利如何区别于美国金融中介？

20. 为什么在可预见的将来，发展中国家可能继续保持以中介为基础的公司融资体制，而发达国家却转向更加依赖于资本市场筹资？

21. 列示并简要阐述为大型的、具有全球竞争力的银行带来主要利润的国际金融活动。

22. 什么是项目融资？为什么它已成为为全球大型基础设施和自然资源项目的主要融资方式？在什么情况下，BOT融资方式尤其合适？

23. 列示并简要阐述美国首次公开发行的最主要的特征。

24. 列示并简要讨论有关其他国家证券发行的主要特征。

25. 列示并简要讨论美国资本市场中常见的最重要的证券发行方式。在什么情况下，一种方式优于其他方式？

26. 什么是上架登记？为什么它被证明深受发行公司的欢迎？对于哪类证券发行，公司最可能和最不可能采用上架登记方式？

27. 什么是美国存托凭证和全球存托凭证？为什么近年来它们变得如此重要？

28. （论述题）当公司宣告计划发行新证券后，股票市场参与人会如何反应？依据下列情况讨论市场反应的区别：（1）拟募集证券的类型；（2）募集对发行公司所有权结构的影响；（3）证券是公募还是私募？

参考文献

附录 财务表

表 A-1 1 美元复利未来价值表（给定年限 n，利率 k%）：$FVIF_{k,n}=(1+k)^n$

	利息率									
年限	1%	2%	3%	4%	5%	6%	7%	8%	9%	10%
1	1.010	1.020	1.030	1.040	1.050	1.060	1.070	1.080	1.090	1.100
2	1.020	1.040	1.061	1.082	1.102	1.124	1.145	1.166	1.188	1.210
3	1.030	1.061	1.093	1.125	1.158	1.191	1.225	1.260	1.295	1.331
4	1.041	1.082	1.126	1.170	1.216	1.262	1.311	1.360	1.412	1.464
5	1.051	1.104	1.159	1.217	1.276	1.338	1.403	1.469	1.539	1.611
6	1.062	1.126	1.194	1.265	1.340	1.419	1.501	1.587	1.677	1.772
7	1.072	1.149	1.230	1.316	1.407	1.504	1.606	1.714	1.828	1.949
8	1.083	1.172	1.267	1.369	1.477	1.594	1.718	1.851	1.993	2.144
9	1.094	1.195	1.305	1.423	1.551	1.689	1.838	1.999	2.172	2.358
10	1.105	1.219	1.344	1.480	1.629	1.791	1.967	2.159	2.367	2.594
11	1.116	1.243	1.384	1.539	1.710	1.898	2.105	2.332	2.580	2.853
12	1.127	1.268	1.426	1.601	1.797	2.012	2.252	2.518	2.813	3.138
13	1.138	1.294	1.469	1.601	1.976	2.012	2.252	2.518	2.813	3.138
14	1.149	1.319	1.513	1.732	1.980	2.261	2.579	2.937	2.342	3.797
15	1.161	1.346	1.558	1.801	2.079	2.397	2.759	3.172	3.642	4.177
16	1.173	1.373	1.605	1.873	2.183	2.540	2.952	3.426	3.970	4.595
17	1.184	1.400	1.653	1.948	2.292	2.693	3.159	3.700	4.328	5.054
18	1.196	1.428	1.702	2.026	2.407	2.854	3.380	3.996	4.717	5.560
19	1.208	1.457	1.753	2.107	2.527	3.026	3.616	4.316	5.142	6.116
20	1.220	1.486	1.906	2.191	2.653	3.207	3.870	4.661	5.604	6.727
21	1.232	1.516	1.860	2.279	2.786	3.399	4.140	5.034	6.109	7.400
22	1.245	1.546	1.916	2.370	2.925	3.603	4.430	5.436	6.658	8.140
23	1.257	1.577	1.974	2.465	3.071	3.820	4.740	5.871	7.258	8.954
24	1.270	1.708	2.033	2.563	3.225	4.049	5.072	6.341	7.911	9.850
25	1.282	1.641	2.904	2.666	3.386	4.292	5.427	6.848	8.623	10.834
30	1.348	1.811	2.427	3.243	4.322	5.743	7.612	10.062	13.267	17.449
35	1.417	2.000	2.814	3.946	5.516	7.686	10.676	14.785	20.413	28.102
40	1.489	2.208	3.262	4.801	7.040	10.285	14.974	21.724	31.408	45.258
45	1.565	2.438	3.781	5.841	8.985	13.764	21.002	31.920	48.325	72.888
50	1.645	2.691	4.384	7.106	11.467	18.419	29.456	46.900	74.354	117.386

续表

年限	利息率									
	11%	12%	13%	14%	15%	16%	17%	18%	19%	20%
1	1.110	1.120	1.130	1.140	1.150	1.160	1.170	1.180	1.190	1.200
2	1.232	1.254	1.277	1.300	1.322	1.346	1.369	1.392	1.416	1.440
3	1.368	1.405	1.443	1.482	1.521	1.561	1.602	1.643	1.685	1.728
4	1.158	1.574	1.630	1.689	1.749	1.811	1.8704	1.939	2.005	2.074
5	1.685	1.762	1.842	1.925	2.011	2.100	2.192	2.288	2.386	2.488
6	1.87	1.974	2.082	2.195	2.313	2.436	2.565	2.700	2.840	2.986
7	2.076	2.211	2.353	2.502	2.660	2.826	3.001	3.185	3.379	3.583
8	2.305	2.476	2.658	2.853	3.059	3.278	3.511	3.759	4.021	4.300
9	2.558	2.773	3.004	3.252	3.518	3.803	4.108	4.435	4.785	5.160
10	2.839	3.106	3.395	3.707	4.046	4.411	4.807	5.234	5.695	6.192
11	3.152	3.479	3.836	4.226	4.652	5.117	5.624	6.176	6.777	7.430
12	3.498	3.896	4.334	4.818	5.350	5.936	6.580	7.288	8.064	8.916
13	3.883	4.363	4.898	5.492	6.153	6.886	7.699	8.599	9.596	10.699
14	4.310	4.887	5.535	6.261	7.076	7.987	9.007	10.147	11.420	12.839
15	4.785	5.474	6.254	7.138	8.137	9.265	10.539	11.974	13.589	15.407
16	5.311	6.130	7.067	8.137	9.358	10.748	12.330	14.129	16.171	18.488
17	5.895	6.866	7.986	9.276	10.761	12.468	14.246	16.672	19.244	22.186
18	6.543	7.690	9.024	10.575	12.375	14.462	16.879	19.673	22.900	26.623
19	7.263	8.613	10.197	12.055	14.232	16.776	19.748	23.214	27.251	31.948
20	8.062	9.646	11.523	13.743	16.366	19.461	23.105	27.393	32.429	38.337
21	8.949	10.804	13.021	15.667	18.821	22.574	27.033	32.323	38.591	46.005
22	9.933	12.100	14.713	17.861	21.644	26.186	31.629	38.141	45.923	55.205
23	11.026	13.552	16.626	20.361	24.891	30.376	37.005	45.007	54.648	66.247
24	12.239	15.178	18.788	23.212	28.625	35.236	43.296	53.108	65.031	79.496
25	13.585	17.000	21.230	26.461	32.918	40.874	50.656	62.667	77.387	95.395
30	22.892	29.960	39.115	50.949	66.210	85.849	111.061	143.367	184.672	237.373
35	38.574	52.799	72.066	98.097	133.172	180.311	243.495	327.988	440.690	590.657
40	64.999	93.049	132.776	188.876	267.756	378.715	533.846	750.353	1051.642	1469.740
45	109.527	163.985	244.629	363.662	538.752	795.429	1170.425	1716.619	2509.583	3657.176
50	184 559	288.996	450.711	700.197	1083.619	1670.669	2566.080	3927.189	5988.730	9100.191

续表

年限	利息率 21%	22%	23%	24%	25%	30%	35%	40%	45%	50%
1	1.210	1.220	1.230	1.240	1.250	1.300	1.350	1.400	1.450	1.500
2	1.464	1.488	1.513	1.538	1.562	1.690	1.822	1.960	26102	2.250
3	1.772	1.816	1.861	1.907	1.953	2.197	2.460	2.744	3.049	3.375
4	2.144	2.215	2.289	2.364	2.441	2.856	3.321	3.842	4.421	5.063
5	2.594	2.703	2.815	2.932	3.052	3.713	4.484	56378	6.410	7.594
6	3.138	3.297	3.463	3.635	3.815	4.27	6.053	7.539	9.294	11.391
7	3.797	4.023	4.259	4.508	4.768	6.275	8.172	106541	13.476	17.086
8	4.595	4.908	5.239	5.589	5.960	8.157	11.023	14.758	19.541	25.629
9	5.560	5.987	6.444	6.931	7.451	10.604	14.894	20.661	28.334	38.443
10	6.727	7.305	7.926	8.594	9.313	13.786	20.106	28.925	41.085	57.665
11	8.140	8.912	9.749	10.657	11.642	17.921	27.144	40.495	59.573	86.498
12	9.850	10.872	11.991	13.215	14.552	23.298	36.644	56.694	86.380	129.746
13	11.918	13.264	14.749	16.386	18.190	30.287	49.469	79.371	125.251	194.620
14	14.421	16.182	18.141	20.319	22.737	39.373	66.784	111.119	181.614	291.929
15	17.449	19.742	22.314	25.195	28.422	51.185	90.158	165.567	263.341	437.894
16	21.113	24.084	27.446	31.242	35.527	66.541	121.713	217.793	381.844	656.841
17	25.547	29.384	33.758	38.740	44.409	86.503	164.312	304.911	553.674	985.261
18	30.912	35·848	41.523	48.038	55.511	112.454	221.822	426.875	802.826	1477.892
19	37.404	43.735	51.073	59.567	69.389	146.190	299.459	597.625	1164.098	2216.838
20	45.258	53.357	62.820	73.863	86.736	190.047	404.270	836.674	1687.942	3325.257
21	54.762	65.095	77.268	91.591	108.420	247.061	545.764	1171.343	2247.515	4987.83
22	66.262	79.416	95.040	113.572	135.525	321.178	736.781	1639.878	3548.896	7481.824
23	80.178	96.887	116.899	140.829	169.407	417.531	994.653	2295.829	5145.898	11222.738
24	97.015	118.203	143.786	174.628	211.758	542.791	1342.781	3214.158	7461.547	16834.109
25	117.388	144.207	176.857	216.539	264.698	705.627	1812.754	4499.816	10819.242	25251.164
30	304.471	389.748	497.904	634.810	807.793	2619.936	8128.426	24201.043	69348.375	*
35	789.716	1053.370	1401.749	1861.020	2465.189	9727.598	36448.051	*	*	*
40	2048.309	2846.941	3946.340	5455.797	7523.156	36117.754	*	*	*	*
45	5312.758	7694.418	11110.121	15994.316	22958.844	*	*	*	*	*
50	13779.844	20795.680	31278.301	46889.207	70064.812	*	*	*	*	*

* FVIF>99 999.

表 A-2　　1 美元年金复利未来价值表（给定年限 n，利率 k%）：$FVIFA_{k,n}=\sum_{t=1}^{n}(1+k)^{t-1}$

	利息率									
年限	1%	2%	3%	4%	5%	6%	7%	8%	9%	10%
1	1.000	1.000	1.000	1.000	1.000	1.000	1.000	1.000	1.000	1.000
2	2.010	2.020	2.030	2.040	2.050	2.060	2.070	2.080	2.090	2.100
3	3.030	3.060	3.091	3.122	3.152	3.184	3.215	3.246	3.278	3.310
4	4.060	4.122	4.184	2.246	4.310	4.375	4.440	4.506	4.573	4.641
5	5.101	5.204	5.309	5.416	5.526	5.637	5.751	5.867	5.985	6.105
6	6.152	6.308	6.468	6.633	6.802	6.975	7.153	7.336	7.523	7.716
8	8.286	8.583	8.892	9.214	9.549	9.897	10.260	10.637	11.028	11.436
9	9.368	9.755	10.159	10583	11.027	11.491	11.978	12.488	13.021	13.579
10	10.462	10.950	11.464	12.006	12.578	13.181	13.816	14.487	15.193	15.937
11	11.567	12.169	12.808	13.486	14.207	14.972	15.784	16.645	17.560	18.531
12	12.682	13.412	14.192	15.026	15.917	16.870	17.888	18.977	20.141	21.384
13	13.809	14.680	15.618	16.627	17.713	18.882	20.141	21.495	22.953	24.523
14	14.947	15.974	17.086	18.292	19.598	21.015	22.550	24.215	26.019	27.975
15	16.097	17.293	18.599	20.023	21.578	23.276	25.129	27.152	29.361	31.772
16	17.258	18.639	20.157	21.824	23.657	25.672	27.888	30.324	33.003	35.949
17	18.430	20.012	21.761	23.697	25.840	28.213	30.840	33.750	36.973	40.544
18	19.614	21.412	23.414	25.645	28.132	30.905	33.999	37.450	41.301	45.599
19	20.811	22.840	25.117	27.671	30.539	33.760	37.379	41.446	46.818	51.158
20	22.019	24.297	26.870	29.778	33.066	36.785	40.995	45.762	51.159	57.274
21	23.239	25.783	28.676	31.969	35.719	39.992	44.865	50.422	56.764	64.002
22	24.471	27.299	30.536	34.248	38.505	43.392	49.005	55.456	62.872	71.402
23	25.716	28.845	32.452	36.618	41.430	46.995	53.435	60.893	69.531	79.542
24	26.973	30.421	34.426	39.082	44.501	50.815	58.176	66.764	76.789	88.496
25	28.243	32.030	36.459	41.645	47.726	54.864	63.248	73.105	84.699	98.346
30	34.784	40.567	47.575	56.084	66.438	79.057	94.459	113.282	136.305	164.491
35	41.659	49.994	60.461	73.651	90.318	111.432	138.234	172.314	215.705	271.018
40	48.885	60.401	75.400	95.024	120.797	154.758	199.630	259.052	337.872	442.580
45	56.479	71.891	92.718	121.027	159.695	212.737	285.741	386.497	525.840	718.881
50	64.461	84.577	112.794	152.664	209.341	290.325	406.516	573.756	815.051	1163.865

续表

	利息率									
年限	11%	12%	13%	14%	15%	16%	17%	18%	19%	20%
1	1.000	1.000	1.000	1.000	1.000	1.000	1.000	1.000	1.000	1.000
2	2.110	2.120	2.130	2.140	2.150	2.160	2.170	2.180	2.190	2.200
3	3.342	3.374	3.407	3.440	3.472	3.506	3.539	3.572	3.606	3.640
4	4.710	4.779	4.850	4.921	4，993	5.066	5.141	5.215	5.291	5.368
5	6.228	6.353	6.480	6.610	6.742	6.87	7.014	7.154	7.297	7.442
6	7.913	8.115	8.323	8.535	8.754	8.977	9.207	9.442	9.683	9.930
7	9.783	10.089	10.405	10.730	11.067	11.414	11.772	12.141	12.523	12.916
8	11.859	12.300	12.757	13.233	13.727	14.240	14.773	15.327	15.902	16.499
9	14.164	14.776	15.416	16.085	16.786	17.518	18.285	19.086	19.923	20.799
10	16.722	17.549	18.420	19.337	20.304	21.321	22.393	23.521	24.709	25.959
11	19.561	20.655	21.814	23.044	24.349	25.733	27.200	28.755	30.403	32.150
12	22.713	24.133	25.650	27.271	29.001	30.850	32.824	34，931	37.180	39.580
13	26.211	28.029	29.984	32.088	34.352	36.786	39.404	42.218	45.244	48.496
14	30.095	32.392	34.882	37.581	40.504	43.672	47.102	50.818	54.841	59.196
15	34.405	37.280	40.417	43.842	47.580	51.659	56.109	60.965	66.260	72.035
16	39.190	42.753	46.671	50.980	55.717	60.925	66.648	72.938	79.850	87.442
17	44.500	48.883	53.738	59.117	65.075	71.673	78.978	87.067	96.021	105.930
18	50.396	55.749	61.724	68.393	75.836	84.140	93.404	103.739	115.265	128.116
19	56.939	63.439	70.748	78.968	88.211	98.603	110.283	123.412	138.165	154.739
20	64.202	72.052	80.946	91.024	102.443	115.379	130.031	146.626	165.417	186.687
21	72.264	81.698	92.468	104.767	118.809	134.840	153.136	174.019	197.846	225.024
22	81.213	92.502	105.489	120.434	137.630	157.414	180.169	206.342	236.436	271.028
23	91.147	104.602	120.203	138.295	159.274	183.600	211.798	244.483	282.359	326.234
24	102.173	118.154	136.829	158.656	184.166	213.976	248.803	289.490	337.007	392.480
25	114.412	133.333	155.616	181.867	212.790	249.212	292.099	342.598	402.038	471.976
30	199.018	241.330	293.192	356.778	434.738	530.306	647.423	790.932	966.698	1181.865
35	341.583	431.658	546.663	693.552	881.152	1120.699	1426.448	1816.607	2314.173	2948.294
40	581.812	767.080	1013.667	1341.979	1779.048	2360.724	3134.412	4163.094	5529.711	7343.715
45	986.613	1358.208	1874.086	2590.464	3585.031	4965.191	6879.008	9531.258	13203.105	18280.914
50	1668.723	2399.975	3459.344	4994.301	7217.488	10435.449	15088.805	21812.273	31514.492	45496.094

续表

年限	利息率									
	21%	22%	23%	24%	25%	30%	35%	40%	45%	50%
1	1.000	1.000	1.000	1.000	1.000	1.000	1.000	1.000	1.000	1.000
2	2.210	2.220	2.230	2.240	2.250	2.300	2.350	2.400	2.450	2.500
3	3.674	3.708	3.743	3.778	3.813	3.990	4.172	4.360	4.552	4.750
4	5.446	5.5.24	5.604	5.684	5.766	6.187	6.633	7.104	7.601	8.125
5	7.589	7.740	7.893	8.048	8.207	9.043	9.954	10.946	12.022	13.188
6	10.183	10.442	10.708	10.980	11.259	12.756	14.438	16.324	18.431	20.781
7	13.321	13.740	14.171	14.615	15.073	17.583	20.492	23.853	27.725	32.172
8	17.119	17.762	18.430	19.123	19.842	23.858	28.664	34.395	41.202	49.258
9	21.714	22.670	23.669	24.712	25.802	32.015	39.696	49.152	60.743	74.887
10	27.274	28.657	30.113	31.643	33.253	42.619	54.590	69.813	89.077	113.330
11	34.001	35.962	38.039	40.238	42.566	56.405	74.696	98.739	130.161	170.995
12	42.141	44.873	47.787	50.895	54.208	74.326	101.840	139.234	189.734	257.493
13	51.991	55.745	59.778	64.109	68.760	97.624	138.484	195.928	276.114	387.239
14	63.909	69.009	74.528	80.496	86.949	127.912	187.953	275.299	401.365	581.858
15	78.330	85.191	92.669	100.815	109.687	167.285	254.737	386.418	582.980	873.788
16	95.779	104.933	114.983	126.010	138.109	218.470	344.895	541.985	846.321	1311.681
17	116.892	129.019	142.428	157.252	173.636	285.011	466.608	759.778	1228.165	1968.522
18	142.439	158.403	176.187	195.993	218.45	371.514	730.920	1064.689	1781.838	2953.783
19	173.351	194.251	217.710	244.031	273.556	483.968	852.741	1491.563	2584.665	4431.672
20	210.75	237.986	268.783	303.598	342.945	630.157	1152.200	2089.188	3748.763	6648.508
21	256.013	291.343	331.603	377.461	429.681	820.204	1556.470	2925.862	5436.703	9973.762
22	310.775	356.438	408.871	469052	538.101	1067.265	2102.234	4097.203	7884.215	14916.645
23	377.038	435.854	503.911	582.624	673.626	1388.443	2839.014	5737.078	11433.109	22443.469
24	457.215	532.741	620.810	723.453	843.032	1805.975	3833.667	8032.906	16579.008	33666.207
25	554.230	650.944	764.596	898.082	1054.791	2348.765	5176.445	11247.062	24040.555	50500.316
30	1445.111	1767.044	2160.459	2640.881	3227.172	8729.085	23221.258	60500.207	*	*
35	3755.814	4783.520	6090.227	7750.094	9856.746	32422.090	*	*	*	*
40	9749.141	12936.141	17153.691	22728.367	30088.621	*	*	*	*	*
45	25294.223	34970.230	48300.660	66638.937	91831.312	*	*	*	*	*
50	65617.202	94525.279	*	*	*	*	*	*	*	*

* FVIFA>99 999.

表 A–3　1 美元复利现值表（给定年限 n，贴现率 k%）：$PVIF_{k,n}=\frac{1}{(1+k)^n}$

	贴现率									
年限	1%	2%	3%	4%	5%	6%	7%	8%	9%	10%
1	.990	.980	.971	.962	.952	.943	.935	.926	.917	.909
2	.980	.961	.943	.925	.907	.890	.873	.857	.842	.826
3	.971	.942	.915	.889	.864	.840	.816	.794	.772	.751
4	.961	.924	.888	.855	.823	.272	.763	.735	.708	.683
5	.951	.906	.863	.822	.784	.747	.713	.681	.650	.621
6	.942	.888	.837	.790	.746	.705	.666	.630	.596	.564
7	.933	.871	.813	.760	.711	.665	.623	.583	.547	.513
8	.923	.853	.789	.731	.677	.627	.582	.540	.502	.467
9	.914	.837	.766	.703	.645	.592	.544	.500	.460	.424
10	.905	.820	.744	.676	.614	.558	.508	.463	.422	.386
11	.896	.804	.722	.650	.585	.527	.475	.429	.388	.350
12	.887	.789	.701	.625	.557	.497	.444	.397	.356	.319
13	.879	.773	.681	.601	.530	.469	.415	.368	.326	.290
14	.870	.758	.661	.577	.505	.442	.388	.340	.299	.263
15	.861	.743	.642	.555	.481	.417	.362	.315	.275	.239
16	.853	.728	.623	.534	.458	.394	.339	.292	.252	.218
17	.844	.714	.605	.513	.436	.371	.317	.270	.231	.198
18	.836	.686	.570	.475	.396	.331	.277	.232	.194	.164
19	.828	.686	.570	.475	.396	.331	.277	.232	.194	.164
20	.820	.673	.554	.456	.377	.312	.258	.215	.178	.149
21	.811	.660	.538	.439	.359	.294	.242	.199	.164	.135
22	.803	.647	.522	.422	.342	.278	.226	.184	.150	.123
23	.795	.634	.507	.406	.326	.262	.211	.170	.138	.112
24	.788	.622	.492	.390	.310	.247	.197	.158	.126	.102
25	.780	.610	.478	.375	.295	.233	.184	.146	.116	.092
30	.742	.552	.412	.308	.231	.174	.131	.099	.075	.057
35	.706	.500	.355	.253	.181	.130	.094	.068	.049	.036
40	.672	.453	.307	.208	.142	.097	.067	.046	.032	.022
45	.639	.410	.264	.171	.111	.073	.048	.031	.021	.014
50	.608	.372	.228	.141	.087	.054	.034	.021	.013	.009

续表

	贴现率									
年限	11%	12%	13%	14%	15%	16%	17%	18%	19%	20%
1	.901	.893	.885	.877	.870	.862	.855	.847	.840	.833
2	.812	.797	.783	.769	.756	.743	.731	.718	.706	.694
3	.731	.712	.693	.675	.658	.641	.624	.609	.593	.579
4	.659	.636	.613	.592	.572	.552	.534	.516	.499	.482
5	.593	.567	.543	.519	.497	.476	.456	.437	.419	.402
6	.535	.507	.480	.456	.432	.410	.390	.370	.352	.335
7	.482	.452	.425	.400	.376	.354	.333	.314	.296	.279
8	.434	.404	.376	.351	.327	.305	.285	.266	.249	.233
9	.391	.361	.333	.308	.284	.263	.243	.225	.209	.194
10	.352	.322	.295	.270	.247	.227	.208	.191	.176	.162
11	.317	.287	.261	.237	.215	.195	.178	.162	.148	.135
12	.286	.257	.231	.208	.187	.168	.152	.137	.124	.112
13	.258	.229	.204	.182	.163	.145	.130	.116	.104	.093
14	.232	.205	.181	.160	.141	.125	.111	.099	.088	.078
15	.209	.183	.160	.140	.123	.108	.095	.084	.074	.065
16	.188	.163	.141	.123	.107	.093	.081	.071	.062	.054
17	.170	.146	.125	.108	.093	.080	.069	.060	.052	.045
18	.153	.130	.111	.095	.081	.069	.059	.051	.044	.038
19	.138	.116	.098	.083	.070	.060	.051	.043	.037	.031
20	.124	.104	.087	.073	.061	.051	.043	.037	.031	.026
21	.112	.093	.077	.064	.053	.044	.037	.031	.026	.022
22	.101	.083	.068	.056	.046	.038	.032	.026	.022	.018
23	.091	.074	.060	.049	.040	.033	.027	.022	.018	.015
24	.082	.066	.053	.043	.035	.028	.023	.019	.015	.013
25	.074	.059	.047	.038	.030	.024	.020	.016	.013	.010
30	.044	.033	.026	.202	.015	.012	.009	.007	.005	.004
35	.026	.019	.014	.010	.008	.006	.004	.003	.002	.002
40	.015	.011	.008	.005	.004	.003	.002	.001	.001	.001
45	.009	.006	.004	.003	.002	.001	.001	.001	*	*
50	.005	.003	.002	.001	.001	.001	*	*	*	*

* PVIF 近似到小数点后三位。

续表

年限	贴现率									
	21%	22%	23%	24%	25%	30%	35%	40%	45%	50%
1	.826	.820	.813	.806	.800	.769	.741	.714	.690	.667
2	.683	.672	.661	.650	.640	.592	.549	.510	.476	.444
3	.564	.551	.537	.524	.512	.455	.406	.364	.328	.296
4	.467	.451	.437	.423	.410	.350	.301	.260	.226	.198
5	.386	.370	.355	.341	.328	.269	.223	.186	.156	.132
6	.319	.303	.289	.275	.262	.207	.165	.133	.108	.088
7	.263	.249	.235	.222	.210	.159	.122	.095	.074	.059
8	.218	.204	.191	.179	.168	.123	.091	.068	.051	.039
9	.180	.167	.155	.144	.134	.094	.067	.048	.035	.026
10	.149	.137	.126	.116	.107	.073	.050	.035	.024	.017
11	.123	.112	.103	.094	.086	.056	.037	.025	.017	.012
12	.102	.092	.083	.076	.069	.043	.027	.018	.012	.008
13	.084	.075	.068	.061	.055	.033	.020	.013	.008	.005
14	.069	.062	.055	.049	.044	.025	.015	.009	.006	.003
15	.057	.051	.045	.040	.035	.020	.011	.006	.004	.002
16	.047	.042	.036	.032	.028	.015	.008	.005	.003	.002
17	.039	.034	.030	.026	.023	.012	.006	.003	.002	.001
18	.032	.028	.024	.021	.018	.009	.005	.002	.001	.001
19	.027	.023	.020	.017	.014	.007	.003	.002	.001	*
20	.022	.019	.016	.014	.012	.005	.002	.001	.001	*
21	.018	.015	.013	.011	.009	.004	.002	.001	*	*
22	.015	.013	.011	.009	.007	.003	.001	.001	*	*
23	.012	.010	.009	.007	.006	.002	.001	*	*	*
24	.010	.008	.007	.006	.005	.002	.001	*	*	*
25	.009	.007	.006	.005	.004	.001	.001	*	*	*
30	.003	.003	.002	.002	.001	*	*	*	*	*
35	.001	.001	.001	.001	*	*	*	*	*	*
40	*	*	*	*	*	*	*	*	*	*
45	*	*	*	*	*	*	*	*	*	*
50	*	*	*	*	*	*	*	*	*	*

* PVIF 近似到小数点后三位。

表 A-4 1 美元年金复利现值表（给定年限 n，贴现率 k%）：$PVIFA_{k,n}=\sum_{t=1}^{n}\frac{1}{(1+k)^{t}}$

	贴现率									
年限	1%	2%	3%	4%	5%	6%	7%	8%	9%	10%
1	.990	.980	.971	.962	.952	.943	.935	.926	.917	.909
2	1.970	.1942	1.913	1.886	1.859	1.833	1.808	1.783	1.759	1.736
3	2.941	2.884	2.829	2.775	2.723	2.673	2.624	2.577	2.531	2.487
4	3.902	3.808	3.717	3.630	3.546	3.465	3.387	3.312	3.240	3.170
5	4.853	4.713	4.580	4.452	4.329	4.212	4.100	3.993	3.890	3.791
6	5.795	5.601	5.417	5.242	5.076	4.917	4.767	4.623	4.486	4.355
7	6.728	6.472	6.230	6.002	5.786	5.582	5.389	5.206	5.033	4.868
8	7.652	7.326	7.020	6.733	6.463	6.210	5.971	5.747	5.535	5.335
9	8.566	8.162	7.786	7.435	7.108	6.802	6.515	6.247	5.995	5.759
10	9.471	8,983	8.530	8.111	7.722	7.360	7.024	6.710	6.418	6.145
11	10.368	9.787	9.253	8.760	8.306	7.887	7.499	7.139	6.805	6.495
12	11.255	10.575	9.954	9.385	8.863	8.384	7.943	7.536	7.161	6.814
13	12.134	11.348	10.635	9.986	9.394	8.853	8.358	7.904	7.487	7.103
14	13.004	12.106	11.296	10.563	9.899	9.295	8.746	8.244	7.686	7.367
15	13.865	12.849	11.938	11.118	10.380	9.712	9.108	8.560	8.061	7.606
16	14.718	13.578	12.561	11.652	10.838	10.106	9.447	8.851	8.313	7.824
17	15.562	14.292	13.166	12.166	11.274	10.477	9.763	9.122	8.544	8.022
18	16.398	14.992	13.754	12.659	11.690	10.828	10.059	9.372	8.756	8.201
19	17.226	15.679	14.324	13.134	12.085	11.158	10.336	9.604	8.950	8.365
20	18.046	16.352	14.878	13.590	12.462	11.470	10.594	9.818	9.29	8.514
21	18.857	17.011	15.415	14..29	12.821	11.764	10.836	10.017	9.292	8.649
22	19.661	17.658	15.937	14.451	13.163	12.042	11.061	10.201	9.442	8.772
23	20.456	18.292	16.444	14.857	13.489	12.303	11.272	10.371	9.580	8.883
24	21.244	18.914	16.936	15.247	13.799	12.550	11.469	10.529	9.707	8.985
25	22.023	19.524	17.413	15.622	14.094	12.783	11.654	10.675	9.823	9.077
30	25.808	22.397	19.601	17.292	15.3763	13.765	12.409	11.258	10.274	9.427
35	29.409	24.999	21.487	18.665	16.374	14.498	12.948	11.655	10.567	9.644
40	32.835	27.356	23.115	19.793	17.159	15.046	13.332	11.925	10.757	9.779
45	36.095	29.490	24.519	20.720	17.774	15.456	13.606	12.108	10.881	9.863
50	36.095	29.490	24.730	21.482	18.256	15.762	13.801	12.234	10.962	9.915

续表

年限	贴现率									
	11%	12%	13%	14%	15%	16%	17%	18%	19%	20%
1	.901	.893	.885	.877	.870	.862	.855	.847	.840	.833
2	1.713	1.690	1.668	1.647	1.626	1.605	1.585	1.566	1.547	1.528
3	2.444	2.402	2.361	2.322	2.283	2.246	2.210	2.174	2.140	2.106
4	3.102	3.037	2.974	2.914	2.855	2.798	2.743	2.690	2.639	2.589
5	3.696	3.605	3.517	3.433	3.352	3.274	3.199	3.127	3.058	2.991
6	4.231	4.111	3.998	3.889	3.784	3.685	3.589	3.498	3.410	3.326
7	4.712	4.564	4.423	4.288	4.160	4.039	3.922	3.812	3.706	3.605
8	5.146	4.968	4.799	4.639	4.487	4.344	4.207	4.078	3.954	3.837
9	5.537	5.328	5.132	4.946	4.772	4.607	4.451	4.303	4.163	4.031
10	5.889	5.650	5.426	5.216	5.019	4.833	4.659	4.494	4.339	4.192
11	6.207	5.938	6.687	5.453	5.234	5.029	4.836	4.656	4.487	4.327
12	6.492	6.194	5.918	5.660	5.421	5.197	4.988	4.793	4.611	4.439
13	6.750	6.424	6.122	5.842	5.583	5.342	5.118	4.910	4.715	4.533
14	6.982	6.628	6.303	6.002	5.724	5.468	5.229	5.008	4.802	4.611
15	7.191	6.811	6.462	6.142	5.847	5.575	5.324	5.092	4.876	4.675
16	7.379	6.974	6.604	6.265	5.954	5.669	5.405	5.162	4.938	4.730
17	7.549	7.120	6.729	6.373	6.047	5.749	5.475	5.222	4.990	4.775
18	7.702	7.250	6.840	6.467	6.128	5.818	5.534	5.273	5.033	4.812
19	7.839	7.366	6.938	6.550	6.198	5.877	5.585	5.316	5.070	4.843
20	7.963	7.469	7.025	6.623	6.259	5.929	5.628	5.353	5.101	4.870
21	8.075	7.562	7.102	6.687	6.312	5.973	5.665	5.384	5.127	4.891
22	8.176	7.645	7.170	6.743	6.359	6.011	5.696	5.410	5.149	4.909
23	8.266	7.718	7.230	6.792	6.399	6.044	5.723	5.432	5.167	4.925
24	8.348	7.784	7.283	6.835	6.434	6.073	5.747	5.451	5.182	4.937
25	8.422	7.843	7.330	6.873	6.464	6.097	5.766	5.467	5.195	4.948
30	8.694	8.055	7.496	7.003	6.566	6.177	5.829	5.517	5.235	4.979
35	8.855	8.176	7.586	7.070	6.617	6.215	5.858	5.539	5.251	4.992
40	8.951	8.244	7.634	7.105	6.642	6.233	5.871	5.548	5.258	4.997
45	9.008	8.283	7.661	7.123	6.654	6.242	5.877	5.552	5.261	4.999
50	9.042	8.305	7.675	7.133	6.661	6.246	5.880	5.554	5.262	4.999

续表

年限	贴现率 21%	22%	23%	24%	25%	30%	35%	40%	45%	50%
1	.826	.820	.813	.806	.800	.769	.741	.714	.690	.667
2	1.509	1.492	1.474	1.457	1.440	1.361	1.289	1.224	1.165	1.111
3	2.074	2.042	2.011	1.981	1.952	1.816	1.696	1.589	1.493	1.407
4	2.540	2.494	2.448	2.404	2.362	2.166	1.997	1.849	1.720	1.605
5	2.926	2.864	2.803	2.745	2.689	2.436	2.220	2.035	1.876	1.737
6	3.245	3.167	3.092	3.020	2.951	2.643	2.385	2.168	1.983	1.824
7	3.508	3.416	3.327	3.242	3.161	2.802	2.508	2.263	2.057	1.883
8	3.726	3.619	3.518	3.421	3.329	2.925	2.598	2.331	2.109	1.922
9	3.905	3.786	3.673	3.566	3.463	3.019	2.665	2.379	2.144	1.948
10	4.054	3.923	3.799	3.682	3.570	3.092	2.715	2.414	2.168	1.965
11	4.177	4.035	3.902	3.776	3.656	3.147	2.752	2.438	2.185	1.977
12	4.278	4.127	3.985	3.851	3.725	3.190	2.779	2.456	2.196	1.985
13	4.362	4.203	4.053	3.912	3.780	3.223	2.799	2.469	2.204	1.990
14	4.432	4.265	4.108	3.962	3.824	3.249	2.814	2.477	2.210	1.993
15	4.489	4.315	4.153	4.001	3.859	3.268	2.825	2.484	2.214	1.995
16	4.536	4.357	4.189	4.033	3.887	3.283	2.834	2.489	2.216	1.997
17	4.576	4.391	4.219	4.059	3.910	3.295	2.840	2.492	2.218	1.998
18	4.608	4.419	4.243	4.080	3.928	3.304	2.844	2.494	2.219	1.999
19	4.635	4.442	4.263	4.097	3.942	3.311	2.848	2.496	2.220	1.999
20	4.657	4.460	4.279	4.110	3.954	3.316	2.850	2.496	2.221	1.999
21	4.675	4.476	4.292	4.121	3.963	3.320	2.852	2.498	2.221	2.000
22	4.690	4.488	4.302	4.130	3.970	3.323	2.853	2.498	2.222	2.000
23	4.703	4.499	4.311	4.137	3.976	3.325	2.854	2.499	2.222	2.000
24	4.713	4.507	4.318	4.143	3.981	3.327	2.855	2.499	2.222	2.000
25	4.721	4.514	4.323	4.147	3.985	3.329	2.856	2.499	2.222	2.000
30	4.746	4.534	4.339	4.160	3.995	3.332	2.857	2.500	2.222	2.000
35	4.756	4.541	4.345	4.164	3.998	3.333	2.857	2.500	2.222	2.000
40	4.760	4.544	4.347	4.166	4.000	3.333	2.857	2.500	2.222	2.000
45	4.761	4.545	4.347	4.166	4.000	3.333	2.857	2.500	2.222	2.000
50	4.762	4.545	4.348	4.167	4.000	3.333	2.857	2.500	2.222	2.000